建築史への挑戦

住居から都市、そしてテリトーリオへ

陣内秀信・高村雅彦 編著

鹿島出版会

はじめに

二〇一八年三月末をもって、私は四〇年近く教鞭をとった法政大学の建築学科を退くことになった。本書は、その退任のイベントとして日頃、私が多くの刺激をいただいてきたさまざまな分野、立場で活躍する友人、研究仲間をお招きして二〇一七年秋に開催された八回にわたる〈講義・対談〉シリーズの内容と、その総集編の意味ももたせて二〇一八年二月二四日に法政大学で行われた私の最終講義の内容とを一冊に編み上げたものである。

最終講義の内容はもちろん自分自身で考えるとしても、私の大学人生活にとって最後の一大イベントであるこの八回の〈講義・対談〉シリーズのプログラムを組むにあたっては、私の退任後、法政の建築学科において建築史・都市史の領域を引き継ぎ発展させる立場にある高村雅彦さんと一年ほど前から企画を考え始めた。シリーズのタイトル「建築史の可能性への挑戦」は日頃の思いを込めて私が提案したが、あとはまず、陣内研究室の出身で長年海外フィールド調査や学際的研究活動を一緒に体験し、私の目指すアカデミックな世界に閉じないダイナミックな建築史のあり方のもっともよき理解者である高村さんにたたき台を考えてもらった。その構想がとても素晴らしく、じつに多彩かつ魅力的なテーマと人選が提案されていたので、少しばかり私の意見を加えただけで、理想的なプログラムがすぐにでき上がったのである。その辺のことは、あとがきで、高村さんが触れることになろう。

本書には、たんなる私個人の最終講義の本に留めるのではなく、自由な雰囲気をもつ法政大学の建築学科の恵まれた環境のなかでわれわれの建築史の領域が培った独自の学風を今後も継承し、発展させて欲しい、という次世代への願いが込められている。その意味で、この本の根幹となる八回の連続〈講義・対談〉を精力的に企画し、毎回、見事にコーディネートした高村さんに当然のこととして、共編者になってもらっている。法政の建築史スクールにおける代替わりのバトンタッチの意義が含まれている。

＊

二〇一七年秋の二か月、八回にわたって行われた〈講義・対談〉は、幸い会場が毎回、超満員の熱気に溢れ、高揚感に満ちたものとなった。多様なジャンルの、どの招待講演者にも、私が取り組んできた研究の姿勢と方法についての各専門の立場からの率直な感想、あるいは突っ込んだ論評を交えてもらいつつ、関連するご自身の研究のエッセンスをじつに興味深く講じていただいた。こうして私の積み上げてきた研究、仕事をより広い視野から捉え直していただけ、また建築史を実践的、学際的に広げて研究することの面白さを存分にアピールすることができた。対談(鼎談)のパートの高村さんの巧みな司会ぶりもあり、どの回も、建築史の可能性について考え直すうえで示唆に富む濃密な内容になったと思う。

こうして充実した八回を積み上げるなかから、私も自分の思考体系をよりシャープに鍛え上げることができ、その延長上に総集編として、二月二四日の最終講義に臨むことができたのである。

そして迎えた最終講義には、国内外から本当に大勢の方々にご参集いただいた。研究室出身のOBOGが多いのは国公立と比べた私学の特徴といえるのだが、加えて建築のさまざまな立場で活躍する方々、建築以外の分野の研究者、実践家、行政関係者、市民活動家、友人など、なんと一一〇〇名もの方々がお越し下さった。法政大学市ケ谷キャンパスで最大規模の薩埵（さった）ホールが完全に溢れ、ステージ前の床上での座り込み、立ち見も大勢出しながら、こうした嬉しい状況のなかで、最後の講義を行うことができた。

本書の構成としては、これまで述べたイベントの時系列の流れとは逆に、順番からすれば最後にあたる集大成としての「最終講義」を、やはり包括的な内容をもつものとして、最初に掲載する方法をとっている。その後に、それぞれのテーマを深掘りする八回の連続講義を並べることを考えた。なお、書籍化にあたって書名を『建築史への挑戦』に改めた。

また、そこでは招待者の講義、私の講義とするのが原則だが、藤森照信さんとの初回に関しては、私の講義が自分の研究の歩みを振り返る性格をもち、最終講義と内容が重なる面も多かったので、そこからは外し、むしろ削るのにしのびない重要な部分は、最終講義に補強するかたちで組み込む編集操作を行った。また、八回の連続〈講義・対談〉の記録としては、招待者、私のそれぞれの講義のみを収録することとし、対談で浮き上がった内容については、高村さんが毎回のクロスオーヴァーする講義と対談の意義と面白さをコーディネーターの立場で自由自在に論じた「講義余録」のなかに反映されている。

*

さて、私の最終講義は、八回の連続〈講義・対談〉を受けるかたちで、「建築史の可能性への挑戦――住居から都市、そしてテリトーリオへ」と銘打って、自分自身の研究の歩みを、一九七〇年代前半のイタリア留学に遡って振り返りつつ、それぞれの段階で何を考え、どんな対象をいかなる方法で研究してきたかを時系列で辿る構成で行った。

イタリア式研究方法を身に着けて留学先から戻り、幸いすぐに法政で教鞭をとる機会を得て、やがて専任となり、ゼミ／研究室で開始したフィールド調査も自分の研究の進展にとって重要な役割を演じるようになった。対象範囲も地元東京から、余裕が出ると中国、東南アジア、アラブ・イスラーム世界、イタリア、スペインへと海外にも大きく展開。研究室から調査の対象都市／地域へ留学した人たちも多く、より大がかりに調査を進めることができた。そして、逆にまた、海外で開眼した見方、獲得できた貴重な知見が、東京をはじめとする日本の都市を新鮮な目で見直すのに大いに役立った。こうしてフィールド調査の成果の面白さを理論化する試行錯誤をいくつも重ね、都市を読む理論を積み上げてきた軌跡を最終講義において話したのである。

なかでもイタリア都市と日本の都市、とくに、東京との比較研究をつねに追求してきたことが、結果的には自分自身にとって最大の財産となった。このふたつの国は、「石の国」、「木の国」の違いが強調されがちだが、逆に共通性が多いことに途中から気づく。違いと共通性を互いにもつのは、比較研究にとってはうってつけである。自然条件、地形、風景の多様性、美への感性や食文化へのこだわりなどが共通するばかりか、成熟社会に入り出生率が低く、高齢化が進んでいる点でもよく似ているのである。先にその成熟段階を迎え、それを見越していち早く建築や都市、地域への考え方を転換させてきたイタリアは、われわれの今後進むべき道にとって重要な示唆を与えてくれる。

こうした都市文明論的な要請に応えて、イタリアは一九七〇年代以後、過去の膨大な蓄積に新たな光を当て、自然と歴史、地域文化の資産を活かした建築や都市の再生プロジェクト、テリトリーの景観保全を意欲的に推し進め、個性に富んだ魅力的な生活空間を着実に生み出してきた。そんな話を日本の人たちにすると、「イタリアは石の文化なのに対し、日本は木の文化だから、古い建物は残りにくく、歴史を継承することが難しい」、という反応が必ず返ってくる。そこで思考停止をしてしまう傾向が強い。

だが、それは本当だろうか。日本の都市には歴史を、そして空間や場所のアイデンティティを受け継げないのだろうか。ふたつの国を比較していていつも頭をよぎる命題である。

日本の都市のなかに歴史を探るには、確かに、建物だけを見ていたのでは限界がある。日本の都市の魅力は、おそらく建物だけでは生まれない。むしろ、変化に富んだ地形や植生と一体となってつくり出された風景の骨格が重要で、そこまで目を向けると、歴史が見えてくる。空間のアイデンティティが浮かび上がる。日本の都市は、東京もそのひとつの象徴であるように、本来、多様性のある豊かな自然条件を誇る。山や丘があり、森や林があり、坂があり、川や掘割、運河が流れ、そこに橋がかかる。大地の起伏、道路のネットワーク、土地の区画割りなど、土地に結びついた要素は、時代を超えて歴史のなかで受け継がれ、都市や地域の個性を演出し、文化的なアイデンティティをかたちづくっている。その強さは欧米の都市の比ではない。「自然と共生する都市」という、今われわれが復権しようとしている日本らしい発想は、二一世紀の世界の都市が目指すひとつのモデルにもなりうると思われる。

日本的価値を再発見し、こうした考えに至ることができたのも、イタリアの「都市を読む」方法から学び、それをベースとして日本の固有の条件、文化風土に合った都市を読む方法を編み出すことができたからにほかならない。

＊

こうして最終講義を準備しながら、自分自身がこれまで歩んだ道をいろいろと振り返ることが多かった。そこでひとつ思ったのは、いつの時代を生きた人も、自分は激動の時代を体験したと感じていたかもしれないが、戦後すぐの一九四七年生まれの私の世代が経験した変化は、それまでとかなり違う特異なものだったのでは、ということである。若き成長国家のエネルギーに満ちた拡大発展の時代から、成熟社会の縮小する時代へ転ずる真逆の方向への変化を見てきたのである。

少年時代には、未来が輝くバラ色のイメージで語られ、日本の社会はどんどん経済成長を遂げ、都市も拡大し、人々は物質的に豊かになった。高校二年のときに東京オリンピック。だが、大学で学ぶ頃、大きな転換点がすでに訪れた。高度成長期の産業開発のツケが公害を生み、自然も歴史も失った都市砂漠が残った。近代そのものへの懐疑も強まる。建築分野に進学しつつ、何かそれまでとは大きく違う価値に基づく建築や都市への新たな世界への探求が自分自身のなかで始まる。

そこからイタリアへ留学しようと思い立つ。近代の世界を牽引する主役の国の仲間入りはならなかったが、この国は逆に、豊かな自然と歴史の経験に裏打ちされた大きな包容力をもち続け、人々が元気に個性や創造性を表現し、次の脱近代の時代の可能性を予感させたからである。

そして、私がイタリアを選び、ヴェネツィアへ留学したら、着いた途端、世界的なオイルショック。その頃から日本でも一貫して続いていた右肩上がりの経済成長がストップし、逆にふとわが身を振り返る気運が生まれる。日本の自然、風土、環境、都市景観、町並みなどの価値を再認識する道が拓ける。自分が選んだ歴史都市を研究する分野が追い風になる時代の空気を感じることができた。イタリアで学んだ考え方が日本で大いに受け入れてもらえたのは嬉しかった。

のちにバブル経済が再度あったがそれも崩壊し、基本的にはもはや従来型の経済成長はありえず、しかも追い打ちをかけ人口が急速に減少へ向かう。そして高齢化の進行。今は、縮退のなかで、何をなすべきか、なせるのか、が問われるのである。この半世紀足らずの間に驚くべき変化を体験してきたことになる。

縮退の時代の理論と方法を、日本もようやく求め始めたのである。そこまで見越したわけではないが、時代の転換点だった七〇年代初めに、脱近代、ポスト高度成長の価値に基づく新たな社会の可能性を求めて仕事をするのに、建築史・都市史の研究を自分の道として選んだこと、成熟国でかつ日本とも共通性の多いイタリアを研究対象として選んだことはじつに幸いだった。私のこの最終講義でも、日本の国が近代的な成長社会から成熟社会に臨む時代に推移する状況にあって、建築史という学問分野にどんなかたちでアドヴァンテージが生まれたか、そのチャンスをどう活かそうとしたかを語りたいと考えた。

留学した頃の七〇年代前半のイタリアは社会経済的に苦境にあったが、その底力を発揮し、次の輝きを獲得する八〇年代に向けて動き、社会がそして都市が高度成長期の拡大発展の政策を捨て、生活の質と文化的アイデンティティを求める方向に舵を切り替え、歴史都市（チェントロ・ストリコ）を見事に復権させる状況を生み出した。リアルタイムでそれを体験できた感覚が自分の価値基準のベースになった。八〇年代には同時に、都市のまわりに広がる農業ゾーンにも光が当てられ、豊かなテリトーリオが復権してくる。都市と田園の双方がテリトーリオの思想で結ばれ、元気になる姿を嬉しく観察してきた。研究者の果たした役割の大きさを思い知らされることも多かったのである。

それを目の当たりにし、私は建築／住居から都市へ、そしてテリトーリオへと視野を連続的に広げてみることの必要と面白さをイタリアから教わった。建築に、そして都市に、さらにテリトーリオに受け継がれた時間の集積、歴史の重なりを掘り起こし、それに今日的な価値を与え、イメージ豊かに生活環境をつくることが重要なのである。そう考えるなら、東京をはじめ、日本全国の都市とその周辺のテリトーリオには、計り知れない可能性が秘められているに違いない。

こうした建築からテリトーリオにまで蓄積された地域の底力を引き出す考え方は、二〇〇〇年代に入りより顕著になったもうひとつの状況の変化、すなわちグローバリゼーションの拡大浸透に対抗する論理と実践の方法としても大きな役割を果たしうる。ここにも建築史、そして都市史が貢献できる大きな領域が広がっているに違いない。グローバルな先端の文化状況を知った目で、地域固有の眠っている資産とその価値を新鮮な角度から掘り起こし、視覚化しながら、そこにしかない独自の建築、都市空間づくりにつなげていく道が切り拓けるはずである。

そういった発想に立ち、東京についてはわれわれ法政大学としても、これまでの研究蓄積を活かし、自然と対話してつくられたユニークな都市・江戸とそれを継承・発展させた近代初期の東京の豊かな経験から学びながら近未来の都市像を描く目的で、文系と理系を融合させた学際的研究組織「江戸東京研究センター」を二〇一八年一月に創設したのである。

最終講義にはこうした一連のメッセージを込めたつもりである。建築史の「可能性」を、これからも若い研究者たちとともに考え続けていきたい。

*

本書ができ上がるまでに、多くの方々のお世話になった。まずは、多忙のなか、この連続〈講義・対談〉シリーズへご登壇いただき、素晴らしい講義、魅力的なトークをしてくださった先生方に心よりお礼の気持ちを述べたい。

そして最終講義の開催に際しては、二〇一七年度建築学科主任の岩佐明彦先生にたいへんお世話になった。連続〈講義・対談〉および最終講義の素敵なポスターは、建築学科教育技術員の伊達亘さんに担当していただいた。お礼申し上げる。実際の一連のイベントの実施運営には、陣内研究室のOBOG、現役の学生諸君の献身的なサポートが大きな力となった。とくに、自身もヴェネツィア研究に取り組む樋渡彩さんには最終講義用の研究軌跡年表、研究対象地地図を含む配布資料の作成に、やはり陣内研OGで編集者の八木聡子さんには、その配布資料のデザイン・制作に尽力いただいた。これらの皆さんに心より感謝したい。そもそも、最終講義でも取り上げたフィールド調査研究の成果は、研究室の学生諸君との共同作業によって得られたものばかりであり、その点でも、参加した大勢のメンバー、とくに各プロジェクトのリーダーとして頑張った方々には、この機会に改めてお礼を述べたい。

陣内秀信

HU/AF/17
法政大学
建築フォーラム
2017
陣内秀信
建築史の可能性への挑戦
1
同世代が拓いた建築史のフロンティア
藤森照信
2017.10.10 | TUE
2
日伊比較から見て都市史に何が可能か？
伊藤毅＋野口昌夫
2017.10.17 | TUE
3
世界から見た江戸東京のユニークさ
江戸文化研究者を予定
2017.10.24 | TUE
4
都市史への西洋史と建築史からのアプローチ
福井憲彦
2017.10.31 | TUE
5
都市・地域の古層、基層
中谷礼仁
2017.11.7 | TUE
6
都市東京の近未来
北山恒
2017.11.21 | TUE
7
都市・地域とアート
藪前知子・服部充代
2017.11.28 | TUE
8
水都学の思想とその成果の到達点
高村雅彦
2017.12.5 | TUE
FINAL
建築史の可能性への挑戦
陣内秀信
2018.2.24 | SAT

法政大学建築フォーラム2017

Part 1 最終講義

Part 2 連続講義

陣内秀信・陣内研究室の研究の軌跡

おもな研究調査年表

1973 1975 1980 1985 1990 1995 2000 2005 2010 2015

1973-1975 ヴェネツィア留学

1976 ローマ留学

〈建築類型学（ティポロジア）〉

1974-1976 チステルニーノ

1991-1992 ヴェネツィア

1993-1995 サルデーニャ（シリークア、グアジーラ、ギラルツァ、サルーレ、ソルゴノ、サントゥ・ルッスルジュほか）

1995 シャッカ

1997 レッチェ

2004-2009 プーリア（オートラント、オストゥーニ、ガッリーポリ、コンヴェルサーノ、バーリ、マルティーナ・フランカ、モノーポリほか）

2012

2000 ヴェネト（ヴェネツィア本島、ブラーノ、キオッジア、トレヴィーゾ、シーレ川）

2013- ヴェネツィアのテリトーリオ（ヴェネツィア、トレヴィーゾ、シーレ川流域、ブレンタ川流域、ピアーヴェ川流域、アクイレイア～ラヴェンナのラグーナ群ほか）

〈テリトーリオ〉

2010-2013 オルチア川流域（サン・クイリコ・ドルチア、モンタルチーノ、ピエンツァ、カスティリオーネ・ドルチア、ラディコーファニほか）

1998-2003 アマルフィ

2010-2017 アマルフィ海岸（アトラーニ、ミノーリ、マイオーリ、ポジターノ、ラヴェッロ、コンカ・デイ・マリーニほか）

1999-2005 アルコス・デ・ラ・フロンテーラ、カサレス

1988-1991 「イスラームの都市性」

1996 チュニジア（チュニス、スース、カイラワーン、スファックス）

1989-1991 トルコ都市周遊、モロッコ（フェズ、マラケシュ）、シリア（ダマスクス）

1999 トルコ（ギョイヌック）

2012 イギリス、アイルランド（ロンドン、ブリストル、バーミンガム、リバプール、ダブリン）

（年表・地図作成協力　樋渡彩）

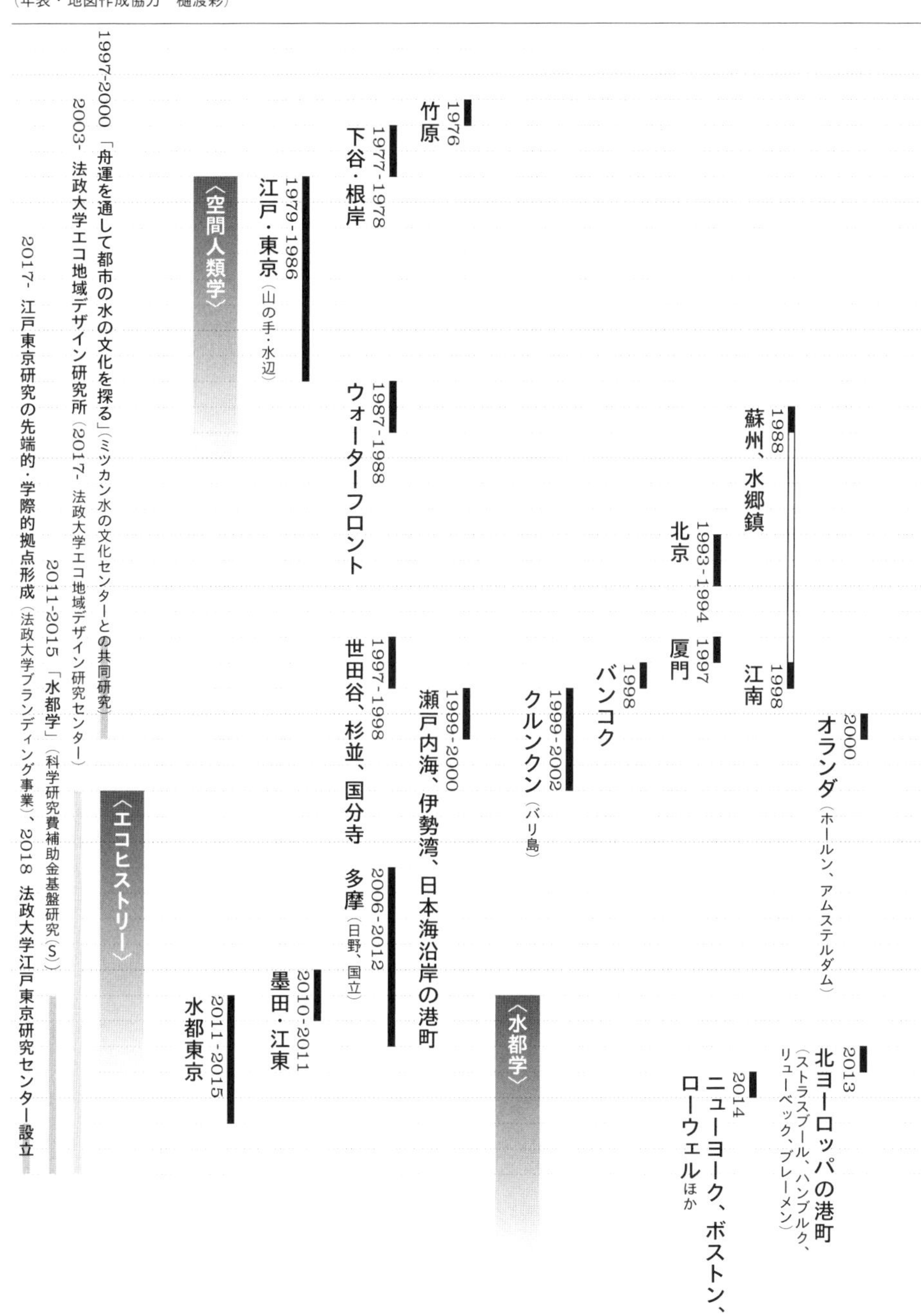

おもな研究対象地

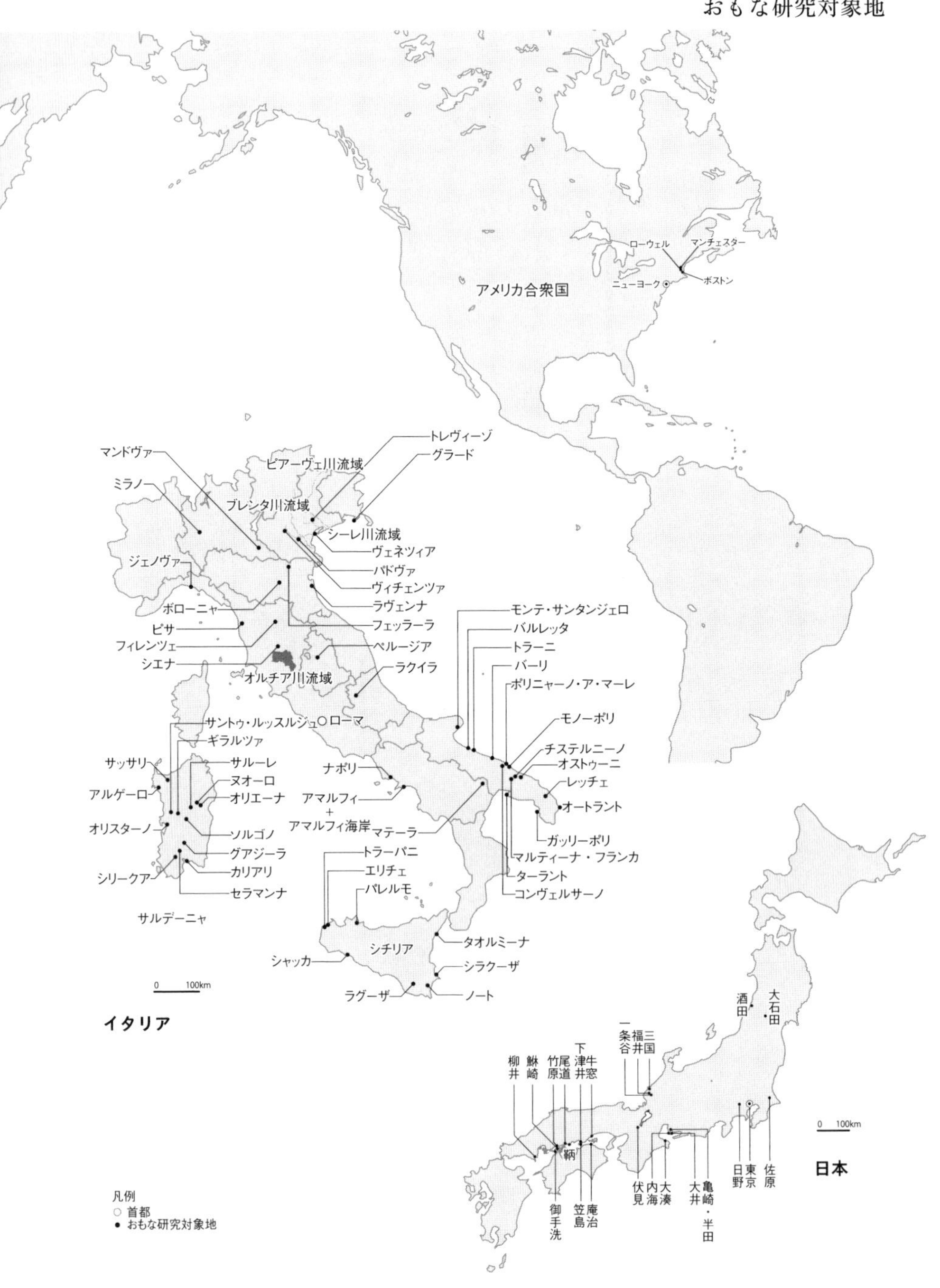

アメリカ合衆国
ローウェル
マンチェスター
ボストン
ニューヨーク
イタリア
マンドヴァ
ミラノ
ジェノヴァ
ボローニャ
ピサ
フィレンツェ
シエナ
ピアーヴェ川流域
ブレンタ川流域
シーレ川流域
トレヴィーゾ
グラード
ヴェネツィア
パドヴァ
ヴィチェンツァ
ラヴェンナ
フェッラーラ
ペルージア
ラクイラ
オルチア川流域
ローマ
サントゥ・ルッスルジュ
ギラルツァ
サッサリ
サルーレ
ヌオーロ
アルゲーロ
オリエーナ
オリスターノ
ソルゴノ
グアジーラ
カリアリ
シリークア
セラマンナ
サルデーニャ
ナポリ
アマルフィ
+
アマルフィ海岸
マテーラ
モンテ・サンタンジェロ
バルレッタ
トラーニ
バーリ
ポリニャーノ・ア・マーレ
モノーポリ
チステルニーノ
オストゥーニ
レッチェ
オートラント
ガッリーポリ
マルティーナ・フランカ
ターラント
コンヴェルサーノ
トラーパニ
エリチェ
パレルモ
シチリア
タオルミーナ
シャッカ
シラクーザ
ラグーザ
ノート
0 100km
日本
酒田
大石田
一条谷
福井
三国
柳井
鞆崎
竹原
尾道
下津井
牛窓
鞆
御手洗
笠島
庵治
伏見
内海
大湊
大井
亀崎・半田
日野
東京
佐原
0 100km
凡例
○ 首都
● おもな研究対象地

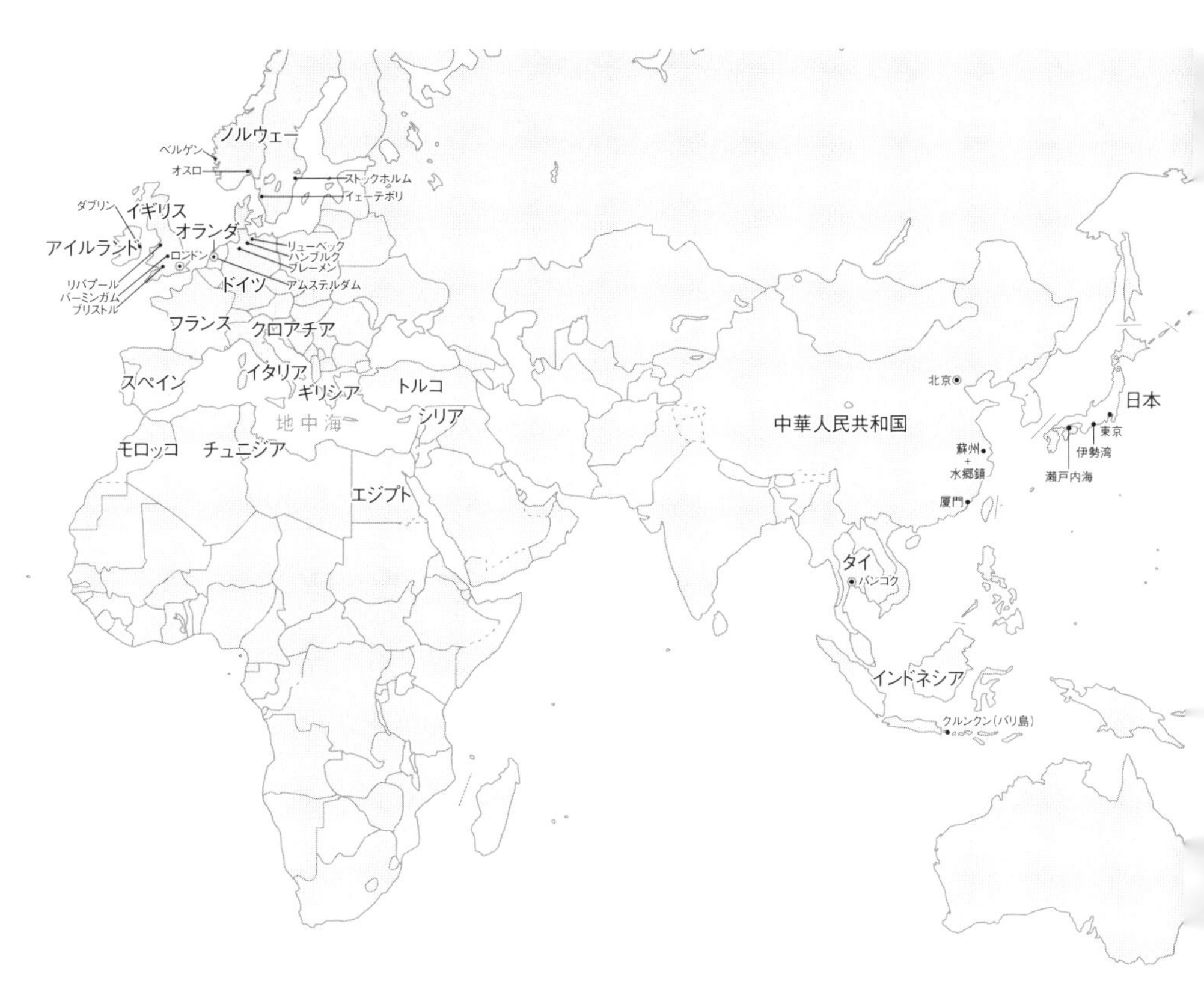

ノルウェー
ベルゲン
オスロ
ストックホルム
イェーテボリ
ダブリン
イギリス
アイルランド
オランダ
リューベック
ハンブルク
ブレーメン
ロンドン
リバプール
バーミンガム
ブリストル
ドイツ
アムステルダム
フランス
クロアチア
スペイン
イタリア
ギリシア
トルコ
シリア
地中海
モロッコ
チュニジア
エジプト
北京
中華人民共和国
日本
東京
伊勢湾
瀬戸内海
蘇州
+
水郷鎮
厦門
タイ
バンコク
インドネシア
クルンクン(バリ島)

地中海周辺

0 200km
パリ
ストラスブール
ヴェネツィア
ザグレブ
ローマ
イスタンブル
サフランボル
トラブゾン
マドリード
サルデーニャ
アマルフィ
チステルニーノ
ブルサ
アンカラ
アテネ
ディヤルバクル
カイセリ
アルコス・デ・ラ・フロンテーラ
チュニス
シチリア
ギョイヌック
マルディン
カサレス
スース
アレッポ
カイラワーン
ラバト
フェズ
スファックス
地中海
クレタ
メクネス
ダマスクス
マラケシュ
カイロ

Part 1
最終講義

陣内秀信

建築史の可能性への挑戦

──住居から都市、そしてテリトーリオへ

国内外からこんなにたくさんの方にお集まりいただきまして、本当にありがとうございます。最終講義のかたちにはいろいろあり、私の師匠の稲垣栄三先生は過去を振り返るのではなく、ご自身がその時点で関心をもつテーマを掲げて先鋭的に話されましたし、芦原義信先生は名著『**街並みの美学**』が完成しつつある頃にその内容のエッセンスを見事に講じられました。今日の私の最終講義では、法政大学の学生たちと四〇年近く世界を歩きながら取り組んできたフィールド調査の歩みを振り返り、建築史の領域が何を可能にしてきたのか、つまり建築史を通して私が何をやりたいと考えてきたのかをお話しできればと思います。その内容は今の東京の状況について考えるうえでも役に立つのではと期待します。

今回の最終講義を告知したポスターの迫力ある写真（18-19ページ）は、調査地のひとつ、アマルフィです。この町の調査を長年一緒に行い、今日も会場に来ているヴェネツィア建築大学講師のマッテオ・ダリオ・パオルッチ（Matteo Dario Paolucci）さんは優れた写真家でもあるので、彼の写真を使わせていただきました。

原広司先生が書かれた『**建築に何が可能か**』を私は学生時代に読み、大いに触発されました。そのタイトルにあやかって、今日は「建築史に何が可能か」という内容をお話しできればと思います。住居からスタートして、人々の生業や営みから都市へとつながり、さらに地域全体つまりテリトーリオまでお話ができればいいなあと思います。

図1　フィールドワークこそ、わが命！
（サルデーニャにて、1993年頃）

「フィールドワークこそわが命！」［図1］。自分でもよくこんなにも各地でたくさんのフィールドワークをやってきたなあと驚いています。その場所に行ってその土地に身を置きながら空気を感じ、香りを嗅ぎ取り、人と話し、ライフスタイルを観察しました。そこに建築空間があり、それらが集まって都市につながっていくという全体像を描きたいと思い、取り組んできました。おじいちゃん、おばあちゃんは暇にしていますので、私たちがフィールドワークをしているとすぐにつかまり、いろいろな話を喜んでしてくれました。ある意味では私たちは福祉の活動をしていたようなものですが、それが私たちも楽しかったのです。そして翌年にフィールドワークの報告書を持って行って、また喜んでもらいました。そのサイクルを繰り返してきました。

　私はまず、一九七三年にヴェネツィア建築大学にイタリア政府給費留学生として留学しました［図2］。今日はヴェネツィア建築大学元学長であるパオロ・チェッカレッリ（Paolo Ceccarelli）先生もいらしています。この留学が私にとっての出発点でした。お腹が出てしまった今よりも当時の私はもう少しキリッとしていました。その過程で何があったのかと言えば、ヴェネツィアで学んだ後、七六年の秋に東京大学の稲垣研究室に戻り、すぐに広島県竹原の調査をしました。そして同時に法政大学で教え始めたのですが、それは本当にラッキーな

芦原義信
『街並みの美学』
岩波書店、
1979年・2001年

原広司
『建築に何が可能か
――建築と人間と』
学芸書林、1967年

図2　ヴェネツィア建築大学への留学（1973年）

ことでした。これまで陣内研究室でたくさんの試みに挑戦し、東京研究をはじめ面白い成果を積み上げることができました。

ただ、日本全体がバブルの時代を迎え、自分の研究が消費の構図に巻き込まれるような危機感を感じ、研究対象を海外へと広げ、八八年から中国へ、そして九一年にまた一年間、自分の原点であるイタリアに戻りました［**図3**］。この頃からじっくりと腰を据えて地中海世界の都市の基層構造を研究しようと考え、まずはイスラーム圏を対象に調査しました［**図4**］。幸い法政大学にはいろいろな学生が集まってくれていて、脱サラをして青年海外協力隊に参加した今村文明さんが勤務

図3　ヴェネツィア建築大学本部の門（1991年）

図4　イスラーム調査（1988-1999年）

図5　でき上がった報告書を住民に説明

図6　外階段での住民との記念撮影

図7　水辺のフィールドワーク

地のモロッコにわれわれを呼んでくれ、研究室メンバーでモロッコを調査したこともあります。また、南イタリアの各地で面白い町と出会い、調査を行いました［図5-6］。こうしてさまざまな海外調査を経験した後、九七年頃に日本の研究にまた戻って東京の状況を冷静に見直し、新鮮な発想で郊外に目を向けました。その際には、九三〜九五年のサルデーニャ調査で学んだことをヒントに、東京の基層構造を掘り下げるような研究をしました。

また少し時間が経った二〇〇三年には法政大学にエコ地域デザイン研究所をつくり、学際的に集まった仲間とさまざまな研究活動を展開しました。一方で、私も出演しましたがNHKで「ブラタモリ」という番組が始まり、私たちがたいへん苦労して説明してきた調査の方法や意味などを一夜にして全国の人に伝えてくれました。その後は私たちが何をやっているのかを説明するときに「ブラタモリみたいなことをやっています」と言えばすぐに相手に通じるようになりました。これはたいへんありがたいことでした。「水都」についてのフィールドワークに取り組んでおり［図7］、さらに、最近では法政大学のブランディング事業として江戸東京の研究がまた始まりました。

1　前史——育った時代の背景

普通、建築学科に入れば設計やデザインを目指す人が多いなかで、なぜ私がフィールドワークをベースに建築や都市の歴史を研究する道を選んだかと言えば、激変する時代を生きたことが大きな理由だと思います。今日も同世代の建築史の仲間が何人もいらしていますが、皆同じ思いがあったのではないかと思います。戦後の高度成長期、六四年の東京オリンピックをピークとして、六〇年代末まで人々の夢が形として現れていく時代が続きました。しかしその一方で、華やかな世界の裏側には少しずつほころびも見え、近代への疑いが生まれてきた時代でもあります。新宿駅西口地下広場では、六九年にヴェトナム戦争に反対するフォークゲリラ集会が毎週末、開かれました。学生だった私を含めた本当に多くの人々が集まりましたが、最終的には機動隊の手で排除され、広場は通路に書き換えられてしまいました。結局、自由の空間表現としての広場が日本に生まれる機会を潰されたのです。このような諸々の矛盾が現れた時代でした。

教養学部の時期には、一年間ストライキをしていたこともあり、皆でいろいろな本を読みました。針生一郎の万博批判の本（『**われわれにとって万博とはなにか**』）も読み、七〇年夏、大阪に万博を見に行くのはどうなのかと躊躇したのですが、やはり実際に自分の目で見ておかなければ話にならないと考え、夏休みの旅行のついでに行くことにしました。ホテルを予約するのは難しいだろうと考え、寝袋を持って大阪駅でごろ寝をしました。そこはさすが大阪で、おばちゃんたちもみんなごろ寝をしていましたね。そういう時代でした。しかし、丹下健三のもと、磯崎新さんをはじめ多くの建築家が都市に夢を見て、この万博での民衆の交流の場である「お祭り広場」を実現したのですが、白々しいイベントに終わってしまいました。これを契機として建築家たちが都市を語ることができなくなりました。そんな状況のなかで自分はどうするのかを選択しなければならなかったのです。その頃、モニュメンタルな建築ではなく、ルドフスキーが『建築家なしの建築』で紹介したような民衆のセンスや知恵が働き、その土地に合った風景をつくるヴァナキュラーな建築や集落に、当時、建築の道を目指す私を含めた若い人たちは憧れるようになりました。

　伊藤ていじさんが磯崎新さんら当時の若い方々と一緒に日本の都市の歴史、伝統の価値を新たな発想で発見しようとした『日本の都市空間』や『現代の都市デザイン』、『日本の広場』の内容に私は大いに惹かれました。オレゴン大学と金沢で行ったデザイン・サーヴェイも興味深い試みでした。のちに私が教える立場となる法政大学では宮脇檀さんが六五年頃から七〇年代初めにかけて、明治大学の神代雄一郎さんと並んで、日本各地の伝統的な集落や町並みを対象にデザイン・サーヴェイを実施しました。私もヴェネツィアへの留学の直前にデザイン・サーヴェイ連絡協議会に出席する機会を得て、強い刺激を受けたものです。

　結果、若い頃から都市史や居住史にも興味をもたれていた稲垣栄三先生の建築史研究室に私は所属することにしました。稲垣先生は六〇年代末か七〇年代初め頃、旅行で訪ねたヴェ

針生一郎
『われわれにとって万博とはなにか』
田畑書店、1969年

バーナード・ルドフスキー著、
渡辺武信訳
『建築家なしの建築』
鹿島出版会、1984年

都市デザイン研究体
『建築文化』
1971年8月号特集、
「日本の広場」
彰国社、1971年・2009年

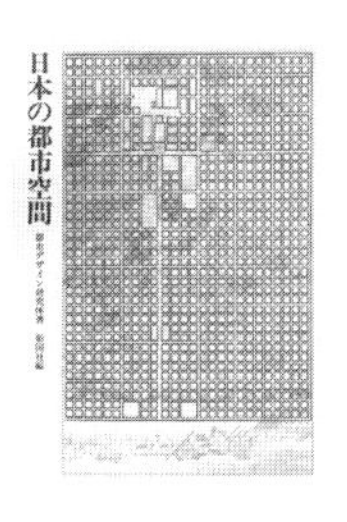

都市デザイン研究体
『日本の都市空間』
彰国社、1968年

宮脇檀
『日本の伝統的都市空間
──デザイン・サーベイの
記録』
中央公論美術出版、2003年

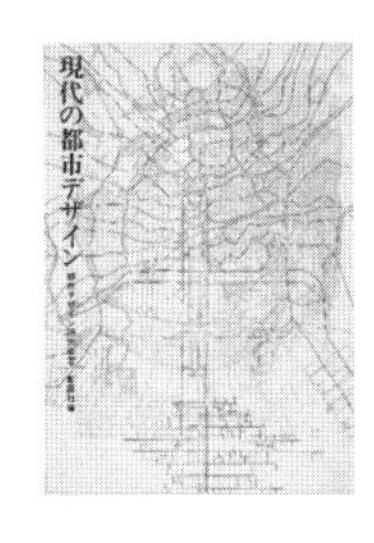

同上
『現代の都市デザイン』
彰国社、1969年

ネツィアで、この都市の建設史に関する分厚い三巻本を購入してきていました。ゼミでもヴェネツィアの広場などの写真をたくさん見せてくれました。じつは稲垣先生はイタリアが大好きな方でした。私がヴェネツィアへ留学に行くことを決意して報告したときも、先生は「いいね、遊んできなさい」と背中を押してくれました。

私が留学しようと思い立ったのは、じつは、七一年の初めての海外旅行中に立ち寄ったペルージアでの経験があったからです［**図8**］。この小さな文化都市、ペルージアに当時、一〇〇人以上の日本人が留学していたのです。彼らは夕方にな

図8　ヨーロッパ中世都市に関する卒論で読んだ英文の本に、「世界で最も美しい都市」とあったグッビオ（上）を訪ねる。（下）はその近くのペルージア（1971年）

Saverio Muratori,
Studi per una operante storia urbana di Venezia
Roma,1960

Paolo Maretto,
L'edilizia gotica veneziana
Roma, 1960

ると町の中心広場に集まり、現地の人たちと楽しそうにギターを弾いたりして遊んでいるのですよ。それを見て若干勘違いもあったかもしれませんが、私は留学は簡単なものなのだと思いました。この経験が留学の決断をするうえで、私を勇気付けてくれました。また当時コンサルタント会社に勤めており、のちに筑波大学の教授になられた田島学先生という大先輩がミラノに留学し、研鑽を積まれました。そして留学中に、*Studi per una operante storia urbana di Venezia* と *L'edilizia gotica veneziana* という二冊の貴重な本を見つけ持ち帰ってこられましたが、嬉しいことにその二冊を私はお借りし、修士論文に使うことができたのです。この内容がまさに自分自身が求めていたもので、もっとその方法を学びたいという思いが強まり、留学を決定づけてくれました。だから田島先生が恩人なのです。

2 イタリア留学

当時留学でヴェネツィアに行っている日本人は音楽系と美術系にひとりずつ、と少なく、建築系は私ひとりだけでした。のちにだいぶ増える時期が来ましたが。私が留学した頃は、本当に時間がゆっくり流れていて、ヴェネツィアの町にも豊かな生活感がありました［図9］。後から振り返ってみれば、近代が一度否定し、のちの八〇年代や九〇年代になって世界中の人が取り上げ始めたテーマ群が、ヴェネツィアには一周遅れのトップランナーのように全部ありました。水上都市、迷宮都市、祝祭、演劇、ヒューマンスケール、五感、エコシティなど、都市や居住、文化などを考えるうえで重要な観点です。ヴェネツィアでの生活は本当にいい経験だったと思います。そして、複雑性をもったヴェネツィアで暮らしてしまったので、そのような複雑系空間でないと満足できない身体になってしまったように感じます。しかし、幸い日本もヴェネツィアと同じように都市構造やそれに関係していると思われる言語も複雑系の性格をもつことがわかり、両者の比較にも関心が生まれました［図10］。

結果的にヴェネツィア留学ではいろいろな経験をすることができましたが、まず始めのテーマは、この不思議な都市がなぜ、どのようにできたのかを解くことでした。私はスケッチブックと古い地図、連続平面図などを持って一軒一軒訪ねて歩きました。ずいぶんたくさんの家の中に入れていただきました。

その後、E・R・トリンカナート（Egle Renata Trincanato）というヴェネツィアっ子で設計もでき、文化人でもあったエレガントな女性の教授のもとで勉強しました。四〇年代に彼女が出版した名著、*Venezia minore*には、マイナーな住宅建築を一八〇ほど取り上げ実測し、それぞれの階の平面図、立面図、パースなどを運河の光の反射まで含めてフリーハンドのスケッチで魅力的に描いていました［図11］。つまり環境や町並み、都市のコンテクストを意識しながら住宅内部の空間構造がどのようにできたのかを解き明かす内容なのです。またこの本と同時期に彼女はヴェネツィアの水彩スケッチをたくさん描いていました［図12］。彼女が亡くなった後、遺族の方が日本の美術館にも寄贈したいと希望され、東京藝術大学の野口昌夫教授の尽力もあって彼女のスケッチ四点が東京藝術大学大学美術館に収められました。個人的にもとても嬉しいことでした。

図9　イタリア・ヴェネツィア留学。異次元の体験に魅了される

図10　水上の迷宮空間を毎日徘徊

Egle Renata Trincanato, *Venezia minore*
Edizioni del Milione, Milano, 1948

＊

ヴェネツィアで私が都市を読むために町を徘徊していた同時期に、じつは藤森照信さんたちのグループも東京の近代建築の悉皆調査を開始していました。彼らはグループで単体の建築を探し求め、私はひとりで建築からそれが集合した都市全体までをシコシコと調査しました。要するに、町に繰り出してそこに存在している建物を発見し、観察し、意味付けることで建築史をより実践的に研究し始めた時期だったように思います。

六〇年頃のイタリアで「都市を読む」方法が徐々に発展し、

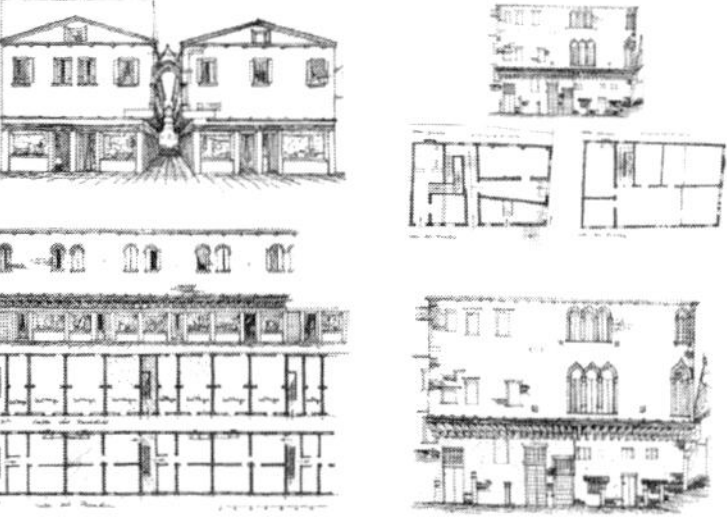

図11　何でもないものへの眼差し——トリンカナート教授の名著との出会い

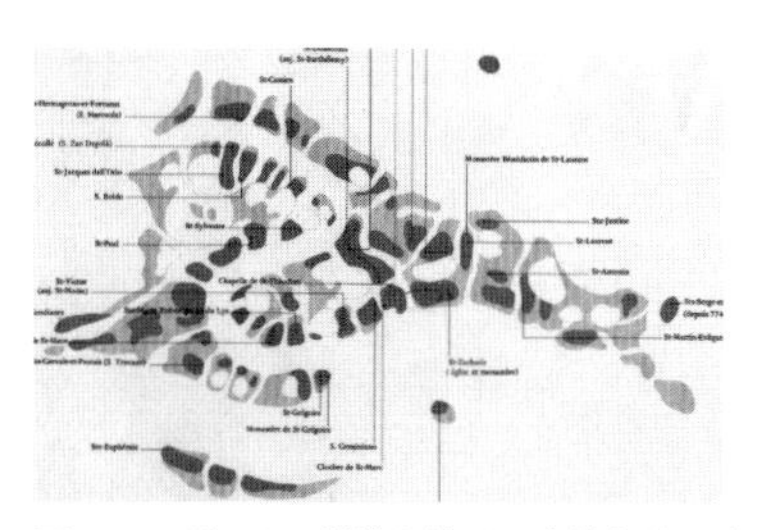

図13　ラグーナの微妙な地形、自然条件を読みつつ部分から全体へ形成された

図12　東京藝術大学美術館へ寄贈されたトリンカナート教授のスケッチ

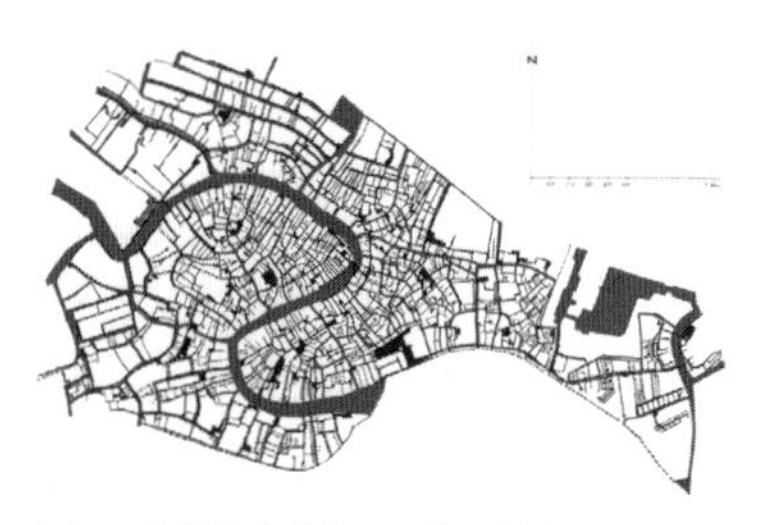

図14　自然発生的なのか計画的なのか、古い運河ほど曲線、逆Ｓ字型のカナル・グランデ

私が留学していた七三年から七六年には、建築設計のスタジオや授業でも「都市を読む」ことが当たり前になっていました［図13–14］。その作業を通じて都市の文脈を理解し、そこに何を設計するのかを考えることを誰もが自然にやっていたのが、私にとっては非常に新鮮でした。法政大学の学生たちは最近になってようやく、そういう設計ができるようになったという気がします。私が留学した当時は、「都市を読む」方法論の先駆者、サヴェリオ・ムラトーリ（Saverio Muratori）はすでに亡く、イタリア全体においてムラトーリ学派のパオロ・マレット（Paolo Maretto）とジャンフランコ・カニッジャ（Gianfranco Caniggia）の気鋭のふたりがその継承者として活躍していました。しかしヴェネツィアにはこれを学術的に継承している人はいなかったので、私はマレットのパドヴァの自宅、カニッジャのローマの事務所を訪ね、直接指導を受けたのです。

たとえば九世紀から一一世紀のヴェネツィアの都市の状態をムラトーリが調査をして示していますが［図15–16］、「都市組織」を読めば、どのような順番で都市ができてきたのか想像できるのです。少しムラトーリ学派の方法論的な話をしますが、一一世紀頃の木造時代の建物は今はもう失われて残っていません。しかし一度できた建物の配置や集合の仕組み、路地のあり方、土地の所有などは「テッスート・ウルバーノ」

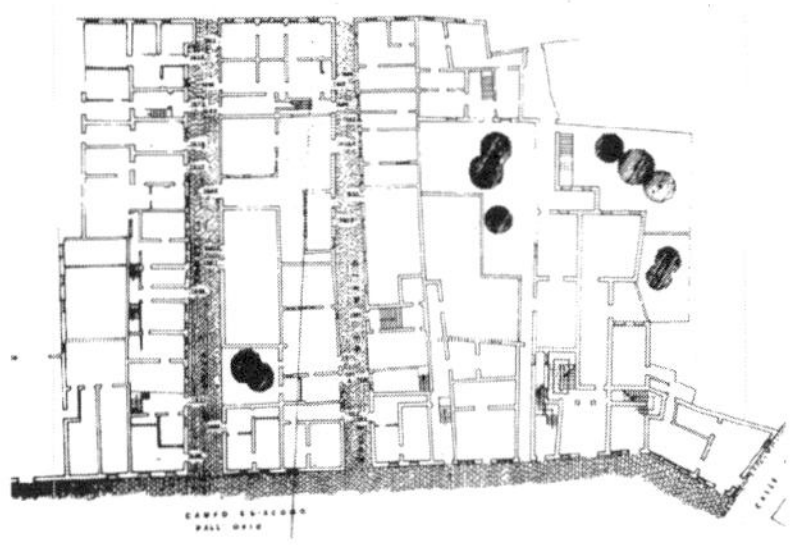

図16　カンポ・サン・ジャコモ・ダローリオ

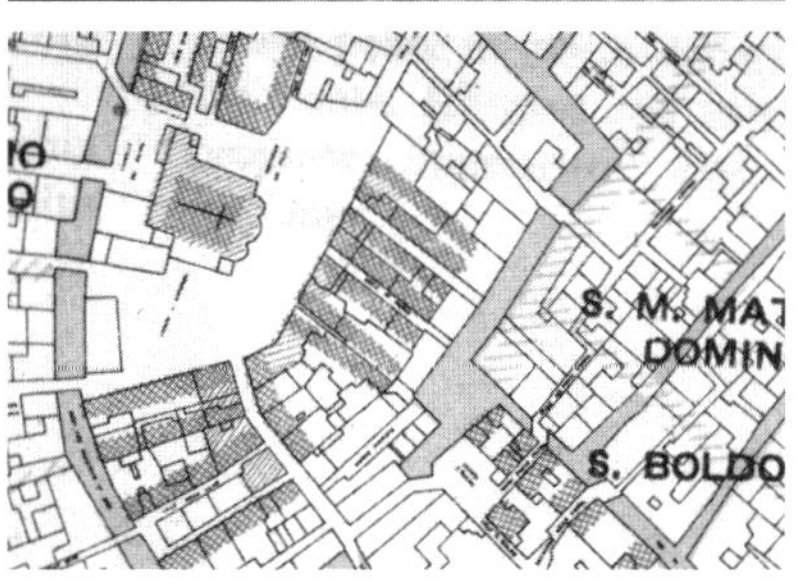

図15　9～11世紀の木造時代の都市組織を読む。ブラーノ島に受け継がれるプリミティヴな都市組織

(tessuto urbano、英語ではurban fabric) つまり「都市組織」として受け継がれるだろうという仮説を立てます。ラグーナの周辺の島の集落にまで視野を広げて、古い時代の住居群が残っていれば、その配列と丁寧に比較しながら読み取っていくわけです。都市組織(テッスート・ウルバーノ)という考え方は、東京のように建物はどんどん置き換わり、激変しながら、地割や道路網は変化しにくい都市を読むのにすごく役に立ちました。

考古学の分野において発掘で姿を現したものたちが文献史料以上に生き生きと歴史を語ってくれるように、中世の時代につくられた建物や壁がたくさん残っているヴェネツィアでは、それらを丁寧に観察すればつくられた時代がわかるのです。地上で考古学調査をしているようなものです。建物の立地の場所、平面構成、アーチの形状、レリーフや装飾などで時代を特定することができます。従って当時の文書、文献などの文字資料が残っていなくても都市を見れば時代を読むことができるのです。それをパオロ・マレットが方法論として提示し、私もそれを習い、応用してきたということです。

たとえば、一三世紀後半の大きなコルテ(中庭)をもった「L型」プランの住宅建築が小運河に面してふたつ並ぶ事例を見ると、その二棟の間の路地から運河を渡る橋が斜めに伸びていますが、建設当初はこの橋はありませんでした。後から架けられた橋だからこそ少し捻じれているのです［図17］。

一四世紀の事例では、運河と島内部の道路との間のそれなりの奥行きを考え、小さなコルテを角に置く「L型」プランの二棟の建物を背中合わせに並べる形式をとるため、水に面さない立派な建物も登場しました。運河とは逆側の通路側には、ファサードの意識が乏しく［図18］、コルテの壁に擁壁狭間風の要素が付き、発展途中のような建物の形式を見せています。またもう少し後の頃になると、同じ島でもまわりの文脈に合わせ、コンパクトな同様の「L型」プランのふたつの住宅の小さなコルテを背中合わせに上手に抱き合わせる形式が生まれます。こうして最小限のコルテによって通風や採光の良い環境の住居をつくれるのです。

このようによく観察すると、それぞれの時代の特徴や変化の過程を都市から読み取ることができます。結局は、一五世紀特有の「C型」プランのコンパクトな完成形の住宅が壁を共有して連なることで広場が形成され、共同体がその広場を中心にできるというプロセスを経て［図19］、湿地帯にすぎなかった場所にヴェネツィアらしい有機的な都市空間が完成したのです。こうしてヴェネツィアでは、コミュニティの公共空間としての広場が中世の終わりにあたる一五世紀末に完成したことが読み取れます［図20］。

図17　２つのＬ型住宅。立地、平面形、アーチ、装飾で時代がわかる

図18
集合を前提に巧みに構成される住宅。コルテ（中庭）の取り方が絶妙

図19　マレットによるヴェネツィアの建築類型の歴史的展開——のちに建築類型学が日本でも有効とわかる

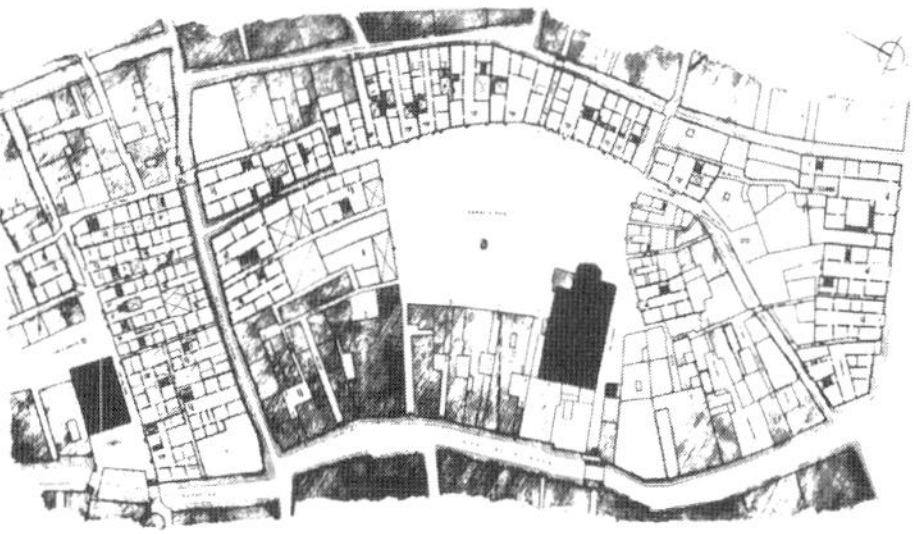

図20　サン・ポーロ地区。広場が形成される仕組み、プロセスを時間軸で読む

図21　小さな町との出会い――チステルニーノ

図22　小学校を訪問――カサリーニ村
（チステルニーノ市の農村部にある村）

図23　ヴィットリーニ先生との再会（2007年）

*

一方、小さな町との出会いも私にとっては大きなできごとでした。ヴェネツィアは全体を把握するには規模が大きすぎるので、もう少し小さく全体のわかる町では人々がどんな風に暮らしているのだろうかと考えている頃、プーリア地方の小都市、チステルニーノに出会いました［図21–22］。隣町のマルティーナ・フランカにシンポジウムで滞在したときに、指導教官からチステルニーノを是非訪ねなさいと言われ、行ってみました。そこはラビリンスのような城郭都市で、本当に驚きました。

アメリカ人の建築家エドワード・アレン（Edward Allen）が*Stone Shelters*という本でチステルニーノの単体の住居建築を取り上げていましたが、私はそれらが集まった都市空間の全体を調べようと考えました。こうして私はフィールド調査のために、ひとりで夜行電車に乗ってずいぶん通いました。一週間ぐらいチステルニーノに滞在し、またヴェネツィアに戻って勉強してまた行く、ということを繰り返したのです。当時は電子メジャーがなく、コンベックスや巻き尺を使っていたため、ひとりで実測するのはたいへんで、実測する家の奥さんによくコンベックスの端を持って手伝ってもらいました。午前中からお酒をいただいたり、楽しい思いもしながら実測調査を重ねていきました。そもそもこの地を初めて訪ねた段階で、芦原義信先生が町の床屋さんと非常に仲良くされていることがわかり、私が先生の教え子であることを伝えると、大喜びしてくれました。床屋さんの紹介のおかげでさまざまな家を訪問でき、やがて他の家を調べていると「なぜ俺の家に来ないのだ」と声がかかるほど、調査がスイスイ進みました。この経験で私はフィールド調査に病みつきになり、のちの陣内研究室の海外調査へつながったわけです。

Edward Allen,
Stone Shelters
The MIT Press, 1971

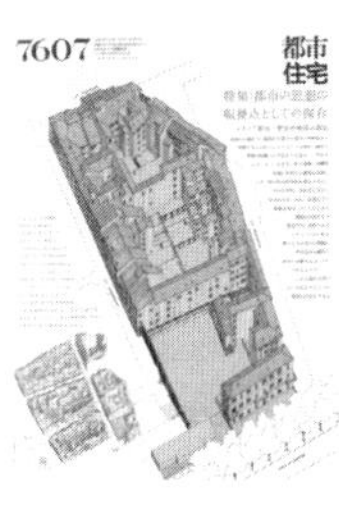

『都市住宅』
特集：都市の思想の転換点としての保存——イタリア都市・歴史的街区の再生
鹿島出版会、1976年7月

＊

今の都市が抱えている建物の保存や再生という問題について考えるきっかけとなったのはヴェネツィア建築大学の都市計画家、マルチェッロ・ヴィットリーニ（Marcello Vittorini）先生との出会いでした。彼は残念ながらすでに亡くなりましたが、二〇〇七年にローマを訪ねたときに幸いお会いできました［**図23**］。当時彼はナポリ大学でも教え、毎週、ヴェネツィアまで大きなオートバイで通ってくるような映画スターのようにかっこいい先生でした。私は彼のまわりにいた多くの女子学生のひとりに紹介してもらいヴィットリーニ先生にお会いすることができました。そして、当時たいへん人気のあった雑誌『都市住宅』の編集長、植田実（まこと）さんにヴェネツィアから熱い想いで書いた企画書のお手紙を差し上げ、稲垣栄三先生のサポートもあり、ヴィットリーニ先生が責任編集をした雑誌『都市住宅』の特集号を七六年七月に刊行することができたのです。ローマに引っ越して三年目の夏にこの特集号が私の手元に届いたのですが、その内容は都市とテリトーリオの再生という、今の日本の都市のキーワードにつながる理論と実践がぎっしり詰まっていました。

　当時のボローニャはユーロ・コミュニズムの象徴的存在で、多くの人の憧れの的だったので、この都市に特集全体の主役の座を与えました。ボローニャ市役所はまず、ムラトーリ学派の建築類型学（ティポロジア）という都市を読む方法を使って、旧市街内の建物すべてをタイプ別に分類することから始めたのです。中心には貴族の館であるパラッツォが多くあり、一方、周辺部には兵隊が並ぶように庶民の建物が連続的に建ち並んでいました。ポルティコという手法はいずれにも共通しています。また修道院が不動産の史料を保存していたので、そこからも都市の建築を分析し、リノヴェーションによる新しいハウジング手法のための戦略をつくりあげました。庶民地区の一部が老朽化し、スラム化していたため、郊外の団地建設にあてられる予定だった資金をそこに投入し、見事に地域を蘇らせることができました［**図24**および411ページ参照］。一度に大きな規模を再生させたので、コストをダウンさせることができました。このボローニャの画期的な実験について、リアルタイムでその事業の責任者、チェルヴェッラーティ（Pier Luigi Cervellati）さんの口から直接説明を聞けたのは、私にとってなんとも貴重な経験でした。

図24　スラム化したボローニャ地区の都市再生を目の当たりにする

陣内秀信
『都市のルネサンス
――イタリア建築の現在』
中央公論社、1978年

阿部謹也、川田順造ほか編
『社会史研究 3』
特集：ヴェネツィア庶民の生活空間
――16世紀を中心として
日本エディタースクール出版部、1983年

陣内秀信
『都市を読む イタリア』
法政大学出版局、1988年

＊

イタリアでいろいろな人に出会い、多くのことを学んで日本に戻ってすぐ、『**都市のルネサンス**』という一冊の本に自分の経験をまとめるという願ってもない機会を得ました。幸いこの本は多くの方に読んでいただき、その後地中海学会に入会するきっかけにもなりました。そこで出会った人類学者の川田順造先生にご紹介いただいた『**社会史研究**』という学際的雑誌に「ヴェネツィア庶民の生活空間」と題して、建築の枠を越え社会史的な視点を入れて書くことができました。そこからまた、歴史学、人類学、民俗学などの分野の同世代の方たちとつながりがもて、世界が一気に広がりました。

図25　洞窟都市マテーラ

同時に、イタリアではヴェネツィアや南イタリアの小さな町だけでなく、いろいろなところで調査をしていたので、その内容を『都市住宅』で連載というかたちで発表し、『**都市を読む**』として刊行することができました。そこではマテーラという洞窟都市も紹介しました〔**図25**〕。この町では、非衛生になっていた洞窟都市に住む人々が皆追い出され、高台の平坦地にできたニュータウンに移転していました。もともとの地区は貧しい人だけが残り、野犬がいるような怖くてがらんどうの状態になっていました。私はそこへ何度も通いながら調査をし、再生のための国際コンペの際に作成された図面などの資料を市役所から入手したうえで、住居を類型に分類してどのようにこの町が発展してきたのかを解析したのです（267ページ**図27**参照）。

帰国後しばらくし、早稲田大学の相田武文さんのゼミに招かれ連続講義をしたときに、ルイス・カーン（Louis Isadore Kahn）の研究者の工藤国雄さんから「陣内君は都市を読むと言うけれど、どこまで読むことができるの」とドキッとするような言葉をいただきました。このひと言は本当にいい刺激になり、また悔しくもあったので、都市を読む方法をもっと広げようとつねに考えてきました。

3　東京の「都市を読む」研究への挑戦

帰国してすぐ、非常勤講師として法政大学に勤めることになりました。その時代が結構長かったのですが、振り返ればそれがよかったのかもしれません。常勤と違い好き勝手をさせていただき、その私の活動を大江宏先生や河原一郎先生などの太っ腹な先生たちが面白がってくださったのです。これは今も残る法政大学のいい風土のひとつだと思います。こんな環境だったからこそ私はこれまで四〇年間近くも長く活動を続けてくることができたのでしょう。

私は東京を相手に「都市を読む」手法を応用することを試みました。まずはストレートに適用しようと考え、日本大学山口廣研究室の藤谷陽悦さんらとともに台東区下谷と根岸の下町の伝統地区を調査しました［**図26**］。所属していた稲垣研究室では、広島県竹原の本格的な町並みを先生、仲間たちと一緒に調査をし、イタリア流建築のティポロジアの方法を導入することもできました。しかし、法政で始めた、それまで誰も試みたことのない東京の歴史的都市空間を読み解く調査はじつに新鮮で、それにのめり込みました。いろいろなタイプ（類型）の建物が秩序をもってダイナミックに配列され［**図27**］、時代に応じて変容していく伝統的な町並みの系譜が読み取れたのです。近代化のなかで町家や長屋、武家屋敷の系譜がどのように変遷してきたのかを調査しました［**図28**］。私が驚いたのは、東京のような大都会なのに、お願いすると住居の中に快く入れてもらえたことです。とくに雪が降るなか、長屋に入れてもらったときは感動しました。

私と同世代の藤森照信さんが学会で発表し顰蹙を買ったという逸話のある「看板建築」の形成の過程についても調査しました［**図29**］。看板建築とは、内部は和風ですが外側は格好をつけて洋風にしているもので、今や誰もが知っている一般用語になっていますね。また長屋が近代化でいちばん恩恵を受

図26　「都市を読む」の東京での挑戦──東京・下町の伝統地区、下谷・根岸調査（1977年）

図28　階層・職種に応じた建築類型の持続
──町家、長屋、武家住宅系の分布

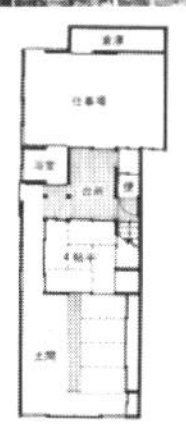

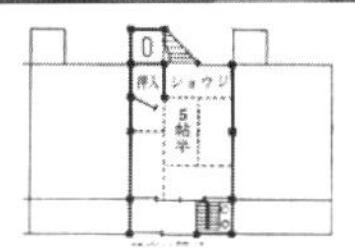

図29　看板建築

図27　武家住宅（上）、町家（中）、長屋（下）

け、発展しました。もともと平屋だった建物が大正時代には二階建てになり、トイレに加えガス、水道なども内部に入り、表側にあった台所が奥へ引っ込みました。それに伴い台所の部分には格好のいい格子がつき、平面プランも変わったことで住宅の居住性もアップしたのですが、戦後、長屋のそれ以上の発展はストップしてしまいました。関東大震災後に誕生した同潤会アパートは優れた都市型住居でしたが、それを除けば、戦後は郊外の団地へと大きくシフトしてしまったことで、長屋を原型とする日本の都市型住居の系譜が消えてしまいました。それが非常に残念で、北山恒さんたちと今もう一度考えようとしています。

私たちが最初に作成したガリ版刷りの手づくりのレポートを見た大江先生が大学から資金援助をしてくださり、ステップアップして和文タイプライターで報告書をつくることができました。さらに、その内容を相模書房から『東京の町を読む』として刊行できました。本当にこの試行錯誤の調査は面白い経験でした。

陣内秀信、板倉文雄ほか
『東京の町を読む
──下谷・根岸の
歴史的生活環境』
相模書房、1981年

長谷川堯
『都市廻廊──
あるいは建築の中世主義』
相模書房、1985年

奥野健男
『文学における原風景──
原っぱ・洞窟の幻想』
集英社、1972年

川添登
『東京の原風景──
都市と田園との交流』
日本放送出版協会、1979年、
筑摩書房、1993年

槇文彦ほか
『見えがくれする都市
──江戸から東京へ』
鹿島出版会、1980年

*

日本では七〇年代から八〇年代前半に建築ではなく文学の側から「都市を読む」ことがスタートしました。文学の人の方が時代の変化を先に読んでいて、都市の歴史や原風景などを探る試みや都市を読むような文学畑の本が続々と登場しました。建築分野のものとしては相模書房から長谷川堯さんの『**都市廻廊**』が出版されました。また、奥野健男さんの『**文学における原風景**』が建築界のさまざまな方々に大きな影響を与えたようで、そこからのインスピレーションをもとに川添登さんは『**東京の原風景**』、芦原義信先生は『街並みの美学』、槇文彦先生は『**見えがくれする都市**』を書かれました。どれも奥野健男さんの本からスタートしたわけです。考えてみれば当時どなたも四〇代でした。モダニズムの建築や都市の行き詰まり感を乗り越えていくためには、内面的な原風景や場所の記憶などが重要であるということを彼らは察知されたのだと思います。私は奥野さんが亡くなる数年前から実際に何度かお目にかかる機会があり、彼の原風景が恵比寿にあったことを知りました。恵比寿銀座通りを抜け、代官山のほうへ向かう高台に古道が通るのですが、そこには祠やケヤキの大木が今もあり、それが彼の原風景の名残でした。奥野さんには一緒に恵比寿駅のまわりで飲み歩きにも連れて行ってもらいました。人との出会いは本当に大切だと思います。

*

口の悪い友人たちからは、下谷や根岸のノスタルジーを覚えるような町並みばかりか、そもそも東京を研究して何になるのかとずいぶん言われました。しかし私は必ず研究の成果は出るだろうと考え、次に、近代を担った山の手全体にチャレンジすることにしました。今では「山の手歩き」という言葉ができるほど多くの人に注目されるようになりましたが、当時は槇文彦先生くらいしか山の手を面白がる人はいませんでした。その当時わかったことは、起伏のある山の手はローマ同様、七つの丘からなり、そのローマよりも緑の多い田園都市で、しかも斜面緑地はしばしば聖域になっているということでした［図30］。一方、下町はヴェネツィアのような水路の巡る水の都市でした。言ってみれば東京はローマとヴェネツィアをあわせもったような町なのです。しかし近代人はそんな贅沢な環境を皆すっかり忘れ、こうした特徴を奪い、個性を打ち消すような開発ばかり進めてきたのです。

われわれはまず最初に道路のネットワークを地形の上に重ねてみました。この手法もじつは、フィレンツェ大学のジャンカルロ・カタルディ（Giancarlo Cataldi）教授がアペニン山脈を背骨とし山並み、平野、川、谷などがあるイタリアの国土の上に道路が歴史的にどうつくられ、都市がいかに発展してきたのかを図解した際に用いたもので、それを山の手に応用してみたのです。ここから見えてきた原理は本当に面白いものでした。たとえば半蔵門から出た甲州街道は四谷、新宿へ向かって尾根を通っています。皆川典久さんらの東京スリバチ学会の聖地である四谷荒木町は谷の下にあります。大山街道(今の国道二四六号線)や中山道も皆、尾根を通っているのです。また、中山道に面した台地上の東京大学の本郷キャンパスから少し東に降りると、根津の下町があります。こうして山の手の構造を読むことができました。ただし、皇居の存在とその意味については、『東京の空間人類学』にはあまり書かなかったので、浅田彰さんにこの本には「皇居と山谷が欠けている」と書評で指摘されました。ひとつの宿題として残されたわけですが、皇居についてものちに、その際立った特質がわかるようになってきました。

同じ東アジアの都、北京の紫禁城が厳格にシンメトリーなのに対し、江戸城=皇居は地形を存分に活かし不整形で有機的な形をとります。内濠、外濠の二重の水で囲われますが、

図30　7つの丘と水路網をもつ都市──道路と地形の関係

図31　内濠で囲われ有機的な形をとる皇居

陣内秀信
『東京の空間人類学』
筑摩書房、1985年・1992年

それも高台は人工的に掘って小さな川や窪地とつなぎ、円環状のシステムをつくり出したのです。しかも、土地の高低差を考え、水位を切り替える堰が設けられ、水は西側の高みから低いほうへと順繰りに循環し、掘割や川に流れ、最後は海に注ぐ仕組みになっているのです。水辺に加え森が広がり、生物多様性がここに見られます。都心の真ん中にこのような豊かな自然をもつ有機的な都市システムを誇る都市は世界でもここしかないと断言できます［**図31**］。

＊

われわれは山の手の調査を進めるために、古地図（江戸切絵図）を重ねる調査をしました［**図32**］。歴史がわかりやすい地方の城下町などでは定石とも言えるこの方法ですが、歴史の断絶したイメージが強かった東京でそれを試みることは、それまで誰も考えませんでした。古地図はデフォルメが激しいので、近代測量にもとづいて作成された参謀本部の正確で詳細な明治一七（一八八四）年の地図を途中にはさみ参照すると、その作業はわりと楽に進められました。こうしてやってみると、関東大震災後の区画整理を受けていない山の手においては、街区、敷地割り、道路網などが見事に重なるのに驚かされました（139ページ**図10**参照）。まさに江戸が現代東京の下敷きとして生きているという実感を得たのです。

こうして作成した重ね図を手に、毎週末、靴をすり減らしながら本当によく歩きました。それによって凸凹地形やその上での土地利用をリアルに把握でき、大名屋敷、下級武家地、町人地、寺社地などがどこにどうあったのかや、設計手法までわかりました。空間がどうできたのかということと同時に、どういう理屈で江戸の全体ができたのかまでわかりました。この調査で利用したような重ね図は今では市販されており、ネット上でダウンロードもできたりするので、当時われわれが販売していれば、大儲けしていたかもしれませんね。このような調査を東京で定期的にやっていました。

いろいろな事例がありましたが、東京大学の本郷キャンパスについては『**東京大学が文京区になかったら**』という面白い

図32　江戸時代の敷地割りを現代地図に重ね、連続性を発見

本が出ましたのでぜひ読んでみてください。われわれはこの東大キャンパスの前身、前田家の上屋敷が本郷台地の上にどんな形で立地しているのかを読み解いていきました［図33–34］。切絵図で本郷を見ると、大名屋敷のあるところは密度の低い都市のように見えますが、前田家の屋敷配置を示す絵図で確認すると、実際はかなり高密度に家臣の長屋などが建て込む空間だったことがわかります［図35–36］。重ねて復元した図で見ると、敷地内に水が湧く池があり、街道沿いの寺町、古本屋街など基本的に江戸時代と今の構造は変わっていないことがわかります。西側へ谷に向かって下りていくと、樋口一葉がいた菊坂周辺もそのまま残っています。東に坂を降りれば、根津の下町に至ります［図37］。

　私は当時から東京では都市断面つまり凸凹地形を理解することが重要だと考えていました。本郷台地の尾根道沿いに立地する東京大学、その台地の東裾にこの地域のコミュニティをつくるために千駄木からわざわざ移してきた根津神社、さらに下った谷に発達した根津の下町、そしてまた東に上ると寺町の谷中、東京藝術大学などがある上野の台地の関係性が、断面を描いてみるとよくわかりました。また過去から現在まで何が受け継がれてきたのか、同時に変化のプロセスやそのロジックを読み取ることもできました。

＊

　もっと現代都市の様相を見せる港区にも面白い発見がたくさんありました。港区の切絵図を見るとよくわかるのですが、その空間構造が複雑です。私はこうした複雑系の都市が大好きなのですが、ここを調査した際に建築ばかりを見るイタリア流の都市解読法だけでは解けないことに気づきました。土地の論理、特徴はよく継承されるのに、建物は時代とともに建て替わります。植生、湧水ともつながる聖域、水路、道のネットワーク、敷地割りと建物配置などの要素が場所の特質を生み出し、建築よりも長く存続して、環境や風景をより強く規定するのです。場所性やゲニウス・ロキという、近代建築・都市を超えることを考えた八〇年代に注目されたキーワードも日本の風土では、これらと関係して成り立つと言える

伊藤毅企画監修、樺山紘一、伊藤毅ほか『東京大学が文京区になかったら──「文化のまち」はいかに生まれたか』
NTT出版、2018年

図34　東京大学周辺

図33　前田家上屋敷――この跡地に東京大学がある

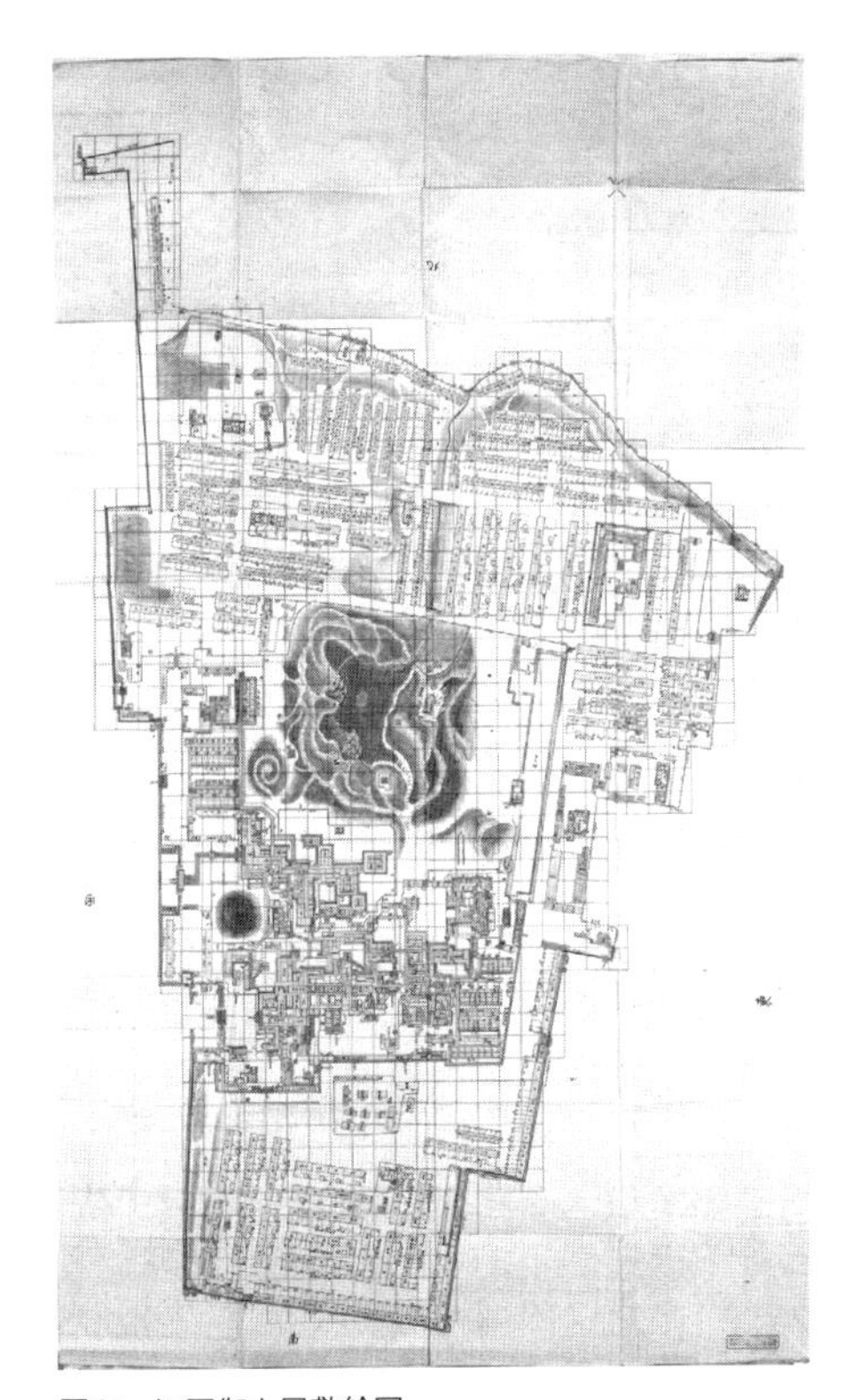

図36　江戸御上屋敷絵図

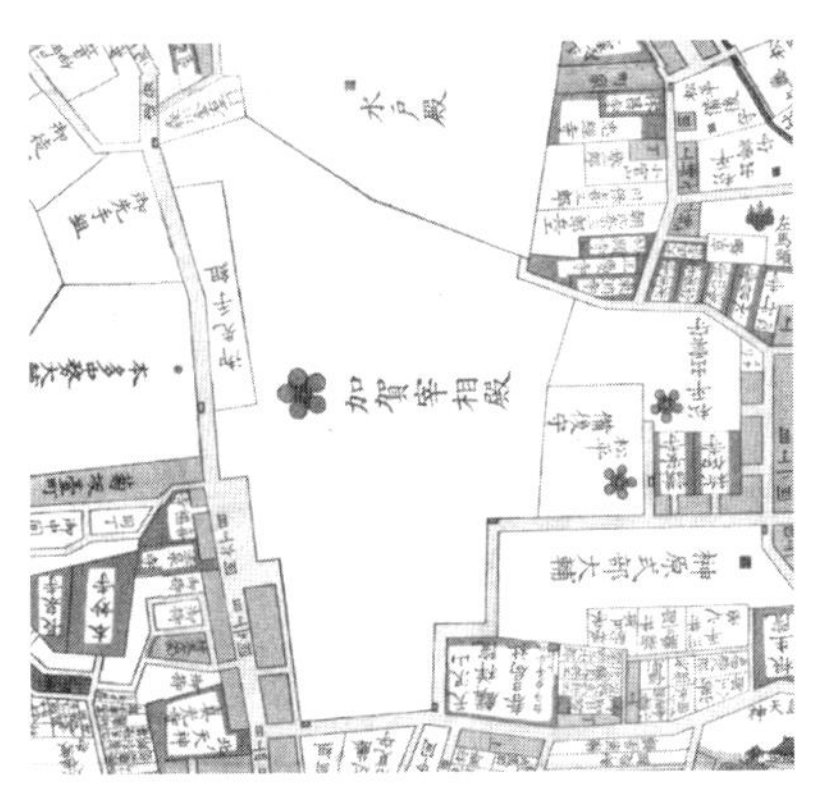

図35　尾張屋版江戸切絵図 本郷湯島絵図

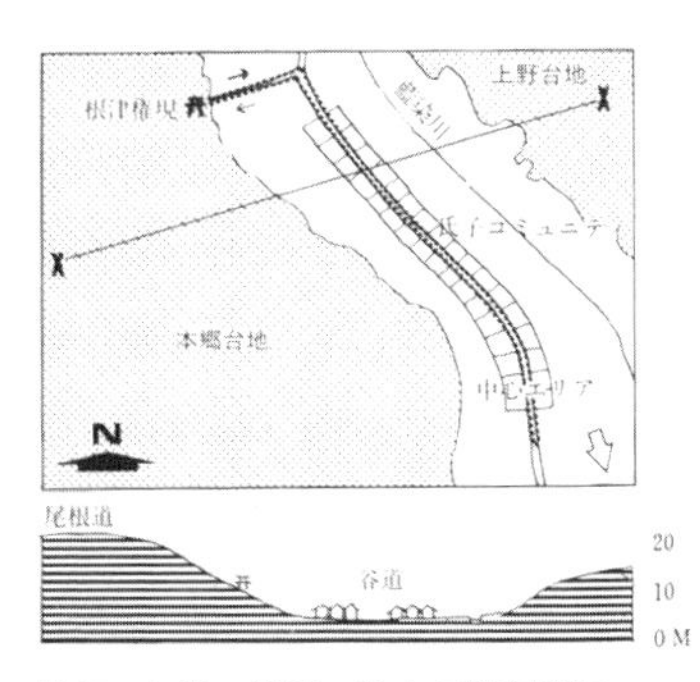

図37　本郷・根津・谷中の都市断面、
凹凸地形が重要

のです。

そして当時の私は、イタリアで生まれた建築や都市の類型的展開の分析から読み解くティポロジアに〈空間人類学〉を組み合わせることを考えつきました。これがのちの研究の導き手になりました。

たとえば、麻布の高台には文明開化を担った場所が多くあり、大名屋敷の跡地に大谷石でつくられた関東大震災前の安藤記念教会がある一方［図38］、そのすぐ近くの斜面には九世紀前半に開山された麻布山善福寺やその墓地、永井荷風も『日和下駄』で書いた逆さイチョウなど［図39］、まさに異界が紛れ込んでいるような空間があり、聖と俗が混じり合う面白さを感じるのです。この在りようは建築類型学（ティポロジア）ではとても解けない内容ですよね［図40］。

一方、北の目白に目を向けると、今でもたいへん優れた景観を残す斜面緑地があり［図41］、そこには神田上水を見守る水神社が祀られています。そのまわりには、新江戸川公園、椿山荘など、大名屋敷の回遊式庭園を受け継ぐ日本らしい文化と自然の両面からの貴重な資産が多く受け継がれているのです。

図38 近代の教会、麻布

図39 逆さイチョウ

図40 山の手の都市風景には建築ばかりを見るイタリア流では解けない地形、植生、建物配置——麻布の暗闇坂

図41 目白の斜面緑地

＊

東京における四つ目のテーマは「水都としての東京」です。ヴェネツィアから戻ってすぐには水の都市の視点に気づきませんでした。もっぱら山の手に頑張って取り組んでいましたが、そればかりだとどうも近代礼賛になりそうだと感じました。東京の山の手には、江戸の財産を受け継ぎ、洋館や大学キャンパス、大使館などができたわけですが、近代を担うことができる器があったからこそ東京が首都として見事に機能してきたとも言えます。しかし、そうした視点だけではこの国本来の都市の特質や魅力の解明にはつながらないのでは、との疑問が自分のなかで生まれたのです。考えてみれば、東京は盛り場や悪所と言われる場所など、民衆の情念で生まれたようなヴァナキュラーな場がもっとたくさんあることに目が行きました。そして水の都市という見方に気づき取り組んでいくうちに、そういう部分がだんだん目の前に広がっていったのです。

長谷川堯さんの『都市廻廊』は、水の東京に光を当てた早い時期の著作で、水上のシャンゼリゼと言える日本橋川に架かるモニュメントとしての日本橋を手がけた妻木頼黄を礼賛しています。私は八〇年に、東京藝術大学出身で江戸から東京の歴史に詳しい小澤尚さんに誘われ、佃島から舟を出し、都心の川や掘割を巡りました［**図42**］。これが水都の研究のスタートとなりました。ヴェネツィアでの経験も大いに活かすことができました。こうして日本橋を船で潜ってみて、長谷川さんの本の面白さもよくわかりました。

古地図や文献などの史料を使って東京を見ていくと、水の都市である江戸、東京は多様な機能や役割、意味をもってい

図42　水都としての東京──佃島の船宿から舟を出す

たことがわかりました。アジアとの比較を徹底的にやりましたが、世界中探してもなかなかこのような都市はないでしょう。江戸の水の都市は洪水から守るための土木的事業を行いながら発展し、水を多様に使い、人々が水と親しんだのです。

もちろん江戸、東京も含めた世界中の水の都市にとってまずは物流が重要でした。ヴェネツィアやアムステルダム、バンコクなど中世から近世の平坦な土地にできた古いタイプの水の都市は、水路や運河が巡る水網都市の性格をもちました。美しい邸宅が運河に面するヴェネツィアとは異なり［**図43**］、東京の場合は掘割に沿って物流のための蔵を並べました［**図44**］。ただしこれも物流の近代化によって変わってきます。石川幹子さんは河岸の特異な構造に注目し、研究室でお弟子さんを育て、素晴らしい学位論文（鹿内京子「東京下町における河岸の歴史的変遷に関する研究」）が生まれました。河岸はじつに日本的な要素です。

都市研究において、広場がどこにあったのかはよく話題になります。江戸では橋のたもとに火除け地としての大きな空地があり、普段はそこが仮設のもので覆われていて賑やかな

図43　水の都市の構造比較——サン・シルヴェストロ地区

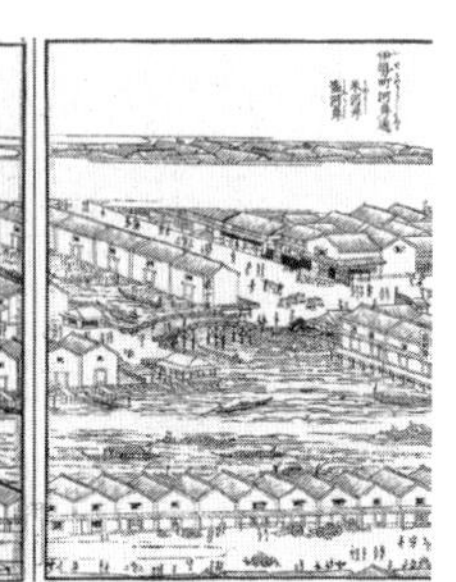
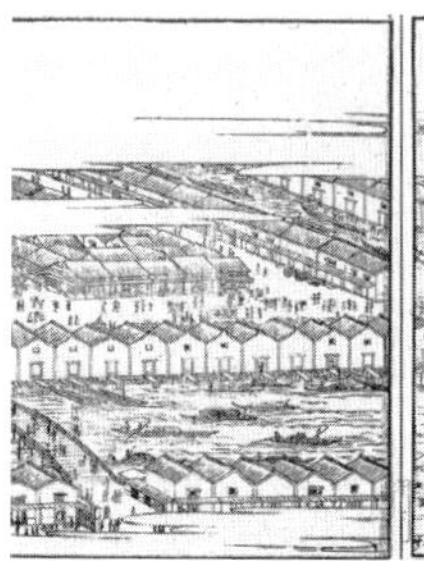

図44　東京日本橋付近「江戸名所図会」

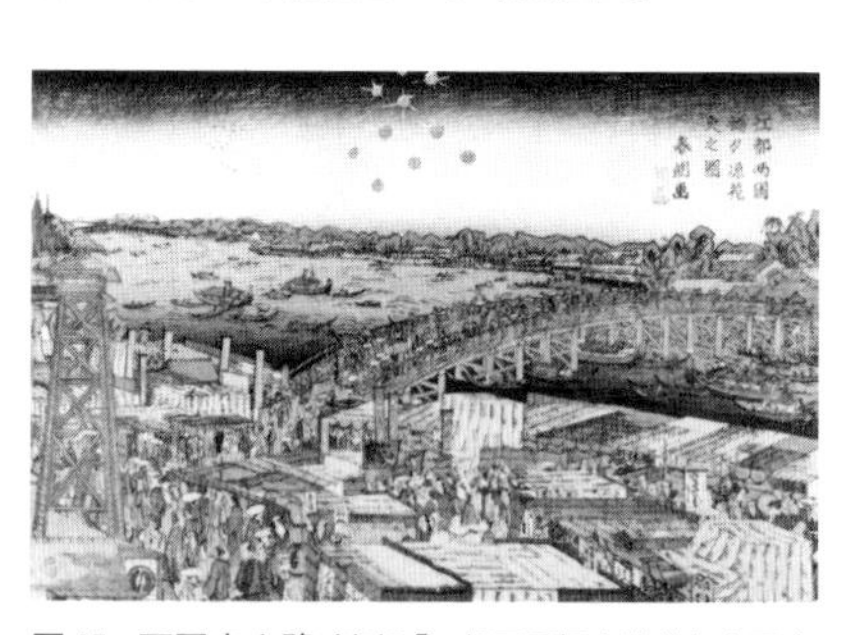

図45　両国広小路（春朗「江都両国橋夕涼花火之図」）

図46　品川荏原神社の海中渡御

広場になっていました。それが盛り場の様相を呈し［図45］、大勢の人々を惹きつけていました。都心にあるイタリアの広場とは逆でモニュメントはなく、周縁の水際に民衆のエネルギーに満ちた江戸の広場がありました。

江戸では、水は舟運、漁業、商業活動、生産などの経済活動に加え、宗教・儀礼、祭礼［図46］、演劇、レクリエーション・観光などとも深く結びつき、美しい風景を生むうえでも大きな役割を果たしていたのです。こうした特徴に迫るにも、私の考えた〈空間人類学〉の発想が有効でした。

こうして凸凹地形の意味を読む山の手と下町の〈水の都市〉の考察を合わせ、八五年に筑摩書房から『東京の空間人類学』を刊行することができました。その一〇年後にカリフォルニア大学の出版局から英語版の *Tokyo – A Spatial Anthropology* を出すこともできました。この本には槇文彦先生とリチャード・ベンダー（Richard Bender）先生に推薦文を書いていただきました。外国の方々が東京に来る際に幸いこの本を活用しているようです。イタリアで学んだ手法の応用だけでは限界があり、新たな発想と方法を編み出す必要があったわけで、東京は私にとって「都市を読む」トレーニングの場だったと言えます。

東京の調査でいろいろな出会いがありました。あるとき、パリ滞在中の川田順造先生から、レヴィ＝ストロースさん（Claude Lévi-Strauss）が船で東京を回りたいと言っていると深夜に電話をいただきました。そこで私が日頃お世話になっている佃島の船宿にお願いし、レヴィ＝ストロース夫妻と川田順造夫妻とともに釣り船で隅田川を下る貴重な経験もできました［図47］。

八〇年代当時は、さまざまな分野の人たちが学際的な共同研究をするムーヴメントがありましたよね。日本文化会議という組織が「東京の文化としての都市景観」という研究会を立ち上げ、そこに土木分野で景観学のパイオニアとして活躍していた樋口忠彦さんが加わっており、私にも声がかかりました。そのメンバーの東京の近代史を専門とする小木新造さんは日本研究者なのですがアナール派のようなアプローチをと

Hidenobu Jinnai,
Tokyo – A Spatial Anthropology
University of California Press, 1995

り、人々の日常性の歴史について研究されていました。その彼が、従来、近世＝江戸と近代＝東京を分けて別々に研究する傾向が強かった学界の状況を乗り越え、両者を同じパースペクティヴのなかで捉えようとする「江戸東京学」を提唱したのです。研究会で一緒だった芳賀徹、宮田登、竹内誠といった多彩な分野の方々も賛同し、新たな江戸東京の研究がスタート。その動きを一緒に担えたのは私にとって貴重な体験でした。その力を結集して『**江戸東京学事典**』ができ、江戸東京博物館も完成しました。

図47 レヴィ＝ストロース夫妻と川田順造夫妻と隅田川下り

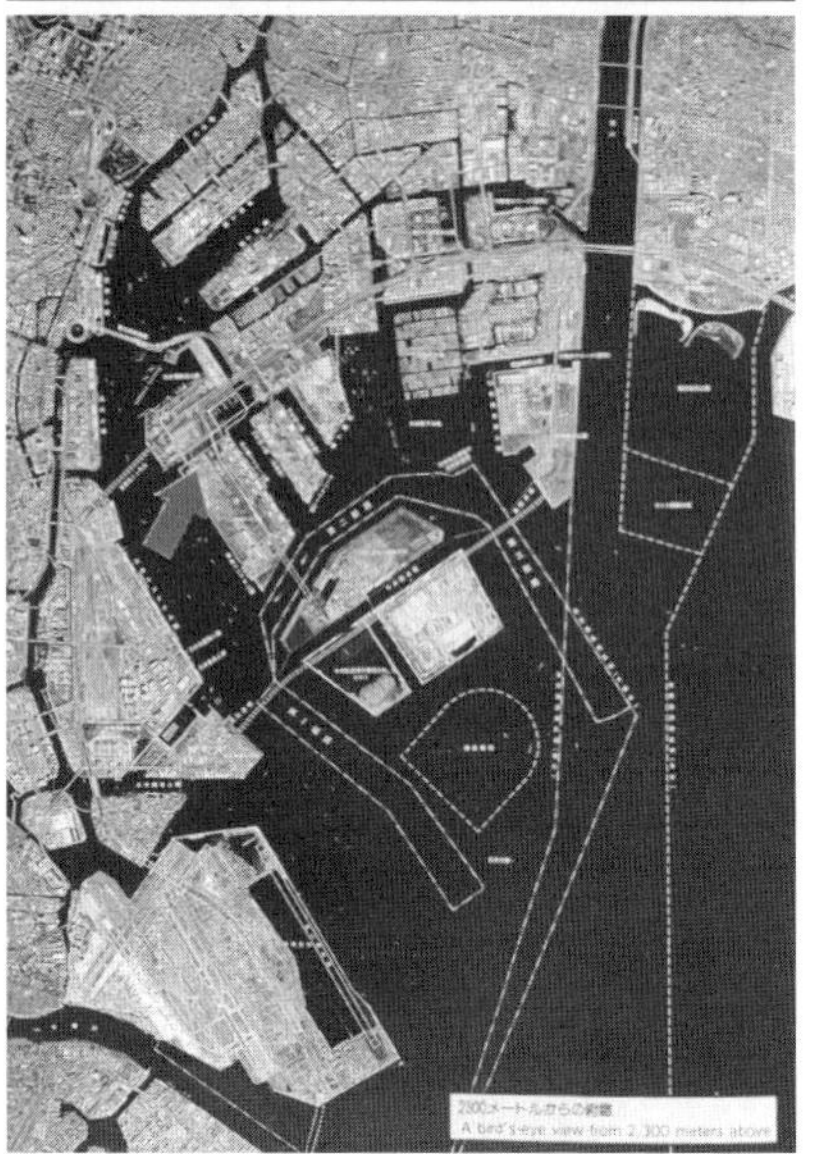

図48 水の都市の再生――海上副都心開発プロジェクト（1986-87年）、ウォーターフロントブーム

小木新造ほか
『江戸東京学事典』
三省堂、1987年

こうした背景のもと、八五年頃、江戸東京ブームが訪れ、書店にはその歴史、文化を扱った書籍コーナーがつくられ、時代が変化したことを感じました。雑誌『東京人』（都市出版）も八六年に創刊。私はそれにも関わりました。一方、八〇年代の前半に始まるロフト文化など小資本による一種のゲリラ的で創造的な性格をもったウォーターフロント・ブームは、その後半のバブル経済の時代になると、経済開発の切り札としてもてはやされ、政界・財界主体に変質しました［図48］。東京が水の都市として復活することに大きな期待が寄せられた動きも、開発プロジェクトが目白押しという加熱気味のウォーターフロント・ブームを招く結果となりました。バブル崩壊とともにそれも沈静化し、結局、東京都が推進した一三号埋立地における海上副都心開発の巨大プロジェクトは、青島幸男都知事による世界都市博覧会の中止決定とともに途中で頓挫してしまいました。そういう時代でした。

4　中国都市との比較

当時、欧米のウォーターフロント開発をモデルとする考え方が主流だったのに対し、広島でアジア・日本らしい水辺都市のあり方を模索する国際シンポジウムを仲間と開催し、「ウォーター・コミュニティ」という言葉を使おうと提案したこともあります。欧米の真似をするのではなくアジア・日本版の水の都市を求める指向性をその頃からもちました。水辺の空間を理解するには建築だけではだめで、空間人類学のアプローチが必要だとも感じていました。

その頃、修士課程にいた木津雅代さんが、私の研究室から初めて中国に留学し、上海の同済大学で学びました。解放経済前の当時はまだ自由がなく、都市内の住宅調査ができる状態ではなかったため、それに近い領域として庭園（園林）をテーマに選び研究しました。少しずつ解放化が進むなかで、彼女は江南の水郷の町に出会いました。彼女の呼びかけで、私の研究室による中国江南の水郷都市の調査研究が始まり［図49］、そのなかから高村雅彦さんが頭角を現し、彼がこのテーマを大いに発展させ、中国でも高く評価される素晴らしい研究をまとめてくれました。

一方では、ＭＩＴ（マサチューセッツ工科大学）での東アジア都市研究の国際会議に参加し、中国から参加していた清華大学の朱自煊先生と親しくなったこともあり、東アジアの代表的な首都、東京と北京を比較したいと考えていました［図50］。じつは、アジアの建築の専門家で東京大学生産技術研究所の村松伸さんが、そのだいぶ前に、一七五〇年の「乾隆京城全図」を稲垣研究室に持ってきたことがあり、私はこれを見て感動しました［**図51**］。江戸だと地図に建物は一切描いていないのに、北京のその地図では建物や中庭まで全部描かれている。つまり都市空間における住居群の具体的な姿がリアルに見てとれるのです。

北京と東京の「都市を読む」比較のプロジェクト構想も機が熟し、朱自煊研究室と組んで住総研の研究助成を得て、二年間続けて旧市街地を徹底的にフィールド調査し、『**北京**』として出版しました。その後、中国風中庭型建築である四合院住宅が注目されるようになり［**図52**］、中国からの留学生が関心をもって研究してくれますが、東京との比較から始めた当時の私たちの北京研究がパイオニアの役を果たしたとも言えるでしょう。

*

八〇年代中頃に起こった江戸東京ブームの動きのひとつとして、藤森照信さんが赤瀬川原平さんらと組んで立ち上げた「路上観察学会」の面白い活動がありました。藤森さんの定義によると、私たちの「空間派」に対して「物件派」とのこと。

図49　中国都市との比較へ、初めてヴェネツィアを訪ねたときと同じ感動――中国江南の水郷都市

図50　東アジアの代表的な首都の比較論――北京

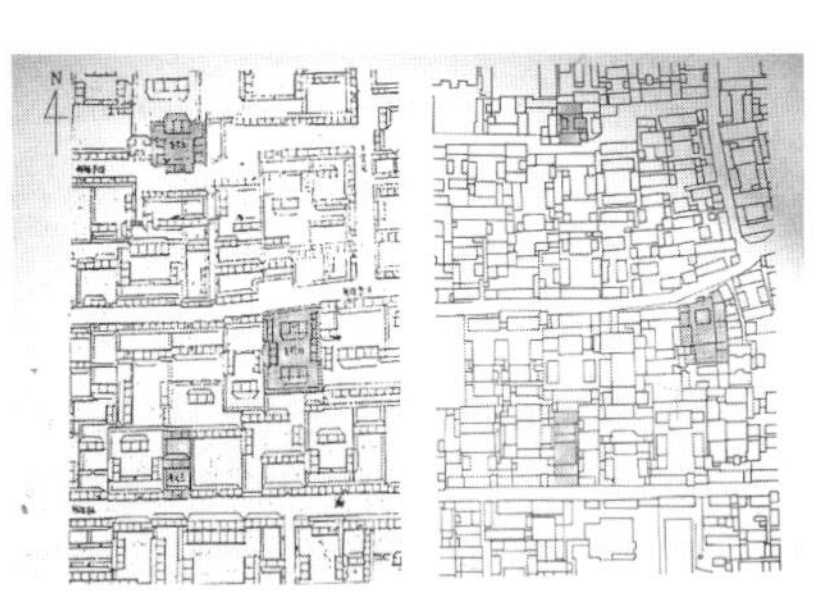

図51　「乾隆京城全図」（1750年）

図52　四合院住宅

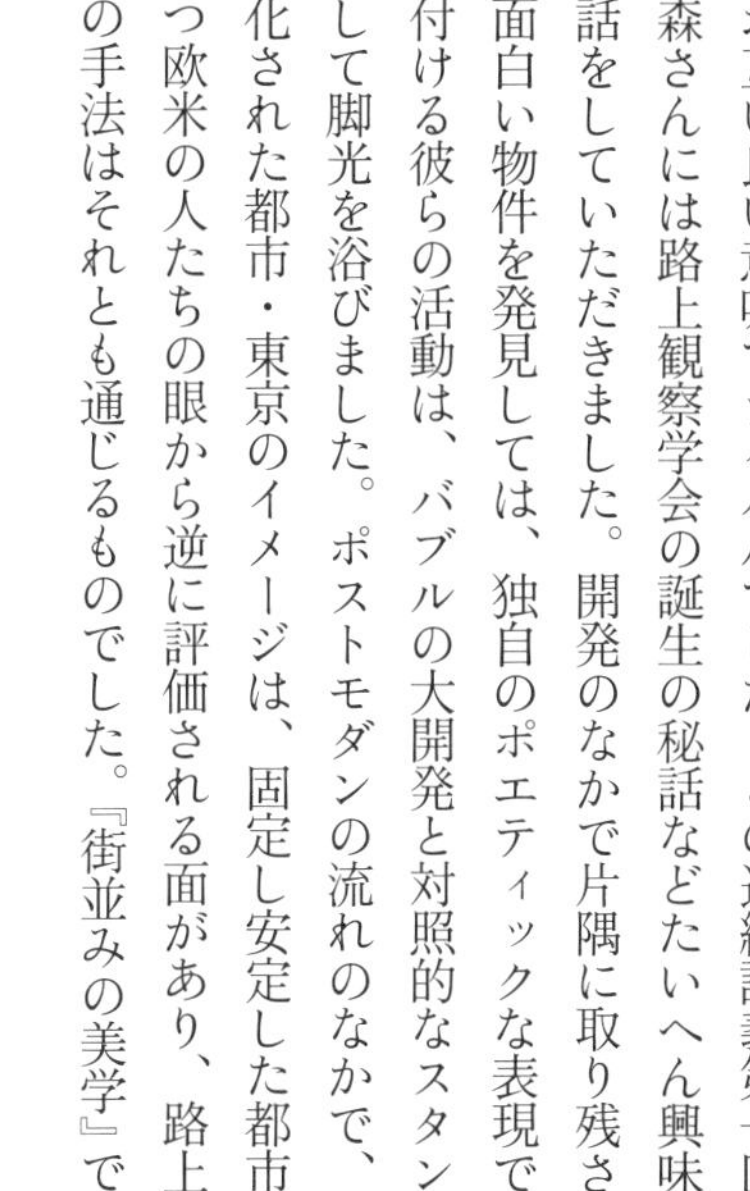
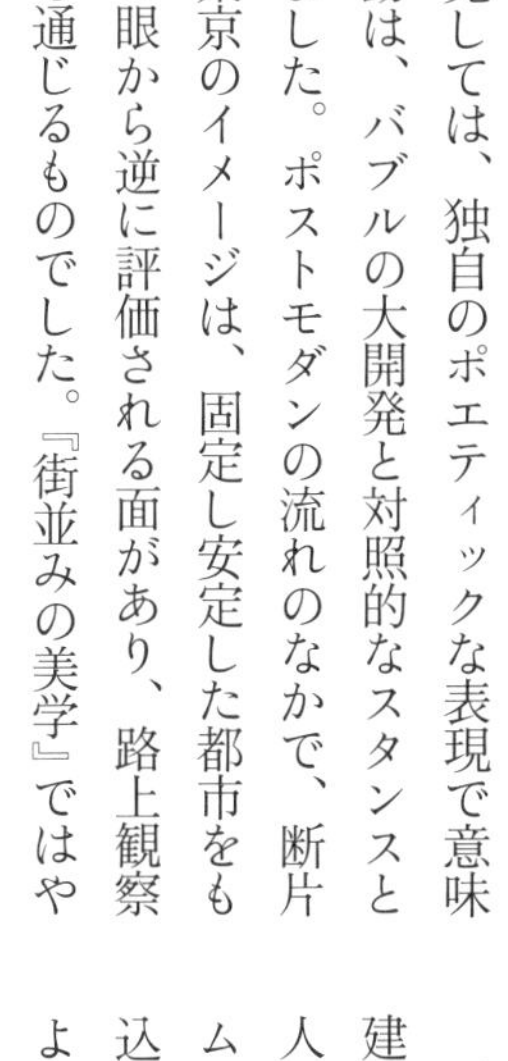

お互い良い意味でライバルでした。この連続講義第一回で藤森さんには路上観察学会の誕生の秘話などたいへん興味深い話をしていただきました。開発のなかで片隅に取り残された面白い物件を発見しては、独自のポエティックな表現で意味付ける彼らの活動は、バブルの大開発と対照的なスタンスとして脚光を浴びました。ポストモダンの流れのなかで、断片化された都市・東京のイメージは、固定し安定した都市をもつ欧米の人たちの眼から逆に評価される面があり、路上観察の手法はそれとも通じるものでした。『街並みの美学』ではやや否定的だった東京の都市に新たな評価の眼を向けた芦原義信先生の『**隠れた秩序**』も、ポストモダンの気運に乗って世界から大いに注目されました。

バブルの時代、われわれが関心をもって調査に訪ねる古い建物が残るエリアは、地上げ屋が徘徊する場所とも重なり、人々に警戒され調査がやりにくくなりました。江戸東京ブームに沸き立つなか、自分たちの研究成果も消費の構造に取り込まれていくような危機感を感じ、もう一度、原点に戻ってより深く研究したいと考え、またヴェネツィアへ逃げ出しました。

陣内秀信、高村雅彦、朱自煊編
『北京——都市空間を読む』
鹿島出版会、1998年

芦原義信
『隠れた秩序——二十一世紀の都市に向って』
中央公論社、1986年・1989年

5　在外研究で再度、ヴェネツィアへ

四四歳のときに私は、在外研究という大学の制度を使って再度ヴェネツィアに一年滞在し、新たな気持ちで研究に取り組みました。かつてトリンカナート教授の助手だったジョルジョ・ジャニギアンさんら、古くからの友人たちとも再び研究交流を深めることができました［**図53**］。実際に行ってみると、七〇年代中頃と再度訪れた九一年とでは、イタリアの人々の問題意識もずいぶん変わっていました。都市史研究を牽引するドナテッラ・カラビさん（Donatella Calabi）と出会ったこ

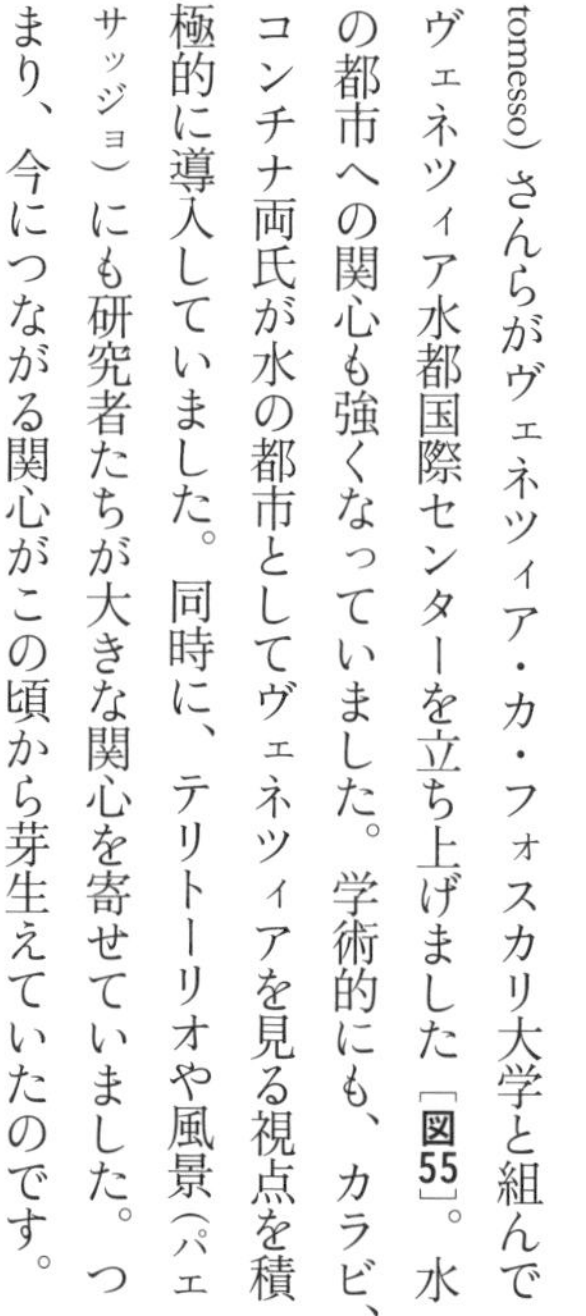

図53　ジョルジョ・ジャギニアンさんとの再会

図54　ドナテッラ・カラビさんのお宅にて

図55　水都国際センター主催の国際会議

とが大きかったのですが［図54］、彼女はアナール派の影響も受けて社会史の要素を取り入れ、リアルト市場や港湾都市を研究し、またユダヤ系の方なのでゲットーを調査していました。また、七〇年代のイタリアではイスラームへの関心はまったく感じられませんでしたが、エンニオ・コンチナ（Ennio Concina）さんはイスラーム世界の都市の調査を展開しており、研究上の交流ができました。

一方、実践面では、ヴェネツィア建築大学のチェッカレッリさん、私の友人であるリニオ・ブルットメッソ（Rinio Bruttomesso）さんらがヴェネツィア・カ・フォスカリ大学と組んでヴェネツィア水都国際センターを立ち上げました［図55］。水の都市への関心も強くなっていました。学術的にも、カラビ、コンチナ両氏が水の都市としてヴェネツィアを見る視点を積極的に導入していました。同時に、テリトーリオや風景（パエサッジョ）にも研究者たちが大きな関心を寄せていました。つまり、今につながる関心がこの頃から芽生えていたのです。このイタリアの新たな状況は東京で活動していた私にピタッと波長が合ったので、研究を切り拓く展望が見えたように感

陣内秀信
『ヴェネツィア
――水上の迷宮都市』
講談社、1992年

じました。

イタリアから帰って、『ヴェネツィア——水上の迷宮都市』という新書を出版しました。浮島というラグーナに始まり、人類学的な発想から市場、演劇、祝祭、ファッション産業などを扱いつつ、テリトーリオについての考え方の筋道をも書きました。

6 イスラームの都市性

現在のイスラーム世界について考えると、悲しい思いにならざるを得ません。ダマスクスはまだ健在だと思うのですが、アレッポの惨状は本当につらいですね。スークを中心にかなり破壊されているようです。でも私たちが町を調べ、記録していた内容『イスラーム世界の都市空間』が今度は復元され蘇る際に役に立つ可能性が出てきています。ヴェネツィア滞在中の九一年、研究室でシリアの調査に行ったときに、新井勇治さんがシリアを気に入り、三年間もダマスクス大学に留学しました。

ダマスクス［**図56**］やアレッポの空間構造は建築群と都市全体が有機的に結ばれる見事なシステムをつくっており、近代都市や近代建築をもう一度見直すうえで参照されるべきものだと思います。ダマスクスでは中庭型の住宅を数多く訪ね、実測しましたが、どの家にも地上の楽園のような水と緑の美しい空間がありました。

われわれがそれまで調査してきた地域とはまた違う文化圏に彼が留学し、アラビア語もマスターしたので、彼を隊長としてチュニジア調査に行った際も、日本人が正統なアラビア語を話す、と現地の人に高く評価されました。従来、複雑で秩序が見出しにくいとされてきたアラブ・イスラーム世界の都市を研究することは、ある意味、西欧原理、近代原理と異

図56　ダマスクス。中庭型住宅でのもてなし

陣内秀信・新井勇治編
『イスラーム世界の都市空間』
法政大学出版局、2002年

なるロジックでできた東京の研究とも相通ずるところが大きいと言えるのです。

7 南方の知の再評価

じつは調査地を選ぶには、物価の影響を受けます。学生を連れてイタリアに行くのは高すぎることもあり、何年間かは、やはり私が関心をもっていたトルコを含めた地中海から中東のイスラーム、アラブ世界を調査しました。その後、こちらも経験を積んで力もついてきた頃、南イタリアに研究室メンバーとグループで調査をしに行くチャンスが巡ってきました［**図57**］。

一方で、ありがたいことに八〇年代に世界の価値観が変わりました。イタリアでは長らく、南は近代化から取り残され貧しく後進的だと否定的に見られていましたが、明治大学の哲学者、中村雄二郎さんは、より複雑系になっていくこれからの時代、近代の原理のもとにあるデカルト的な北のほうの知よりも、矛盾を抱えた状況をそのまま理論化しているナポリのヴィーコ（Giambattista Vico）に代表される南の知のほうが重要になるだろうと書きました。アラブ世界はまた別の理由で今日、混沌としているので、この考えは適用できないかもし

図57 南方の知の再評価――「ナポリを見てから死ね」、劇場のようなバロックの邸宅、古代地下都市にタイムスリップ

れませんが、少なくとも現在、イタリアでは南の地方が注目されています。日本の状況とも重なりますが、地形や自然の豊かさと古代からの歴史の重なりをもつ複雑系の都市が南イタリアには多くあります。たとえば、ナポリの地下には驚くことに、ギリシア時代に石を切り出すために掘った穴がたくさんあります。それをローマ人が水道施設として使い、第二次世界大戦中は防空壕として人々が活用していたのですが、その後放置され、ゴミ溜めになっていました。最近、その空間を整備して蘇らせ、古代地下都市にタイムスリップできるようにしました。美しい自然や風景、そこからの恵みなどを目にすると、やはり南イタリアの今後の可能性に思いがいくのです。

研究室の活動にとって、留学生はじつにありがたい存在で、大切にしなければなりません。アブドラ・アラジンさんというダマスクスの有力家系の息子が私の研究室に留学してきたときには、彼の家族の世話になり、ダマスクスの旧市街の調査をすることができました。またサルデーニャからマッシモ・アルビートさんが九三年から三年間留学生としてきてくれたので、彼の家族に世話になりながらサルデーニャの調査をしました［**図58**］。サルデーニャは面白くて、近代文明にまったく侵されていない羊飼いの文化圏が中部の内陸部に広がる一方、古代以来のラティフンディウムが継続する穀倉地帯が南の平野部にあり、その比較が空間人類学的に見てもたいへん面白い研究となりました。その内容をまとめた『季刊iichiko』

図58　サルデーニャで空間人類学が生きる（1993-95年）

陣内秀信、柳瀬有志
『地中海の聖なる島
──サルデーニャ』
山川出版社、2004年

Hidenobu Jinnai,
La Sardegna vista dai giapponesi
Iris, London, 2004

のサルデーニャ特集、さらに研究を深め『**地中海の聖なる島**』を刊行いたしました。ありがたいことに、サルデーニャの出版社からイタリア語、サルデーニャ語を含む四か国語で出版することができました。

サルデーニャを調査する際に、形態と機能と意味について考えました。経済基盤、生業の異なるサルデーニャの中部と南部とで、人々の生活空間や都市の形態や都市組織、住居のタイポロジーが大きく異なりました。羊飼いはみんな会社の社長のような存在で、誰にも命令されずに自分の独立した生

図59　バルバージャ地方、木の外階段をもつ羊飼いの家

図61　サン・サルヴァトーレ、カプラス近郊田園の教会の聖なる井戸（BC1000年頃）

図60　カンピターノ地方、地主の農場

活を営んでいます［図59］。どの家にもパン焼き窯があり、二階に住み一階は家畜小屋として使われ、動物の体温で冬の暖をとることもありました。一方、南の平野部では、大農園である地主の邸宅に加え、それに従属する零細な農民の家を調査しました［図60］。パン焼き窯はなく、パンを地主から支給されていたと言います。

さらに、サルデーニャでは水が聖なる意味をもつという点にわれわれは注目しました。ちょうどケルト文化が再評価された時期にあたり、ケルト人同様、サルデーニャのヌラーゲ時代の人々が聖なる水の信仰をもっていたことに気がつきました。この島には、紀元前一五〇〇年から紀元前三〇〇年、ローマ人に滅ぼされてしまうまで非常に高度なヌラーゲ文明が栄えていたのです。水の信仰の跡があちこちに見られますが、カブラスという町の田園のサン・サルヴァトーレ教会は、地下と地上の二層からなり、ヌラーゲ人の信仰と結びついた聖なる井戸のある地下の部分は今から三〇〇〇年ほど前につくられたと言います［図61］。この井戸の水は病気や怪我が治るような聖なる力をもっていたとされます。その後やってきたローマ人もこの地下を礼拝空間として使っていたことが、壁に三人のローマの神様の姿が描かれていることから知られます。こうして水の信仰をもとに、聖域としての意味がレイヤーとして重なるということは、日本の文化状況に近いように私は思いました。西欧の片隅にそうした水の文化の基層が受け継がれているのを知ったのは、大きな経験でした。

8　再び東京へ——郊外の地域学

そのようなことを感じ、新しい経験を積んで日本に戻った九二年春の頃、同じタイミングでバブルが弾け、しばらくすると社会に落ち着きが出てきました。気分を一新、また東京研究に戻るのですが、従来とは異なる新しい発想、方法で取り組みたいと考えました。その頃すでに、江戸を下敷きにする都心部に歴史や文化価値があることは多くの人の知るところとなり、古地図を持っての町歩きも活発になっていました。一方、私は杉並区・阿佐ヶ谷の南にあたる成宗育ちなのですが、こうした山手線の外側のもともと近郊農村だったところには何の歴史も個性もないという感覚が一般的だという点に目をつけました。郊外住宅地は、商店街もあり飲み屋もあり便利で住みやすいが、そこに歴史やアイデンティティを求めようとは誰もしていなかったと思われます。じつはそれは、八〇年代に入る頃、私が山の手に取り組もうとしたときと同じような発想だったのです。

郊外だからこそできたのは、農村だった地域が都市化、住宅地化していくプロセスのすべてが明治以後の地図で詳細に追えることです。江戸の都市形成のメカニズムをそこまで読むことは古地図、史料がないためできませんが、日本の都市や住宅地の空間ができていく過程、およびその仕組みを何段階もの地図を追うことで読むことができました。武蔵野の全体に目をやっても、江戸時代の都市核と言えるものは高井戸などの宿場町にしかありませんでした。戦後まで長く存在していた花街も新宿十二社、そして中野新橋より西には、八王子まで途中、ありませんでした。

同時に、武蔵野と多摩のエリアについて、地形、自然条件と地域形成の関係を見ていくうえで、〈水〉をキーワードとして読んでいくと面白いこともわかってきました。

*

私自身の原風景である杉並区の旧成宗のあたりがどういう風に成り立っているのかということを調査研究しました。JR阿佐ヶ谷駅の南側に阿佐ヶ谷パールセンターという、くねくね道が曲がった面白い商店街があります。その西側に戦後、改正道路と称して車のためにまっすぐの道が後付けされました。戦時中の建物疎開で広いスペースを道路としてとれたため生まれました。そのため商店街はありがたいことに早くから歩行者専用です。そしてこの商店街は中世の鎌倉古道にあたり、それが明治後半にできた甲武鉄道とぶつかるところに阿佐ヶ谷駅ができました。じつはこの鎌倉古道が広い地域の古いところをすべて結んでいるのです。いちばん南側に水が湧く大宮八幡宮があり〔図62〕、北の阿佐ヶ谷神明宮、さらに北の鷺宮八幡神社を結んでおり、どの神社も同じように川を背にしてやや高台に一〇〇〇年代に誕生しました。微地形に応じてゆるやかに曲がって進むこの鎌倉古道の途中には、たくさんの祠もあります。

この時期に取り組んだ阿佐ヶ谷周辺を含む武蔵野調査では、修士を出て実務を経験した後、また私の研究室に戻ってきてきた柳瀬有志さんが、修論で取り組んだサルデーニャの調査から学んだ古道と湧水が大切だという視点を武器に、学生たちとフィールド調査を深め理論化をしてくれました。鎌倉古道を歩くと、他の道とは確かに気配や空気が違っているのです。道の曲がり方や起伏が新しい時代の道とは違っていたのでしょう。今日では地域のなかでやや隠れた感じがありますが、基層として変わらず残り、何とも言えぬいい味を醸し出すその存在感が、徐々に評価される時代になっています。

その古道が善福寺川とぶつかるあたりが、われわれが新たに考えついた「地域を読む」方法にとっての最大の見どころのひとつなのです。善福寺川の水辺には魚や鳥、獣がいて食料に恵まれているため、川の北側に広がる条件の良い松ノ木台地に、人が古くから住んでいました。実際、旧石器時代から古墳時代にかけての複合遺跡となっていて、古墳時代の住居跡が復元されています。逆に善福寺川の南側には、対岸の松ノ木台地に集落を構成していた古墳時代の豪族の墓が見つかっており、その儀礼の場と重なるように後から神社がつくられています。

このような話を各地で掘り起こし、武蔵野と多摩の「地域を読む」調査を行い、陣内研究室の報告書**『東京 郊外の地域学』**としてまとめました。だいぶ時間が経ってからですが、中央線や東京郊外にこだわる三浦展さんにもこうした視点の面白さを伝え、**『中央線がなかったら 見えてくる東京の古層』**という本を一緒に出しました。三浦さんは以前に**『吉祥寺スタイル』**を出して吉祥寺、さらには高円寺に注目していたのですが、歴史的にもっとも後からできたインフラである鉄道、駅にこだわらずに基層に立ち戻るほうがずっと面白いと口説いたところ、その発想にはまって、彼自身、古地図を持って

図62　大宮八幡宮

法政大学陣内研究室
東京のまち研究会
『東京 郊外の地域学——日常的な風景から歴史を読む』
1999年

陣内秀信、三浦展
『中央線がなかったら見えてくる東京の古層』
NTT出版、2012年

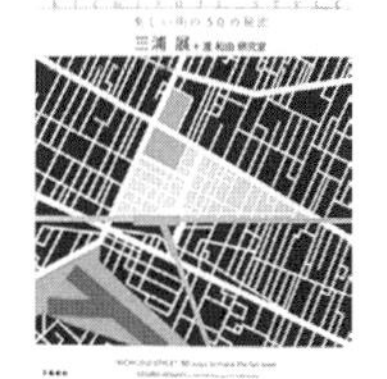

三浦展、渡和由研究室
『吉祥寺スタイル——楽しい街の50の秘密』
文藝春秋、2007年

ずいぶん熱心に歩いてくれました。

この本の内容は、明治の後半に定規でまっすぐに線を引いたように登場した新参者の甲武鉄道＝中央線を視界からいっぺん外してみると、東京の古層が浮かび上がって見えてくるというものです。JRの人からは冗談半分に怒られましたが。じつは、この本の出版の背景には、せっかくこうした東京の基層を解く研究成果を早い時期にまとめていたのに、われわれよりも先に中沢新一さんの『**アースダイバー**』が出版されてしまったので、三浦さんと組んで中央線に関して出版する機会が巡ってきた際に、この基層を問題にするテーマの本を慌てて出したという経緯があります。『アースダイバー』も本当に面白い内容で、JIA（日本建築家協会）の研究会で以前、中沢さんとトークをする機会もありました。

9　舟運、港町の再評価

自分自身の関心は、いろいろなところに広がっていきました。舟運、ウォーターフロントを国内外にもう少し広げて理論化したいと考え、あちこち調査して『**水辺から都市を読む**』という本を出しました。さすが、藤森照信さんはこの本を読んで「スローシティの視点がある」と書評してくれました。イ

西和夫
『海・建築・日本人』
日本放送出版協会、2002年

中沢新一
『アースダイバー』
講談社、2005年

東京エコシティ展実行委員会ほか編
『東京エコシティ――新たなる水の都市へ』
鹿島出版会、2006年

陣内秀信、岡本哲志
『水辺から都市を読む――舟運で栄えた港町』
法政大学出版局、2002年

タリアでスローシティという考えが広がっていく前だったので、私は藤森さんの見抜く力に驚きつつ嬉しく思いました。

また法政大学が主催校となった二〇〇四年の建築史学会大会で、「海からの建築史、川からの都市史」というシンポジウムを行いました。七〇年代には建築史や都市史を海や川から見るということは、日本だけでなくヴェネツィアでさえありませんでした。このときには、西和夫先生の『海・建築・日本人』にある「出雲大社は海から見るために高くそびえるようにつくられた」という記述に感銘を受けていたので、先生にご登壇いただきました。

10 エコ地域デザイン研究所創設

二〇〇三年、法政大学エコ地域デザイン研究所ができました。学部横断の学際的な組織として生まれたこの研究所は、法政大学にとって非常に重要なものとなりました。二一世紀にふさわしいテーマとして都市や環境の再生を扱うのに、二〇世紀の工業化社会で痛めつけられ負の遺産に転じてしまった水辺空間、水の都市に焦点をあて、その再評価、再生を研究課題に掲げました。これまで一四年間やってきて、じつに奥が深いやりがいのあるテーマだとつくづく思いますし、これまでエコ研として頑張ってきた実績が、このたびの法政大学を挙げての「江戸東京研究センター」誕生(二〇一八年一月)につながったのです。

エコ研では、歴史とエコロジーを結びつけるという従来あまりなかったことにチャレンジしました。エコロジーの専門家が少ない状態でしたが、法政大学の建築学科で建築生態学を講じ、川、地下水、湧水など水環境にめっぽう強い建築家、神谷博さんに大いに頑張ってもらいました。

ロッテルダムの建築ビエンナーレに招かれ展示した水の都市・東京に関する展覧会の内容を持ち帰り、大きく膨らませた展覧会を江戸東京博物館で実現しました。展覧会には水の研究に造詣の深い皇太子殿下にもご覧いただき、一時間以上ご案内しました。このときは寺田真理子さんが頑張って本をつくってくれました(『東京エコシティ』)。ただ、今から考えるとこの内容は、下町を水の都市としてオーソドックスに捉えたものでした。のちにそれを乗り越えることになります。

私たちはいろいろな取り組みのなかで、研究だけでなく実践をしようと考えました。たとえば、水辺の有効利用がなかなか進まない現状を打破するために、一〇年前から外濠のカナルカフェと組んで水上コンサートを行ったり、他大学と協力してお台場海浜公園でのEボート大会を始めたのです[図

図63　水辺活用の実践
──水上コンサートとＥボート大会

63]。このボートの大会では、ライバルである芝浦工業大学の中野恒明研究室や中央大学の山田正研究室に負けないように必死に頑張ったことが良い思い出です。

11　都市から田園へ──テリトーリオへ

四〇年も研究をしている間に、時代の変化に伴って、取り組む課題が建築、都市から田園へと徐々に進展しました。その新しい課題を発見してまたチャレンジすることが醍醐味なのですが、その無鉄砲な提案についてきてくれる学生に感謝しなければならないですよね。目標や戦略がはっきりしない段階でも、何かありそうだと感じてついてきてくれたことは本当にありがたいことです。こうした調査をもとに数多くの卒業論文や修士論文がまとまり、学位論文も何本も生まれました。私立の法政大学には研究室にも多くの学生がいて、教える面ではたいへんですが、プロジェクトチームをたくさん組めるというありがたみをいつも感じてきました。

時代の関心が都市の旧市街（チェントロ・ストリコ）から外の田園へという風に広がっていっていることは、九一年に再びヴェネツィアに滞在したときにすでに感じていました。当時のイタリアで、田園の風景、テリトーリオというキーワードがずいぶん取り上げられていたのです。パオラ・ファッリーニ（Paola Eugenia Falini）先生という二〇一四年に日本建築学会文化賞を受賞されたローマ大学の友人が誘ってくれて、トスカーナのオルチア川流域の田園エリアを調査しました［**図64**］。彼女は、このオルチア川流域に広がるなんでもないと思われた田園風景の世界遺産登録を実現するのに、大きな貢献をした専門家です。われわれはオルチアの経験から、テリトーリオの視点に立って、田園のもつ価値を評価し、都市と田園とのつながりを復権させる方法を学びたいと考えました。

同時に、われわれ固有の空間人類学的な視点を大切にし、また、日本の大学ならではの研究室として実測調査に取り組めるという最大の強みも活かし、イタリア人もしないような小さな町や村がどういう成り立ちをし、どんな空間構造をもち、田園＝農業ゾーンとどういう関係にあるのかを解き明かすためのフィールド調査を行いました。同時に、シエナの国立文書館で不動産関連史料を集め、農村部の不動産と土地利用、そして景観の変化について分析しました。

図64 なんでもない田園風景も世界遺産に
——トスカーナ、オルチア川流域

たとえば、ロッカ・ドルチアという城壁で囲われた小さな集落では、われわれは大地主として町の邸宅、田園の農場（今はアグリツリズモも経営）、広大な農地などを切り盛りしている素敵な老婦人と出会い、その有力家を中心に成り立つ集落の構造を調査しました。この大地主に仕える職人や農民が城壁の内側にたくさん住み、地主の大邸宅の前にとられた堂々たる井戸のある広場が農作業に使われ、また祭りの舞台となった様子を教えてもらいました。

そもそも八〇年代終わり頃にイタリアに登場したスローフードのムーヴメントが世界の心をつかんだことでわかるように（『**スローフードの奇跡**』参照）、田園の重要性を再認識する動きが強まっていました。取り残され疲弊した農業ゾーンを背後にもつ過疎化で悩む小さな町が再び元気を取り戻し、輝きを発しはじめる現象が少しずつ見出せるようになっていたのです。八〇年代から、建築や都市計画の専門家がこの新たな領域に関心を広げ、研究と実践に取り組んできた経験が参考になります。田園にどういう価値があり、どういう特徴をもち、どう都市とつながってきたのか、捉え直すのです。そして、戦後高度成長期の五〇～六〇年代から八〇年代にかけて崩れ、失われてしまった、地域ごとに成り立っていた経済の循環サ

カルロ・ペトリーニ著、
石田雅芳訳
『スローフードの奇跡』
三修社、2009年

陣内秀信、
法政大学陣内研究室編
『アンダルシアの
都市と田園』
鹿島出版会、2013年

イクル、文化発信機能を現代の文脈で立て直す方向性を示すことが求められるのです。それは日本にとって今、もっとも必要なことでもあります。

スペインのアンダルシアでも、アルコス・デラ・フロンテーラをはじめ、いくつかの町で比較の視点で調査をしていたのですが、途中から田園の面白さに気がつきました。イタリアとスペインの文化は同時に新たなフェーズに移っているということを実感し、ここでもタイトルに都市と田園の両方を入れた**『アンダルシアの都市と田園』**という本をつくりました。

出版社や雑誌社、編集事務所に行った私の研究室のOB、OGが多いなか、この本も含め川尻大介さんがわれわれの本を数多く出版してくれています。いい弟子をもつと、ありがたいことがあるなあとつくづく思います。

12　日本での応用として日野の調査

こうしたイタリアでの田園再評価の動きに触発されて、日本でも東京・日野の田園に関心をもち、調査をしました（『水の郷 日野』）。日野と出会ったのはエコ地域デザイン研究所のおかげです。この研究所は二〇〇三年からスタートし、それから二、三年した頃、メンバーのひとり、長野浩子さんが日野でひとりで頑張っていました。私が調べていたより都心に近い杉並の原風景はすべて宅地化され失われてしまったのに対し、さらに郊外の日野には用水路や水田がまだあったので、私もイタリアでの経験を活かしながら徹底的に調査することにしました。調べてみると日野は多様な地形をもつ東京の縮図のようなところでした。台地や丘陵地、二本の川や沖積平野、たくさんの湧水がありました。進士五十八さんから学んだ「ルーラル・ランドスケープ」という魅力的な言葉が、私がトスカーナで学んだことを表す言葉としてぴったりでした。

じつは日野の人たちは、行政も市民も水に関しては先進的だったものの、水ばかりに注目してきたので、川、用水路、地下水、湧水などに加え、都市や地域の歴史的な全体構造、地形、景観、建物、街道、古道、寺社、遺跡の分布など環境全部を評価し、まちづくりに活かす考え方を説明すると、皆面白がって聞いてくれました。遺跡の分布は水が湧く台地や丘陵の裾あたりに集中、中世の寺社、集落も水の得やすいそのあたりに分布する傾向がありました。一方、近世に川から用水路を引けるようになると、沖積平野に人が住み、集落ができて水田が広がる、という風に展開しました。日野の地域形成にとって〈水〉は重要な鍵をなすものでした。水が湧く斜面に神社ができ、戦後、その背後に寄り添うように鬼頭梓さん設計の《日野市立中央図書館》ができるという具合に、トポスつまり空間のコンテクストを近代の建築が活かした例もあります（428ページ**図30**参照）。近代化で失われた用水路も多いとはいえ、宮下清栄研究室が作成した地図を見ると、今なお、数多くの用水路が残されている様子がよくわかります（327ページ**図29**参照）。

図65 オルチアの日本版──東京・日野

『東京人』の取材で出会って以来、写真家の鈴木知之さんに長年、陣内研究室お抱えフォトグラファーとして活躍していただき、イタリアや日野を含む日本に関しても、出版の際にはいつも素晴らしい写真を撮ってもらっています。写真のクオリティで空間の魅力が伝わるのはじつにありがたいことだと思います［**図65**］。

＊

この最終講義の会場のすぐ前にある外濠についても、エコ研を中心に長年、取り組んできました。外濠を研究している間に、東京の山の手も水都であることがだんだんわかってきましたし、エコ研が日野で市民と一緒になり日野塾という取り組みを行ったので、その方法をエコ研のお膝元の外濠でも

法政大学
エコ地域デザイン研究所編
『水の郷 日野――
農ある風景の価値と
その継承』
鹿島出版会、2010年

同
『外濠――
江戸東京の水回廊』
鹿島出版会、2012年

やろうと考えました。短期間で総力をあげて調査をし、『外濠』という本を刊行できました。この本も刊行後、重要な役割を果たしてくれています。メンバーのひとり、高橋賢一さんが提唱した「歴史・エコ廻廊」という魅力的な考え方は、歴史とエコロジーを結びつけるエコ研らしいコンセプトで、日本の精神文化と深く結びつくものと思われます。生態系をなす水と緑の空間には、そこに人が住んだ歴史や記憶、精神的なつながり、聖と俗などが深く関係しています。水のあるところには聖域や神域が多く、人文的な価値があります。コミュニティのコモンの空間ともなるわけです。たんなる「水と緑の回廊」ではなく、「歴史・エコ廻廊」と命名するところに、エコ研のアイデンティティがあるのです。この歴史・エコ廻廊を東京のあちこちで蘇らせたいと思います。

そしてまさに外濠に歴史・エコ廻廊を生み出そうとしています。近代化でズタズタに壊れてしまったものを皆つなぎ直すのです。この本を刊行した後、地元の大日本印刷の方々と宇野求さんを中心とする東京理科大学と一緒になって呼びかけ、外濠市民塾を立ち上げ、活動してきました。法政大学では景観が専門の福井恒明さんが中心となって大学と周辺地域とのつながりが生まれつつあります。その動きが功を奏し、次のステップで、外濠再生に向けてのより広範な組織が生まれ、社会的広がりが生まれつつあります。そのなかで重要な根幹となる動きとして、江戸時代から東京は「水循環都市」であったという考え方が出てきました。外濠の水の源泉のひとつがかつて玉川上水にあり、その玉川上水は四〇数キロメートル上った羽村で多摩川から取水し、武蔵野台地では分水して江戸近郊の農業発展に寄与しながら、江戸市中では大名屋敷、町人地などに水を配り、さらには外濠や内濠にも流して水を循環させていました。見事な水循環のネットワークが成り立っていたという事実がわかってきました。近代に失われたこうした水循環の優れた仕組みを再生しようという構想が生まれ、中央大学教授の山田正さんを中心に、国交省でかつて水循環基本法の成立に貢献した細見寛さん、他大学の研究者らが連携し、さまざまな視点からのシンポジウムなどを開催しています。

わがエコ研では、この観点の重要性を早くから認識し、『外濠』においても、岡本哲志さんや神谷博さんが頑張って外濠の形成プロセスや水循環システムの概念図など重要な図版を多く作成してくれました。

13　水都学への展開

すでに述べたようにヴェネツィア、東京の水都研究を比較しながら進めてきた私と、中国の江南地方の水郷鎮をはじめアジア諸国の水都研究を展開してきた高村雅彦さんとが中心となり、世界の水都比較の大きな研究プロジェクトが実現することになりました。幸い、科学研究費補助金基盤研究（S）「水都に関する歴史と環境の視点からの比較研究」（陣内秀信研究代表）を高村さんの頑張りで取れたので、海外との比較も含め、これまでの研究を発展させ、水都学の理論化のためにさまざまな試みをしてきました（研究成果は『水都学』シリーズとして刊行）。

そもそも、世界中どこでも水と密接につながって都市が形成・発展し、固有の都市風景もつくりあげたのですが、近代化、産業化で陸の時代に移り、水と都市の関係が薄れました。水も汚染され、負の空間に転じました。しかし、時代がひと巡りし、都市と水の関係をもう一度取り戻す試みを世界各地でやっています。海外から学びつつも、日本流の方法でそれを実現したいという思いを込めて水都の研究をこれまで進めてきました。

水都学のひとつの成果は、世界の港町を古代から近世にかけての小さな湾の港町、水網都市、河川港の町、さらに近代のバースを突き出し大型船が入る港町などと類型化しながら、その歴史を港の形態の変遷経過で追えるようにしたことです。

水都学 I

陣内秀信、高村雅彦編
『水都学 I-V』
法政大学出版局、2013-2016年

問題は、一度できた港の空間が要請が変化した次の時代にどう扱われてきたかにあり、日本はこれが下手でした。物流のための舟運が役割を終えると河川からは船がまったくなくなり、水の空間を埋めたり高速道路の下に封じ込め、都市の裏側の空間にしてしまいました。日本にも八〇年代、ウォーターフロントへの関心が高まりを見せていた時期がありましたが、長続きしませんでした。とくに、この二〇年間を対象に、欧米と日本でやってきたことを比べると全然違います。日本のほうは空白の二〇年と言ってもいいと思います。東京の臨海副都心計画とリンクした都市博が中止となって以来、行政は自信を失ってグランドヴィジョンを描けなくなり、人々の熱き水辺への思いも後退するなかで、代わって力をもったディベロッパーがタワー・マンションを建てるだけの場所となりました。それに対し、欧米では二一世紀に入り、従来の物流機能が不要になった古い港湾空間に新たな生命を与え、市民の手に戻すような新しい都市再生事業が着実に進められているのです。さすが欧米の成熟した都市の素晴らしい部分ですね。これを学びたいと思います。

われわれの水都研究に新たに浮上したもうひとつの面白いテーマは、水車を使ったプロト工業化時代の産業のあり方で、これがイタリアの内陸部にたくさんあったことを発見しました。現代人は工業地帯といえば製鉄所、石油化学コンビナートなど沿岸地域、港の周辺ばかりをイメージしますが、かつての産業立地はそうではなかったのです。前近代には、エネルギーのほとんどは水車によって得られ、そのエネルギーはよそへは移動できず、地産地消で地元で消費するしかありませんでした。従って、水車を活用できる水の流れ、落差を得られる内陸部にこそ産業ゾーンが発達するという仕組みがあったのです。

私の研究室のドクターの堀尾作人さんが絹織物産業を発達させた桐生を対象に、町じゅうに水路が巡り、重要な撚糸工程に水車がフルに使われたことを解明する優れた研究をしてくれました［図66］。アメリカ北東部のやはり内陸部に、織物工業で繁栄したローウェルという町があり、水車を動かす水の供給と舟運用のそれぞれに運河が巡らされていたのですが、さらに歴史を辿ると、ヴェネツィア後背地のヴェネト地方やアマルフィ、ボローニャをはじめ、水車をさまざまな産業に利用していた町がじつはイタリアにもたくさんあったことがわかります。主食のパンのためにも、製粉用の水車が絶対必要でした。つまり水車がなければヨーロッパでは人々が生きていけなかったのです。ラグーナに発達したヴェネツィアでは水車は難しいので、テッラフェルマ（本土）の諸地域に水車による産業の形成を委ねたのです。また地中海学会大会での飯田巳貴さんの発表で教わったのですが、ボローニャでやはり絹織物の産業のために水車を用いた撚糸機械が考案され、一八世紀に至るまで絹織物産業の大発展を見たのです。それがのちに英国に伝わり産業革命の一助となり、さらにそれがアメリカに渡って、先に述べたローウェルなどの一九世紀型の水力を使った織物工業の発展につながったことがわかりました。すべてボローニャから始まったことを突き止めました。つまりイタリアはルネサンスで終わりではないということを教わりました。こうして明らかになった事実は、近代の工業

図66 アマルフィの製紙工場

開発が湾岸に集中し、歴史や自然を破壊してきたことを反省し、国土全体のバランスのとれた質の高い開発へと向きを変えていくのに、重要な示唆を与えてくれています。

水の聖なる意味も水都学の重要なテーマです。この点で、西洋の古代と日本が共通しています。水の聖地は日本やアジアのお家芸のように思われるのですが、じつはヨーロッパでも古層を探ると、水が聖なる意味をもったことがわかります。

こうして水都の概念が広がり、水と都市、地域、人間の関係を深く考察する領域がわれわれのなかで拡大し、水都学がますます豊かさを加え、面白くなってきました。

この科研申請が採択され、新しい研究が開始される直前に東日本大震災が襲い、大都市中心で考えてきたことの問題点が指摘されるなか、われわれも研究内容を少しシフトさせ、小さな町や後背地を含めた地域のネットワークを捉えようという方向で進めました。前から重視しはじめていた「テリトーリオ」の発想を強めようと考えたのです。東京に関しても、改めて大きな視野から見直してみました。たくさんの古地図を見ていくと、江戸城の内濠や外濠、神田川、多摩川、隅田川などの広域の水のネットワークを示すものがいくつもありました。ところが現代人は、そのような捉え方を忘れていたようです。テリトーリオの視点で河川網を見る重要性にわれ

われは気づきました。

一方で、私が館長を務める中央区立郷土天文館タイムドーム明石で下町の失われた掘割についての展覧会（「水のまちの記憶——中央区の掘割をたどる」、二〇一〇年）を行ったところ、大きな反響が得られ、シンポジウムの会場でも水の空間の思い出を皆さん熱く語ってくださいました。こうしてひとつずつ掘り

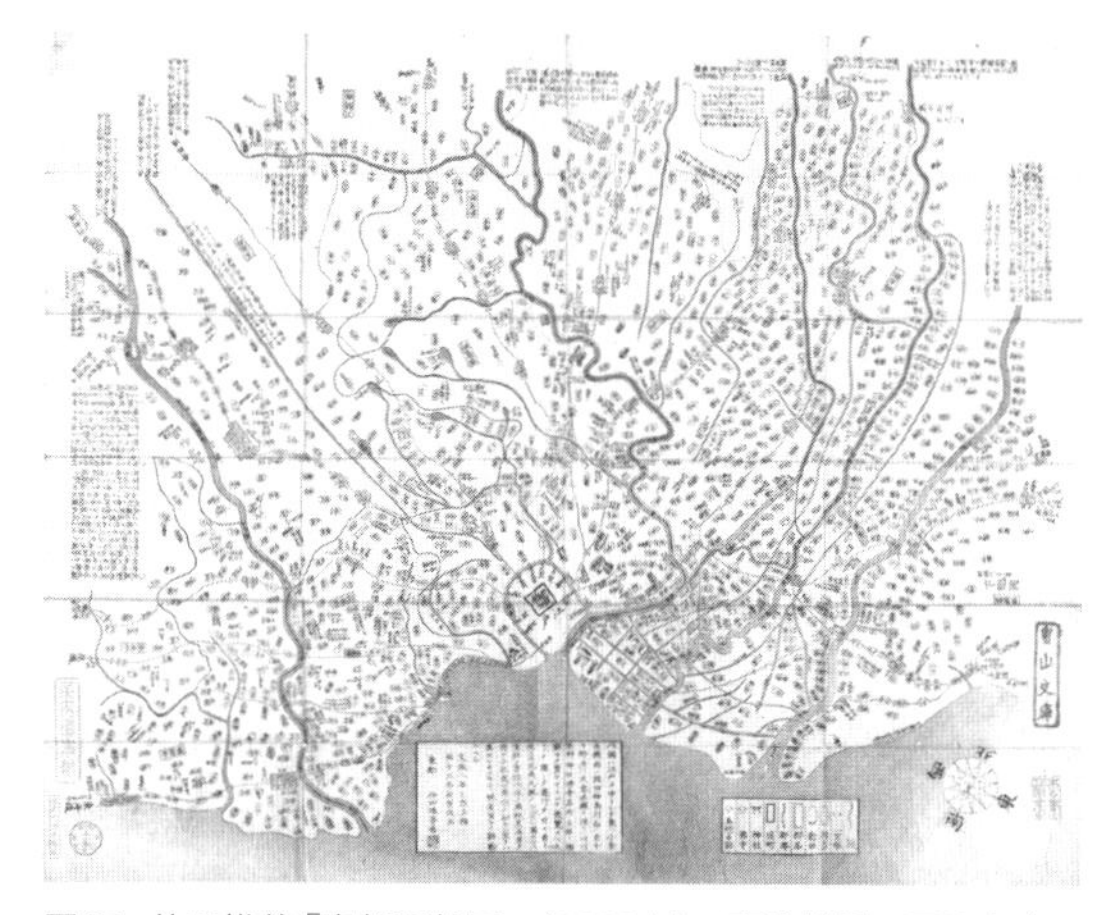

図67 仲田惟善「東都近郊図」（1830年）。東は船橋、西は府中、北は大宮のあたりまでの水路と町を描いた

陣内秀信、
法政大学陣内研究室編
『水の都市 江戸・東京』
講談社、2013年

陣内秀信他
『文明の基層』
京都大学学術出版会、2015年

樋渡彩＋
法政大学陣内秀信研究室編
『ヴェネツィアの
テリトーリオ——水の都を
支える流域の文化』
鹿島出版会、2016年

陣内秀信
『水都ヴェネツィア——
その持続的発展の歴史』
法政大学出版局、2017年

樋渡彩
『ヴェネツィアとラグーナ
——水の都と
テリトーリオの近代化』
鹿島出版会、2017年

起こしていくことも大切です。

いろいろな地域を調査し、各地で研究に取り組む方々との交流を通して、じつは、葛飾区など東側の東京低地、山の手、そして武蔵野・多摩地域など、東京の全体が水の都市、水の地域なのではという思いを抱くようになりました［図67］。先に述べた水循環都市の考え方もそれに通じます。水の都市を水路が巡る低地の下町に限定する従来の考えを超えて、東京全体を新たな視点から水都として捉えたいというメッセージを込めて、『水の都市 江戸・東京』という本を出しました。それこそが世界に発信できる二一世紀に相応しい「水の都市」像だと考えたのです。

14 テリトーリオへ——再びイタリアの事例へ

私の調査や研究は〈テリトーリオ〉へと発展してきたのですが、他の面白いテーマで多忙をきわめたこともあり、私のなかでヴェネツィアの建築や都市の歴史研究が少し休眠状態に入っていました。そのような時期に、芝浦工業大学出身の樋渡彩さんが私の研究室に入り、修士と博士を通じてヴェネツィアを徹底的に研究。三年間ヴェネツィア建築大学に留学し、ヴェネツィアのテリトーリオ、つまりテッラフェルマとラグーナの両方と、一九世紀から二〇世紀前半にかけての水都の近代化、という魅力あるテーマを掲げて研究し、二冊の本を出版しました（『ヴェネツィアのテリトーリオ』および『ヴェネツィアとラグーナ』）。私がほとんど手をつけていなかったところを全部カバーするきわめて価値の高い研究をしてくれたのです。それに退職が近づいてきた私が触発され、今までの仕事をまとめなければならないと思い、サステイナビリティやテリトーリオまで視点を広げてもう一度ヴェネツィアを見直す内容の論考を『文明の基層』に執筆し、さらに『水都ヴェネツィア』という本を刊行することができました。

彼女の研究は非常に面白い内容でした。海洋都市として華やかな歴史を誇るヴェネツィアについては、ほとんどの研究者がこれまで東側のオリエントとのつながりばかりを見てきましたが、じつは西側の本土とのつながりがむしろ重要でした［図68-69］。ヴァスコ・ダ・ガマが南回りの航路を発見し、また東側でオスマン帝国の勢力が拡大してイタリアの権益が侵される状況において、東方貿易ばかりに依存できず、西側の本土のほうに領地を広げ経済活動を展開していったと考えられることが多いのですが、そうではありません。資源のないヴェネツィアは、建設の最初から石材や木材、食料、火薬を調達するのには川を使った筏流しや牛による舟の牽引など

図69 テッラフェルマの元製粉所の水車

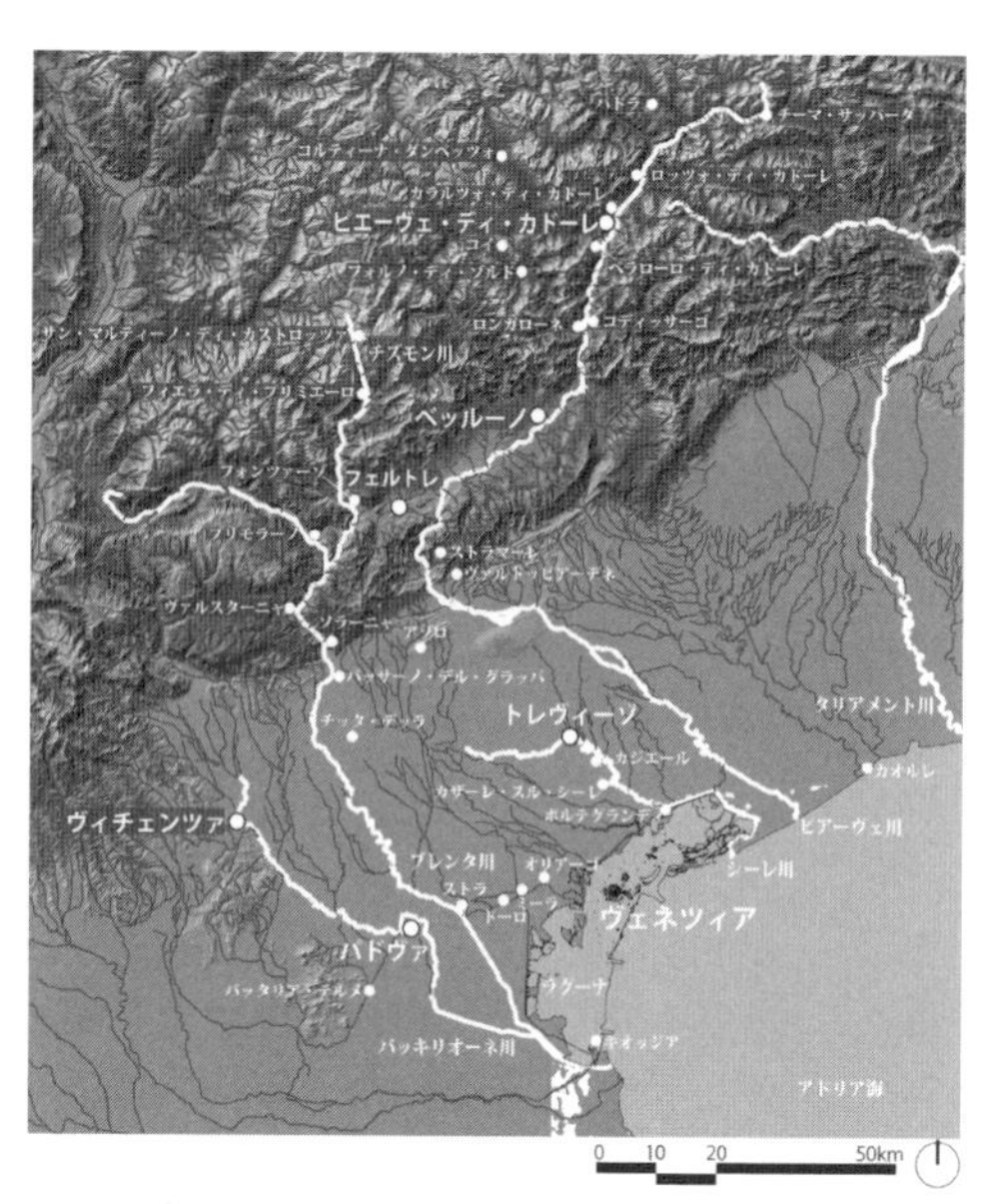

図68 ヴェネツィアのテリトーリオ。イタリア本土（テッラフェルマ）とヴェネツィアのラグーナが密接に関係していた

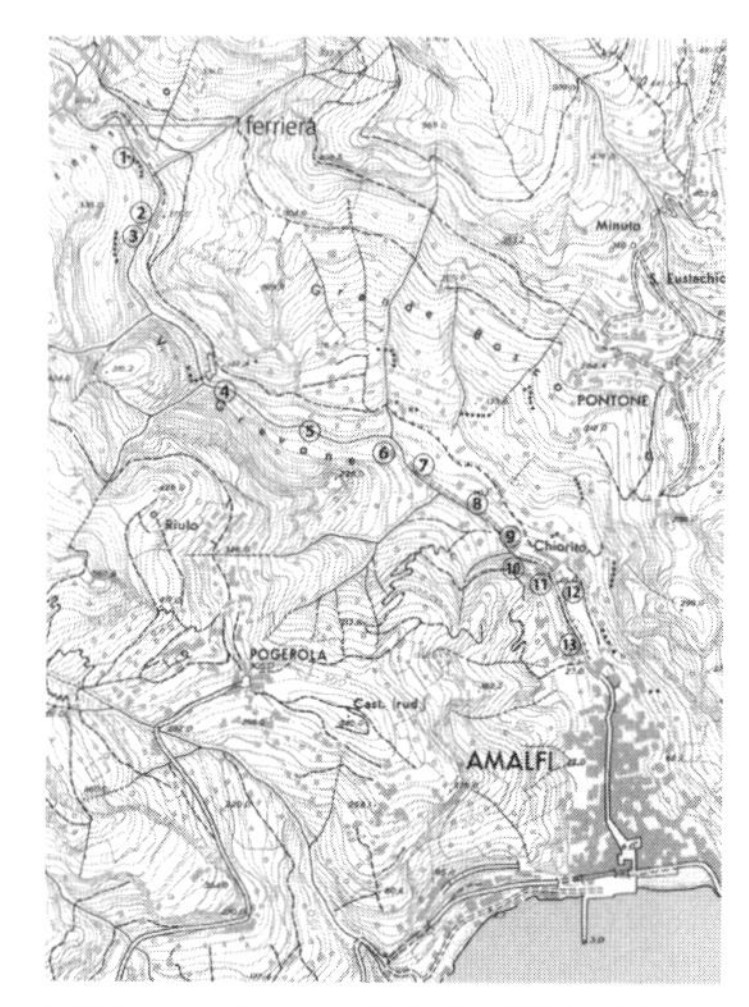

図71 アマルフィに分布する製紙工場

図72 アマルフィ名誉市民に（2011年）

図70 アマルフィのテリトーリオは背後の深谷に発展している

によって多くのものをイタリア本土から運んできていたのです。樋渡さんは徹底的にそれにこだわり、文献と現地調査でそのことを見事に検証しました。たとえば、小麦を地中海のまわりから集めてサン・マルコ広場近くの倉庫で一度保管し、それをまたシーレ川を通じて船で持って上がり、トレヴィーゾ周辺の製粉所で挽いてまた船でヴェネツィアに持ち帰っていました。実際、本土側には元製粉所の水車が今もたくさん残っています。

テリトーリオを見る面白さは、長年続けてきたアマルフィの調査でも感じるようになりました［図70-71］。私は九〇年代にイスラームやアラブの世界を調査していたので、その影響を受けたスペインのアンダルシアやイタリアのアマルフィを調査対象に選びました。海洋都市としてヴェネツィアから研究をスタートさせたので、同じような性格をもったアマルフィに関心が向いたのもごく自然です。両都市とも、同じように中世に異民族の侵入から逃れ、船を使えないゲルマン系の人々の攻撃から安全な場所を選んで住んだのです。アマルフィではまず旧市街を徹底して調べ、今はテリトーリオに広げて調査しています。陣内研究室の南イタリア調査の隊長は稲益裕太さんで、プーリア地方のバーリ大学に三年間、留学した経験をもちます。長年の研究蓄積を活かし、このたび、テリトーリオの視点に立ったプーリア都市に関するじつに興味深い博士論文（『南イタリア・プーリア州における都市と地域の空間史』二〇一八年）を提出しました。彼と組んで、この一〇年以上、プーリア地方、アマルフィ海岸の調査を深めていきました。こうしてイタリア都市、地域の研究を広げていった結果、私自身、アマルフィの名誉市民になったり［図72］、ローマ大学の名誉学士号をいただいたりしました［図73］。

図73　ローマ大学名誉学士号授与式（2007年）

アマルフィの背後の渓谷には、水車の谷というものがあり、水車を使った産業が大規模に発展していました。製紙工場をはじめとする産業施設の遺構が今も渓谷沿いに一三か所もあります。このエリアの調査のときに限り私はダウンして登らなかったのですが、行かなくてよかったねと言われたほどすごい冒険的な調査だったようです。

最新のアマルフィ海岸調査の成果として、われわれがコンカ・デイ・マリーニの小さな村で出会った八七歳のジェンマさんというおばあちゃんがNHKの「旅するイタリア語」という番組に私の紹介で出演しました［**図74**］。著名なバイオリニストの古澤巌さんが、地中海を見晴らすバルコニーに立っておばあちゃんの前で演奏するシーンがすごく感動的でした［**図75**］。彼女はひとりだけで上のほうの限界集落に住んでいるのですが、その語りは哲学的かつポエティックな内容で体験談など含蓄のある話をたくさんしてくれました。このコンカ・デイ・マリーニの町は、農村集落でありながら、海洋都市の歴史を誇るアマルフィ海岸らしくじつは船乗りの町でもあり、一九世紀まで多くの住民が船で遠くの海に出かけていました。信仰心も強く、航海の安全を祈る聖母マリアや聖人の像が描かれた海難絵馬が教会にたくさん奉納されています。

図74　コンカ・デイ・マリーニ

図75　ジェンマさん

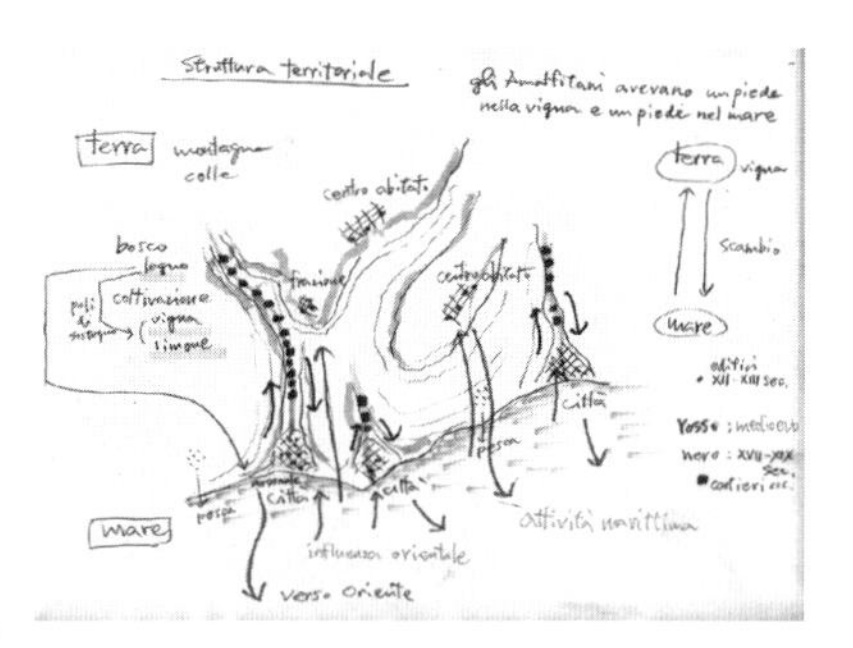

図76　海と内陸の密接なつながり「片方の足はブドウ畑に、片方の足は海に」──アマルフィ海岸のテリトーリオの空間構造

イアン・マクハーグ著、インターナショナルランゲージアンドカルチャーセンター訳『デザイン・ウィズ・ネーチャー』
集文社、1994年

中世に海洋都市として大いに繁栄したアマルフィには、先進的なアラブの文化がどんどん入ってきました。そのためアラブ様式のアーチで囲われた中庭をもつ住宅がたくさんつくられました。これは海の側の町ばかりか、ラヴェッロやスカーラという山の側の町にも多く見出せます。造船業のための木材や人々の食料の供給のためにも、海側と山側の連関がありました。丘陵の斜面にブドウ畑をつくるにも木の支柱が必要で、山から木材が切り出されました。さらに渓谷には水車を使った製紙産業が発達し、第二の水の都市ができたのです。「アマルフィの人たちは片方の足は海に、もう片方の足はブドウ畑に置いている」と言います［図76］。彼らは格好良いことを言いますよね。「小さな村の物語 イタリア」という隠れた人気テレビ番組があり、そこで登場する地元の人はみんないいことを言いますが、それが村の生き方なのだと思います。イタリア人は誰もが自分の哲学をもっているのでしょう。

むすび

こうして自分の歩みを振り返ってみると、イタリアで学んだ建築類型学がまずは大いに役立ちましたが、日本においてはやはり建物だけ見るのでは限界があり、〈空間人類学〉の発想を導入して住居や都市を観察したことで、人間と土地や場所との関係、都市と田園との関係などがよりはっきりと見えてきました。日本やアジアでは、自然と共存する文化を育み、水や緑と精神的につながっていたはずなのですが、それが近代化によって忘れられていたのです。逆に、欧米人の間で日本のこうした歴史的経験が再評価される現象がありました。アメリカのエコロジカル・プランニングの大家、イアン・マクハーグ（Ian L. McHarg）は日本からインスピレーションを受けながら『**デザイン・ウィズ・ネーチャー**』を書いたのです。その重要性に今、われわれ日本人も気づき、エコヒストリーの発想で都市や地域を見直し、その再生への論理を築こうとしています。最後は〈水都学〉につながりました。

この一連の考え方、方法の変遷は、脱皮して新しいものに変わってきたのではなく、それぞれがレイヤーとして重なっているのです。都市が歴史のレイヤーを重ねるように、自分のなかで上へ上へと新しいレイヤーを重ねてきたのです。これからも、私はより日本らしさを求め、テリトーリオへの広がりを目指してさらに研究を展開していきたいと思います。

Part 2
連続講義

Forum 1

2017.10.10

同世代が拓いた
建築史のフロンティア

藤森照信

（建築史家／日本近現代建築史、建築家）

「空間派」対「物件派」

藤森照信

〝死んだような学問〟を専攻したふたり

初めて陣内先生と会ったのは四〇数年前です。当時、東大の建築史には、本郷に稲垣栄三先生、生産技術研究所に村松貞次郎先生がいました。私は村松先生の研究室へ、陣内先生は稲垣先生の研究室に入りました。その年は本郷で四人、生研でふたりの建築史専攻が入学しました。それは異例なことで、それまではだいたい年にひとりか二年にひとりというような状況。建築史は人が行かないところでした。ぼくらが六人入って、その後から結構入るようになった。理由はわからないですが、建築史に人が集まってきた。建築史は、今はわりと希望者も多いですし、こういうシンポジウムにも人が集まりますが、当時は〝死んだような学問〟でした。

建築史の先生には村松先生、稲垣先生と、上の世代に太田博太郎先生と関野克先生がいました。太田先生と関野先生はわりあい幅の広い人でしたが、次の世代はそんなに広くなくアカデミックな感じでした。ぼくの先生の村松先生はそうでもなかったですが、陣内さんの先生の稲垣先生は、もう怖い感じで無駄なことは言わないというアカデミックな人でした。じつに鋭い先生で、陣内さんの受賞の祝いの会に稲垣先生もいらっしゃったときに、「陣内は昔のように眼に輝きがない」と言いました。えらいこと言う先生だなと思ったのを覚えています。正直な感想をもらえる先生で、アカデミズムというものが身に沁みている方でした。ぼくは稲垣先生のことは尊敬していたのですが、近づくと怖い。あの鋭さはや

ふじもり・てるのぶ
一九四六年長野県生まれ。東北大学卒業。東京大学大学院工学系研究科博士課程修了。工学博士。東京大学生産技術研究所教授、工学院大学教授を歴任。東京大学名誉教授、二〇一六年より工学院大学特任教授、江戸東京博物館館長。
主著に『明治の東京計画』岩波書店、建築探偵団の書籍としては『建築探偵の冒険〈東京篇〉』筑摩書房ほか、そのほか『磯崎新と藤森照信の茶席建築談義』六曜社、『藤森茶室指南』彰国社など。建築史、建築探偵、建築設計活動関係の著書多数。
四五歳より設計を始める。《熊本県立農業大学学生寮》で日本建築学会作品賞。近作に《多治見市モザイクタイルミュージアム》、《草屋根》《銅屋根》（近江八幡市、たねや総合販売場・本社屋）、史料館・美術館・住宅、茶室など。

っぱりすごいですね。

建築探偵団を評価されて

陣内さんはイタリアに留学されて、『都市のルネサンス』という本を最初に書かれました。ぼくはてっきりイタリア留学中に書いた本だと思っていましたが、先ほど聞いたら留学中に一部を雑誌に発表して、帰ってきてから中公新書で出されたそうです。当時は中公新書の知的世界での立場は今とはまったく違って、岩波新書の次は中公新書という感じでしたから、新進気鋭の建築史家として晴れやかに文化の世界にデビューされた。

陣内さんが留学から帰ってきた後、久しぶりに本郷で会いました。そのときに今でも覚えているんだけど「何をやっているのか」と聞かれて、「東京建築探偵団と言われるような活動をしている」。東京の街のなかを歩いて、いろんな忘れられた建物を探すということをやっていました。学術的な意味があるというより、面白いからやっていたんです。だからあまり評価されていなかったし、変なことやっていると周囲からは思われていたんだけど、陣内さんは「それはすごく大事なことだ」と言うんでびっくりしたんですよ。「陣内さんは何やっているの?」と聞いたら、ティポロジアの話をしてくれた。イタリアでは実際に街のなかを文献に照らしながら歩いて、類型学のようなことをやっていると。おぉそうか、という感じでした。だから陣内先生は東京建築探偵団を初めて評価してくれた人だったんです。

その頃は、建築史では都市の研究はあまりされていなかった。もちろん、中世には城下町があったので江戸を徳川家康がどうつくったかとか、農村や民家の研究はありましたが、実際にその都市がその後どう変わったか、あるいは近代化のなかでどう変わっていったかという研究はされていませんでした。東京が現在どういう街かということが全然わかっていなかったんです。東京に明治以降のどういう建物、近代建築が残っているかがわからなかった。それまでのフィールドワークは農村で民家を調べたりするものでした。近代建築については若干され始めてはいたけれど、街について調べる手法があまりなかったかもしれない。

要するに、現実の東京を歩いて何かを調べるなんてことは、歴史の対象にまったくなっていなかった。しかし東京には明治以降の近代建築がある。官庁街から丸の内に大量にある。それらが次々に無くなっていくのが残念で、とにかく今のうちに何があるのか見ておこう、調べておこうということで始めたんです。

最初は記念碑的で有名な建物を見ていました。いや、今は有名だけど当時は東京駅も壊すことが発表されていたような時期ですから、そういう建築を調べてみようと活動していました。そうすると、神田あたりに変な建物があるんですよ。のちに「看板建築」と呼ばれるようなものです。ヨーロッパ風の影響を受けているけど、中に入ると江戸時代のような建物です。江戸時代って簡単に言ってしまうけれど、江戸時代がどういうものか、私たちは行ったこともないし建築的遺構もほとんど遺っていないので誰も知らないのですが……そういうものがとても面白くて調べていると、いわゆる伝統的な町家が東京にはほとんどないことに気づいて驚愕したんです。ぼく自身は明治以降の近代建築が専門だったので、町家について正面から取り組んだわけではないですが、とにかく街をしらみつぶしに歩いてみるといろんな建物が見えるわけです。戦前のヨーロッパの影響を受けたもの、ヨーロッパに直接学んだ人がつくったものを調べながらも、そうした江戸の町家もちょこちょこチェックはしていきました。

そうしているうちに、関心が湧いてきたのが、江戸時代の伝統を継ぐ町家を見に行くことだったんです。町家自体はいろんなところにちょこちょこあるんです。築地に行くと関東大震災の後の古い町家があったり、あるいは明治二〇年代の町家がときどき見つかる。だけど肝心の江戸の町家がわからなければ、その後の町家がいったいどういう特徴があるのかがわからない。江戸の町家の図面は残っていますが、図面からわかることは限られていて、たとえば図面からは基本的には階高はわからない。明治の初期に撮られた写真を見ると、二階がほとんどないんですよね。あっても二階の階高は低い。それが現物としてはわからない。なんとか江戸の町家を知りたいと思って探していたけれど、ついに一棟も見つからなかったですね。

現在わかっているのは、「江戸東京たてもの園」（東京都小金井市）に移築した明治五、六年の町家です。それが東京に残っているいちばん古い町家です。おそらく江戸時代とそんなに変わらないものだと思います。無いんだから比べようがないんですが、まぁ似たようなものだろうと思っています。

「空間派」と「物件派」

明治以後の町家は自分の研究テーマでもあり、目を付けていた時期に、並行してずっと近代のことを調べていたわけです。そういうことをやっている最中に、陣内さんはのちに東京の「空間人類学」と言われるような、地形と街がどういう関係になっていたかを水辺から探る研究を始められました。お互いがわりと補完的というか、並立的という感じがあった。陣内さんは街全体の空間人類学で、私は個別のものを拾い集めていく。それはそれで続いていったんですが、途中で私は「路上観察」というのを始めてしまいます。

そのときは陣内さんのことを結構意識しました。それはね、陣内さんが水辺のことをしきりに言い始めていたから。「路上観察学会」は赤瀬川原平や南伸坊たちとやるんですが、そこでみんなでよく話していたのは「水賊」が昔いたという話でした。陣内さんが神田川を船で遡ったりしていたのを、「水賊」になってあれを襲おうなんて言いながらみんなで盛り上がりました。路上観察学会を始めたときに、いわば資質の違いをすごく感じたんですね。陣内さんは空間的全体を捉える。私はそうじゃなくて個別のものを捉えようとしている。即物的なんですね、私の関心は。ぼくらは勝手に陣内さんは「空間派」で、われわれは「物件派」だと言っていました。昔から親しいですが、立場としては陣内さんたちが空間に、われわれは物件に関与するような活動をやっていたわけです。

「路上観察学会」採集録

「路上観察学会」の発会式の写真です［**図1**］。こういうことをやりながらよくアカデミーから嫌われずに済んだものだと思います。嫌われていたかもしれないですけど……。私が路上観察学会の発会の宣言を読み上げています。左が赤瀬川原平、その隣が筑摩書房の松田哲夫、私の右隣が杉浦日向子と荒俣宏。

路上観察学会では、街を歩いて変わった建物を採集していったんです。［**図2**］は江戸川橋医院です。高速道路で切られた土地に医院が建っていて、とにかくびっくりしたのは屋上のフェンス（手摺り）です。そこまでどうやって行くのか（笑）。ぜひ中を見たいと思って、医院ですから入ってみたんですよ。ぼくがカメラと地図を持って入っていったら、お医者さんから「お前、興味本位だろう」と言われて（笑）。ま、興味本位と言われればまったくその通りなので退散しましたけど。「カミソリビル」と名付けています。塚本由晴さんが、

図1　「路上観察学会」発会式（1986年）

東京の変わった建築を調べて『**メイド・イン・トーキョー**』という本を出していてあのなかにも「カミソリビル」がありますが、これほどのものは……（笑）。

路上観察学会のなかに何十かのタイプがあるんですが、なぜか最初に見つけたタイプがいちばんいいですよ。たとえばこの建物の端部が九〇センチほど幅があったらおそらく目に入らない。純度の高いものが最初に飛び込んでくる。われわれの目は鱗だらけです。昔は、西洋館だって誰も知らないし誰も興味がなかったくらいですから。あるいは陣内さんがやっていた水辺と建築の関係も誰も知らなかった。われわれの目というのは大量の鱗に覆われていて、それが取れないと見えてこない。鱗を取る力があるものは、こういう高い純度をもったものです。

［**図3**］はね……、これもすごいですね（笑）。よくこういうことが起こるなという。隙間

図2　カミソリビル（東京都文京区）

図3　家を食べる緑（埼玉・大宮）

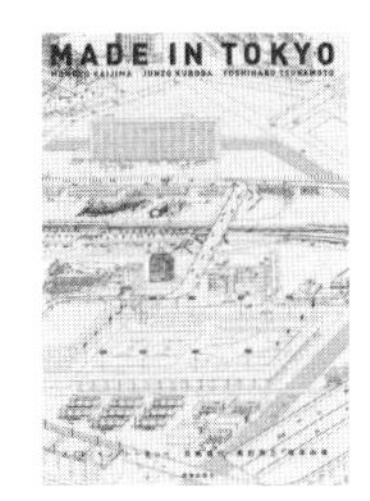

貝島桃代、黒田潤三、
塚本由晴
『メイド・イン・トーキョー』
鹿島出版会、2001年

から緑が入って中がびっしりになっている。ふつう建築の緑化というものは外に緑がありますが……。これを見ると日本の木造建物独特の、放っておくとすぐ植物に負ける不思議な感じを受けます。

［**図4**］は木場にありましたが使っていた組織が引っ越してしまい、今はどうなっているかわかりません。木場は東京の材木業の中心で、海から届く材木をここで下ろします。この傾いている建物が事務所で、中に入ってみると変な感覚になりますが、しばらくすると平気になる。人間の三半規管は意外と強いんですよね。三〇分くらい話を聞いて外に出ると一瞬で街がキュッと縦に戻る感じがあって、面白かったですね。同じ水辺とは言っても、陣内さんとの違いはわかっていただけるかと思います。

［**図5**］はね、「階段三兄弟」というものです。もともとは階段があって、他のふたつが加わった。事情はわかりませんが、とにかくこういうことが現実の日常のなかでは起きているわけでございます。

［**図6**］はいちばん好きです（笑）。見ていただくとわかるように同潤会です。同潤会では《江戸川アパートメント》がいちばんよい。みなさん誤解しているかもしれませんが、同潤会は貧民対策として建てられたものです。言い方は悪いかもしれませんが、貧しい人たちのためにつくった。貧しい人たちが火事に遭わないようにコンクリートのアパートがつくられました。ですから、場所によってトイレは共同で、決してのちにイメージされているような集合住宅ではなかった。

そういうなかで、若いサラリーマンのために一棟だけちゃんとしたものをつくろうといって建てたのが《江戸川アパートメント》でした。これは相当ちゃんとしていた。それでもお風呂と洗濯場は共同でした。江戸川アパートに行って中のプランを見たりしながら、中

図4　シーソー・ハウス（東京・江東）

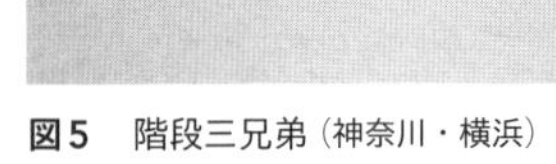

図5　階段三兄弟（神奈川・横浜）

庭にいくとこれを見つけて嬉しかったですね……。

建築史を明るく

路上観察学会でこのようなことをやってきたので、この時点で明らかに陣内さんと方向が違ってしまいました。その後は設計もするようになったので、もっと離れてしまいます。ですが、陣内さんがやっていることは重要なことです。イタリアに行くとびっくりしますよ。陣内さんはイタリアの田舎の有名人です。マリア信仰があるような洞窟のある山岳都市、そこに行ってレストランに入ったとき、そこで「おまえ日本人か?」と聞かれて、「そうです」と答える。写真を撮っている様子が建築関係者だとわかるんですよ。すると、「ジンナイって知ってるか?」と(笑)。本当にびっくりしました。アマルフィに行ったときにもそうでした。「ジンナイを知ってるか」。船乗りは港々に女がいると言われていますが、陣内さんはイタリアのいろんなところに足跡を残しておられる。こういう状態になった日本人は、陣内さんが最初ではないかという気がしています。

そして、陣内さんには「中庸の徳」があって、ちゃんと弟子を育てる。本人は育てようと思っているかは知りませんが、ちゃんと育っている。変な言い方ですが、私立大学で就職の苦労があるなか、お弟子さんに学問を継承させていくことはたいへんですが、例外的に陣内さんのところはいろいろな人たちが育っていて、これは本当に素晴らしいことだと思っております。

四〇年、半世紀近く、私も陣内さんもつまずかずちゃんとやって来れたものだと思っています。今にして思うのは、建築史というものがわりとオープンで明るくなったということについては、陣内さんや私の影響があるかもわかりません。

図6　危ない滑り台(東京・新宿)

講義余録

二〇〇人が入る会場は床での座り込みや外の廊下での立ち見など、聴講者はゆうに三〇〇人を超えていた。そんななか、建築史のスーパースターふたりの講義とその対談は、ワクワクするような刺激的な感覚というより、むしろ和やかで愛情のこもった雰囲気のなか時間が流れた。多くの学生にその分野の面白さを伝え、ときに研究者への道を目指すきっかけをつくり、広く社会に影響を与え続けた建築史家に、中川武、鈴木博之、藤森照信、初田亨、陣内秀信がいる。終戦直前の焼け野原を経験し、そこから一気にベビーブームの団塊世代へと至る、ちょうどそのはざまに生まれた人たちである。そのわずか三年ほどの時代を背景に、彼らスーパースターを生み出す理由は何だったのか。建築に関わる者なら彼らの著書や活動はよく知っているだろうから、普通は知らない思い出話もいいが、そうした世代の特徴と建築史との関係について掘り下げたかった。初回を飾るにあたり、本書巻頭に掲載した最終講義の内容と多くが重複するので陣内の講義録は割愛し、この余録のほうにページを使いたい。▼講義はそれぞれ、冒頭、やはりふたりが同世代として、当時、建築史の新しい世界を切り拓く環境が必然的に備わっていたようだという話から始まった。それ以前の東大では、建築史の研究室を希望する学生は二、三年にひとりいるかいないかで、ほとんど死んだような学問だったというから驚いた。今からは想像もつかない。だから何でもできた。何をやってもよかった。よほど重箱の隅をつつくような生真面目な研究者でない限り、目の前には未開のフロンティアが広がっていて、ふたりは必然のようにこちらに目が向いた。そうした新規性に満ちた世界に自由に飛び込める環境にあったという。そこを選んだふたりは、それを十分なほど魅力ある分野に変えた。▼『東京の空間人類学』は一九八五年刊行、路上観察学会は一九八六年創立だから、ちょうどふたりとも四〇歳に差し掛かる頃の仕事である。東京の町を読む方法を藤森は高く評価し、建築探偵団の活動の価値を陣内が認めた。ふたりとも精力的にフィールドを切り拓くことを徹底し、その場で五感を研ぎすませながら原理を見出し、論理を構築していく。とにかく現地、現物があらゆるものの出発点なのであって、それがふたりにもっとも共通する点であり、しかも舞台は同じ東京であった。東京のような現在進行形の大都市を歩いて調べる研究など、まだなかった時代である。陣内も話すように、柳田民俗学や建築の民家調査はあっても、都市が対象となることはほとんどなく、たとえあったとしてもそれはデザインサーヴェイばかりだった。江戸の都市史はあっても文献だけが頼りで、フィールドはアカデミズムとは無縁の違う次元のものとして扱われた。藤森もまた、路上観察学会創立の四年前に刊行した『明治の東京計画』では史料を拠りどころとしているものの、それと並行して町に繰り出し、のちにみずからが命名する看板建築と出会っている。都市や建築に向き合う基本的なところは同じなのである。それゆえに同志であり、よき理解者なのであって、お互い尊敬もしている。それぞれの講義と対談でもその気持ちがよく伝わってきた。かつて筆者は、藤森が陣内の東京研究に対して「物言わぬものに耳を澄まして真摯に向き合う研究者」と評した文章を読んだことがある。お互いのそうした気持ちがなければ、ここまで理解が及ばないと感動したことを覚えている。▼それでも、都市と建築、集合と単体といった対象をあえて違う次元で相対的に、そして意図的に選び取りながら、互いに戦っていたようにも見える。ふたりの違いは、端的に空間派の陣内と物件派の藤森という風に言い表すことができると藤森が言う。陣内は、イタリアから持ち帰った建築類型（ティポロジア）をひとつの武器として、東京の古地図や建物の実測、聞き取り調査を徹底的に行い、都市や地域の多様な空間が構成されるその原理を見出し、大都市ゆえの複雑なメカニズムを紐解いて解き明かすことに熱中した。一方、藤森はそれまで誰にも注目されなかった民間の建築、とくに洋館に光を当てる。残っている建築をすべて見る、関連する文献史料にはすべてあたる、そして遺族のすべてに会って話を聞

くという、あの有名な藤森流の三点主義を調査研究で徹底し、おおむねそれをやりのけたのだからすごい。▼こうしたスタンスの違いは、ふたりの「近代をどう見るか、捉えるか」という点のわずかなずれから生まれたように思う。日本の近代都市が否定し捨て去ったものをもち続けているヴェネツィアに没頭した陣内と、それはそれとして受け止めつつ近代の特質として実際に何が行われたかを正面から見ようとする藤森の違いである。▼たとえば、藤森の『東京計画』の仕事は、近代国家の首都をいかにそれにふさわしいようにつくり上げようとしたのかを政治家や財閥の動きから探り出したのであって、当時の人々の輝かしい近代に対する夢や憧れを描こうとした。信州出身の藤森自身も、東京や近代に憧れがあったと言っている。一方で、町に出て悉皆調査を行い、民衆の、そして市井の名もないような建築を価値づける物件派への指向は、近代が否定した前近代的なものではなく、やはりここでも日本的な近代の発見を目指したものであった。それに対して陣内は、日本の近代に対する懐疑から出発していると言っていいだろう。地と図で表現した場合、地は江戸で、図は近代という点に東京の面白さがある。だからこそ、近代が否定した前近代にも目を向けてその価値を掘り起こす必要があり、かつて豊かな関係を築いていた水と都市のあり方が研究の主題となっていったのにもそうした経緯がある。▼講義では、陣内の師である稲垣栄三にも話が及んだ。藤森は怖くて話せなかった印象が強いというが、とくに時間に対する指摘は忘れないという。つまり、陣内も紹介したように時間を入れて建築を見る必要があり、都市もまた時間が重なったものとして分析すべきであると稲垣が説いた。こうした時間の問題は、今でも建築史の分野で欠かせない重要な論点である。陣内は、そうした時間に対する考えに立って、多様な要素が複合化する都市の面白さに気づいた。東京をそういう立場で解読し、住居や建築に始まり、都市を経て、周辺の後背地をも含んで領域全体を総体的に分析するテリトーリオ研究へと射程を広げている。一方、都市計画史や近代建築史のアカデミックな部分とは別に、路上観察に着手し、建築作品へと展開する藤森もまた、さらなる飛躍を遂げている。対談で、公と私の空間の境界が明確すぎて、モノが入り込む隙間のないヨーロッパでは路上観察が成立しないという発言があったが、やはり日本の近代に対する指向がつねに根底に横たわっていることを示し、それとは別に信州の原風景、原体験が目を覚まして建築創作へと向かわせているような気がする。▼じつに好奇心旺盛なふたりだが、異なるスタンスから、違う立場であっても、暗かった建築史を明るくした貢献はきわめて大きい。研究の分野で都市と建築を連動させただけでなく、社会とのつながりをも太くし、一般の人たちの関心を高め、メディアと都市・建築を接続させた功績は計り知れない。とくに、建築とは無縁の人々のファンを広げたことで、普通の人の都市や町、建物に対する見方、関わり方を大きく変えたことは、これからの社会にとっての貴重な宝となり続ける。▼この世代の建築史家に、多くのスーパースターが生まれた理由は、たんに目の前に人の手が加わっていない未開の地が広がっていただけが理由ではなかった。ふたりの話からは、時代をどう読むか、そして直感を信じてどのように行動するかが重要なのだと知らされた。誰もやらないことをやり、批判されることを恐れず、つねに反骨精神をもち続けて自由に駆け巡る。だから、この世代は素直じゃないと藤森は言う。現在の建築史の世界は、文献史料からでなければ実証的な研究にはなり得ない、そうしないと学位が取れないしアカデミズムでもないという風潮が多勢を占める。研究は史料の解読だけが唯一の方法と考えられて、机上だけで済ませる研究者が多い。だが、フィールドを大切にし、現地、現物に接し続けて歴史を叙述するというふたりの姿勢は、本質に近づくもっとも有効な手法であることを改めて強く実感する回だった。(高村雅彦)

日伊比較から見た
都市史の可能性

野口昌夫
（建築史家／イタリア建築史・都市史）

伊藤毅
（建築史家／日本建築史、都市史）

実学としての都市形成史

野口昌夫

都市形成史を学んだ四年間――エドアルド・デッティ『失われたフィレンツェ』

一九八一～八五年の四年間、私は設計事務所で働きながらフィレンツェ大学の都市地域研究科で都市形成史の勉強をしました。都市形成史は「形成」という言葉が入っている通り、フィジカルな側面に着目した都市史です。指導教授はエドアルド・デッティ（Edoardo Detti）。陣内先生はヴェネツィア建築大学でエグレ・レナータ・トリンカナート（Egle Renata Trincanato）に師事しました。そのふたりの先生は、年齢が三つしか違わない同時代のイタリア都市研究者です。六〇年代のイタリア都市は危機の時代でした。日本と同じく戦争に敗れ、その後どのように都市を考えるか、経済を優先させるのか、保存を大事にするのか、そういったさまざまな論争の山が六〇年代にはありました。

デッティは六〇年代に法的拘束力をもつフィレンツェ都市基本計画（PRG）を策定した人です。この計画の実施によって開発と破壊を免れ、フィレンツェは救われたと言われています。さらに七〇年、彼は *Firenze Scomparsa*（『失われたフィレンツェ』）という本を出版し、五か国語に訳されました。そのなかで彼は、「フィレンツェが五〇〇年以上経っても最高のルネサンス都市で、まったく近代化の影響を受けていない」という認識に対して、実はそうではないということを指摘しました。

フィレンツェ中心部は近代に完璧に破壊され、再開発されたことを実測図面とともに示したのです。ジュゼッペ・ガリバルディ（Giuseppe Garbaldi）により実現したイタリア統一王

のぐち・まさお
一九五四年東京生まれ。七七年東京工業大学工学部建築学科卒業。七八年ロンドンのAAスクール大学院建築理論・建築史研究科、文部省給費留学。八〇年東京工業大学大学院理工学研究科修士課程修了。八一年フィレンツェのランフランコ・ベンヴェヌーティ設計事務所勤務。八三年イタリア政府給費留学生としてフィレンツェ大学都市・地域研究科、エドアルド・デッティ教授に師事。八六年東京工業大学大学院理工学研究科博士課程満期退学。二〇〇八年より東京藝術大学教授、工学博士。編著に『ルネサンスの演出家ヴァザーリ』白水社、著書に『イタリア都市の諸相――都市は歴史を語る』刀水書房、訳書に、パウル・ファン・デル・レーほか著『イタリアのヴィラと庭園』鹿島出版会など。

国の首都がフィレンツェに遷都（一八六五〜七一年）されることに向けて、中心部のメルカート・ヴェッキオ広場（古代ローマ時代のフォロがあった最古の都市部）とその周辺部が、心臓をえぐりとられるように削除されたのでした。

［**図1**］のグレーの部分が取り壊された部分で、黒の部分がわずかに残された部分です。教会が八つありましたがすべて破壊されました。そして、道路が拡幅されて破線が示す新しい街区がつくられ、中世以来のメルカート・ヴェッキオという市場のための広場が二倍に拡張され、首都にふさわしい新古典主義の政庁舎がロッジア（回廊）とともに出現しました。このような巨大開発が行われ、もっとも重要なフィレンツェの歴史的中心部が空洞になってしまったことを「失われたフィレンツェ」だとし、フィレンツェ大学のデッティは世界中にその事実を伝えたのです。

小都市の危機

その二年前、彼は、フィレンツェを中心とするトスカーナ州の小さな地方都市が近代化によって失われていくことにも大きな危機感をもち、フィレンツェ大学と各自治体の協力を得て *Città murate e sviluppo contemporaneo : 42 Centri della Toscana*（『城壁都市と現代の発展――四二のトスカーナ小都市』）という衝撃的な本を出版しました。重要なのは、四二のトスカーナ小都市の形成過程を基盤に「現代の発展」という視点を持ち込んだことです。小さな都市は美しい、素晴らしいという教養の書ではなく、それが現在どのような危機に瀕しているかに言及した本です。

四二の図面とともに航空写真、カタスト（課税用不動産登記台帳）の地籍図を示して出版されたイタリアで初めての緊急小都市調査の本でした。デッティは、フィレンツェとトスカー

Edoardo Detti,
Gian Franco Di Pietro,
Giovanni Fanelli,
Città murate e sviluppo contemporaneo : 42 Centri della Toscana
Edizioni C.I.S.C.U,1968

Edoardo Detti,
Florence that was
Vallecchi ,1970

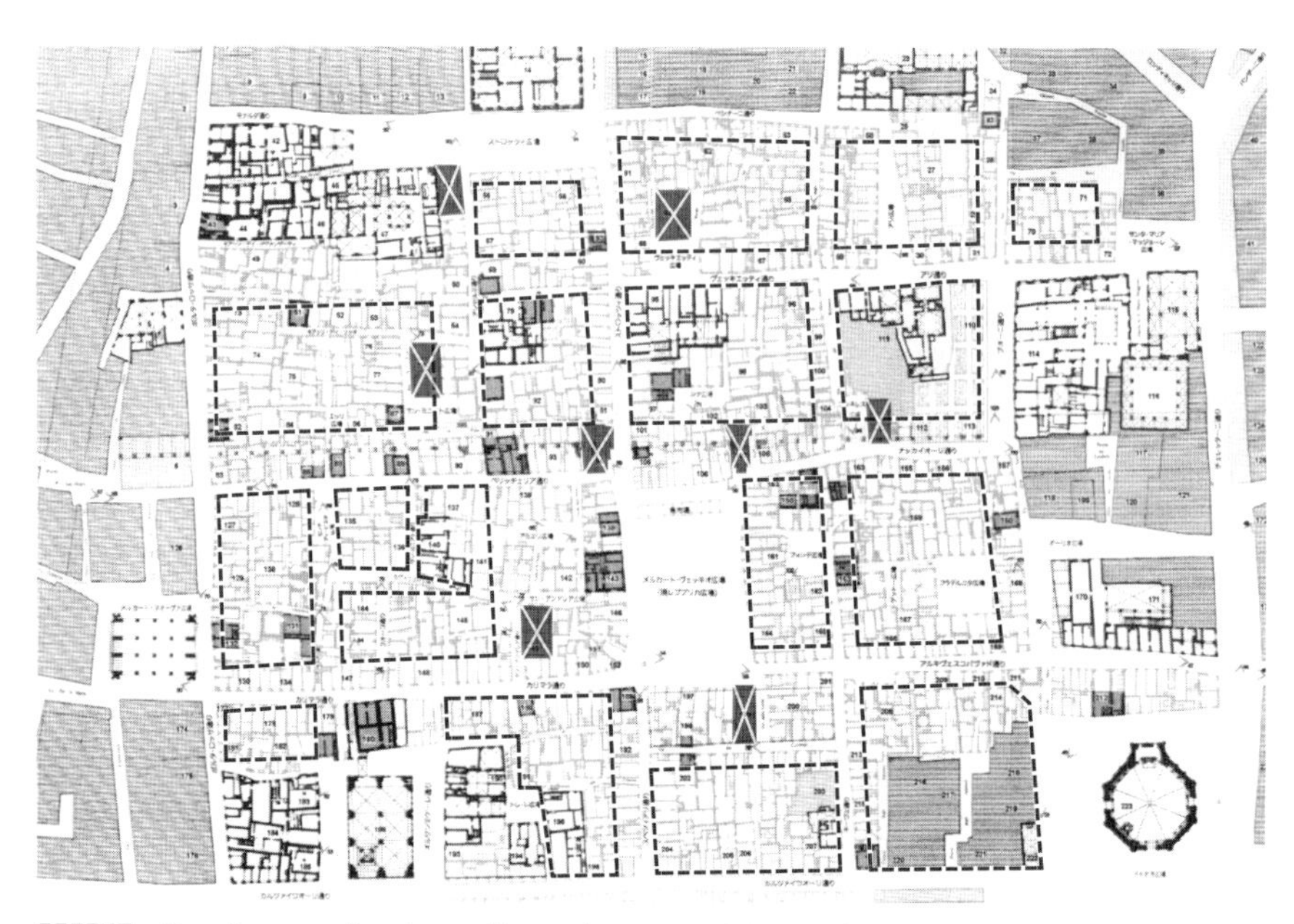

(dashed box)	新しい街区	薄いグレーで描かれた部分はすべて解体された部分 黒い線で描かれた部分は解体されずに残された部分
(crossed box)	破壊された教会	残された建物は主に貴族の邸宅と教会で、それぞれ新しい街区内に取り込まれた

図1　メルカート・ヴェッキオ広場とその周辺部

ナの都市遺産が、日本と同じく経済優先だった六〇年代後半の開発によって消失していくことを、都市基本計画（ＰＲＧ）の策定や小都市の条令を制定することで歯止めをかけなければならないと考えていました。一九八一年に留学した二八歳の私は先生のすぐ近くにいて、その薫陶を直接受けました。

彼はもともと建築家です。それも私が先生を尊敬した理由です。カルロ・スカルパ（Carlo Scarpa）とウフィツィ美術館のレスタウロ（修復）をやった非常に優秀な建築家でした。それとともにフィレンツェの都市基本計画の策定という都市計画のトップにいた。そして小都市の変化に対して非常に危機感をもち、都市史の文脈を研究していました。また、六〇年代に喫緊の課題だった保存的都市計画の理念を、学生たちに教えた教授であり、未だにフィレンツェ市民から歴史的な文化人（uomo di cultura）として尊敬されています。重要な仕事をひとりの天才に委ねるのはルネサンス以来のイタリア的傾向ですが、彼はまさにフィレンツェとトスカーナの危機を一手に引き受けた人だったのです。

トスカーナ州の小都市研究へ

二八歳で留学し三二歳で帰国するまでの四年間、デッティ教授に師事しました。最初はイタリア語もわからず、どうしていいかわからないまま、先ほどご紹介した二冊の本を読んで何を研究すればよいか一年以上かけて考えていました。ずっと悩んでいましたが、二年後、給費留学試験のために一時帰国したときに、初めて陣内先生に会いに行きました。陣内先生は「私はヴェネツィアを研究したけど、いくらでもテーマがあって面白かった。野口さんはフィレンツェをやりなさい」と言われました。奥が深くてやりがいもあるし、テーマもたくさんあると。しかし、私はそれに反してトスカーナの小都市研究の方向に進んでしまいました。

留学して三年目、突然チャンスが訪れました。トスカーナの小都市ペッチョリの都市修復計画を市当局から委託されたデッティ先生から「君は何年いるかわからないけどやってみるか？」と言われて、「やります」と即答しました。これならオリジナルな研究になると思ったんですね。私が留学する一年前の八〇年、トスカーナ州法五九号が制定され、イタリアで初めて比較的小さな都市の都市修復計画の具体的施策が示されました。それまで大都市ばかりが中心だったのが、小都市でも修復して歴史的価値を取り戻すための州法がイタリアで初めてトスカーナ州にでき、これで予算も付くことになりました。留学の一年前にこの州法が制定されたことと、これからは地方都市が大事だと言っていたデッティ先生の指導下にいたこと、このふたつが重なったことに運命的なものを感じました。陣内先生の意に反して、小都市を研究することを確信的に進めていったわけです。

こうしてデッティ先生の指示でペッチョリの実測が始まりました。実測はとにかく肉体労働なんですね。ここには平面図も立面図もない。都市の起源以来一五〇〇年以上の間、実測した人が誰もいない。しかし図面がないと修復計画ができない……どのイタリアの都市もそうでした。途方に暮れていたら、先生がフィレンツェ大学の学生を四人連れて来てくれて、二年がかりの実測が始まりました。リーダーの私は四人のイタリア人の学生たちを時には励まし、時にはなだめつつ、「帰りたいなんて言わないで、もう少し続けようよ」と言いながら続けました。昼間はすっかり日焼けし、夕方は事務所に戻って図面を起こす毎日でした。

街区の形成過程分析を博士論文に

四年後に日本に帰国し、博士論文を書き始めていたら、突然、東京藝術大学への就任が決まり、にわかに忙しくなって、その後六年かけてやっと書き終えました。すでに四一歳になっていました。ペッチョリ市の歴史中心地区のうち、ふたつの街区の形成過程を研究しました。部分的な研究で終わってしまったんですが、街区形成過程の分析の方法論を提示することに重点を置きました。この博士論文の公聴会は母校の東京工業大学でありましたが、陣内先生が来てくださって、非常に心強く思いました。今でも感謝しています。

東工大は論文博士の学位審査がとくに厳しく、公聴会では激しい質疑があるため、時には発表中に失神してしまう人がいると言われていました。学位というものは、それを切り抜けた者だけが獲得できる、ということです。だからいざというときは陣内先生に助けてもらえるように、前もって臨席をお願いしておいたのです。しかし、荒れることもなく、無事に学位を手にすることができました。この研究について簡単に説明したいと思います。

カステラッチャ街区の形成過程

［図2］のペッチョリの中心部が最古のカステラッチャ街区で、今日はこの街区についてお話しします。初めて調査に訪れたとき、これだけ固まってしまっている街区に圧倒され、呆然と立ち尽くしてしまいました。これをどうやって分析するのかと不安でいっぱいでした。すべてがひとつの塊になっている。しかも中心部は丘のように高くなっていて、建物の奥はそれぞれ横穴を掘って床面積を拡張していて、少しヴァナキュラーな要素もあるような街区でした。このように固まってしまったものをどうやって分析していくのか。

この時突然、エドムント・フッサール（Edmund Fusserl）の現象学という分析方法が頭をよ

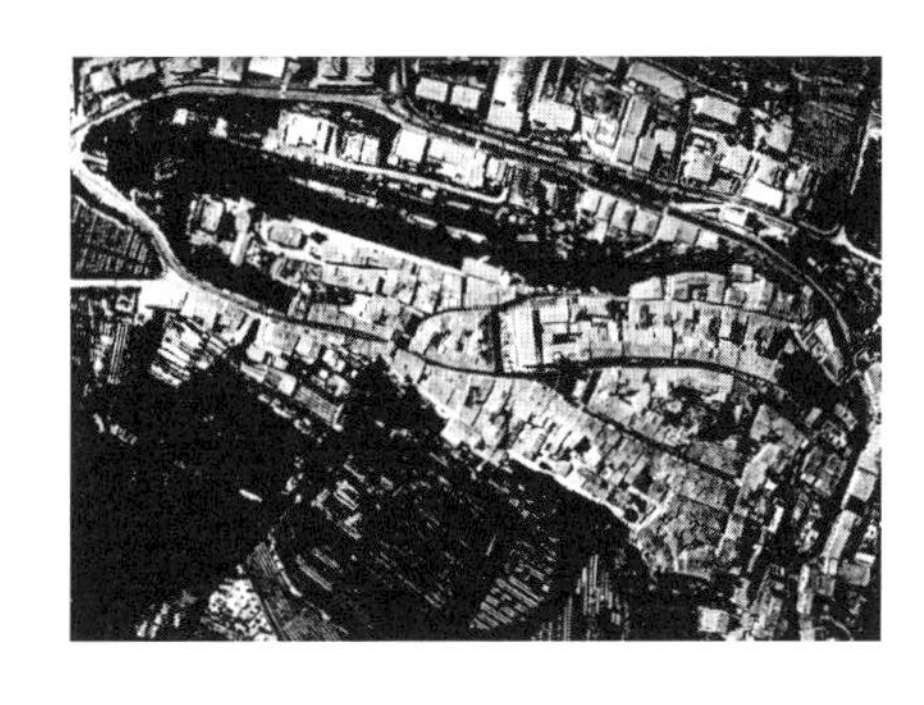

図2　ペッチョリ市歴史中心地区

ぎりました。「あらゆる対象を等しく分析できるようなひとつの方法は存在しない。物事の真相を捉えるにはそれにふさわしい方法、文体、もしくは表現のスタイルがある。対象がナイフの研ぎ方を教えてくれるのであって、対象にナイフの切れ味を押しつけてはならない」（『厳密な学としての哲学』佐竹哲雄訳、岩波書店、一九六九年）。フッサールによれば、「真の方法は、探求されるべき物事の性質に従う」ということなのです。この頃から、理論化された「建築類型学」（Tipologia edilizia）というナイフが、実際の対象にどれだけ有効なのかを自分で検証しようという思いが強くなりました。

まず、単位に分けないといけないと思ったんですね。軒高の変化やファサードの色、仕上げなどといった外部、壁の厚さなどの内部、地籍境界から有効な一〇の指標を設定して単位に分節化しました。このとき、どうしても分節化できないものがありました。それぞれ屋根が一枚で覆われていても、平面図を実測して調べてみるとどうしても一棟の単位ではないのです。これは時間を遡らないと類型がわからないということに気がつきました。そうして調べていくと、スキエラ型住宅（Casa a Schiera、間口が四〜五メートルの最小構造単位でできた類型）とリネア型住宅（Casa in Linea、隣接する複数のスキエラ型が合体した類型）だけでは分析できないことがわかりました。そこでカニッジャ（Gianfranco Caniggia）の研究にはない、「合体型住宅」（Casa Incorporata、リネア型とリネア型、リネア型とスキエラ型が合体した類型）というものを新たに定義しました［図4］。

［図5］はカニッジャの方法論と表記法に基づく建物単位の類型化です。固まってしまっている街区は、このように分解できるのです。ムラトーリ（Saverio Muratori）、マレット（Paolo Maretto）、カニッジャといったヴェネツィアの研究者の理論に沿って、それを目の前にある実体としての街区に適用させたものです。

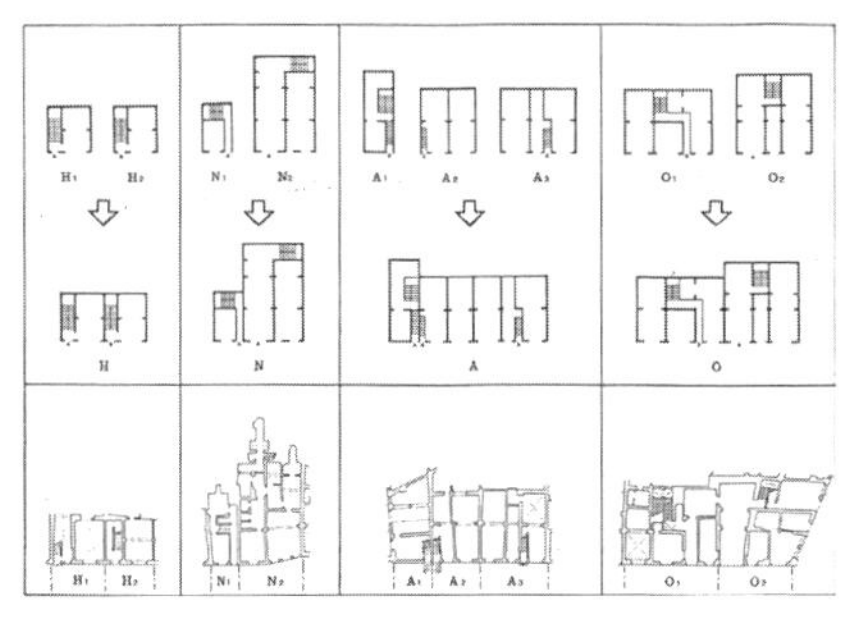

図4　スキエラ型住宅とリネア型住宅が棟をつくる合体型住宅

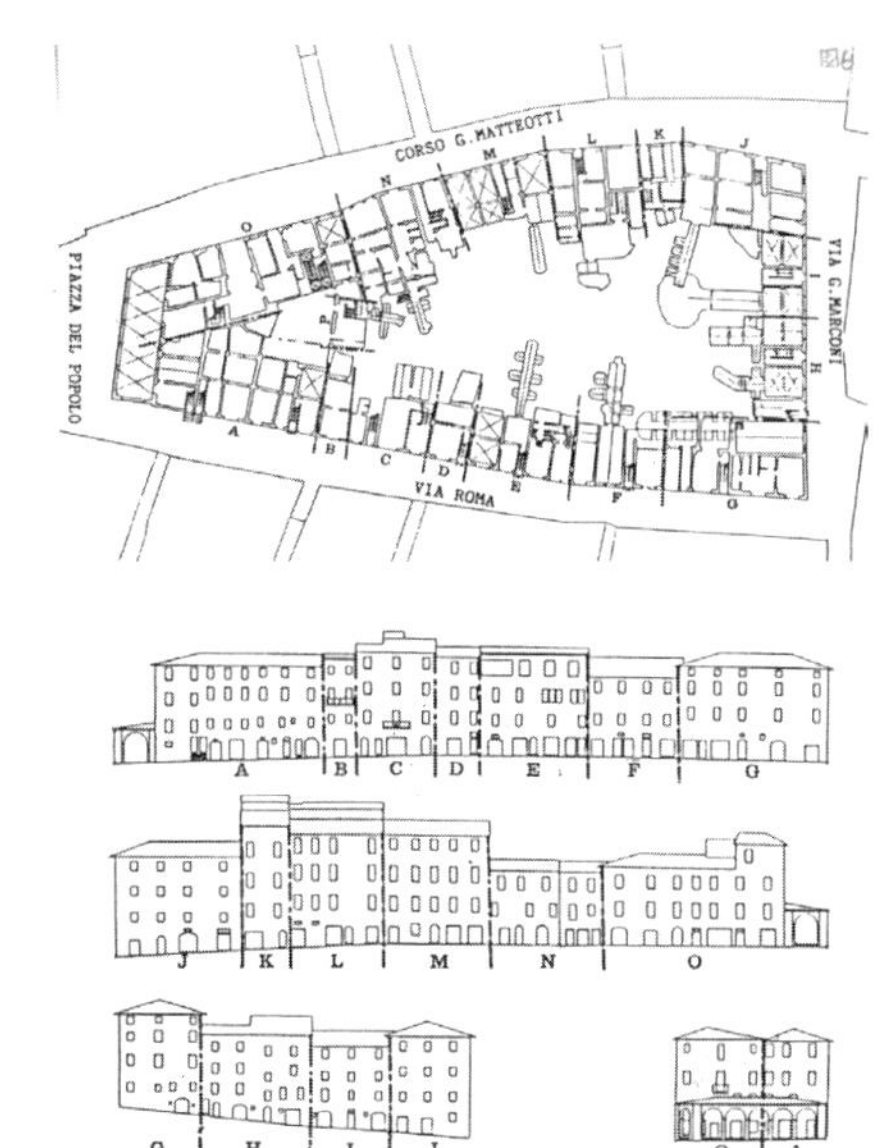

図3　カステラッチャ街区を構成する建物単位（平面図、立面図）

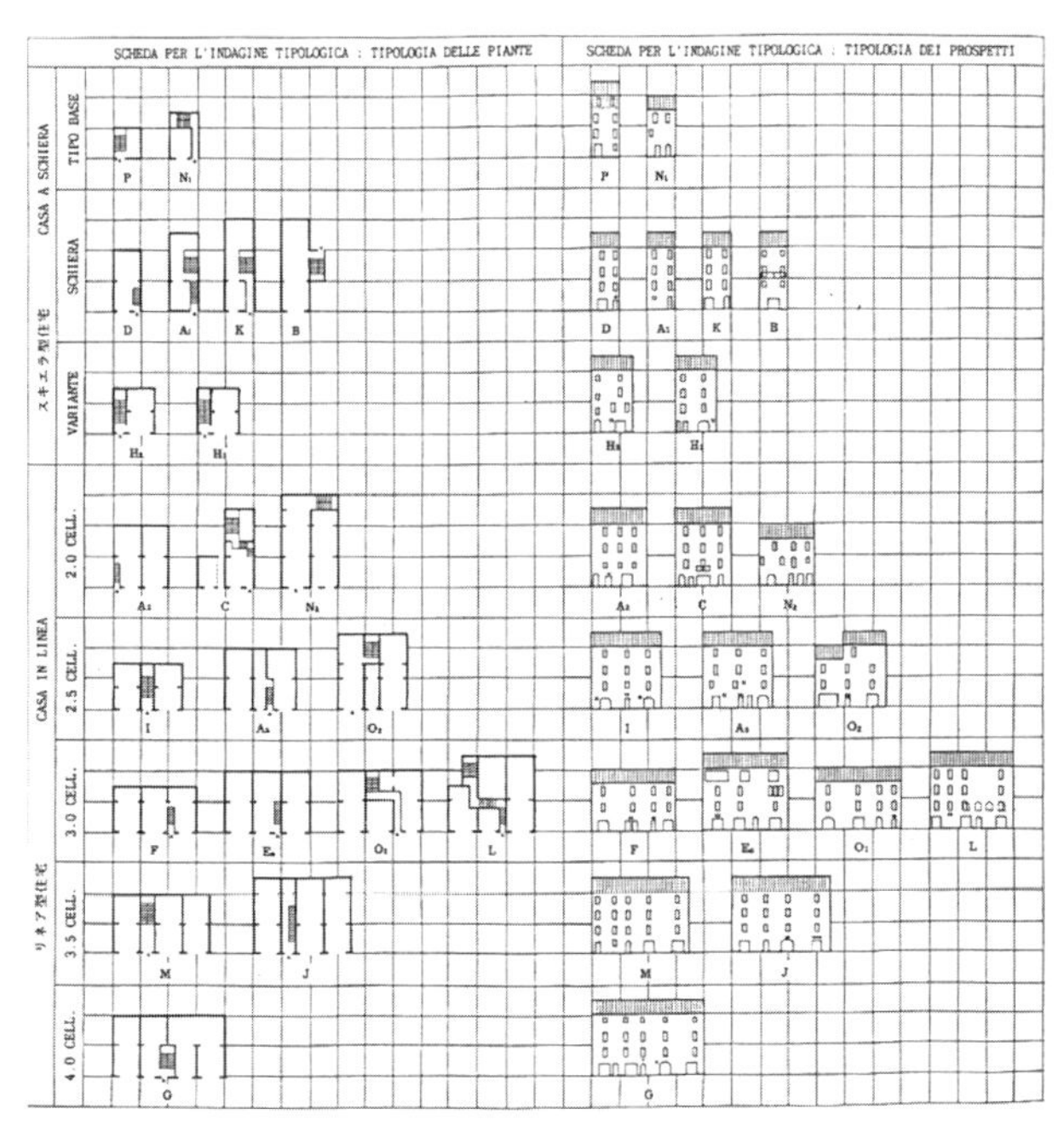

図5　カステラッチャ街区を構成する建物単位の類型化

次に、ひとつの塊になった街区を人々がどのように所有しているのかが知りたくなりました。それは「カタスト」という課税用不動産登記台帳の登記表示リスト［図6-7］と地籍図から読み解くことができます。ナポレオンがイタリアに侵攻したときに、初めてカタストがつくられるのですが、それには登記表示リストに対応する地籍図があります。そのすべては筆記体で書かれていて読めないので、当時、一橋大学の清水廣一郎先生（イタリア中世社会経済史）の高田馬場のご自宅まで通って、筆記体を読んでいただき活字体に直しました［図8］。所有者の名前、その父親の名前、用途、面積が書かれていて、N°に記された数字が地籍図中の番号に対応しています［図9］。

それがわかると、今度は所有者のファミリー・ネームごとに、つまり何々家がどの用途で家屋をどれくらい所有しているかという情報に書き換えることができます［図10］。その結果、この家は、父親と息子がこの番号とこの番号の土地・家屋を、これくらいの面積（単位はブラッチョ・クァドロ）でもっていることなどがわかります。こうしてようやく街区の実測図面に所有形態を落とし込み、分析図面ができました［図11］。

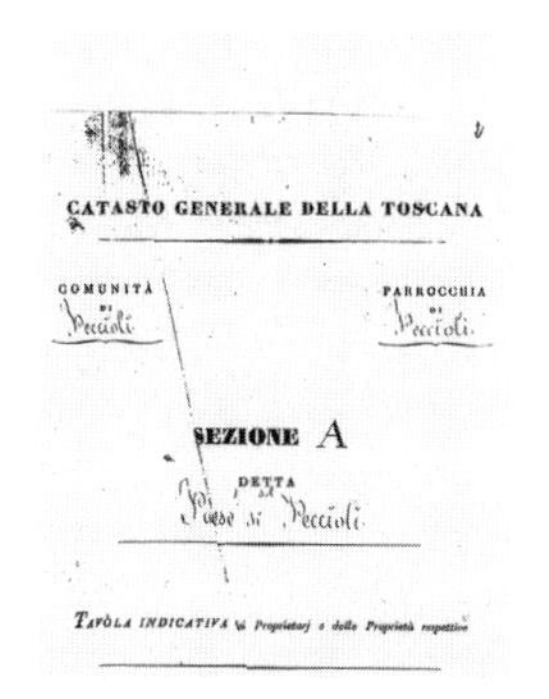

図6　カタストの表紙（1834年）

N°	所有者の姓名ならびに父親の名	用途	B.Q.
28	Agnello / Dll' / Giovanni di Tommaso	Casa e Sodo	441
29	Agnello / Dll' / Adriano di Domenico	Casa	133
29	Agnello / Dll' / Giovanni di Tommaso	Casa	133
30	Menciassi,Prete Giuseppe di Pasquale	Casa e Sodo	199
30"	Menciassi, Giacomo di Pasquale	Casa e Sodo	200
31	Menciassi, Giovanni di Pasquale	Stalla	144
31	Matteucci,Cosimo di Ferdinando	Casa Palco	144

図8　カタストの登記表示リストを筆者が活字体に直したもの（部分）

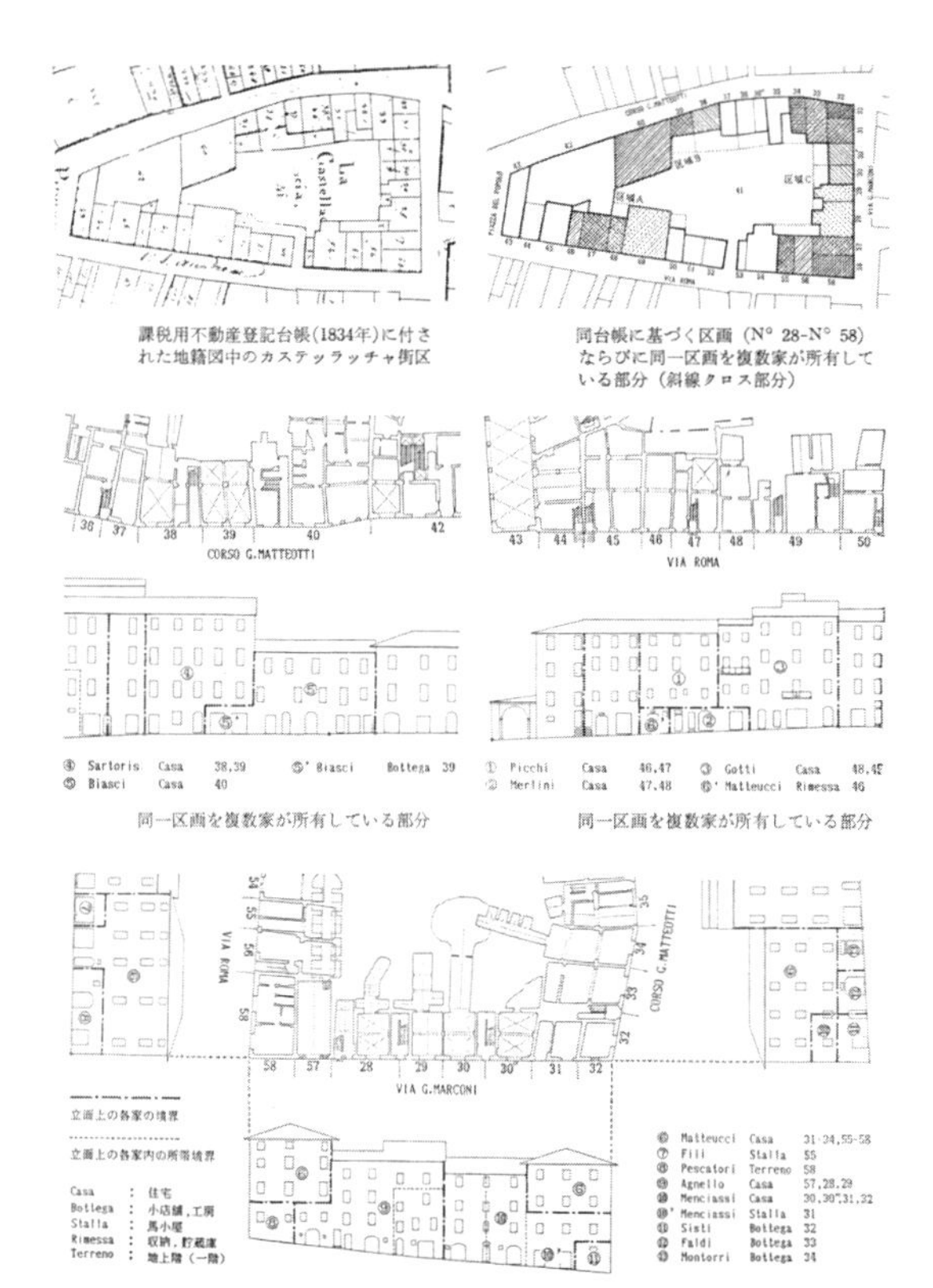

図11 同一区画を複数家が所有していることを示す分析図面

図7 カタストの登記表示リスト(部分)(1834年)

図9 カタストの地籍図中のカステラッチャ地区(1834年)

Angello/Dll'°	875:	Tommaso	Giovanni	28(CA/S441),29(CA133),57(CA168)
		Domenico	Adriano	29(CA133)
Gotti	660:	Francesco	Giuseppe	48(CA172),49(CA488)
Faldi	655:	G.Gualberto	Filippo	33(BO217),51(CA140),52(TE149)
			Giovanni	52(CAp149)
Menciassi	624:	Pasquale	Giovanni	31(ST144), 32(CAs81)
			Prete Giuseppe	30(CA/S199)
			Giacomo	30"(CA/S200)

図10 各家の家族構成と所有不動産(部分)

日本の伝統的建造物群のように一つひとつの建物ごとに所有者がいるものだと思っていたら、じつはこのように複数のファミリーが階も関係なくもっていることがわかりました。たとえば、ある番号の人は離れた別の番号ももっているとか、この番号の人は、じつは奥の一スパンまでもっていて、その後ろのスパンは隣の人が鍵形に所有しているとか……、つまり、棟の単位や階で所有が分かれてなくて、3Dで所有を分けている。

しかも所有境界は変化していく。お金があるときに隣の一部を買ってしまい、壁に開口を空けて自分の家にするとか、そのようにして所有が変化することがわかったのです。すべてが一塊になっているということは、そういうことだったのです。イタリア語で街区はイゾラート（isolato）と言いますが、それは島イゾラ（isola）から派生しています。つまり、ひとつの島に皆が隙間なく塊になって住んでいるのです。

これは大発見だ！ と思ったら、イタリアはどこでもそうだということを、ヴェネツィア建築大学教授のジョルジョ・ジャニギアン（Giorgio Gianighian,）先生が出版された *Dietro i palazzi* という本を本人からいただき、知りました。それはパラッツォの内部では何が起こっているかを明らかにした素晴らしい本です。ヴェネツィアに限らず、フィレンツェもトスカーナ小都市もこういう所有形態なのだということがわかりました。

カニッジャの理論では建物単位の進化は四つの段階を経るのですが、私が定義した合体型への進化がその後に起きた場合は五段階になります。この理論をカステラッチャ街区の三つの合体型に当てはめると、ひとつの建物が小さな単位として形成され、それが何度も合体してひとつの屋根で覆われていく過程が明らかになりました［**図12**］。

次は、さらに生物学的ですが、類型が進化するという概念です。現在のスキエラ型、リネア型、合体型の類型がひとつ前の時代（一八三四年頃）にはどのようになっていて、さらに

Giorgio Gianighian,
Dietro i palazzi :
Tre secoli di architettura minore a Venezia, 1492 -1803
Arsenale Editrice, 1984

その前にはどのような小さな単位に分かれていたのか［図13］。それを街区図面に落とし込むと、現状［図14 a］、ひとつ前の時代［図14 b］、そのさらにひとつ前の時代［図14 c］となります。もっとも古いと考えられる時代［図14 d］では、これだけ細かく分かれています。しかし、高さ関係を資料から特定することはできません。その意味では完全ではありませんが、この街区の形成過程に関して平面類型の進化から光を当てることができたのです。

同じような分析を北側街区でもしました。ここでは市壁の一部が街区内部に隠蔽されていることがわかったのですが、時間がありませんので割愛いたします［図15］。

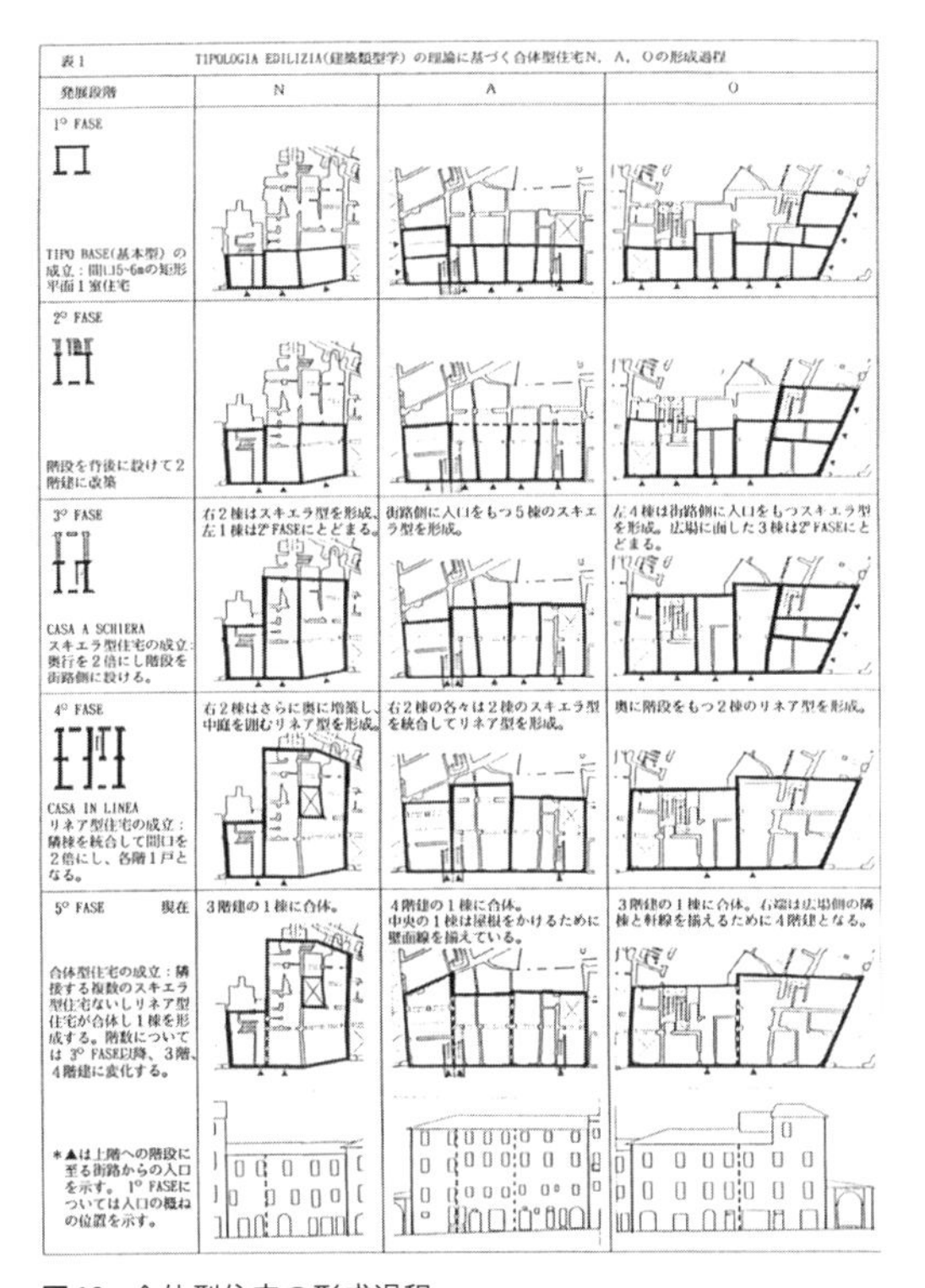

表1　TIPOLOGIA EDILIZIA(建築類型学)の理論に基づく合体型住宅N、A、Oの形成過程

発展段階	N	A	O
1° FASE TIPO BASE(基本型)の成立：間口5~6mの矩形平面1室住宅			
2° FASE 階段を背後に設けて2階建に改築			
3° FASE CASA A SCHIERA スキエラ型住宅の成立：奥行を2倍にし階段を街路側に設ける。	右2棟はスキエラ型を形成、左1棟は2° FASEにとどまる。	街路側に入口をもつ5棟のスキエラ型を形成。	左4棟は街路側に入口をもつスキエラ型を形成。広場に面した3棟は2° FASEにとどまる。
4° FASE CASA IN LINEA リネア型住宅の成立：隣棟を統合して間口を2倍にし、各階1戸となる。	右2棟はさらに奥に増築し、中庭を囲むリネア型を形成。	右2棟の各々は2棟のスキエラ型を統合してリネア型を形成。	奥に階段をもつ2棟のリネア型を形成。
5° FASE　現在 合体型住宅の成立：隣接する複数のスキエラ型住宅ないしリネア型住宅が合体し1棟を形成する。階数については3° FASE以降、3階、4階建に変化する。	3階建の1棟に合体。	4階建の1棟に合体。中央の1棟は屋根をかけるために壁面線を揃えている。	3階建の1棟に合体。右端は広場側の隣棟と軒線を揃えるために4階建となる。
＊▲は上階への階段に至る街路からの入口を示す。1° FASEについては入口の概ねの位置を示す。			

図12　合体型住宅の形成過程

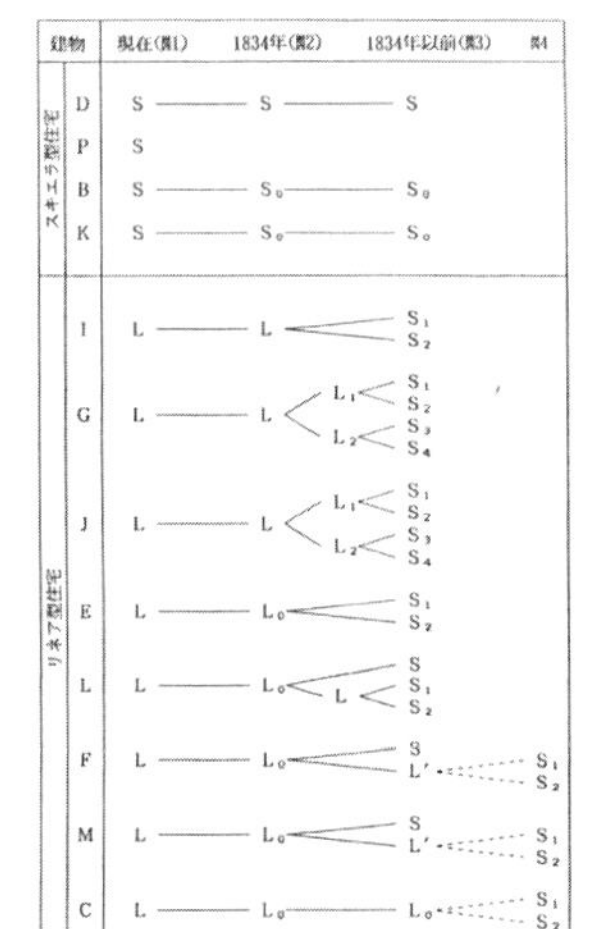

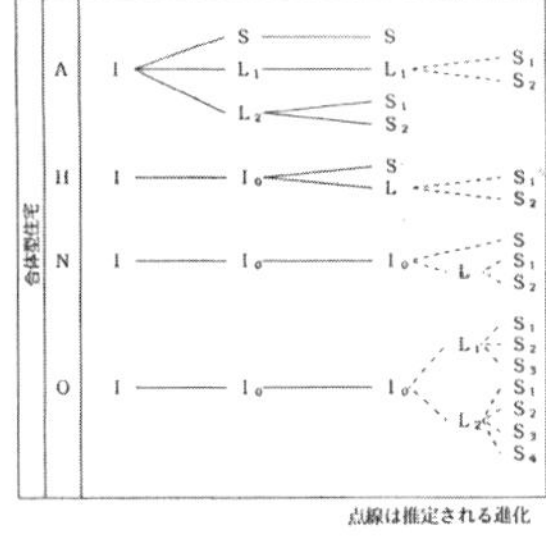

図13　カステラッチャ地区を構成する建物の類型の進化

a　現在の街区を構成する建物単位と類型

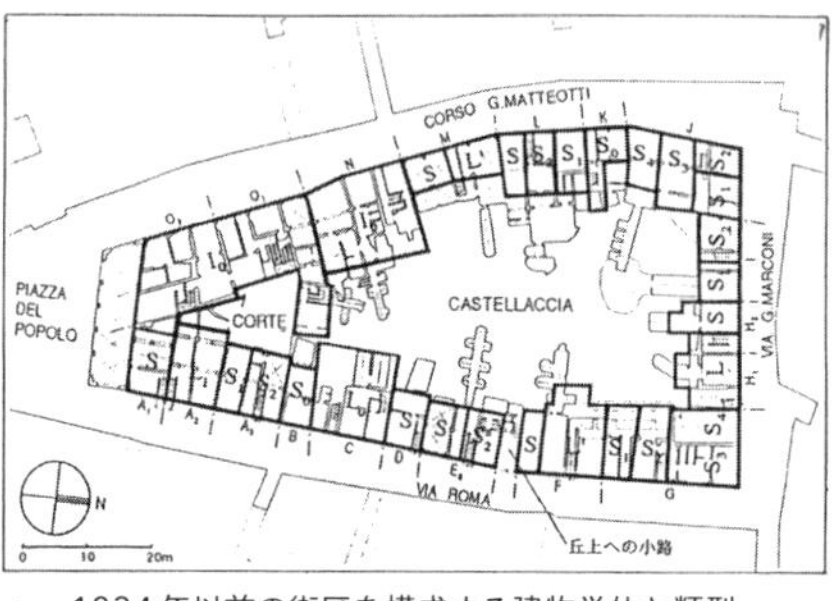

c　1834年以前の街区を構成する建物単位と類型

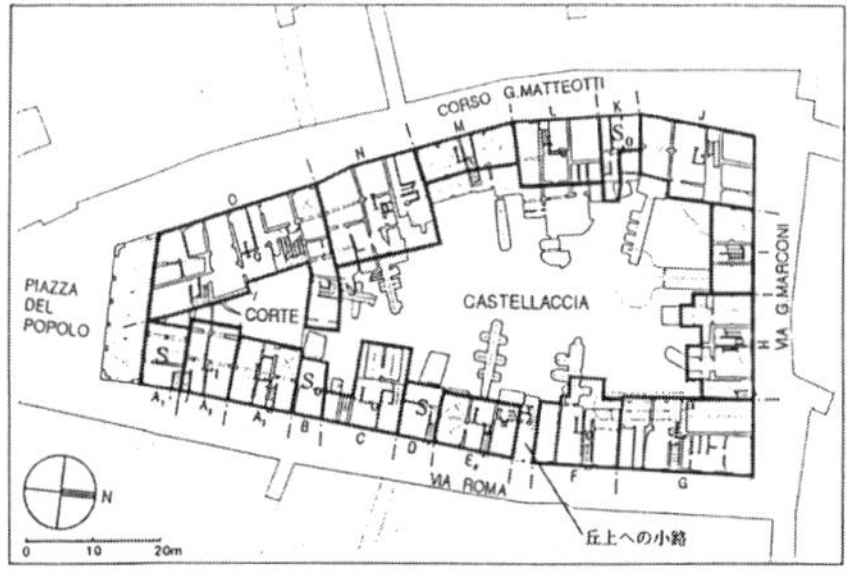

b　1834年当時の街区を構成する建物単位と類型

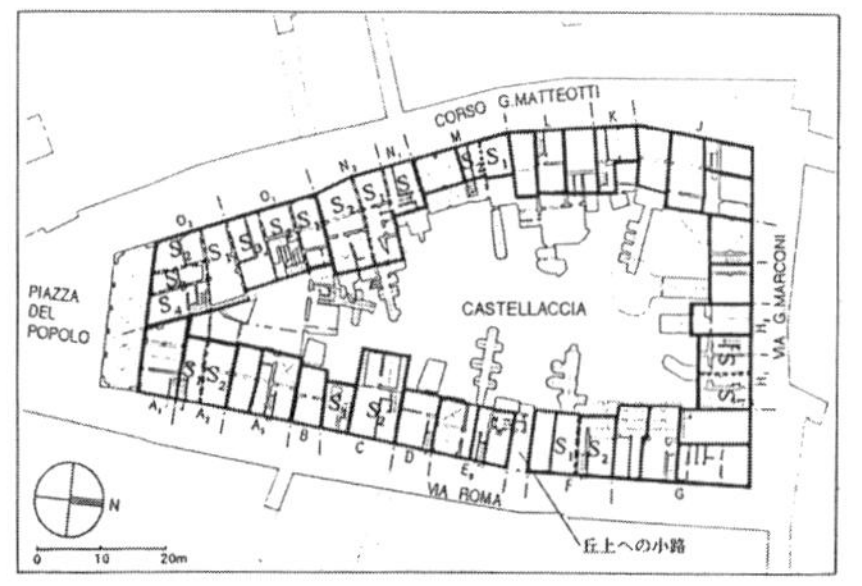

d　cの状態以前の建物単位と類型（推定）

図14　建物の類型の進化と街区の形成過程

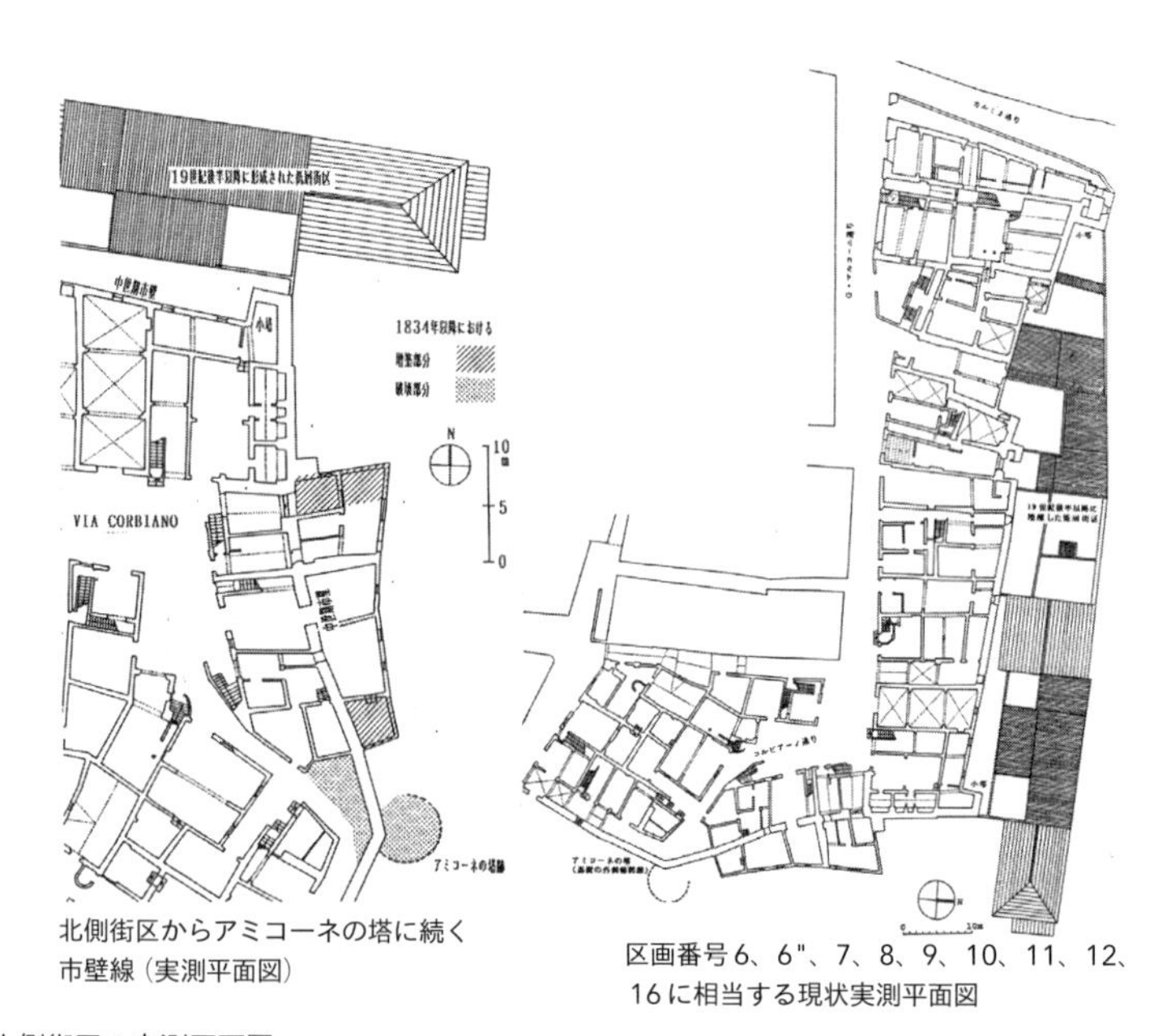

北側街区からアミコーネの塔に続く市壁線（実測平面図）

区画番号6、6"、7、8、9、10、11、12、16に相当する現状実測平面図

図15　北側街区の実測平面図

テリトーリオの視座からトスカーナを見る

博士論文執筆のためにひとつの都市を分析的に研究してきましたが、その後は現在に至るまで、もう少しマクロに、トスカーナ全体を地域（テリトーリオ、Territorio）の視座から把握し、歴史的小都市と地域の形成を同時に明らかにする方法論を考えています。まず地形的要因が非常に大きいということがわかりました。それから経済的要因、政治的要因、宗教的要因があります。

・地形的要因：本流、支流の谷、尾根、丘陵、台地、盆地、平地がつくりだす構造
・経済的要因：通商のための陸路・河川交通路の位置と方向、農業、林業などの産業
・政治的要因：教皇派と皇帝派、封建領主・貴族の支配体制、大都市国家の領域支配
・宗教的要因：司教勢力と司教区の範囲、教皇との関係、大規模修道院の活動

以上の指標に基づき、自分なりにトスカーナを一六のテリトーリオに分けました［図16］。［図17］の点線で囲った範囲が私の設定したそれぞれのテリトーリオです。中央の道がローマからフランスへ行く巡礼と物流の道であるフランチジェナ街道です。それがトスカーナを縦断しています。この道は一部古いものと新しいものにふたつに分かれています。この大動脈は小都市の地域を形成させる要因として重要です。あとは河川と谷、渓谷や川筋、それから島嶼ですね。島があると対岸と非常に強い関係が生じます。

それから地質も関係します。たとえば、陣内研究室が調査していた「クレーテ・ヴァルドルチャ（オルチャ渓谷、二〇〇四年世界遺産に登録）」のテリトーリオは粘土質の大地クレーテが地域の特質を決定しています。このようにさまざまな因子からなる、すべてが異なるテリ

1　マグラ川流域・ルニジアーナ
2　ヴェルシリア
3　セルキオ川流域・ガルファニャーナ
4　ヴァル・ディ・ニエヴォレ
5　アルノ川下流域
6　フィレンツェ西方域
7　アルノ川最上流域
8　デヴェレ川最上流域
9　ムジェッロ
10　アルノ川上流域・ヴァルダルノ
11　ヴァル・ディ・キアナ
12　エルサ川流域
13　クレーテ・ヴァルドルチャ
14　メタリフェレ丘陵・エルバ島
15　マレンマ・オンブローネ川流域
16　フィオーラ川上流

図16　トスカーナの16のテリトーリオ

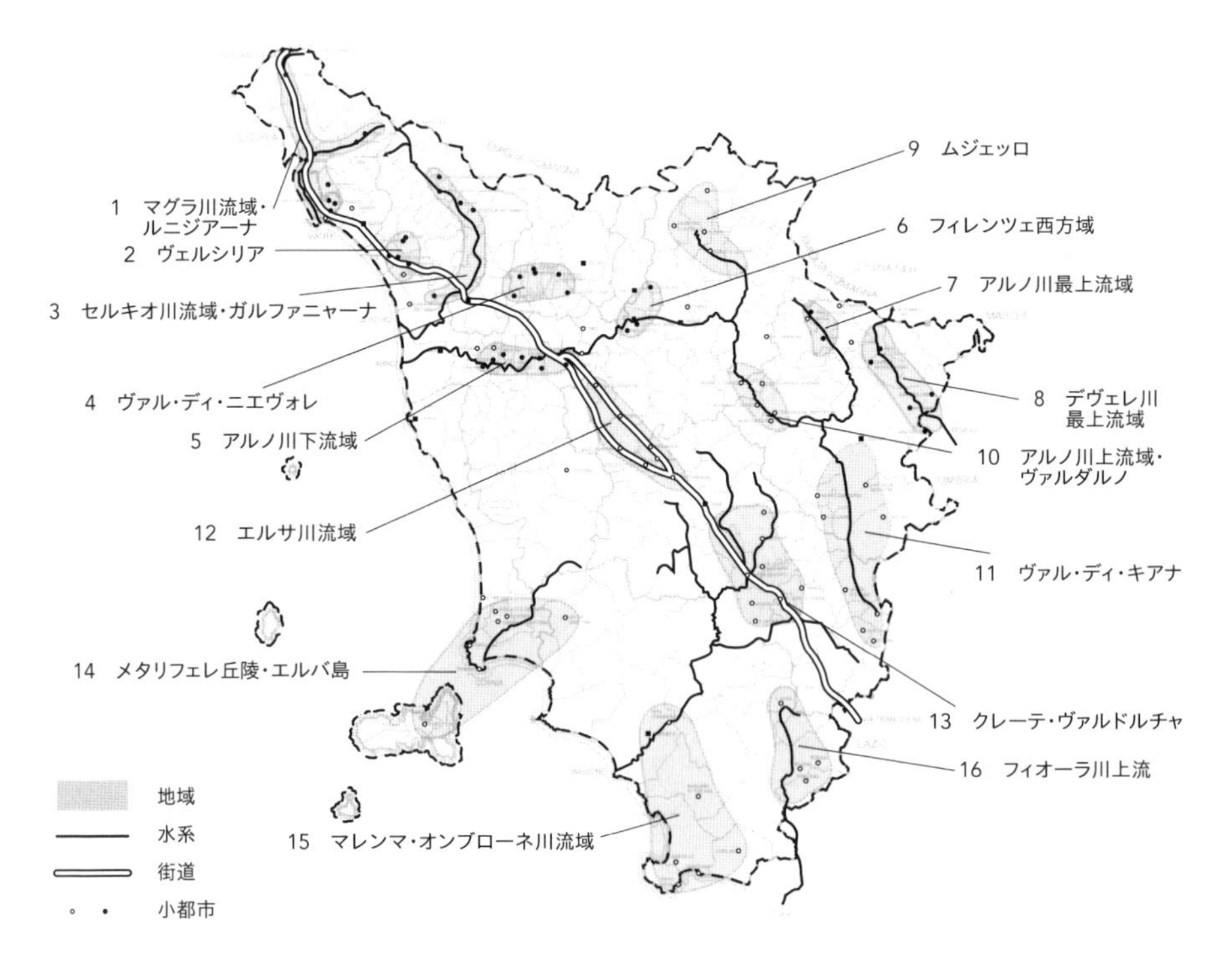

図17　トスカーナの歴史的小都市と地域

トーリオがつくられています。これまで約一〇〇の小都市の実地調査を終えましたが、一六の各テリトーリオ自体を詳しく分析する研究はその途上にあります。

実学としての都市史を目指して

今日の講義のテーマは陣内先生が提起された「都市史に何が可能か」というタイトルなのでそれについて最後に付け加えます。結論から言うと、都市形成史は現実に対して役に立たなければならないということです。

フィレンツェ大学留学中、設計事務所での実務も四年間経験しました。その間、職能を観察してまとめたのが［図18］です。太字が職能を示し、左側が歴史の分析者である都市史学者（STORICO）と地域史学者（STORICO）。右側が現状の分析者である都市学者（URBANISTA）、建築家（ARCHITETTO）、地域学者（TERRITORIALISTA）です。これらの職能がひとつに結びついて、図の中央の「都市認識」（Conoscimento）が形成されます。建築家が都市設計や都市計画をするときには、この知恵の集積である「都市認識」を基盤にして実践していかなければならない。日本の場合は都市史という研究分野は都市計画と乖離していますが、イタリアでは緊密につながっています。プロジェクトの中枢には「都市認識」があり、これが新たにつくるものの出発点になっているのです。

［図19］は研究の話です。都市組織（Tessuto urbano）については、六〇年代以降ムラトーリとカニッジャが、建築類型学（Tipologia edilizia）を確立させていきました。一方で、アイモニーノ（Carlo Aimonino）デ・カルロ（Giancarlo De Carlo）は、研究者というよりは建築家なので、モルフォロジア、つまり都市形態学（Morfologia urbana）ということを主張しました。でも、この両方が大事なんですね。都市組織（Tessuto urbano）と都市形態（Forma urbana）は互いに反発し

STORICO（都市史学者）
Storia dell'urbanistica（都市形成史）
URBANISTA（都市学者）
Analisi urbana（都市分析）
Urbanistica（都市学）
Conoscimento（都市認識）
Ricerca territoriale（地域研究）
ARCHITETTO（建築家）
Progettazione（都市設計）
Pianificazione（都市計画）
Storia del territorio（地域史）
STORICO（地域史学者）
Analisi territoriale（地域分析）
TERRITORIALISTA（地域学者）

図18
都市計画・地域計画への流れと職能

合うことなく共生することが求められます。イタリアでは今でもこの考え方が定着しています。一方、地域組織（Tessuto territoriale）は比較的新しい概念で、八〇年代後半から風景（Paesaggio）との関係から理論化されつつあります。

ここで強調したいのは、イタリアの研究分野には役に立つために生まれてきた歴史があるということです。それは、教養の建築史や都市史、歴史として、人文学的に生まれてきたものではない。これを研究しないと自分の故郷や都市の生活が危うくなるという切迫した状況の現実的な認識から生まれてきています。

その最初の例が都市形成史（Storia dell'urbanistica）です。五〇年代、大都市の都市基本計画（PRG）策定のために、初めて実測による連続平面図が作成されました。まずそれを研究するための都市形成史が生まれました（田島学、陣内秀信「イタリア都市形成史研究」地中海学研究Ⅳ、地中海学会、一九八〇年）。

その後八〇年、トスカーナ州法五九号の制定により、トスカーナ小都市修復計画のための実測の平面図、立面図、断面図が作成され、それを研究するための小都市研究という新しい分野が生まれます。私の博士論文（「ペッチョリ市歴史中心地区における街区形成過程の研究」東京工業大学博士論文、一九九五年）が成立したのも、ようやく小都市にまで手が回ってきたからでした。

さらに八〇年代後半、歴史的風景（paesaggio storico）の保存と歴史的地域（territorio storico）の活用が再評価され、そのためのテリトーリオ研究が人文地理学者とともに開始されました。これは、世界遺産選定もきっかけとなって、テリトーリオ自体の保全が経済効果を伴う地域再生であることが見直されてきたからです。都市を取り巻く大きな領域にも実は価値があるということが認識されるようになったのです。これについては陣内先生のお弟子さん

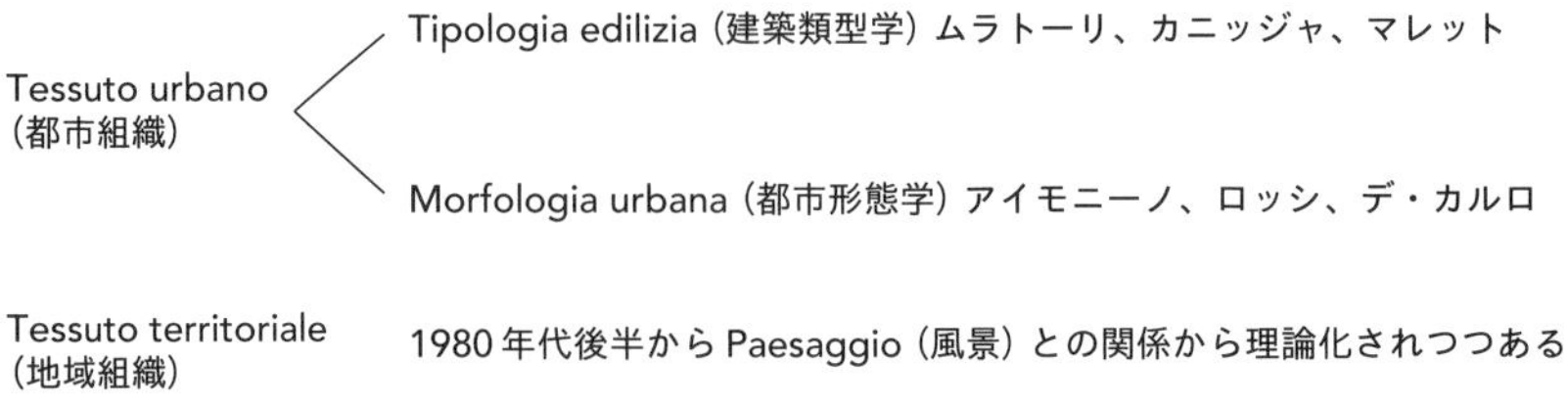

Tessuto urbano（都市組織）	Tipologia edilizia（建築類型学）ムラトーリ、カニッジャ、マレット
	Morfologia urbana（都市形態学）アイモニーノ、ロッシ、デ・カルロ
Tessuto territoriale（地域組織）	1980年代後半からPaesaggio（風景）との関係から理論化されつつある

図19 都市史・地域史分析の対象と方法

である植田曉さんが研究しています(「戦後イタリア都市計画による農業地域とその景観の保存活用に関する通時的研究」『日本建築学会計画系論文集』八一巻、七一九号、二〇一六年)。

以上のように、五〇年代に始まったイタリア都市形成史は社会科学的な実学であり、イタリアの国土形成と文化形成に直接関わる分野として認識され、大学で教え続けられ、社会に貢献していることをお伝えし、結びの言葉とさせていただきます。

陣内都市史の特質と地平

伊藤 毅

陣内先生の不肖の後輩にあたる私ですが、私自身はイタリアの専門ではなく、日本の都市の歴史を研究していました。最近、私たちの研究室でイタリア・ヴェネトのアゾロという街を調べていまして、それに陣内先生をはじめ、何人かの専門家に参加いただいてフィールドワークを進めています（その成果は『イタリアの中世都市』として刊行予定）。そうした関係から日伊の比較も多少ふまえ、今日は、陣内先生の研究や活動が私の目にどう映っていたかをお話しします。陣内先生の仕事を都市史研究の系譜に位置づけて考えていきたいと思います。

今日の話は大きく四つです。ひとつ目は「建築史からの都市史研究の系譜」。都市史は都市の歴史を扱うわけですが、歴史学、建築学、都市計画、社会学などいろいろな分野からのアプローチがあります。しかしながら建築側からの研究がかなり重要です。建築からの都市史に対する貢献はたいへん高く、今後もその地位を保っていくだろうと考えています。その、建築史からの都市史研究の系譜を私なりに整理していきたいと思います。ふたつ目に「学際的都市史研究の展開」。とくに九〇年代以降ですが、学際研究が都市史をめぐって展開しました。その展開の様相をご紹介して、三つ目は「方法的展開と陣内都市史」。都市史の方法論について陣内先生の研究を参照しながら考えていきたい。最後に、四つ目、「陣内都市史の特質と地平」ということで、都市史に何が可能かを考えていきたいと思います。

いとう・たけし
一九五二年京都市生まれ。東京大学大学院工学系研究科博士課程単位取得、工学博士。東京大学大学院工学系研究科建築学専攻教授を経て現在青山学院大学総合文化政策学部教授。専門は都市建築史。
主著に『近世大坂成立史論』生活史研究所、『都市の空間史』吉川弘文館、『町屋と町並み』山川出版社など。吉田伸之と共編著『伝統都市 全4巻』東京大学出版会、など多数。

草創期の都市史――遺跡としての都市

まず「建築史からの都市史研究の系譜」、建築側から都市の研究がどのように始まり、展開していったかを振り返ります。おそらく最初の研究と思われるのは関野貞(ただし)の「平城京及大内裏考」です。一九〇五年、『東京帝國大學紀要工科第三冊』に掲載された壮大な論文です。日本史の分野を見ても、この関野の論文が都市を扱った論文としてはもっとも早いと思われます。改めて読んでみると非常に詳細な研究です。平城京という都市がどのような構成をもっていたかを明らかにするわけですが、じつは江戸時代に北浦定政がすでに平城京のことを調べていて、それを参考にしながら平城京跡を訪ねて復元していく。この研究は最初の都市史研究として挙げられます。

次に、大正から昭和にかけて、大熊喜邦の研究があります。東京帝国大学の出身で大蔵省に勤め、国会議事堂の設計に関わる人物です。大熊は自分でいろいろな史料を収集し、江戸時代の住宅について、とてもこの時代とは思えないような研究をしました。とくに、住宅が法律や社会制度とかなり関係しているという、今見ても斬新な視点の研究でした。最終的には『江戸建築叢話』にまとめられています。大熊の研究は他の研究と比べても特異で、中山道の宿場の研究もしているなど、社会経済史的な側面もあります。草創期の研究としては注目されるべきひとつです。

戦後から高度成長期――民家と都市保存・アーバンデザイン

本格的に都市の研究が日本で始まったのは、建築史の分野では戦後から高度経済成長期です。民家に対する関心の高まりと都市保存の問題が背景にありました。高度成長期にはどんどん都市開発が行われ、一方で建築は失われていく。そのなかで都市に対する関心が

大熊喜邦
『江戸建築叢話』
東亜出版社、1947年、
中央公論社、1984年

伊藤毅編
『イタリアの中世都市――アゾロの建築から領域まで』
鹿島出版会、2019年(予定)

高まってきたということがひとつ。もうひとつは、六〇年代以降、「アーバンデザイン」が建築家から叫ばれるようになり、東京大学では土木と建築から分かれて、六二年に都市工学科ができます。その二年後には東京オリンピックが開催されるように、六〇年代は建築家が皆、都市に向かっていた時代でした。

そのなかで、三つの研究が注目されます。ひとつは伊藤ていじの「中世住居の研究」、(『中世住居史』に所収)です。これは五六年に発表された博士論文を元にした研究で、奈良の中世を対象にした画期的な研究として戦後に注目を浴びました。伊藤の重要な仕事は、日本の都市と西洋の都市を通史で書いたことです。『新訂 建築学大系』「都市論・住宅問題」のなかで、伊藤は日本都市史の通史と西洋都市史の通史を書いている。この時代にこうした通史を書き切るのはたいへん力量の要る仕事でして、それまでのいろいろな研究を集めてまとめた側面はありますが、ひとつの重要な布石として継承されていきます。

ふたつ目に、京都で西川幸治の「都市構成に関する史的考察」という学位論文が六七年に発表されました。これがのちに『日本都市史研究』というかたちで出版されます。京都大学はオーソドックスな日本建築史をやってきた大学ですが、西川はあえて、みずから都市史研究者を名乗った学者です。都市史は役に立たなければならず、社会の役に立つ研究として都市史をやりたいということを標榜しました。もうひとつ一般向けの本として『都市の思想』を出版しています。六〇年代の都市に対する息吹を感じる研究でした。

それから三つ目が、東京工業大学出身の内藤昌(あきら)の研究があります。『江戸と江戸城』という江戸の都市史として初めてまとまった研究が発表されます。内藤は桂離宮や安土城の研究などいろいろな範囲の研究をしましたが、この江戸と江戸城の研究はたいへん優れたもので、当時のアーバンデザインの流れとうまく合致して都市史が一躍有名になりました。

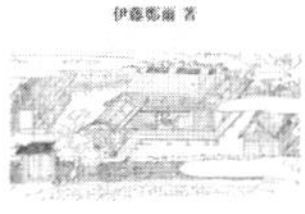

伊藤ていじ(鄭爾)『中世住居史——封建住居の成立』東京大学出版会、1958年・1995年

このように、戦後から高度経済成長期にかけて、とくに建築の分野から重要な都市史研究が集まったわけです。

一九七〇〜八〇年代——実証的都市史の展開

七〇年代から八〇年代にかけて、ようやく実証的な都市の研究が展開していきます。「実証的」とは、簡単に言うと信頼できる一次史料に基づく研究です。それまでは一次史料に基づいているように見えて、必ずしもそうではないものもありました。この時代からは、日本史と肩を並べるために、建築史研究者も実際に史料を読めなければいけない、史料をしっかり読んで論を組み立てなければいけない。建築史の分野でも同じことが起きていま

西川幸治
『日本都市史研究』
日本放送出版協会、
1972年

西川幸治
『都市の思想
——保存修景への指標』
日本放送出版協会、
1973年・1994年

内藤昌
『江戸と江戸城』
鹿島出版会、1966年、
講談社、2013年

した。

そのなかで、小寺武久の博士論文が七七年にまとまります（「都市の空間形態に関する史的研究」）。しかしこれは、じつは六〇年代の仕事だったものを、出版が遅れ七〇年代に刊行されたものです。この時代にひとつの都市史のピークをつくったのが、陣内先生と同世代の玉井哲雄と髙橋康夫です。

玉井は七〇年代の終わりに『江戸町人地に関する研究』という博士論文をまとめ、刊行しました。玉井は吉田伸之ら日本史の研究者たちと古くから交流があって、日本史の方法をふんだんに使った都市史研究を展開し、のちに『江戸』も刊行しました。

その頃、京都大学の髙橋康夫は中世京都に関する研究に取り組んでいました。玉井と髙橋には直接の縁はありませんでしたが、それぞれ東大と京大で都市に関する研究が進んでいて、髙橋は中世京都の街区の復元について詳細な研究を展開していました（「中世京都の展開過程に関する都市史的研究」、『京都中世都市史研究』に所収）。

もうひとり忘れてはいけないのが、野口徹の存在です。ずいぶん先輩になりますが四〇代でお亡くなりになり、たいへん惜しい方を亡くしました。野口の研究は、六八年に建築学会で発表した「土地所有形態から見た近世町空間」という論文がひとつあるだけです。野口の逝去後、修士論文をまとめて『日本近世の都市と建築』として出版していただいた経緯があります。都市の「細胞」である町屋敷を徹底的に分析した優れた研究です。したがって、野口の研究は早くから始まっていましたが、やはり九〇年代にようやく全貌が明らかになってきた。それは残念ながらお亡くなりになった後でした。

私たちはその後の世代です。同世代のひとりは宮本雅明という九州大学の研究者です。宮本も残念ながら二〇一〇年にこの世を去りました。京都大学の出身で、近世城下町のヴ

玉井哲雄
『江戸——
失われた都市空間を読む』
平凡社、1986年

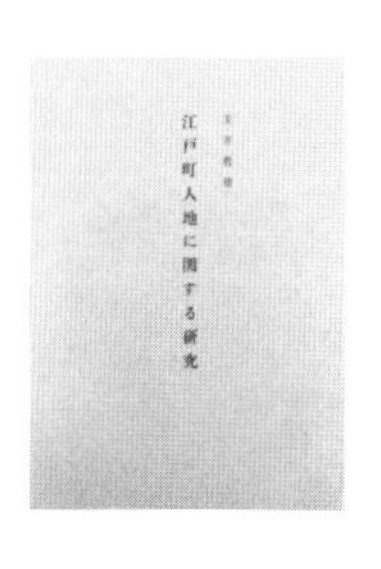

玉井哲雄
『江戸町人地に関する研究』
近世風俗研究会、1977年

ィスタを徹底的に解明した研究者として知られています（「近世初期城下町のヴィスタに基づく都市設計」、『都市空間の近世史研究』に所収）。私はそういう研究を見て、最初に大坂の成立過程に関する研究を始め（『近世大坂成立過程に関する都市史的研究』、『近世大坂成立史論』として刊行）、その後近世都市、中世都市へと研究を拡げていきましたが（『都市の空間史』、『町屋と町並み』）、それまでの世代の方々の研究が大いなる参照源になっています。

一九八〇年代――東京論ブーム

八〇年代には、これまで挙げてきた都市史研究とは別の文脈で「東京論」が一世を風靡しました。さまざまな時代背景がありますが、バブル期でもありましたし、七〇年代から始

野口徹
『日本近世の都市と建築』
法政大学出版局、1992年

宮本雅明
『都市空間の近世史研究』
中央公論美術出版、2005年

伊藤毅
『近世大坂成立史論』
生活史研究所、1987年

伊藤毅
『都市の空間史』
吉川弘文館、2003年

髙橋康夫
『京都中世都市史研究』
思文閣出版、1983年

まったことが八〇年代に成果としてまとまった側面もあると思います。それでも不思議なことに八〇年代に東京論が集中したということです。これは皆さんよくご存知のことです。

初田亨の『**都市の明治**』が八一年。藤森照信の『**明治の東京計画**』が八二年。そして、陣内秀信の『**東京の空間人類学**』が八五年に出版されます。これも東京のまちを研究するグループを早くからつくり、その成果が八五年にまとまったということです。設計の分野からは槇文彦を中心としたグループによる『**見えがくれする都市**』が八〇年に出版されます。鈴木博之は、この時代には登場しませんが、じつは科学研究費の成果報告書で「東京における住宅地開発の比較文化史の研究」を提出しています。これがのちの鈴木の東京論『**東京の地霊**（ゲニウス・ロキ）』の原型をなしています。

それから、社会学からは吉見俊哉の「都市のドラマトゥルギー」が注目されますが、これは『思想』八五年二月号（岩波書店）に掲載された「現代都市の意味空間――浅草・銀座・新宿・渋谷」に掲載された衝撃的な論文でした。これは吉見の修士論文を元にしていますが、それが一書にしてまとめられているのが『**都市のドラマトゥルギー**』です。

建築史のなかの都市史

建築史のなかの都市史をまとめてみると、［**図1**］のようになります。一方にはかなり建築史学寄りの、建築史からスタートした都市史と言ってもいいかもしれないものがあり、他方は、限りなく歴史学に近いもので、文献史学的な方法を使う研究です。このふたつの極の間で、さまざまな研究がなされてきたと言えます。

たとえば関野貞の平城京の研究は、都市史とはいえ遺跡の復元という目的が主だったので都市空間そのものにはあまり興味がない。むしろどのように遺跡が構成されていて、ど

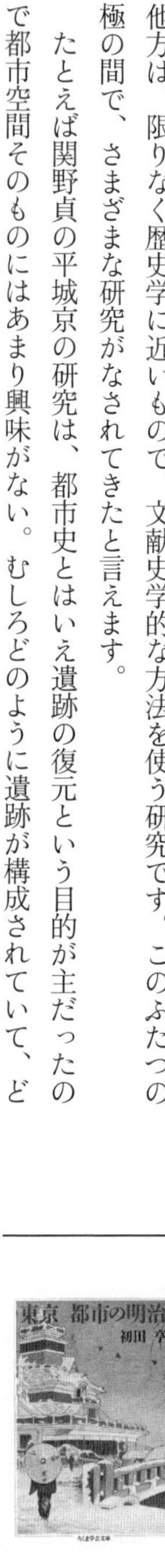

初田亨
『都市の明治
──路上からの建築史』
筑摩書房、1981年・1994年

伊藤毅
『町屋と町並み』
山川出版社、2007年

こに建物が建っているかに関心のある研究でした。遺跡復元なので、かなり建築史学に近いところにあります。髙橋康夫の研究対象は京都の中世都市なので、一見、歴史学に近いように見えますが、髙橋の興味は京都という都市がひとつの遺跡としてあり、その中世的状況を復元することに関心がありました。したがって私はかなり建築史学寄りの研究だと思っています。

それに比べて、歴史学寄りと目されるのは社会構造論に重きを置いた研究です。たとえば西川幸治の研究は、フィジカルなことにはあまり関心がなく、むしろ都市の自治や宗教共同体などの社会構造に興味がある。玉井哲雄の研究も、江戸の町人地の社会構造に大きな力点があり、その構成に注目している。

藤森照信
『明治の東京計画』
岩波書店、1982年・2004年

鈴木博之
『東京の地霊
（ゲニウス・ロキ）』
文藝春秋、1990年、
筑摩書房、2009年

吉見俊哉
『都市のドラマトゥルギー
──東京・盛り場の
社会史』
弘文堂、1987年、
河出書房新社、2008年

建築史学 ↑↓ 歴史学

遺跡復元	関野貞・髙橋康夫
住宅史・民家史	伊藤ていじ・大熊喜邦
都市デザイン・設計論	内藤昌・宮本雅明
都市空間史	野口徹・小寺武久
社会構造論	西川幸治・玉井哲雄

陣内都市史① → **〈比較〉**の視点

図1　建築史のなかの都市史

そのふたつの振れ幅のなかで、住宅史・民家史に興味をもち、そこから都市へ広げていくのが伊藤ていじであり、大熊喜邦です。そして六〇年代の都市デザインを反映したうえで、設計論ともつながっている内藤昌、宮本雅明。都市空間のフィジカルな側面に興味をもったのが野口徹と小寺武久——、このように私は捉えています。

陣内先生の研究は、今まで見てきた日本の前近代都市史の流れとは必ずしも直接的にはつながらないわけですが、これらの研究動向は当然ご存知だったと思います。陣内先生の都市史には、〈比較〉という視点がつねにある。それは、［図1］のちょうど中央の「都市デザイン・設計論」「都市空間史」に大きく重なってきます。陣内先生は、建築史学や歴史学に偏らない方法論で、この図のちょうど中間をカバーしています。ここでまず、「陣内都市史①」として〈比較〉というキーワードを挙げておきたいと思います。

東京論の四類型

次に「東京論の四類型」を示しました［図2］。

初田亨の『都市の明治』はたいへん誠実な研究です。とにかく一次史料に丹念にあたり、三井文庫の史料をはじめ、近世の史料まで目を通し、それまで見たことのないような史料が引かれている。路上からの建築史ということですがかなり実証的であり、実証派論文と位置づけたいと思います。

吉見俊哉の『都市のドラマトゥルギー』は盛り場論です。浅草と銀座というふたつの盛り場の類型が五〇年後の渋谷と新宿に同じかたちで再現されているというアイデアがおそらく最初にあり、そこから組み立てられています。まずテーマありきで、次第に演繹的に分析が進んでいます。テーマ派論文の典型です。

著者	作品	論文類型	
初田亨	都市の明治	実証派論文	
吉見俊哉	都市のドラマトゥルギー	テーマ派論文	
藤森照信	明治の東京計画	物語派（長編）	
鈴木博之	東京の地霊	物語派（短編）	
陣内秀信	東京の空間人類学	〈フィールド派〉	陣内都市史②

図2　東京論の4類型

藤森照信の『明治の東京計画』は、それぞれの東京計画について詳しく分析されていますが、全体としてはひとつの壮大な物語として、明治という時代を俯瞰して見る一大絵巻のような筆致で書かれています。鈴木博之の『東京の地霊』も物語派論文と言うべきで、一三の短編から構成されています。それぞれの場所についての物語です。

他方、陣内先生は、最初から現在に至るまで徹底してフィールドにこだわってこられた。そこはこれまでの東京論のなかでも大きな特徴だと思います。もちろん、皆さんフィールドには出ていますが、フィールドそのものが方法になっているという点で、陣内先生は特異な〈フィールド派〉であり、「陣内都市史②」の特徴と言えます。

学際的都市史研究の展開——地中海学会の誕生

学際的な研究グループはすでに七〇年代に登場したと思いますが、大きな事件は「地中海学会」の誕生ではないかと思います。私はごく最近会員になったばかりです。七七年に地中海を対象としたあらゆる学問分野がともに研究する、本格的な学際研究の場が設立されました。西洋史、イスラーム史、建築史、美術史、考古学など、さまざまな分野が参入し、二〇一七年に創立四〇周年を迎えました。当初から、たいへん活気のある議論が展開されています。陣内先生は第八代会長を務められ、設立当初から主要メンバーとして活躍されているように、建築の分野が地中海学会に果たした役割も非常に大きかったと聞いています。

ここで先ほど申し上げた〈比較〉というキーワードが重要な視点になります。対象は地中海ですが、それぞれの分野をどう比較するかという視点がつねに問われるわけです。おそらくこの比較史的な視点を尊重したことが、地中海学会がこれまで続く要因だと思います。

のちに科研費の重点領域研究「イスラームの都市性」（八八〜九一年）という板垣雄三を中心とした研究グループにも接続して、陣内先生はそこでも学際的な研究を進められました。

都市史研究会から都市史学会へ

私の研究に引き寄せてお話しすると、日本においてはやはり七〇年代に日本史と建築史との間でのコラボレーションが起こります。玉井哲雄と吉田伸之、あるいは髙橋康夫と吉田伸之からスタートして、現在にも続いています。大きなきっかけになったのは髙橋・吉田共編の『日本都市史入門』です。これを契機に「都市史研究会」が誕生（九〇年）して、山川出版社から『年報 都市史研究』というかたちで研究成果を継続的に刊行してきました。一〇年には吉田と私で『伝統都市』を編集しました。これは執筆者に日本史だけではなく、西洋史、東洋史から土木史、地理学、考古学……などさまざまな方々に入っていただき、研究的プラットフォームを形成するひとつの契機になりました。一三年には初めて都市史にかかわる本格的学際研究の場として「都市史学会」をつくりました。これは現在も進行中で、ここでも陣内先生には二代目の会長になっていただいています。

さらに「都市史小委員会」の活動があります。これは、日本建築学会で都市史を位置づけるためにたいへん重要な契機になりました。建築歴史・意匠委員会のなかに、建築史分野の都市史研究者が集う小委員会をつくりました。九九年から現在まで続いていて、六〇名以上の研究者が在籍する一大プラットフォームを形成しています。

方法的展開と陣内都市史——ティポロジアの衝撃

イタリアでスタートした建築類型学（ティポロジア）という方法が日本に持ち込まれたこと、これは陣内

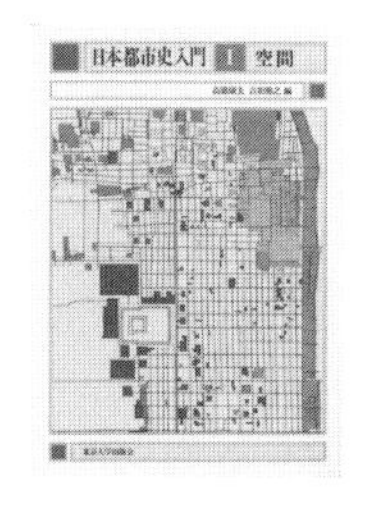
髙橋康夫・吉田伸之共編
『日本都市史入門』
東京大学出版会、
1989-1990年

都市史学会
『年報 都市史研究 1-21』
山川出版社、1993-2012年

先生の功績です。陣内先生はイタリア留学から帰ってすぐに中央公論社の新書で『都市のルネサンス』をお書きになって、ヴェネツィア建築大学でいかに都市の研究が進んでいるかをわかりやすく紹介しました。私はそのとき、東大の稲垣栄三研究室に所属したばかり、都市の調査を研究室で始めた頃で、対象は広島県竹原市でした。当初、建築調査班は個別に民家を調べて、都市調査班は古地図を調べていましたが、陣内先生が参加してからは悉皆調査になりました。つまりいい建築だけ見ていてはだめで、都市全体を調べなければいけないということでした。つまり、都市のあらゆる要素は等価値であるという見方です。水路や塀など、さまざまなものが都市に存在し、それらを等価値に見るという視点は衝撃をもたらしました。もうひとつは都市組織（テッスート・ウルバーノ）の解読の妙です。

フィールドワークによる都市史研究の全面的展開

今ではイタリア都市にとどまらず、イスラム、中国、スペインなど、地球規模でフィールドワークの研究対象が広がっています。東京の研究も継続的に進められていて、とくに郊外の研究は注目されるところです。里山や聖なる場所に親和性をもつ都市での研究も進められています。

それから、フィールドを通して後続研究者が育ったということが重要です。たくさんの研究者がフィールドを通じて教育を受け、研究者として独り立ちしています。今やテリトーリオと水系ということで、陣内先生の水都学に向けて研究が結集しているところです。これらを見ていくと、やはり陣内先生が提唱された〈空間人類学〉という言葉がたいへん大きな意味をもつことがわかります。これは「陣内都市史③」のキーワードに挙げられます。

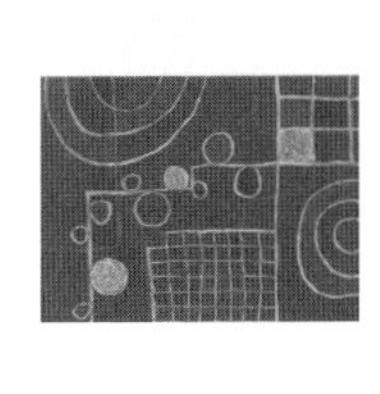

吉田伸之・伊藤毅共編
『伝統都市 1-4』
東京大学出版会、2010年

陣内都市史の特質と地平

以上のように、陣内先生の都市史の特質を研究史に位置づけて、これからの地平について考えました。まず、陣内先生の三つの特質です。ひとつは〈比較〉の視点。比較というのはたいへん難しくて、まずは「似ている」（外貌）ところからスタートして、性質が「同じ」（質）を経て、「システム」（原理）にまで至ります。たんに似ているということではなくて、最終的にシステムにまで掘り下げていくことができる。それは分厚いイタリア都市研究の経験をベースにもつ陣内先生の都市史の特質であって、単一の対象から導かれる都市史では到達できない豊富さと魅力が横溢しています。ただし、これは方法化が非常に難しい。陣内先生の内部にその方法があるのだと思いますが、一般的に方法化することは難しいと思います。

ふたつ目は、〈フィールド派〉をあくまで貫く矜持です。「フィールドなしに論点なし」。あらゆる論点は机上の空論ではなくて、現場から導かれる。つまり演繹的テーマ主義とも機能的実証主義とも異なる地平を拓いています。

最後に〈空間人類学〉です。空間人類学はたいへん魅力的な言葉で、人類学そのものが魅力的な分野だと思いますが、そこにはある種の総合性があります。建築・都市の空間はもとより、人、社会、食文化、祭礼、親和性などが人類学的な視点として総合されているわけで、あくまでそこから空間にこだわって考える視点。それはおそらく陣内先生が切り拓かれた境地だと思います。

最後に「都市史に何が可能か」について考えます。

陣内先生はテリトーリオ、水都学、吉田伸之は「地帯構造」という研究をされています。髙橋康夫は「海の『京都』」ということで琉球のことを研究しています。樺山紘一は海域を下敷きにして領域を考えている。このように、都市史から領域史という流れが起こっていると思います。私は「領域史」という言葉を最近は使うようにしています。都市史研究には政治史や国際法などの視点も必要だと考えているからです。

そしてもうひとつ、私が領域に興味をもちはじめたきっかけは、やはり三・一一の東北の被害からです。これからの都市史においては、「危機都市論」が必要だと考えています。つまり人間の居住を原点に置いた都市史の総合性へとまずは開いていくことが必要です。それと同時に、都市史から建築へどう戻るか。方法的にも事例的にも蓄積をしてきた都市史ですが、いかに建築に回帰するか、いかに建築に貢献できるか、これはたいへん重要なテーマだと考えています。

私はまた、「モニュメント論」の必要性を考えているのですが、考えてみれば建築史とはモニュメントの歴史だったわけです。しかしそれはあくまで単体のモニュメントでありました。今は領域のなかのモニュメントという考え方が新たにできると考えています。都市史、領域史のなかでモニュメントを再定義していく、そこにモニュメントが内包する時間性や技術といった問題が含まれている——、そうした地平をこれからも一緒に考えていきたいと思います。

〈空間人類学〉という方法論を見出す

陣内秀信

「営み」に着眼された稲垣先生

第一回の講義で、藤森照信さんは稲垣栄三先生は怖かったとか、アカデミックで硬派なイメージばかりを語っていました（78ページ）。本当の稲垣さんの良さは、藤森さんはあまりわかっていないなと思いながら聞いていたんですけれども（笑）。

稲垣先生は発想がじつに柔軟で、つねに知的な考え方の枠組み、ものの見方のようなものを提示されたと思います。私がいろいろと教わったなかで、「建築に〈時間〉を入れて考えろ」という発想から根本的な影響を受けたのですが、他にも、建築の形、空間の存在論的な意味を問う先生の研究の姿勢にいつも惹かれました。まずは、白川郷の合掌造りの集落の成立基盤を問題にし、なぜあんなに大きな民家ができているかということを論じた若い頃の「山村住居の成立根拠」（一九五二〜五四年）という論文が素晴らしいのです。あの堂々たる民家は富の象徴ではなく、むしろ貧しさの象徴だというのです。厳しい環境のもとでどのように農業を営み、知恵を働かせて大家族主義でいかにやりくりして生きてきたか、を論じたのです。その舞台が合掌造りの民家なわけで、そういう貧しさを背景に巨大な建築が成立したことを社会構造との関係で解いてみせたのです。

大学院の授業は茶室をテーマとし、「茶会記」という茶会の記録をテキストとして茶室の空間、場の成立を読むという面白い内容でした。茶の席に誰が呼ばれて、どういう配置で座り、掛け軸や器は何を使ったかなどが問題となる。こうして場が成立して、また消えて

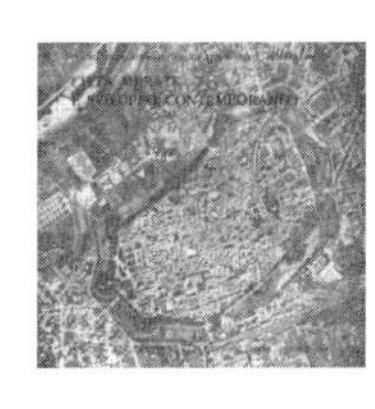

Giovanni Fanelli,
Città murate e sviluppo contemporaneo: 42 centri della Toscana
C.I.S.C.U., Lucca, 1968

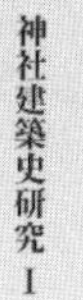

稲垣栄三
『神社建築史研究 I 稲垣栄三著作集』
中央公論美術出版、2006年

いく。そのような場の成立という観点が、日本の建築の特質の理解に必要であることを語ったのです。さらに、伊勢神宮の二〇年ごとに建て替える式年造替を行う意味を問い直し、それに見事な解答を与えました（「式年遷宮の建築的考察」一九七六年、のち『神社建築史研究I』に所収）。

稲垣先生らしいこれら三つの研究テーマは、すべて「営み」に目をつけており、意味を問うという姿勢をもつものです。工学系の建築史からみれば異色の研究への発想、取り組み方がじつに魅力的でした。こうした発想で対象を広げ、時間を入れていくと、生きられた建築、時間が積層した建築、都市が見えてきて、面白い都市史になるのです。そんな領域を研究したいと志して、私はヴェネツィアに留学しようと考えたのです。

その後、長い間いろいろな研究に取り組みましたが、振り返ってみると、結局、自分がやってきたことは、自然／環境、都市・地域、建築／生活空間、コミュニティ／人間……という風に広がり、対象は地中海世界／イタリア、日本／東京を比較することであり、時間としては過去・現在・未来を通観するような研究を目指してきたと思っています。

さて、野口昌夫さんのお話に登場したデッティ先生と一緒に*Città murate e sviluppo contemporaneo*（トスカーナの小さな村）を書いたジョヴァンニ・ファネッリ（Giovanni Fanelli）さんがいますよね。彼が七〜八年前に工学院大学に招かれてきたのです。お兄さんが構造の専門家で、フィレンツェのブルネレスキの大聖堂のドームに亀裂が入っていて危ないという話をなさったのですが。一緒に来日した弟さんがむしろわれわれにとってはスーパースターで、フィレンツェの都市史の大家なのです。その彼がさすがに素晴らしいことを指摘しました。ブルネレスキの大聖堂のドームというのは、テリトーリオのどこからでも見える存在としてつくられていると。まさに伊藤（毅）さんがおっしゃった、建築をテリトーリオのなかで考えるということを思い出しました。

研究の軌跡を顧みると、いつもこだわっていたのは、「都市史は何をなすべきか」、ということですね。建築・都市・地域の誕生・形成発展・衰退・再生、そのプロセスのダイナミズムを空間的にも社会的にも描き出すのが大きな課題なのでは、と思うのです。ハード(urbs)とソフト(cīvitās)の両面からです。

「都市形成史」という言葉を私もずいぶん使っていたのですが、イタリアでは Storia dell' urbanistica/Storia della città/Storia urbana と三つ言い方があると思うのです。Storia della città は建築系の研究者が使いますね。Storia urbana は文献史学の人たちが多く使うと思います。Storia dell'urbanistica は、urbanistica が近代の都市計画を意味するので、その歴史を扱うことが多いようです。いずれにしても、ハードとソフトの両方のことをやるのが、都市史だと思います。Storia urbana には、社会史的な要素が強く見られます。これらの歴史研究には、それがインスピレーションのもとになり、これからの都市のあり方を展望するのに示唆を与えることを期待したいところです。

その点で、野口さんがイタリアでは役に立つ研究、現実社会の抱える課題解決に取り組むための学問が生まれたと指摘されたことは、心に響きます。そもそも前近代には安定した都市づくりが行われ、建築と都市もある意味、幸せでした。近代前期も歴史との連続性のなかで輝いていたと思います。しかしその後、時代が変わり、産業化、都市化を善と考える開発志向が強まり、歴史や環境が無視される時代が続きました。この時期に、建築・都市・地域の有機的なつながり、ハード(空間、器)とソフト(営み)のつながりの関係が崩れてきた、あるいは失われてしまった。だから、今やらなければいけない緊急課題としての都市研究というのは、切断され相互の有機的関係を失った建築・都市・地域をつないで縫い合わせ、忘れられ隠れてしまった多種多様な地域資産を掘り起こして可視化し、本来のポテンシャルを引き出して、建築・都市・地域を再生するということだと思うのです。〈水都学〉もまさにそういう発想から生まれました。

面白いのは、都市史を専門とする玉井哲雄さんや高橋康夫さんや私が、同じ世代から出てきているという点です。その背景ですが、やはり時代の状況が生み出したということはあると思います。その頃、建築界全体で、ヴァナキュラーな建築、集落・都市への関心が高まり、ルドフスキーの『建築家なしの建築』が影響力をもちました。つまり、近代建築、都市へのアンチテーゼと言いますか、もう一回根本から考え直そうという発想が生まれ、そこから都市の歴史にいくということがひとつありますね。

もうひとつ、伊藤ていじさんがオレゴン大学と組んで金沢で始めたのがきっかけで、デザイン・サーヴェイという運動が起こったのも注目されます。明治大学の神代雄一郎研究室と並んで、法政大学・宮脇檀さんのゼミが一〇年くらい華やかに活動し、たいへん人気があったのですが、大都市は避けていたし、時間軸が入っておらず、ちょっと物足りない面がありました。もっと実践的な都市解読の方法を学びたいと思い、イタリアのヴェネツィアへ行ってみて、都市の組織（テッスート・ウルバーノ）を、建築の類型分析から読んでいくことの面白さを身体で感じとりました。同時に、身体感覚を大事にして水上の迷宮都市を徘徊することが、本当に楽しかったわけですね。それとちょうど同じ頃、藤森照信さんたちが東京の近代建築を悉皆的に見てまわり始めたということを後で知りました。

名著との出会い

そしてエグレ・レナート・トリンカナート先生との出会いというのが私にとって決定的な役割を果たしました。モニュメントばかりに関心があった戦後すぐの時代、小さい建物、マイナーなものにも価値を見出すという先駆的な発想に立ち、ヴェネツィアの庶民地区に点在する小さな輝きをもつ数多くの建物を調査し、その価値を記述したのです。じつはお世話になったそのトリンカナート先生が、若い頃、たぶん二〇〜三〇代前半に描いた水彩画がたくさんあって、遺族からぜひ日本の美術館に寄贈したいという申し出があったんですが、日本にはそういう寄贈を受け入れる仕組みが整っていないようで、結構苦労しました。それで野口さんにすがってご尽力いただき、トントン拍子で寄贈が実現。今、東京藝術大学大学美術館に四点収まっています（28ページ**図12**参照）。本当にありがたいことでした。彼女の絵を見ると、一九四〇年代にこういうごく普通のアングルで建築と都市空間を見るという、驚くべき先進性が感じられます。

そして、これこそ探していた本だ、というのがサヴェリオ・ムラトーリの *Studi per una operante storia urbana di Venezia* と、その弟子パオロ・マレットの *L'edilizia gotica veneziana* で、前者はまず五九年に雑誌で出たものが、ローマの出版社からほぼ一緒に出たのです（26ページ参照）。これをイタリア留学の大先輩の田島学先生から幸いにもお借りでき、中身を見たときは本当にびっくりしました。まず、operante storia urbana というネーミングがいいのです。先ほど野口さんが、フィレンツェで出会った都市の研究と実践の両方に関わる教授たちの話をされましたが、「都市の実践的歴史」とでも訳すべきこのネーミングは、じつに言い得て妙という感じでした。イタリアでは、理論と実践の両方にまたがる仕事をする人が多く、また必ずしもアカデミックで純粋な建築史、都市史の専門家ではないより自由な立場から、都市の歴史を理論的に研究し、実践する人たちが何人もいまして、このムラトーリもまさにその代表でした。operante とは、「オペレーション」と結びつく実践的な意味を表し、歴史を実際の現実と重ねながら研究する、まさに近代を乗り越えるための storia urbanaだったのですね。

都市を読む方法としての建築類型学

ムラトーリがローマ大学に移った後、マレットはヴェネツィアにしばらくいましたが、その後、マンフレード・タフーリ(Manfredo Tafuri)がアカデミックな建築史をヴェネツィア建築大学で確立し始めたため、マレットは追い出されるかたちになり、ジェノヴァ大学で教えていました。でも、トリンカナート先生の紹介で、彼のパドヴァの自宅へ何度も訪ね、個人的に指導を受けることができました。

ムラトーリとマレットが切り拓いた世界の面白さを、ヴェネツィアを徘徊しながら説明したいと思います。これは『都市のルネサンス』で最初に紹介し、その後自分の学位論文にも取り込み、応用・発展させたのですが、この摩訶不思議なヴェネツィアの有機的な都市空間が建築類型の分析を通じてどのようにできあがったのかを解明するものです[図1]。

その前に、少し全体像を見ておきましょう。トリンカナートによる中世初期の想像復元図と完成したヴェネツィアの図を比較してみますと、この都市がどの程度計画的につくられ、どのくらいヴァナキュラーなのか、想像したくなります。それを読むという、そういう面白さがここにはあります。ヴェネツィアはラグーナの微妙な地形、自然条件を読みつつ形成され、部分から全体へと発展したため、多核都市の性格をもちます。自然発生的な発展を辿る半面、逆S字型に町の真ん中を流れる大運河や、その入口にサン・マルコ広場、中央にリアルト市場を配するあたりには、計画性が感じられます(28ページ図13–14参照)。

都市組織(テッスート・ウルバーノ)ということを、徹底的に前面に押し出して論じたのが、サヴェリオ・ムラトーリなのです。ヴェネツィアには七〇くらいの教区があって、だいたい九〜一一世紀までに

図1　ヴェネツィア――身体感覚を大事にして水上の迷宮都市を徘徊することが、本当に楽しかった

教区ができているのです。そして人が教会のまわりに集まって住んでいるわけですよね。だけどその時代の建物は木造なので、まったく残っていません。しかし、いったんできた都市組織（テッスート・ウルバーノ）は消えるはずがないという前提で、七〇の地区＝教区を相互に比較して、教会ができた年代と、その周辺の現在の敷地割り、建物の集合の仕方、路地のシステムなど、都市組織（テッスート・ウルバーノ）と言えるものを比較分析します。そこから三つの時代ごとの異なる類型が導かれました。たとえば、サン・ジャコモ・ダローリオ地区はもっとも古いタイプで、広場と運河を結ぶ路地が何本もあって……というわけですが、このやり方が非常に面白いなと思いました。

　ヴェネツィアは、大運河沿いや広場に面して立派な邸宅がたくさんあり、同時にすぐ裏手に庶民の住宅が並んでいるという特殊な都市なのですが、それがどういう変遷を経てできてきたのかを建築類型学的に解読したマレットの成果をもとに、私はさらに水と陸の関係性の変化、そしてコミュニティの発展と結びつく広場の形成過程などとからめ、中世におけるヴェネツィアの都市空間の形成のダイナミズムを総合的に読み解く研究としてまとめたのです。まず一二～一三世紀、カナル・グランデ沿いに立派な建物が急に建ち並びます。ところが水際の壁面線がみんなバラバラなのです。統一感はなく、みんな勝手に建てていった感じがあります。裏手はさらにバラバラ。これは地区の全体的なまとまりとかコミュニティなど全然考えずにつくられた中世の早い段階のエリアです。

しかし、大運河に面する建築群が登場し、ヴェネツィアの水の風景の原型が生まれました。やがて、埋め立てが進み、土地が限られていくと、建物をコンパクトに構成することが求められ、中庭(コルテ)を取り込む一方、内部の運河でも水に面したファサードをつくるという工夫が行われたのです。こうした動向がたくさんの事例を比較するとわかってきます。

マレットはヴェネツィアにおける建築類型の歴史的展開について図示しており、カナル・グランデに登場した三列形式で水側に開く一二～一三世紀の類型、内部の運河に面し角に大きなコルテをもつ一三世紀後半の類型、過渡期の一四世紀にできた類型を経て、一五世紀にはコルテを内部に取り込んで都市のどの場所にも登場できる完成形としての類型が生まれたと解釈したのです。野口さんもひとりで四人の学生を使って調査したとおっしゃいましたが、マレットも学生たちと数年かけてやってこれを見出したに違いありません。

ヴェネツィアの柱廊で囲われたコルテはじつに優れた環境装置です。建て込んだ市街地にあって、個人のゆったりした空間を内部に保証し、貯水槽の水と緑をもち、外階段で上

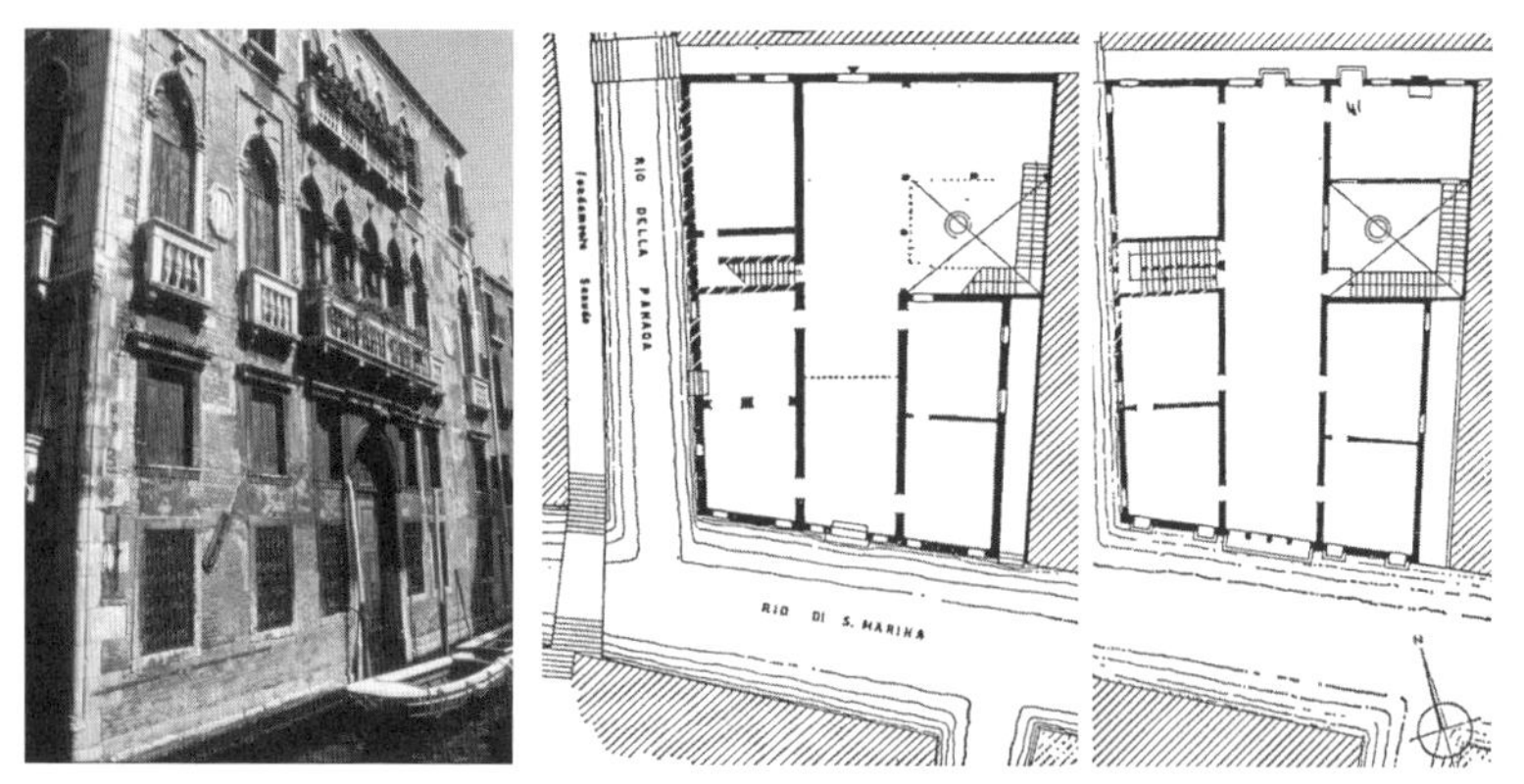

図2　《パラッツォ・ピザーニ》——コルテを核に運河側に表の顔、道（陸）の側に裏の顔

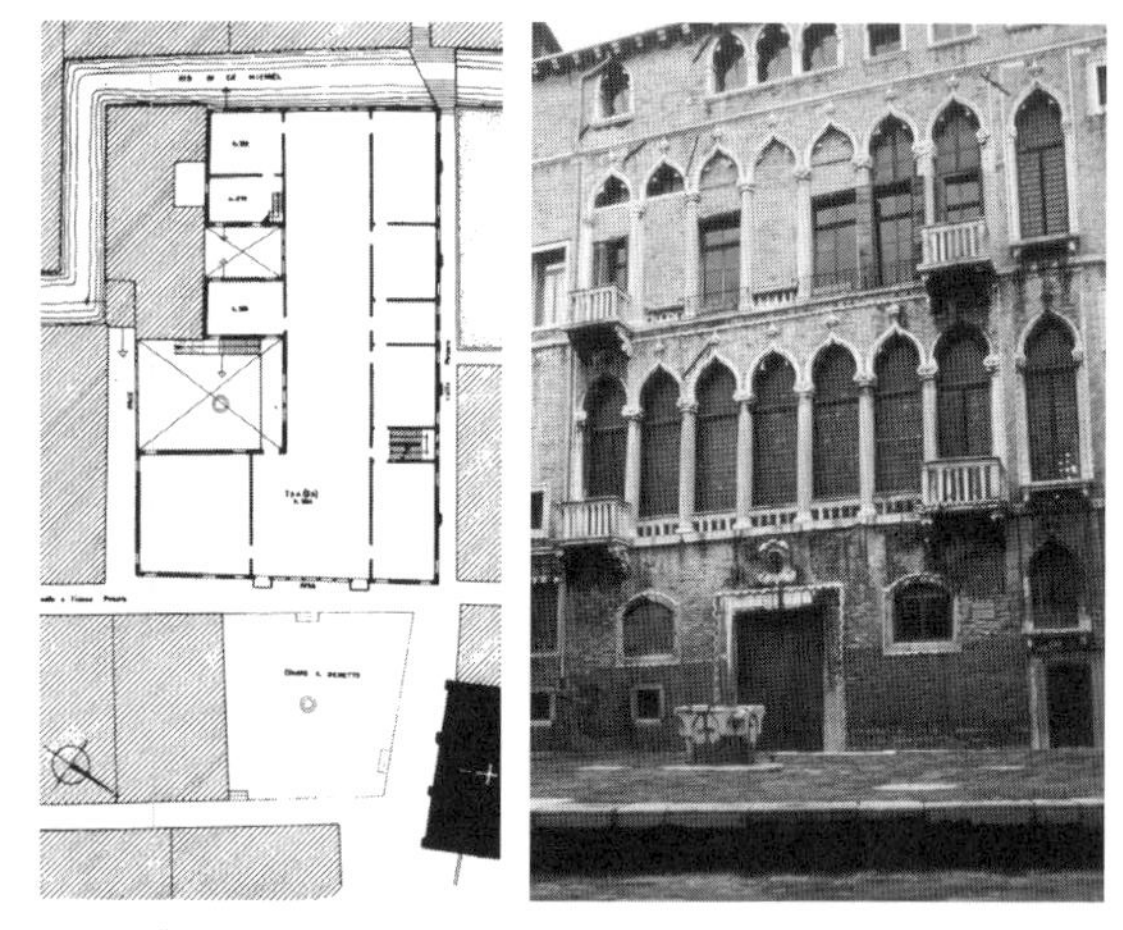

図3　《カ・ペーザロ》——陸の広場に立派なファサードを構える

図4　カンナレージョ地区——直線的な道と運河

階への動線を生んでいるのです。何よりも演劇的な空間効果を見せます。そのコルテの扱い、配置、演出が時代によって変遷していきます。たとえば、一四世紀のサン・カンチアーノ地区の、背中合わせに並ぶふたつの住宅は、小さいコルテをふたつ集めることによって、より光が入り開放感が生まれ環境が良くなっている。一方、その近くの住宅群を見ると、この時期の建物には陸側のファサードにまだメインストリートを飾る意識が乏しい(31ページ図18参照)。それに対して、一五世紀の典型的な完成形では、水の側にも陸の側にもファサードを意識し、見事な都市型住宅になるわけです[図2]。つまり都市のコンテクストと建築の類型がぴったり合って展開していくのです。さらに広場が重要な役割をもつ一五世紀には、運河の側よりも、陸の広場のほうに立派なファサードを構える例も登場したのです[図3]。今まで運河のほうにばかりに依存していたヴェネツィアに、むしろ広場のほうが重要であるという時代が来ました。

こうして広場ができていくプロセスを解読できました。ヴェネツィアの複雑系の都市空間の有機的な成り立ちや、システムを、こうして建築単体の構成原理と集合の仕組みを通して読むことができ、本当に面白いなと思いました。

だけど周辺にいきますと事情が変わります。野口さんも伊藤さんも、一三世紀くらいに建設されたイタリアやフランスの計画都市、まさに中世のニュータウンに興味をおもちですが、ヴェネツィアでも一三〜一四世紀にできた北西の周辺部カンナレージョ地区では、運河とそれに沿った岸辺の道はまっすぐで計画的です[図4]。同じヴェネツィアでも、異なる時代のレイヤーが横に移動しながら重なっています。

ということで、ヴェネツィアは、必要に応じて自分でもカタスト(不動産台帳)を用い、実測して同じような図面を作成したのですが、基本的にはムラトーリ、マレットが作成した

連続平面図を活用しながら、自分独自の解釈を加え、都市形成のダイナミズムを読み取り、意味づけるということをやりました。

　でもやはり、小さな町を丸ごと知りたい、実測による研究を探求したいと思っていた矢先の留学二年目にプーリア地方のチステルニーノに出会って、調査に通いました［図5］。本当にひとりで、手伝ってくれる学生もいなくて。一回、やはりヴェネツィアに留学で来ていた渡辺真理さんが手伝ってくれました。この町の白い迷宮的空間に出会ったときは本当に衝撃で、もちろん調べて理論的に解読したいわけですが、建築家や若い建築学生なら誰もが惹かれるような、面白い場所から調査したいという面が強くありました。とくに、袋小路を囲む居住空間が魅力的で、そのよくできた仕組みがどうつくられたかを読み解いていったのです［図6］。ローマのカニッジャ先生の事務所を訪ね、途中の成果を見せて、建築類型学（ティポロジア）からの分析を進めるためのアドバイスも受けました。

　もうひとつ、ティポロジア的にはより明快に理解できる面白い事例があります。最近再生事業が進み、メディアでもしばしば紹介される洞窟都市マテーラのサッシという古い地区です。七〇年代後半に国際コンペがあり、そのために市役所が実測図面を作成していました。私も市役所に行って、大きな青焼きの図面をコピーさせてもらいました。彼らが住居を洞窟を掘ったもの、半分地上のもの、完全に地上のものという三つの類型に分けていました。この三類型がある論理をもって組み合わされ、複合的な都市の空間ができあがっているのです。

　まずいちばん古いところは、洞窟住居をセットバックして重ねており、これ自体が一種の集合住宅です。次に、だんだん発展していくと、場所は少し上のほうにずれるのですが、地上に建物をつくりながら、袋小路を囲い込むのです。袋小路の奥は天然の岩場です。こ

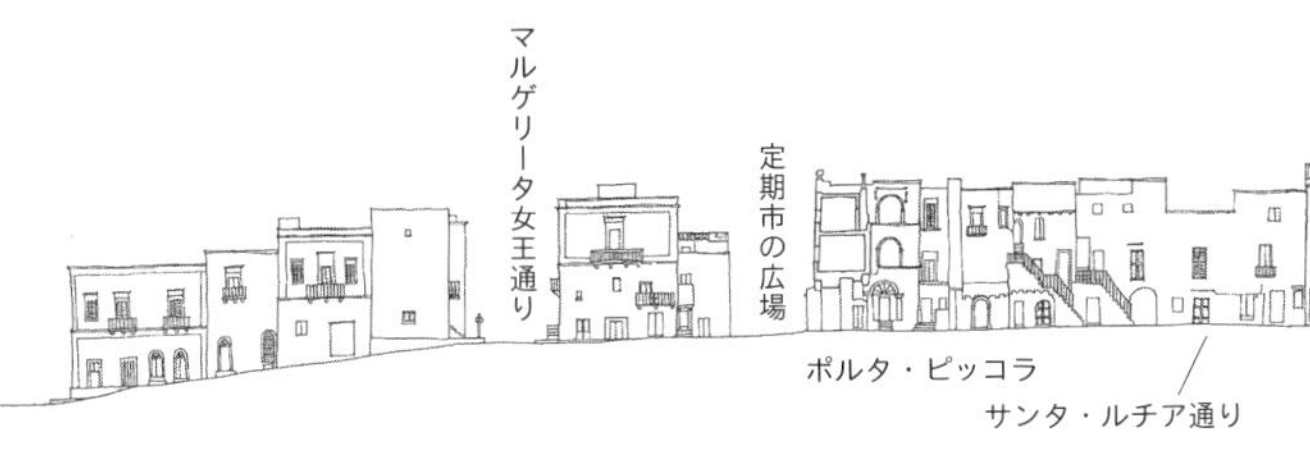

図5　チステルニーノ、その連続立面図

うして意図的にコミュニティの空間システムがつくれたのですね。まさにコモンスペースです。これが戦後イタリアの建築家、建築計画の人たちの間でたいへん注目され、みんな視察に行ったそうです。ヴィチナート（vicinato）と呼ばれる近隣コミュニティのための空間なのですね［**図7**］。

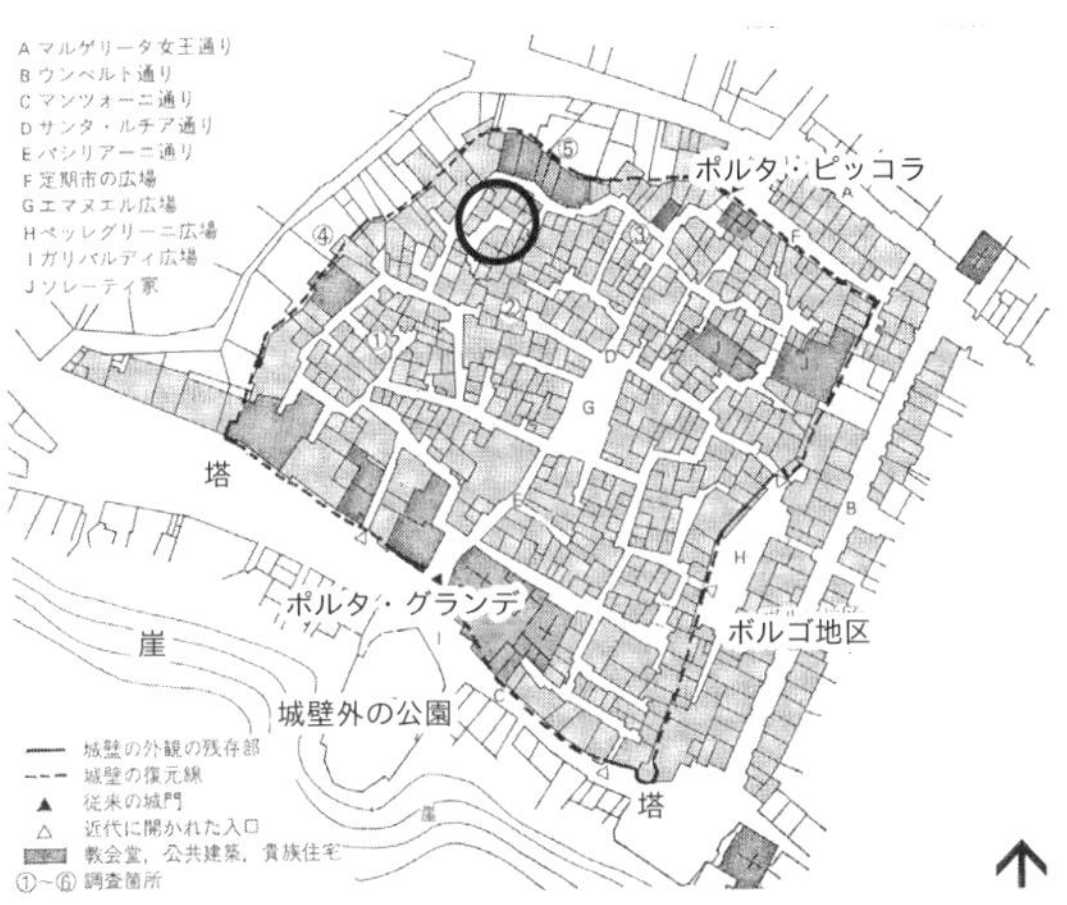

図6　チステルニーノでは、普遍的な袋小路を囲む居住空間

図7　マテーラ、サッシ地区の洞窟都市──発展した段階の集合形式では、前庭が近隣コミュニティ（ヴィチナート）の空間に

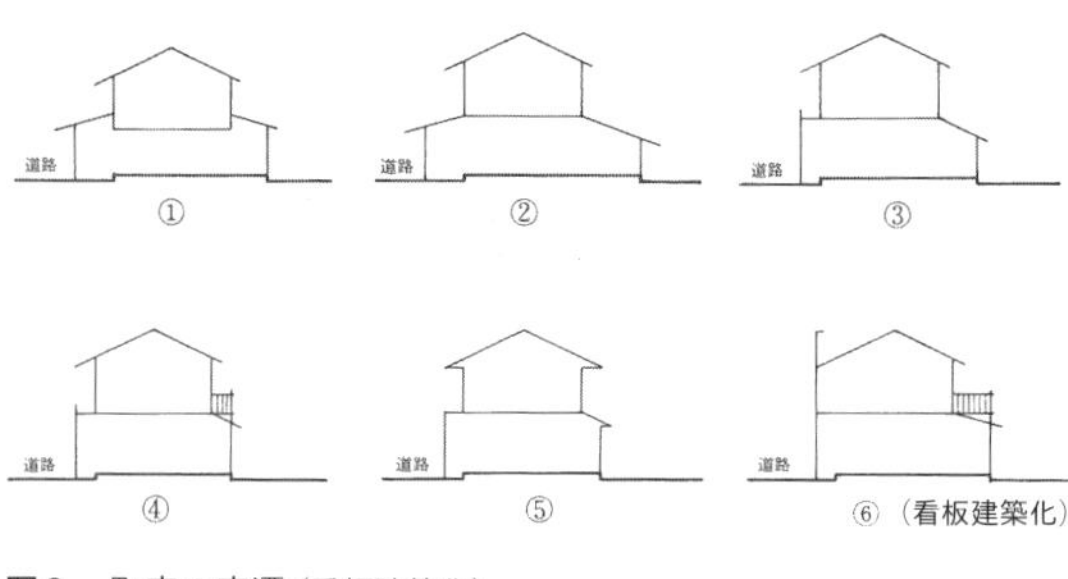

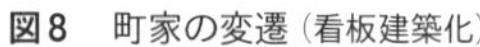

図8　町家の変遷（看板建築化）

建築類型学の東京での最初の応用

こうしてイタリアで学んだ建築類型学を用いて都市を解読する研究を、帰国後は非常勤で教える法政大学の学生たちと一緒に、東京に応用してやり始めました。大都市東京では、古い町がどんどん壊されていく、失われていく危機感を覚えながら始めたのですが、最初はいちばん応用しやすそうな、まだ下町らしさが残っている台東区下谷・根岸を調査地に選びました。旧日光街道沿いに江戸時代に形成された帯状のエリアがあり、その歴史的な都市組織（テッスート・ウルバーノ）のなかに、江戸研究のパイオニア、玉井哲雄さんが町屋敷と定義した短冊状の土地区画が見出せ、われわれはこれを「アーバンユニット」と名づけました。そのなかが近代化の過程でどんどん変容していくわけですが、じつに上手に変化した要素が読み取れました。また、この地域全体に、日本の近世社会で確立された誰もが知っている町家、長屋、武家屋敷系統、そして農家の類型が分布し、空間的なヒエラルキーを形づくっている様子がよくわかりました。そこに都市的な営みがどう分布し、どのようにコミュニティが形成されてきたかも理解できました。

町家の類型の展開で看板建築がどうやって生まれたのかというプロセスも、われわれが発見しました［**図8**］。かつて町家の二階の高さは低かったのですが、徐々に高くなり、ベランダを付け目立つ軒のところから西洋化＝近代化し、やがて、和風の屋根、庇を隠して洋風デザインの衝立状のファサードが登場する。このプロセスが、明治末から行われて昭和初期に完成したのです。もうひとつ、長屋がどのようにして居住性を上げていくかというプロセスが興味深く、ガス・水道が家の中に入ると、路地側に台所をとる必要がなくなり、台所が後ろに引っ込んで、そこが玄関脇の前の間になる。その前面に格子がつき、ヤツデなどの植栽がとられ、洒落た雰囲気が生まれる。二階建てになって部屋数が増え、プライバシーが保てる。こうして長屋の近代化のプロセスは、下町の居住性を大いに高めたんですね［**図9**］。

空間人類学へ

このように面白い成果を得たのですが、下町の古い地区だけやっていたのでは、ダイナミックな東京を理解することにつながらないし、近代化でどんどん失われていくものに対抗もできないと思い、研究対象を一気に山の手に広げようと考えたわけです。明治中期にニコライ堂の建設現場から撮られた有名な三六〇度のパノラマ写真があるのですが、この時点では東京の景観にはまとまりがあったんですよね。それが今は超高層ビルばかりです。

しかし、だからといって歴史を完全に失ったと諦めてはいけないと考えまして、もう本当に夢中になって、江戸の切絵図の情報を現代の地図の上に重ねる作業を始めました。こ

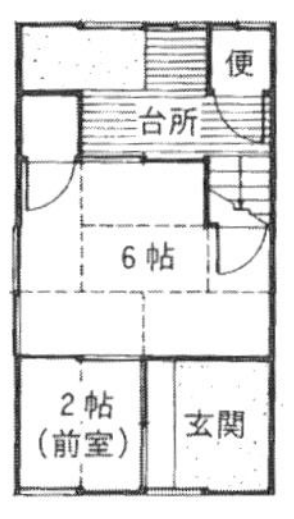

関東大震災後の長屋の例

図9　長屋の近代化

れはまさにムラトーリの教えで、いったんできた都市組織（テッスート・ウルバーノ）が消えるはずがない、必ず今の町の根底に生きているだろうという想定をしたら、見事にそれが証明できたのです。たとえば、典型的な大名屋敷の立地する地区で切絵図情報を現代の地図と重ねてみると、本当に土地利用がある意味で継続しているのです［図10］。新宿の内藤駿河守と記された場所が新宿御苑の公園になったり、「青山大膳亮」と記された場所が青山墓地になったり、「加賀中納言殿」と記された場所が東京大学になったり、「細川越中守」と記された場所がホテル椿山荘になったり、敷地の枠組みを維持しながら内部が面白く変化した様子が追えるわけです。同時に、凸凹地形を活かして都市を発展させた東京では、断面を見るというのが非常に重要だということに気がつきました。そうやって見ていくと、もっぱら建築を中心に類型学的に都市を分析するイタリア流のやり方だけでは解けないので、先ほど伊藤さんが紹介してくださったように、〈空間人類学〉という考え方を導入してみました。

　ノッリの地図（一八世紀）と尾張屋版江戸切絵図（一九世紀中頃）は、よく比較に出てきますが、じつに有効です［図11］。芦原義信さんが『街並みの美学』で指摘しているように、ノッリの地図では、建築が実態として空間をつくっていて、ポジ・ネガを反転しても成り立つ。江戸切絵図はポジ・ネガを反転したら、まったく意味がなくなるわけですね。建物はひとつも描いておらず、敷地割り、道路、居住する大名や旗本の名前が書いてあるだけです。だから江戸切絵図には独自の論理があるはずだと考えたわけです。

　もうひとつ、イタリア流のやり方が日本にどこまで通用するか、というのが大きなテーマでした。歴史的都市への関心は日本でも七〇年代から始まります。まず紹介されたのは、英国流のタウンスケープというアプローチで、歴史的な街路沿いの建物が連なる景観が評価されました。でも、ファサードだけ見てその特徴を理解しただけで終わったのでは、時間とともに建物が変わってしまう日本にはじつは通用しないわけです。逆に、時間が積層した土地の記憶、敷地割り、街区構成など、平面で都市空間を見ていくと、日本の都市の継続性がより理解できるわけです。

というわけで、建物は失われるけれど、土地分割・利用のシステムとか都市組織（テッスート・ウルバーノ）のレベルでは継承されるという点では、日本はある意味、保守的で、近代化ですべてを構造転換

図10　大名屋敷の立地と尾根道

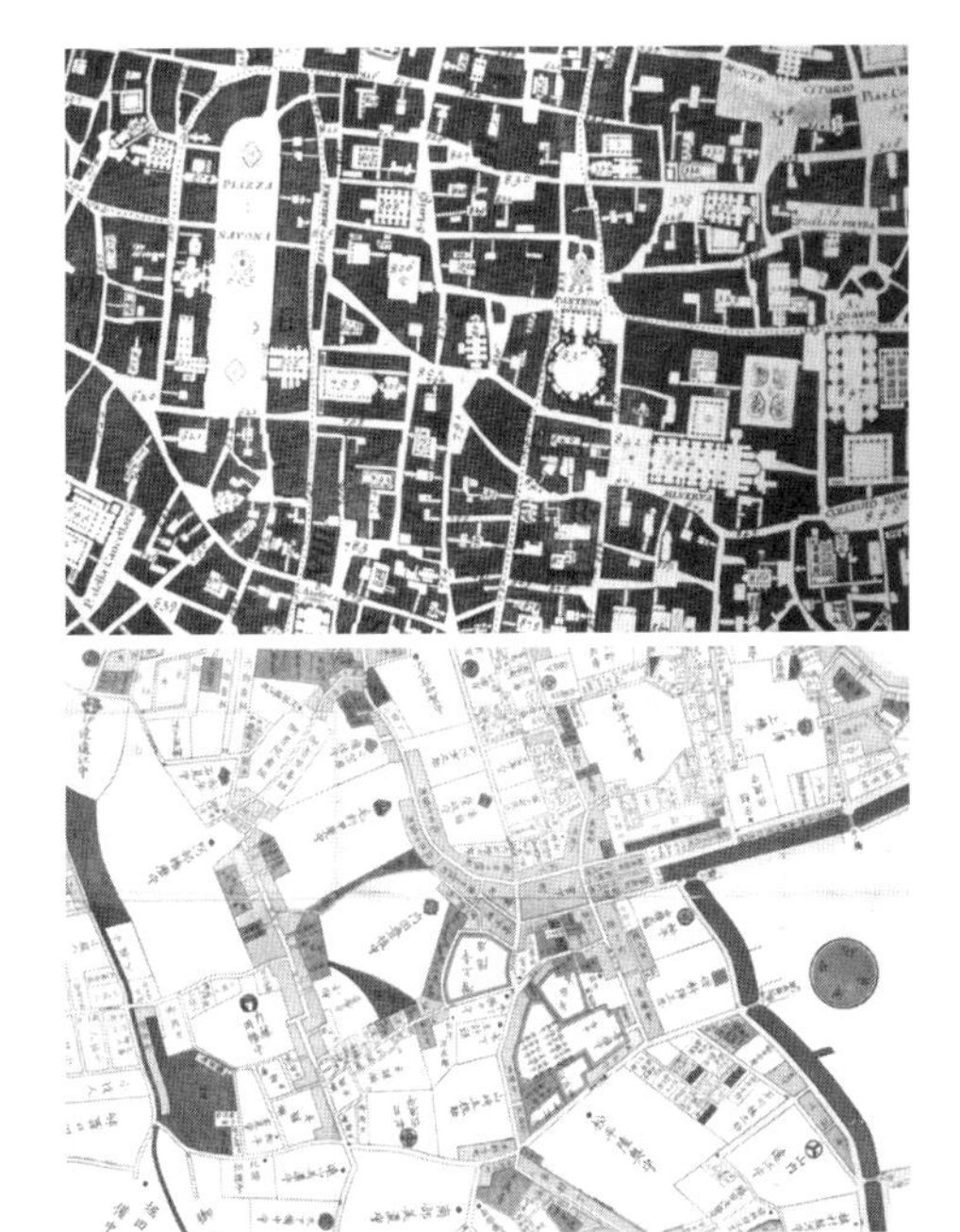

図11　「図」と「地」――ノッリの地図（18世紀中頃）と「尾張屋版江戸切絵図 麻布絵図」（19世紀中頃）

することをせず、都市のエレメントをうまく置換して現在をつくってきたと言えるわけです。こうした日本的特徴を読むのには、じつはイタリアの都市組織を読む方法がいちばん合っているのではないかと思います。

明治一七（一八八四）年の深川の地図を見ると、こんなに水路が入り込んでいることに驚かされます［**図12**］。これが今の深川の都市組織（テッスート・ウルバーノ）のどこかに生きているはずですね。

郊外地域の歴史を読む——基層への注目

その後、一九九〇年代の終わりから東京の郊外の研究にまた新たな視点から取り組もう

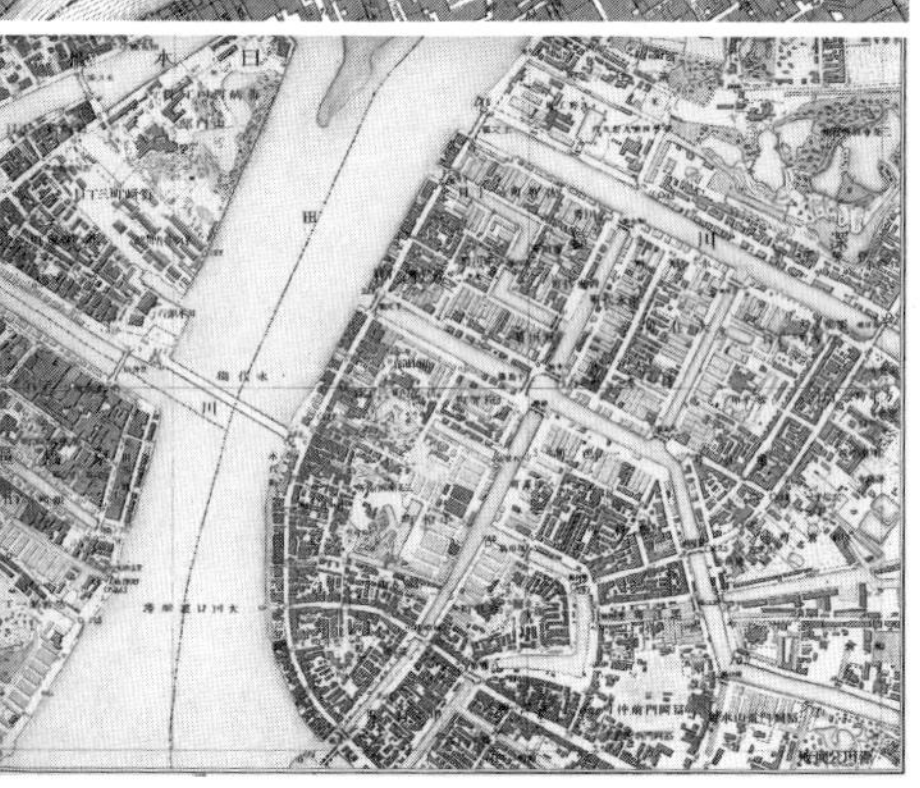

図12　（上）ヴェネツィア（1847年）と（下）深川（1884年）。歴史的町並みの理解法としては、街路沿いの表のタウンスケープを読むのが英国流だとすれば、時間が積層した都市空間を読むのがイタリア流。日本にはイタリア流が有効だ

と考え始めました。その際に、サルデーニャでの経験が大いに活かされたのです。水辺に生まれた聖なる場所としての神社、それらを結ぶ古道の存在、テリトーリオに潜む基層構造といった点が鍵になったのですが、こうしたテーマの全体は中谷礼仁さんのところで詳しくお話ししようと思っています。

ここでは、自分の育った杉並に、歴史的なテッスート・テリトリアーレ（tessuto territoriale）、つまりテリトーリオ（地域）の組織がどういう風に刻まれ、現在はどうなっているかに触れたいと思います。杉並区での遺跡の分布図を見ると、善福寺川など四本の川に沿ったやや高台に集中していることがわかり、人々がどこから住み始めたかが理解できます。次に神社、寺院がどうできるかというと、しばしば湧水のあるところに誕生しています。

このように、江戸の市域の外を対象に調査をすると、すぐ中世や古代の要素が浮かび上がり、それらを中世の古道が結んでいるというロジックがわかり、本当に面白いのです［**図13**］。地形とか自然条件を上手に活かすという日本の環境形成の原理が、むしろ江戸の市域になってアーバナイズされてしまったところよりも、もっと素直に見えてくるのです。微地形に合わせて弧を描く鎌倉古道の上にできた阿佐ヶ谷駅前の商店街、パールセンターから ずっと南へ下りてくると、小さな辻に庚申塚があり、青梅街道との交差点には古い交番もあって、さらに南へ行くと杉並が誇る松ノ木の遺跡群があり、竪穴式住居が復元されています［**図14**］。その南側に善福寺川が流れており、水が得られ、魚、鳥、動物などの食料も簡単に手に入る条件のよい安全な高台に、古くから人が住んだのですね。この川の対岸の高台に一一世紀に創建された大宮八幡宮があり、その境内には聖なる水が今も湧いています（327ページ**図28**参照）。川の近くにはもともと古墳時代の豪族の祭祀空間としての墓があり、そこに神社ができたというわけです。

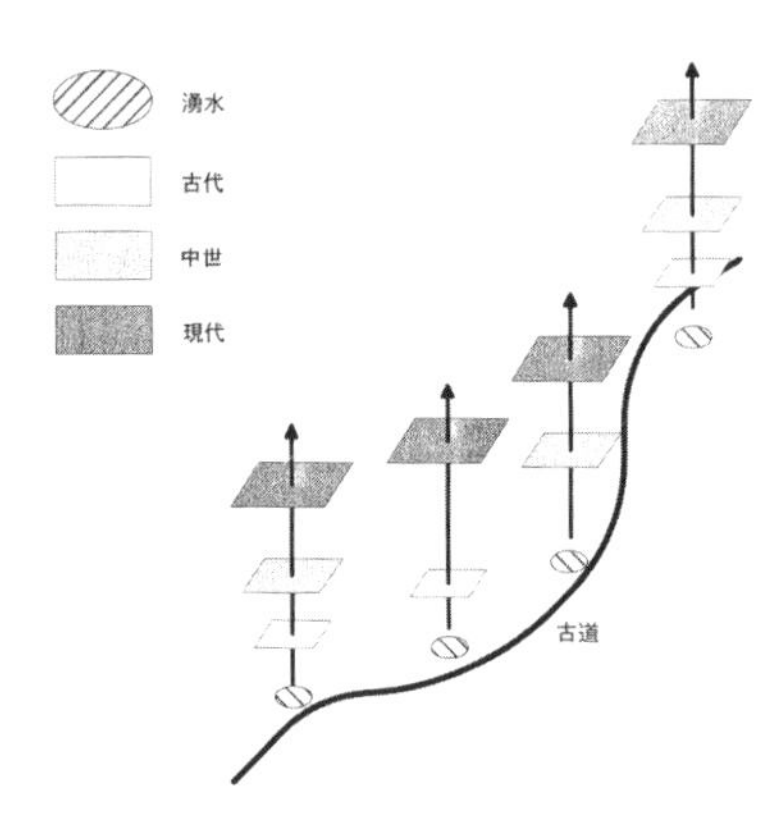

図13　古道沿いの概念図

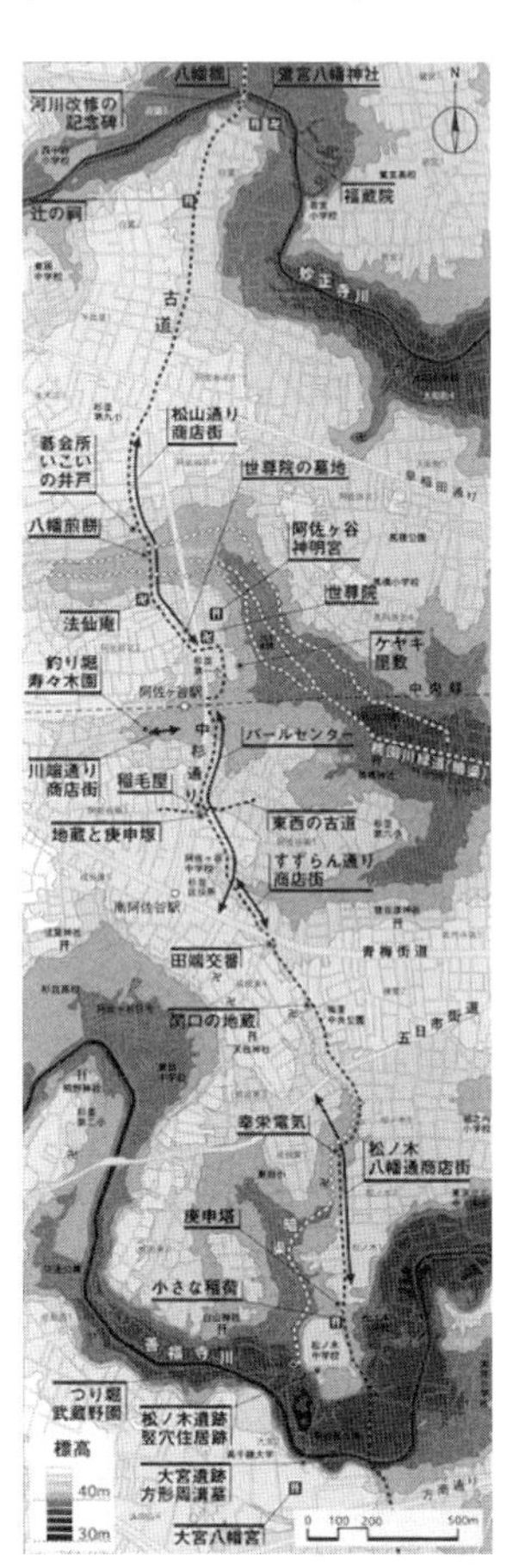

図14　阿佐ヶ谷

歴史とエコロジーの融合

こうして、だんだん歴史都市のアーバンエリアからルーラルエリア、テリトーリオにまで対象が広がってくると、エコロジーがますます重要になります。

ここで、日野市を見たいと思います。日野用水は江戸時代よりも古い用水路の歴史を誇り、浅川、多摩川から取水した何本もの用水路が美しい田園風景を生んできました。

日野と取り組むのに参考になったのが、トスカーナ地方のオルチア川流域での経験です（63ページ**図64**参照）。なんでもないこういう田園風景が、ローマ大学の友人、都市計画家のパオラ・ファリーニ先生の頑張りで、二〇〇四年に世界遺産に登録されました。先ほど野口さんの指摘にあったように、イタリアではこういう田園の風景、パエサッジオ（paesaggio）、そしてテリトーリオという考え方が重要になってきているのですね。ファリーニ先生にぜひオルチアに行けと言われていたので、先生のもとに留学した経験のある植田曉氏を中心に陣内研究室メンバーで調査を実施しました。田園風景、農業景観をいかに価値づけるかを学びました。

日野は本当に東京の縮図で、台地、丘陵地、川、沖積地と、あらゆる地形が揃っているのです（327ページ**図29**参照）。縄文、弥生、古墳時代と続く古代からの遺跡の分布を地形とからめて考察することが重要なのです。湧水の分布も鍵となります。四五〇〇年前から用水路を網目のように巡らせてきたのですが、ここで先ほど野口さんのおっしゃったイタリアの専門家が「危機」に対して何ができるかを考えたという点を思い起こします。どんどん水田が失われ、用水路もままならない状態になる。さらに相続税が払えないということで宅地化が進む。そのときに区画整理を行う。フィレンツェが首都になる際に実施された旧市街での区画整理も強烈でしたけど、日本では農地を宅地化するために、まだ区画整理がどんどん行われています。それをなんとか食い止めたい、理論をつくりたいというのが、今のわれわれエコ研の日野プロジェクトなのです。環境問題に熱心な住民の方々もテリトーリオ全体に眼を向けず、湧水ポイントに神社ができ聖なる場所になるといった、水の多角的な役割を見ていなかったので、われわれはそういう地域の読み取り方も提案しました。

テリトーリオへ――再びイタリアへ

最後はまたテリトーリオへ、再びイタリアの事例へ戻ることになりました。こうしてイタリアと日本、とくに東京を行ったり来たりして、比較研究をやることで、つねにもうひとつの対象からインスパイアされて、いろいろな段階で自分がやっていることのなかに新しい面が見える、そんな経験が比較研究のいちばんの醍醐味だろうと思っています。

自分自身、長い間取り組み、何冊もの本も出版してきたヴェネツィアに関する研究ですが、やや開店休業のような停滞していた時期がありました。ですが、陣内研究室で学び、

図15　ナポレオン統治時代のカタスト地図（1811年）や古地図から水車の位置、土地利用、施設の用途、所有者を読み取る

図16　［図15］の丸印の製粉所跡

ヴェネツィア建築大学に留学し研鑽を積んだ樋渡彩さんがそれを打ち破ってくれたのです。自分自身、これからはテッラフェルマ（本土）、ラグーナ（潟）に大きな可能性があるだろうなと思っていた予感を、見事に証明してみせてくれました（71ページ参照）。

ラグーナの水上に成立したヴェネツィアは資源がなく、ここだけで成り立つことができず、本土を流れる川沿いのトレヴィーゾをはじめとする都市、集落、あるいは農村とリンクしながら繁栄することができたのです。水車で挽いた粉を持ち帰ってくる、あるいは水車を使ったプロト工業化社会におけるあらゆる産業、そして筏での木の流送、その上に石材、マスト用などの重要な木材、金属、食料などいろいろな物資を載せて運搬、と本当に密接なつながりで経済、文化、社会でヴェネツィアが成り立っていたということを樋渡さんが解き明かしてくれたわけです。ナポレオンの統治時代につくられたカタスト（一八一一

図17　川港・舟の牽引用の道――（上）1764年のアンジェロ・プラティによる地図（シーレ川沿い、部分）、（下）20世紀初頭の写真

年の不動産登記台帳およびその地図、catasto napoleonico）も大いに活用しました［図15］。たとえば、製粉所は誰が所有し、どのくらいの規模だったかが詳細にわかりました。一方、舟運の航行システム、筏流しのシステムなどをはっきり把握でき、ヴェネツィアと後背地の都市、地域との結びつきの強さを描き出せたのです［図16–17］。

彼女を中心に組まれたテッラフェルマでの徹底したフィールド調査からは私も学ぶことが多く、その新たな視座が自分の研究を大いに刺激してくれました。法政での最終年度の春に刊行した『水都ヴェネツィア』もこうして新たな要素もたっぷり入れてまとめ上げることができました。

方法論の必要性

結局やはり方法が必要なのだと思います。今日、皆さんが紹介してくださった、建築類型学があり、空間人類学があり、エコヒストリーがあり、そこから水都学というように。

そして、ここで重要なのは、やはり日本らしさとは何なのか、という点だと思います。日本の特徴、特質、可能性、ポテンシャルを引き出すための方法論。それは比較に基づくのですが、空間人類学やエコヒストリーを入れたことによって、より見えてきました。建築類型学だけだと、日本はなかなか解けない、行き詰まってしまう。なぜなら建築が持続しないものだからです。だけど組織（テッスート）は持続する。

最後にもうひとつ。テリトーリオの失われた関係性をもう一回描き直すことが、これから日本で大いに可能性があることであり、各地域でやっていくべきことだろうと思っています。

講義余録

同世代の藤森に続き、今回も同じ建築史の分野から、陣内のすぐ下の世代にあたるイタリアが専門の野口昌夫と都市史の伊藤毅を招いた。イタリアはメインフィールドで、都市史も強くこだわり続けた学問であるから、陣内の研究の軌跡をトレースするには欠かせない人物である。▼陣内と野口は、それぞれイタリア留学でよき師と出会い、ともに同じような経験を蓄積し、その成果をしっかりと携えて帰国する。イタリアでは研究者や実務者が、対象をつねに理論化し、同時にそれを実社会とつなげる方法を提示するのが普通だという。つまり、歴史のための歴史研究ではなく、現実を理解し、よりよく更新するための歴史理解である。ふたりには近代化で失われるものへの危機意識も共通していた。当時のイタリアは、その弊害を乗り越える復元力が働いた時期であり、そのための理論と実践をふたりは留学を通して吸収したのである。その後、野口は研究が実学のために役に立つ思想と方法でなければならないという立場を貫く。一方、陣内はそこまでストレートな立場はとらず、近代化で分断されたものをつなぎ直し、隠れたものを見えるようにして広く一般に感化、啓発する指向を選択した。小都市への眼差しもふたりには共通している。陣内からフィレンツェ研究を勧められたが、野口は人口五〇〇〇人ほどのペッチョリをフィールドに選び、また陣内もヴェネツィアのあとはイタリアの小さな町の魅力を描き続けている。こうした小都市研究の経験は、周辺の自然や地形と一体となった風景、さらには地域組織との関係へと興味を促し、テリトーリオの発想に無理なく移行できた要因となる。ふたりともイタリアで学んだ方法論を大切にしながら、野口は独自の視点で再びイタリアに応用し、陣内は日本に適応させる過程で〈空間人類学〉や〈水都学〉といった新しい枠組みを編み出して、その目で再びイタ

リアの都市と地域を読み直す作業に力を注ぐ。▼伊藤もまた建築史の枠を大きく広げたひとりである。とくに、都市史の重要性に早くから気づき、吉田伸之ら日本史の歴史学者と新たな組織を立ち上げながら学際的な研究を精力的に追求してきた。稲垣栄三を師と仰ぎ、兄弟子の陣内の仕事に触れた経験が、小さな枠に留まらない伊藤の指向性に少なからず影響を与えたことだろう。とくに、学際性への指向は、稲垣が目指し、陣内が広げ、伊藤が大きく展開した。陣内がフィールドワークを主軸に方法論的展開を目指したのとは違い、伊藤は史料から日本の都市の歴史を描く文献史学の方法を一貫してとってきた。それにより、建築史に端を発しつつも、空間だけでなく社会の構造をも含んで一体となって描く都市史研究をより精緻に具体化させた。歴史学の大きな枠のなかに、工学的な都市史を変質させて組み込むことに成功したのである。形態や計画の意図を扱う都市計画史ばかりか、現在の空間から歴史を読み解こうとする陣内の都市史とも、この点で異なる。その伊藤が突然、二〇〇四年のバスティード研究のあたりから実測をともなうフィールドワークに目覚める。陣内が紹介した建築類型（ティポロジア）、都市組織（テッスート・ウルバーノ）の方法を導入し、その後はヨーロッパからアジアにまで範囲を広げている。改めて陣内の仕事の意義と楽しさを知り、それをベースに独自の視点で新たに都市と向き合うという大きな転換であった。▼すぐ下の世代にも陣内は影響を与え続けてきた。理論だけでなく実践をも射程に入れてイタリア研究を徹底する野口、史料からフィールドワークへの方法の移行とともに対象をも変化させた伊藤、新たな方法の枠組みを編み出しながらイタリアから日本、世界へとフィールドを広げる陣内。建築史研究者にとって、研究の対象と方法は移り変わるものであって、むしろそれが普通であり、よりよい進展のきっかけになるということを教えられた回であった。（高村雅彦）

都市史への西洋史と建築史からのアプローチ

福井憲彦

（歴史学者／ヨーロッパ近現代歴史学、フランス史）

社会のなかの歴史学

福井憲彦

今日は、私と陣内さんに関わりのあることを中心にしながら、私が何を考えて陣内さんと研究交流をするようになったのかという話ができればと思います。

一九七〇年代半ばから八〇年代という時代は、歴史学にとって大きな転換期だったと思われます。それは日本に限りません。日本と欧米の歴史学にとって、ひとつの転換期であったのではないか。同時にそれは、戦後の世界システム、世界のあり方が大きな転換を余儀なくされる時期でした。私と同世代の方にとっては、こうした時代状況については周知のことだと思います。しかし、陣内先生による最終の連続対談式の講義を聴きにきた学生さんをはじめ、下の世代にとっては、まさに歴史なのですね。われわれは歴史的存在なのでありまして、半分は過去の人間です。同世代の方々にはわかりきったことなのですが、あえて全般的状況に関するメモとして項目を挙げておきます［**図1**］。細かなことについてはお話ししませんけれど、こんなことがあった時代に、私とか陣内先生は、大学院から若手研究者として歩み始めていたということで、ご覧いただければと思います。

歴史研究のコンテクスト

歴史研究の場合、建築史であれ都市史であれ、何でもそうだと思いますが、自分の研究する対象の時代性や歴史性、つまり時代的なコンテクストを外して研究するわけにはいきません。同時に、歴史の研究者自身がどういう時代のコンテクストのなかで研究している

ふくい・のりひこ
一九四六年生まれ。七〇年東京大学文学部西洋史学科卒業、七四〜七六年フランス政府給費留学生としてパリ第一大学に留学。七七年東京大学大学院人文科学研究科（西洋史学）博士課程中退。
東京大学文学部助手、東京経済大学助教授を経て、八八年学習院大学文学部史学科に赴任。二〇〇七〜一四年学習院大学学長、一四年文学部史学科教授に復帰。一七年学習院大学定年退職。学習院大学名誉教授、公益財団法人日仏会館理事長。一八年より獨協大学外国語学部特任教授。
著作に『ヨーロッパ近代の社会史——工業化と国民形成』『歴史学入門』ともに岩波書店、『興亡の世界史一三 近代ヨーロッパの覇権』講談社、『近代ヨーロッパ史——世界を変えた一九世紀』筑摩書房、『世界歴史の旅 パリ——建築と都市』山川出版社（共著）ほか、編著書や訳書など多数。

のか、ということも外せません。歴史研究は過去の時代に即して、どういう技術があったのか、どういう道具があったのか、どういう考え方があったのか、どういう社会関係だったのか、こうしたことを押さえなければならないのでして、それらを無視しては歴史的対象を分析することはできない。これは当然のことです。他方また、同時に自分自身が、現在においてどういう時代的コンテクストのなかで問うているのかということも、やはり外せない。二重の意味での時代性をつねに考えるものです。

とりわけ都市史や建築史ということを念頭に置くと、〈物質性〉を不可避的に考えざるを得ないところがあります。多様な技術や素材、それらが置かれる場所の条件にしても、どのように物理的条件をクリアして展開していたのか、後世からそれらをどう理解できるのか。われわれは研究のなかでそうした技術を、今で言う科学技術やテクノロジーの問題と同様に問うのはもちろんですが、むしろ概念をもっと広く、文化的に伝承される技術として位置づけて、〈文化技術（カルチュラル・テクノロジー）〉という概念をつくって考えてみてはどうか、というような議論もしていました。

歴史学の転換期

一九七〇年代半ばから八〇年代の転換期を振り返ると、その当時世界が置かれていた転換状況と関係しながら、歴史学も転換期を経験していたと言えます。それは簡単に言うと、日本では「戦後歴史学からの決別」がはっきりした。この時期に書かれた本には「〜再考」や「〜批判」という本が非常に多いことが印象的でした。それが状況を象徴しています。

こうした再考の動きのリーダーとなる二宮宏之さんという歴史家が、七六年に筑摩書房の広報誌に**「全体を見る眼と歴史家たち」**（のちに同名のタイトルとして刊行）という非常に優れ

1970年代半ばから80年代という転換期〜全般的状況

・『「思想」1921-2011の軌跡』岩波書店『思想』編集部編での座談会

- **学問／研究をめぐる大きな変化⇔同時代における日本と世界の変化との対応**
  日本の高度成長の限界／大量消費社会／低成長時代と「バブル経済」破綻へ
  ベトナム戦争終結：アメリカの失敗／ローマ・クラブ提言と環境問題の深刻化
  ドル・ショックとオイル・ショック／国際為替の変動相場制への移行
  →制御困難なマネーゲーム・金融工学の時代〜リーマン・ショックへ
- **現実の国際情勢の大きな変化＝戦後体制の崩壊：「新冷戦」状況**
  ネオ・リベラリズムの席巻／「人民民主主義圏（ソ連圏）」の崩壊
- **産業文明の限界：ポスト産業社会への移行？**
  エレクトロニクスと情報技術の急展開：globalizationとgrobalism

図1　講義のためのメモから

たエッセイをお書きになって、そこで歴史学の捉え方の転換を柔らかく訴え始めました。二宮さんの友人にジャック・ル・ゴフ（Jacques Le Goff）という、フランスの「新しい歴史学」を引っ張っていたリーダーがいたのですが、その方が七六年に来日して日仏会館で講演をしました。そこで一種の歴史人類学の提言を強く訴えかけたわけです。ル・ゴフは人類学とは言わないで〈エスノロジー（民族学）〉という言い方をしていました。つまり、それまでフランスでもあったような政治史や社会経済史を中心とした見方とは異なる問いのあり方が可能で、重要なのだということを、歴史学の進むべき方向として強調したのです。

社会経済史から社会史へ

説明は省きますが、そうした変化を受けつつ、日本では社会経済史ないしは社会構成体史から社会史へ、と展開されていきます。たとえば『社会史研究』という雑誌が出版されましたし、日本史では主に網野善彦さんや石井進さんなど、中世史の大先生が中心になり、それまでの歴史学に対する捉え直しの動きが本格的に展開していきました。日本の戦後の歴史学の主流は、基本的に社会経済史です。社会経済史と政治史がオーバーラップするかたちです。それが戦後のメイントレンドだったわけですが、それに対してむしろ、平たく言えば歴史を生きていた人たちの目線から物事をいかに捉え返すか、といったことが色濃く表に出てくることになります。

研究におけるタブーの消滅

私は一九四六年生まれで、陣内さんは一九四七年生まれ、一歳違いです。まさに戦後日本を生きた世代です。戦後日本を、社会にものがない時代からものが有り余る時代まで、

二宮宏之
『全体を見る眼と歴史家たち』
平凡社、1995年

批判的に捉えながら生きてきた人間です。ちょうど大きな歴史の変動期に遭遇したことはチャンスであり、ありがたい機会だったと思います。もちろん日本史のなかでもすでに六〇年代から色川大吉さんや安丸良夫さん、先ほどの網野さんをはじめ、戦後歴史学を批判する展開がありましたが、まだまだそれが強い潮流にはなっていなかった。その潮目が変わりだすのが、七〇年代の半ばからだと言えます。

私もその動きのなかで自分自身の研究の方向を模索し、それまでの社会経済史的な、国民経済の型を第一に考えるような図式的発想ではないところから、いかに着想していけるかを考えていました。それは「研究におけるタブーの消滅」の一環であって、そうした主流の枠から外れた人間でも、現在を考えるうえで何に目をつけるのか、なぜまたそれを歴史に問うのかを明確にし、発想してみる。そうすると、たとえば都市の問題などが第一に思い浮かぶ。あるいは逆に近代化、産業化が進むなかで農村が崩壊、ないし変容していく問題。少し前までは、日本で言えば柳田民俗学がその要素を収集していたような、豊かな文化を持った生活世界が、その後どうなっていたのか——こういう問題への関心が改めて非常に強くなってきた時代でした。

陣内さんとの出会い

私が陣内さんの仕事を最初に読んだのは『東京の町を読む』の元になった報告書だったと思います。私は東京大学での助手が終わった後、東京経済大学に一時期いたのですが、そこに陣内さんの弟の陣内良昭さんがいて会計学を教えていました。先の報告書は普通の本屋では手に入らなかったので、どこでこの情報をキャッチしたのかは覚えていませんが、弟さんに頼んで手に入れたのです。これは陣内さんが法政大学の学生たちと、東京の街を実際に歩いて実測をしながら、地道にコンテクストを調査して、都市と建築、歴史と現在、それら両面から考察した報告書です。それとほぼ同時だったのかと思いますが、『都市のルネサンス』という、陣内さんのイタリア留学時代のエッセンスをまとめた新書も読みました。もしかしたら新書の方を先に読んだかもしれません。

私もほぼ同じ時期に留学していたので、こんなすごい仕事をした人がいるのかと驚いたわけです。陣内さんが一年長くいたかと思いますが、私はフランスに二年間行って七六年に帰国します。私はあまりまじめに勉強しないで、あっち行ったりこっち行ったり物事を見ていたのですが、陣内さんは非常に実質的に研究をなさっていた。こういうものを見ていたものですから、陣内さんの仕事については早くから関心をもっていました。ただすぐに接触する機会はあまりなかったのです。

陣内さんのどこに感心したかというと、やはり空間構造をしっかり捉えているところです。まずはハードの面ですね。のちに陣内さんとふたりでヴェネツィアを歩くという贅沢な体験をしました。陣内先生はヴェネツィアの生き字引みたいなものですから、とにかく空間構造を熟知なさっている。空間構造を、実測を含めて検討していきながら、同時にその空間のなかでの実際の人々の生き方、実際行動も見ている。アーバニズムがともすると陥りがちなように、計画し建設する側が意味を付与してつくったけれど、現実には必ずしも、その通りに使われるわけではない。使う側は、実際行動のなかで、空間に自分たちなりの意味を与えて、設計者の意図とはずらしていったりする。こうした現象については、フランスの歴史家ミシェル・ド・セルトー（Michel de Certeau）が、書籍を例にして文化現象はいつでもそういうものと理解すべきなのだ、と言っています。著者が意味を発信すべく書く、けれども読み手はまったく違う読みをするかもしれない。読者は一種の「意味の密猟者」なのだ、とセルトーは言いました。同じようなことが、町や建築の場合でも、計画設計と実際行動との間で、言えるのではないかと思うのです。

まずは、空間構造をしっかりとつかむことが重要で、都市や建築の研究にとってはそれが前提だと思います。それと同時に、実際行動と活用のあり方を、現場を踏まえながら確認していく。どちらかだけでは不十分で、陣内先生はその両方の総合性を追究されて、きっちりと表現していらっしゃる。ここに非常に強く惹かれました。これは、言うのは簡単ですが、現実の都市や建築について、具体的かつ説得的に論じるのは、容易なことではありません。

一九世紀フランスに見る近代化、産業化、都市化

私自身の関心のほうに、話を少し変えさせてもらいます。私自身が現在を生きるなかで、近代文明の行き詰まり、言い換えれば産業文明の行き詰まりを経験的に、時代変動のなかで強く感じます。いつも言い続けているのですが、文明は変わらなければいけない。シヴィライゼーションのあり方自体を地球規模で考えなければ、地球が壊れるという言い方を私はことあるごとにしています。後につながるような発想を留学後、日本に戻ってきて強く考えるようになり、フランスの近代に注目しながら近代化のプロセスを捉え直し、それを日本と対照させながら考えたい、こういう意識をもつようになっていました。一九世紀のフランスは国民主権や近代国家の形成、あるいは近代社会の形成という局面で、それまでとガラっと変わったと誤解している方もいらっしゃるかもしれませんが、そうではありません。一八世紀末のフランス革命で近代国家と社会の原則が提出されましたが、それらはすぐには実現せず、一旦はポシャるわけです。それを受けて一九世紀フランスは、政治

的には大混乱の時代で、新旧のせめぎ合いの時代です。

一九世紀フランスは、大きく見れば近代化、国民化が推進され、産業化が本格的に進められた時代で、当然それは都市化の進行というかたちで社会を変え始めている。いわば変化の先端をいくのは都市で、変化の象徴として都市を考える。しかし、そのとき農村部はどういう状況であるのか。先ほど挙げたル・ゴフと同じく「アナール派」第三世代のル・ロワ・ラデュリ(Emmanuel Le Roy Ladurie)という歴史学者がいますが、彼は一九世紀こそがフランスの農業文明の頂点だった、という言い方をします。農業技術が改善されて、鉄道や水運などでの流通も発達し、農産物が広く市場に出せるようになる。多様な情報も入ってくる。しかし他方また、各地方では、それぞれに伝統的なリズムをもった生活パターンも、依然として続いている。

フランスでは民俗研究(フォルクロール、英語でのフォークロア)が他のヨーロッパ諸国と同じように一九世紀半ばから成立しますが、それ以降二〇世紀半ばまで、フランスの民俗学の仕事がいろいろなかたちで実現されました。そのときに、農村のあり方と都市のあり方をどうリンクさせて考えればよいのか、模索されました。今でもフランスの高校の歴史教科書では、この時代を象徴する、とくに農村部の状況を捉える言い方として「アルカイスム・ウ・モデルニテ」という表現をします。都市、とくにパリのような大都市は、一九世紀の半ばから明らかに近代性(モデルニテ)を明確にし始める。しかし農村部は、旧来のローカルな、守旧的なあり方(アルカイスム)にとどまっていた、といってよいのか、それとも、「ウ・モデルニテ」すなわち近代性に沿った生産や市場のあり方に向かっていたと言ってよいのか。じつは、どちらかに決めつけられるわけではない、しかも地域によってたいへん偏差の大きい、社会全体で考えれば両面をもっている、非常に微妙な時代だった。であるだけに、われわれが現代を考えるためにも、この時代を対象に研究考察すると面白いのではないかと、私は考えてきたわけです。

都市化の時代の都市と農村の関係

いずれにしても、都市と農村を対立的に見るのではなくて、両方の関係のなかで捉えようとしました。都市に引き寄せれば、都市の場所性、あるいはネットワークのなかでの都市の位置を、考えなければいけない。当然ながら近代的な変容の先端にあるといっても、孤立して存在するわけではなく、さまざまなネットワーク、ものの流通や経済的モビリティ、もちろん人のモビリティもある。日本でも出稼ぎ現象がついこの間まであったわけですけれども、そうした動きは一九世紀頃のフランスでも活発に起こる。地域住民が、季節によって農民であったり、都市に出て労働者であったりする。そうすると、行ったり来たりのなかで都市と非都市の関係はどうなっているのか。こうしたネットワークのなかでの都市、あるいは都市と周辺の地域、周辺の小さな町を考えるわけです。ヨーロッパの小さな町は本当に小さいですから、そうした都市の場所性、他の場所との関係のなかでの都市をどう捉えるか、それが重要な問題になってくるだろうと考えました。

また、都市と言っても、都市内部のあり方、都市社会は同質ないし均質ではありません。都市内部の差異をどう捉えるか、社会と文化のあり方をどう考えるかが、もうひとつの重要な論点になってくる。そうしたなかでフランスでは、一九世紀の半ば頃、第二帝政下に「オスマン化」と呼ばれるパリの都市大改造が始まります。この世紀末まで続く都市の空間と機能の改造が、人々の生き方にとってどのような意味をもつのか、あるいは歴史的なパースペクティヴのなかでどのように位置付くのかを考えていました。

歴史学の垣根を超えた交流――いくつかの学問横断的研究会

七〇～八〇年代における歴史学の転換と、私はいろいろなかたちで絡んでいました。歴史学は幅広いものですから、研究と考察にはいろんなファクターが絡みます。社会経済史を中心に、国家単位で国民経済の成立の型の比較をするというような、戦後正統派の研究ではなくて、たとえば都市のあり方、都市と農村の関係性のあり方について、隣接の学問ではどのような問題の捉え方があるのか。当然、社会学が行っているような、とくに二〇世紀後半の現代都市社会についての社会学的な知見は、大きな蓄積としてあります。地域研究の場合も同様です。

あるいは技術史。ものを動かすことのコントロールやものの構築も、広く言えば技術史です。そうした要素も、都市研究には絡んできます。つまり、ある限定された範囲のなかで、歴史の研究探索を行うのですが、考え方はどんどん学問的には広がっていく。たとえば都市を人々がどのような目線で見てきたか。写真が開発されるのも一九世紀ですね。急速に発達した都市化現象はどんどん動きますから、写真による記録は、そういう変化と不可分だろうと思います。そうすると、そこからはイマジネーションや、都市を捉える目線のあり方、あるいは文学にもつながってきます。たとえば、都市の貧民窟を描くというような、ヴィクトル・ユゴー（Victor Hugo）が端的に『レ・ミゼラブル』で書いているような世界です。一九世紀半ばに出された文学作品に表象された都市の一面です。あるいはゾラ（Émile Zola）の小説を考えてもよい。こうした、さまざまなジャンルの垣根を超えた学問的研究交流ですね。そういうものを考える必要がある。

フランスに焦点を合わせて考えていると、日本人なのになんでフランスのことばかりやるのだとも自問するわけです。日本のことにももちろん関心がある。しかし、専門的に多様な資料やデータをみずから読む余裕はあまりない。そうしたときに、そういう専門の人たちと研究交流して互いに議論し合うことを志しました。

ちょうどそうしたとき、焼酎の「いいちこ」をつくっている三和酒類がメセナ活動として、社会思想家の山本哲士さんを組織者として八六年から雑誌を出し始めました（『季刊iichiko』）。初めの頃私も手伝っていて、テーマとして都市は現代を考えるひとつの重要なポイントとなると考え、多面的に研究をしている陣内さんを引っ張り込まない手はないと、チャンスを待っていました。それで、研究会や雑誌のための調査、あるいは論考の執筆で陣内さんに関わってもらいました。記憶が定かではないのですが、他方でまた九〇年七月から、これと並行して、超領域的に研究者や実務家に呼びかけ、都市をめぐる研究会（文化科学高等研究院）を山本哲士さんと始めていて、ひと月の間に十数回、建築家や研究者を招いて勉強と議論の会を開いていました。馬力があったのは、若かったからだという面もあると思います。この研究会は、かたちを変えて一〇年ほども続きました。

九〇年九月二七日に、陣内さんに「地中海都市からの発想」という報告をこの研究会でしてもらっています。これは一種の迷宮性をもった都市についての報告です。住んでいる人たちにとってはラビリンスではないわけですが、アラブ・イスラーム圏の都市空間が典型で、外部からの人にはまったく迷路状です。なぜそうなのかという議論をしていただいて、ものすごく刺激的だった。こうして、歴史学に限定しないで、垣根を超えていろんなジャンルの研究者、実務家と意見を交換していました。都市史では陣内さんだけでなく玉井哲雄さんなど、日本史やアジア史の方々を含め、いろいろなかたちで横断的な研究と議論をさせていただいていました。

『季刊 iichiko』
三和酒類

アナール派を批判的参照点として

そうした動きを積極的にするうえで、七〇年代半ばから八〇年代のフランスで展開していたアナール派の「新しい歴史学」と銘打った動きが、私にとっては批判的な対象として参考になっていました。当時の日本では、社会史との絡みで、アナール派という用語は知られるようになっていましたが、中身が適切には伝わっていなかった。他方、フランスでは伝統的に国家政治史が非常に強い力をもっていたので、それを避けて政治から外れたところで歴史研究の可能性を追求するという発想が、当時のアナール派には強くあって、私などは、そういう考え方には批判的であった。そういう批判的スタンスも含めて、「新しい歴史学」というフランスでの動きをどう受け止めるべきか、ということで編集したのが**『歴史のメトドロジー』**でした。八四年のことです。当時信州大学におられた日本近世史の塚本学先生のところにも、訪ねて行って趣旨を話して寄稿していただきました。初対面の若造に、よく対応してくださったと思います。日本では社会史ブームと言われていた時期でしたが、「フランスのアナール派」という言葉は踊っているけれども中身が適切には伝わっていなかった。これはおかしいよね、ということで、アナール派の歴史家が書いたものの翻訳を出したりもしたわけです。そのなかでも**『都市空間の解剖』**には、小木新造先生に日本史の江戸東京の連続性という観点からコメントをつけていただきました。そこへ私は解題として「近代生成史から都市空間の解剖へ」という研究動向の紹介を書いたりした、そういう時代です。

そういうわけで、陣内さんとも協力しあって研究会を続け、互いに敬意を払いながらオーバージャンルで意見を自由に言えるような、そういう場として、非常に多くの方が、領域を超えた意見交換を楽しみに関わってくださっていた、と思います。少なくとも私はそ

二宮宏之、樺山紘一、福井憲彦責任編集
『都市空間の解剖：歴史を拓く
──「アナール」論文選4』
藤原書店、1985年初版、2011年新版

福井憲彦編
『歴史のメトドロジー』
新評論、1984

うでした。対象とする専門は、日本に限らずアジア史の方もいればヨーロッパ史の方もいて、建築史や文化史の方、それから建築家もいればアーバニストもいる。いろいろなジャンルの方と議論をし、それぞれがそこから何かヒントを得て自分の発想を次に展開していく、そういう研究会だったと思います。

今こそ、そういう動きが──それこそ、インターネットを通じて技術的にもいっそう可能なのではないですか──、ジャンルを超えた動きがもっとあっていいのではないかと思います。なぜかジャンルごとのグルーピングがいっそう進んでしまっているように、私には見えます……歴史学から見れば、ですが。陣内さんは都市や建築が専門で、日本では建築は工学系ですから、ご自身も工学部を出ていてハードもよくわかっている。欧米では建築は美術・美学系で入るケースが多いですよね。ハード面がわかり、さらに社会学ないし考現学的調査、生活意識の聞き取りなど、ソフト面の追究も欠かさない。陣内秀信という、こうした生きたモデルが法政大学には目の前にあるのですから、ジャンルを超えた発想のぶつけ合いや切磋琢磨が、もっとあってもよいのではないか、と思っておりますし、そうなることを期待しています。

学際的視点から都市史を捉え直す

陣内秀信

福井憲彦さんと一緒に本を出させてもらったものは二冊、『都市の破壊と再生』と、『地中海都市周遊』です。『季刊iichiko』という雑誌で、研究室のフィールド調査の成果を特集として英文もつけて三回ほど出すことができたのですが、すべて、その編集に関わっていた福井さんにお世話になりました。

都市の歴史を研究するというのは、学問ジャンルとしては比較的新しいことなのですが、福井さんが歴史学から、私は建築史からアプローチして都市史に大きな可能性を見出しており、意気投合して一緒に活動してきたという次第です。

一九七〇年前後の都市史研究の状況

一九七〇年前後、建築学科で勉強していて、設計の道に進んでどうなのかな、このままやっていていいのかなとか、いろいろ考えながら、結局、建築史の分野を選んで、そのなかでも都市史に新しい可能性を見出すことになるのですが、その頃日本で紹介されている都市の歴史関係の分野というのは本当に限られていまして、まずは歴史地理学だったのですね。おもにドイツの都市を扱った矢守一彦さんの『都市プランの研究』は都市の平面図がたくさん載っていて、なかなか魅力的でした。都市プランの主要構成要素として、①都市核（Stadtkern）、②街路ないしそれに確定される街区（Block）、③広場、④囲郭を挙げながら、中世都市のでき方を平面的かつ図式的にわかりやすく示していました。後には、類型が固定的で、歴史的な展開を追究していないとか、どうしてそのような都市プランが生じたのか、歴史的な説明を欠くといった批判もありましたが、当時としては大きな刺激を与えてくれました。

もうひとつ強く感じるのは、七〇年前後は西洋中心史観だったということです。これは戦後日本にずっと根強かったのですが、まだ抜け出ていなかったのです。増田四郎さんの名著『**都市**』も熟読しましたけれども、根底にあるのは市民というのが重要で、市民が発達していない東洋には都市がないという考え方がやはり感じられました。ヨーロッパがどんな過程で市民や都市を生んだかということは勉強できたのですけれど。

大きな影響力をまだもっていたのがマックス・ウェーバー（Max Weber）の『**都市の類型学**』。これも本当に、他に読む本が建築関係でなかなか見つからないので、仕方なく、こういう

福井憲彦、陣内秀信編
『都市の破壊と再生
――場所の遺伝子を解読する』
相模書房、2000年

陣内秀信、福井憲彦
『地中海都市周遊』
中央公論新社、2000年

矢守一彦
『都市プランの研究
――変容系列と空間構成』
大明堂、1970年

増田四郎
『都市』
筑摩書房、
1970年・1994年

マックス・ウェーバー著、
世良晃志郎訳
『都市の類型学』
創文社、1964年

網野善彦
『無縁・公界・楽』
平凡社、1978年・1987年

本から都市のイメージを膨らませていったわけです。でもやはり、東アジア都市には市民は不在であり、しかも南欧のイタリアはどちらかというと、封建的地主階級が力をもっていて本当の市民の自治都市はつくれなかったというようにも、確か書いてあったのですね。

そのような背景で、六〇年代は日本における都市史を見るときに、自由な市民がいて市民自治を発達させた都市を探し求めるという風潮があって、京都に加え、堺、博多、新潟などの港町、(奈良県)今井町などの寺内町が高く評価されていました。ただ、仁木宏さんによると、網野善彦さんが『無縁・公界・楽』論を出されて、それ以来日本のなかにも何か固有の「自由」というようなものがあり、都市の萌芽が出てきたという認識が広がり、この辺から西洋中心史観が薄れ、日本中世とヨーロッパのそれとを比較する視角が消えていったというのです。私もそう思います。こうして日本の都市を自分たちの価値観でちゃんと見直そうという気運のもとで、中世都市ブームになり、やがて江戸も評価されるようになるわけです。

建築の側からの都市史へのアプローチも、イタリアとかヨーロッパでは早くからその成果があったのでしょうが、日本にいてはなかなか見えないという状況で、結局イタリアのことをやるのにも、ウェーリーの**『イタリアの都市国家』**から入っていったのです。この本にしがみつくしかないという感じで、この本の訳者の森田鉄郎先生が東京外国語大学に非常勤で集中講義に来られることを知り、潜り込んで聴きました。

イタリアに関しては、当時を振り返ると、立派な都市史アトラス(Mario Marini, *Atrante di storia dell'urbanistica*)が刊行されていて、都市図を時系列でたくさん並べ、古代から近代までどう都市ができてどんな形態だったかということを学ぶことはできましたが、本当に突っ込んだ個々の都市の建築レベル、住宅レベル、街区、人の暮らしとの関係などはまったく

D.ウェーリー著、
森田鉄郎訳
『イタリアの都市国家』
平凡社、1971年

E. Miozzi,
Venezia nei secoli
Libeccio, Venezia, 1957

わからない状態でした。結局、前回、野口昌夫さんが話をされたフィレンツェのデッティ先生などが生み出した、歴史的な都市の保存という切実な問題に取り組むために生まれてきた学問が、建築、住宅レベルを基礎としながら都市の成り立ちを把握する都市史への道を切り拓いたのです。私もそういう風に感じていました。これが少しずつ広がり、ジャンカルロ・デ・カルロのウルビーノの研究も生まれました。よりアカデミックな意味での都市史の専門家としては、エンリコ・グイドーニ（Enrico Guidoni）が突出して早く活躍しますが、多くはもう少し後の、私より少し上か同世代に集中していますね。

本当に良い本がなくて、丹下健三氏の事務所であるウルテックにも行ってボローニャの本を借りてきました。そして、幸い六〇年頃にミラノに留学された田島学先生から二冊の本（26ページ参照）をお借りできたのが本当にありがたかったのです。住宅から街区、広場、都市構造まで通して見ていくという、やりたかったことにようやく出会ったのですね。また、稲垣栄三先生がヴェネツィアで七〇年頃に買ってこられた、土木技術からの視点でミオッツィ（Eugenio Miozzi）が書いた都市建設史の二巻（*Venezia nei secoli*）を、先生のご自宅に取りに行って使わせてもらいました。都市史というのは、当時ジャンルとしてやはりイタリアでも新しい領域なのでした。

ヴェネツィア留学と都市を読む方法としての建築類型学

都市空間の実測という作業を本格的にやりたかったのですが、ヴェネツィアでは部分的にしかできなかったので、本当の実測調査は小さな町でやってみようと考えました。先ほど都市と農村の話を福井さんがなさったわけですが、私も農村には関心があり、小さな町や村ではどんな暮らしを、どんな空間でしているのかを、丸ごと見てみたいなという欲望がありました。幸い丘の上の素敵な町、プーリア州のチステルニーノに出会ったのです。人口は城壁内、つまり旧市街が三〇〇〇人、外の新市街が三〇〇〇人、農村が三〇〇〇人、合わせて九〇〇〇人くらいです。城門から中に入ると、まるで雪の造形でつくりあげた白い町のようで、びっくり仰天しました。住宅は街路から外階段が立ち上がり、バルコニー

図1　雪の造形のような迷宮都市、チステルニーノ

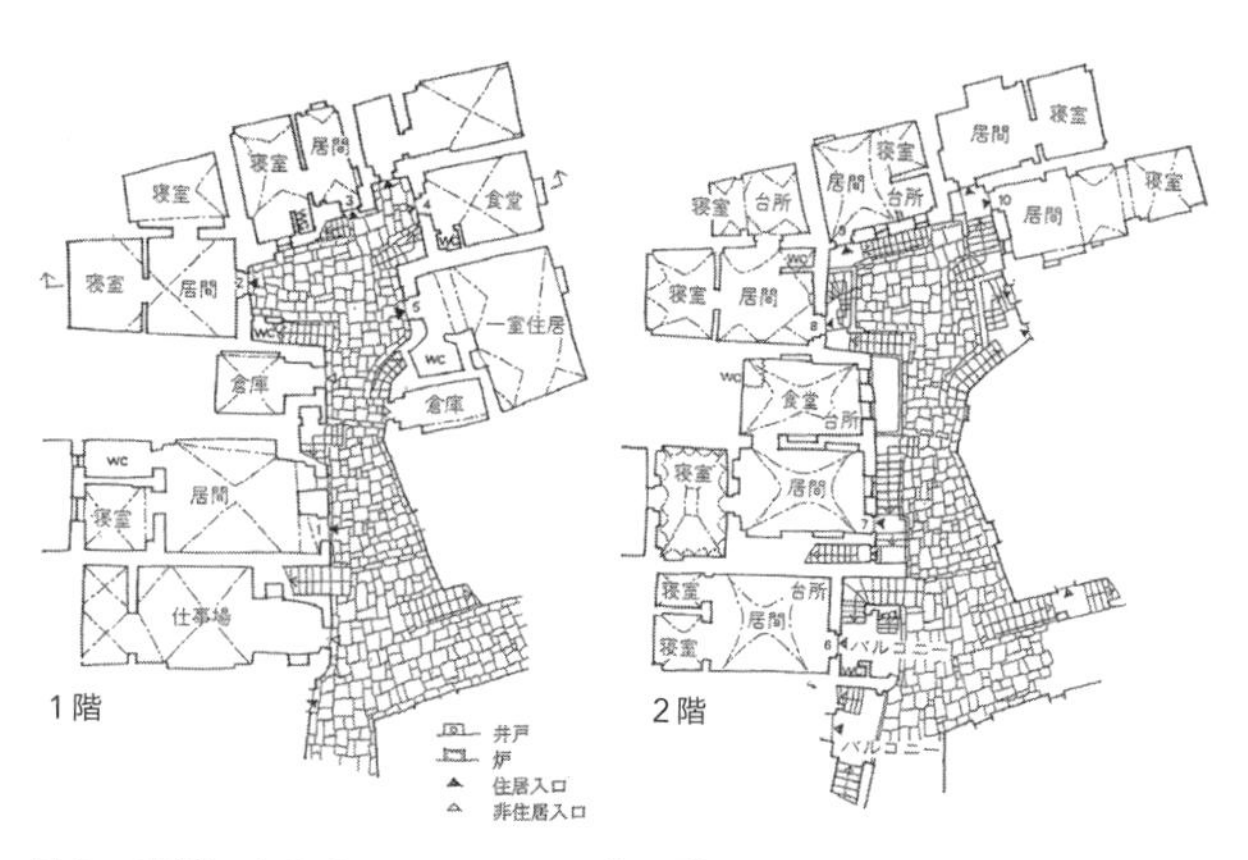

図2　実測によるチステルニーノの住居群平面図

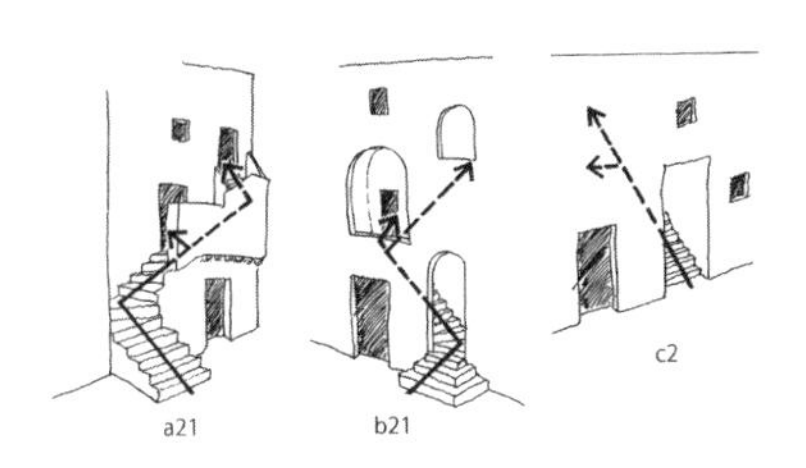

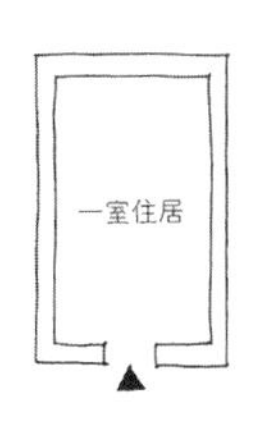

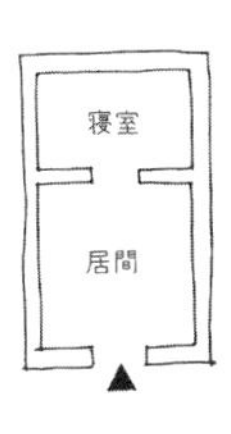

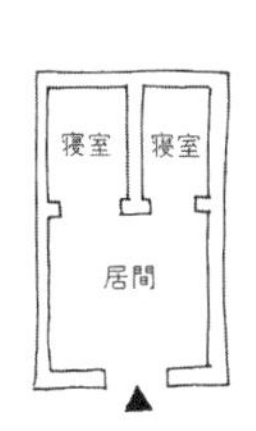

図3　チステルニーノ、階段や住居内部のタイプの分析から時代変化を読み解く

がせり出して演劇の舞台のように迫力がある［**図1**］。どこも測って図化したくなるのです。ひとりでコンベックスで測っていったのですが、しばしば片方の端はその家の奥様に持ってもらうとか、そんな感じでややラフではありますが実測を重ねました［**図2**］。

事例が増えてくると、それらを類型に分け、発展段階も読めてきます。階段に注目すると、いかにも中世らしい街路上に張り出してつくられた外階段から、壁面のなかに組み込まれたセミオープンな半外階段、最後には完全な内階段へと、都市空間のコンテクストを考え比較しながら読んでいくことができるのですね。住戸の内部でも、時代による変化が読めます。古い時代には、奥長のワンルームの住戸で、機能分化のないプリミティヴな状態でしたが、だんだん分化して、奥に寝室を取り、居住性が高まります。その上にもロフトをとり、子供が寝る空間にもなりました。天井のヴォールトの構造でも時代がわかり、たとえば、地上階は中世初期の古いトンネル・ヴォールト、二階は中世の交差ヴォールト、その上階に一七〜一八世紀に増築された住戸はより進んだ段階のエレガントなヴォールトをもつ、といった具合なのです。こうして建物が垂直に成長していったプロセスがそれなりに読めるのです［**図3**］。

ヴェネツィアでの複雑に織り上がった都市を解読する研究の蓄積、さらにはこのチステルニーノでの小さな町を調査した固有の体験、その辺のことをまとめたのが、『都市のルネサンス』です。こんな風に歴史的都市を〈時間〉と〈空間〉の軸からまるまる解剖するような発想、方法はそれまでなかったので――ただし、福井さんたちが「都市を解剖する」というタイトルで論文集を出していたという話（158ページ参照）は、やはり問題意識が似ているなと驚きました――この本を建築のみならず、文系のいろいろな分野の方々にも面白がっていただけました。誘われて入会した地中海学会の有力メンバーである川田順造さんに勧められ、自分の帰属していた世界とはいささか異なる『社会史研究3』に、「ヴェネツィア庶民の生活空間」という建築と社会史を重ねた論考を、やや背伸びをして書いてみたんですね。これが本当にいい経験でした。いろんな人たちと出会うきっかけになりました。

もうひとつ振り返ってみて重要だったのは、「地中海から世界を見る」ということ、地中海学会でそれをさらに学んだわけです。西洋文明の多くは、中東から始まったとしても、ギリシアに、そしてローマに行ってということになり、地中海から始まった面が大きい。そのなかで、イタリアも大きく貢献しましたが、一九世紀以後の世界の歴史のヘゲモニーは完全にアルプス以北へ移り、ゲルマン、アングロサクソンの価値観によって引っ張られていったわけで、そうやって世界の歴史が記述され、あらゆる学問体系ができあがってしまった。一九世紀の西欧で体系化された歴史観は、われわれの前の世代までは強くもっていたのではないかと思うのですが、これをもう一度考え直さねば、という発想が七〇年代に大いに出てきたと思うのですね。

それから西洋建築史の場合は様式史をずっと中心にやってきたのですが、果たしてそれでいいのかということを考えました。じつはヴェネツィア留学中に、本当はやってはいけないのですが国外に出てしまいまして、イランまで行っちゃったんですね(笑)。東京都立大学で教えていたイスラーム建築史がご専門の石井昭先生に、かばん持ちで来ないかと呼ばれて、一か月ジープでイランを回ったことが、自分にとってじつに大きな原体験となりました。このとき中東、イスラーム圏の文明の高さに強烈なショックを受けました。しかも、いわゆる様式で建築を見るより、空間の構成手法や個々の建築と都市のつながりの面白さに惹かれたのです。

こんな風に西洋中心史観に縛られず、文化を相対化して見る視点も学べたことから、日

図4
レヴィ＝ストロース先生ご夫妻と、どじょう屋にて

本の価値の掘り起こしに興味をもて、幸い法政大学での非常勤講師のポストが回ってきたときに、東京の研究を開始しようという気持ちに自然になれたのだと思います。

さまざまな分野の人たちとの出会い

ありがたいことに、川田先生を介して阿部謹也さん、二宮宏之さん、同世代ではフランス人類学の蔵持不三也さんと知り合い、それから東京外国語大学アジア・アフリカ言語文化研究所や国立民族学博物館の研究会に顔を出すようになりました。それもあって、川田さんのフランスでの師匠、レヴィ＝ストロース先生ご夫妻が、八〇年代の終わり頃に東京に来られたときには、東京を船で回りたいというご希望に応え、ちょうど花見の真っ盛りの時期だったのですが、私のアレンジで佃島・隅田川・神田川・日本橋川を巡るじつに楽しい東京水上ツアーを企画しました。出航前にはご夫妻は、江東区高橋の「伊せ喜」という老舗のどじょう屋さんで昼食を楽しまれました［**図4**］。

一方、「江戸東京学」の創始者となる小木新造さんは、確か樺山紘一さんと京都大学人文科学研究所の研究会で一緒だったこともあって、日本研究者でありながら、日常性の歴史に光を当てるフランスのアナール派のことをよくご存知で、江戸から続く東京近代の庶民の生活史を独自の視点から描き出し、高い評価を得ていました。その小木さんを中心に江戸東京学を目指す研究会が八〇年代前半に始まり、『江戸東京学事典』を出版。その真っ只中にいられたのも、幸運でした。

もうひとつは、『**イスラームの都市性**』という学際的な研究プロジェクト（一九八八～一九九一年）ですね。本当に時代というのが動いているときはいろんなプロジェクトが起こるもので、政府の後押しもあったのだと思うのですが、これからイスラーム世界が重要になると

友杉孝編著
『アジア都市の諸相』
同文館、1999年

板垣雄三・後藤 明編
『イスラームの都市性』
日本学術振興会、1995年

いうことで、こういう大型研究プロジェクトが実現したのです。

その後の世界の政治的・文化的枠組みが大きく変化するなかで、中東世界では対立が激化し、悲劇ばかりが起こる状態が続いています。イスラーム世界を対象に、さまざまな専門分野の大勢の研究者が集結して、イスラームの都市文明、社会、都市構造などを熱く議論したのが嘘のようです。その時期、われわれの研究室ではイスラーム世界の各地でフィールド調査を重ね、その多様性を比較し、『イスラーム世界の都市空間』を刊行しました。

中近東文化センターが国際比較の研究センターとして重要な役割をもち、川床睦夫さんが企画するいろんなプロジェクトがあって、網野善彦さんともそこの「港町研究プロジェクト」でご一緒しました。東京大学には東洋文化研究所があり、アジアへの注目がやはりこの頃に高まり、アジアの専門家たちと研究会を重ね、『アジア都市の諸相』という本が刊行されました。幸い法政の陣内研究室からは高村雅彦さんを中心に、アジアの都市史研究に精力的に取り組む人材がたくさん生まれ、活躍してくれているので、私もいろいろと情報や刺激をもらいながら、研究の動向を追いかけている状態です。

そして、いよいよ福井さんとの貴重なコラボの経験です。福井さんが山本哲士さんと組んで九〇年に文化科学高等研究院をつくり、早い段階から私も合流。福井さんと私は歴史と都市をキーワードとする研究グループを立ち上げました。民間企業と組んだので幸い潤沢な資金があり、外国からも多くの研究者を招聘し、刺激的な交流がずいぶん実現しました。その成果のひとつとして、『都市の破壊と再生』を出すことができましたし、九一年に在外研究という制度を使ってヴェネツィアにまた長期行ったときには、向こうから原稿を送って、『ISLA』に都市論を連載させてもらいました。福井さんと一緒に日本にもお呼びした都市史の第一人者、ドナテッラ・カラビさんが中心となってヴェネツィア建築大学で開

『ISLA』
文化科学高等研究院出版局、
1991～1992年

『史潮』
新28号特集
「都市の論理と都市像」
歴史学会、1990年

催された都市史の国際学会では、都市の図像表現に関する研究でわれわれがセッションをひとつつくり、福井さんも高村さんも一緒に乗り込んでいって、西欧、中国、日本を比較する刺激的な議論をいたしました。

文系の分野での都市史への関心を表す指標として、『史潮』の早い段階での企画が注目されます。八九年の新二六号特集「世界史における都市と都市性」に続き、翌九〇年の新二八号では特集「都市の論理と都市像」が組まれました。これに向けて、大掛かりな研究発表会が行われ、私も発表し、その内容をまとめたのが「水都ヴェネツィアの空間構造――ハードとソフトの両面から」です。これに中央大学の同世代の友人でイギリス史が専門の見市雅俊さんがコメントを書いてくれました。というわけで、やはり八〇年代の終わり頃、文献史学の方々も都市への関心をすごく深めているのだなということを感じました。

結局、私自身、「空間人類学」という言葉をつくってしまったのですが、これは人類学の方々とお付き合いがあったから、まあいいかな、許してもらえるかなということで使ったもので、幸い受け入れてもらえました。じつは先日、槇文彦先生から頂戴したお手紙のなかに、「陣内さんの『空間人類学』はなかなかいい」と書いてくださっていて、意を強くしました。ハードと中身、生きられた空間、というお話が先ほどもありましたが、大谷幸夫先生から私は〈器・中身・主体〉が重要で、時代によってそれが変わることも学びました。自分の空間人類学では〈形・機能／営み・意味〉ということを考えているのですが。結局、モルフォロジー（形態）、様式、空間構成の先に、営み、社会的背景、人間・共同体とのつながりがあって、それが場所・空間の意味性を生んでいるわけで、それを全部扱ったのがイスラームの研究プロジェクトの〈都市性〉だったのではないかなと思います。

しかし、東京はバブルの状況になって浮き足立ち、また路上観察学会が大活躍する状況

Donatella Calabi,
Paolo Morachiello,
Rialto Le Fabbriche e il Ponte
Einaudi, Torino, 1987

のなかで、こっちもちょっと居場所がなく（笑）、また原点に立ち戻ろうという気持ちから、九一年の一年間、またヴェネツィアに戻ったのですね。

再びヴェネツィアへ、地中海世界へ

七〇年代中頃に留学していたときから一五年経って行ってみると、この間に研究状況が大きく変わっているのにびっくりしました。アナールを批判的にという福井さんのお話がありましたが、イタリアの文系の学者たちは結構フランスの影響を強く受けていて、一様にみんなフランス、パリに行くのですよね。ドナテッラ・カラビさんもそうですし、ローマ大学のパオラ・ファリーニさんという都市計画、歴史的都市の保存再生をやっている人もそうだし、ナポリ大学の建築史の大御所、チェーザレ・デ・セータさんも、皆フランスに惹かれているのです。やはり問題意識や思想はフランスから相当入ってきているなというのを感じながら付き合っていますが……。ヴェネツィアの建築側からの都市史においても、アナール派的な社会史の要素が強まっていて、興味を惹かれました。

カラビさんはリアルト市場の本（*Rialto Le Fabbriche e il Ponte*）でデビューし、次に港湾都市に注目する本を書いたり、ご本人がユダヤ人であることもあってゲットー研究に取り組んできました。七〇年代にはこういう都市研究はまだ生まれていなかったのです。ヴェネツィアは水の都市として従来からよく知られていましたが、それを研究テーマに取り上げるというのも、意外にこの時期になってのことでした。一方、アラブ・イスラームへの関心がエンニオ・コンチナさんのなかで生まれていたのにはびっくりしましたし、同時に、骨太な動きとして、テリトーリオへの関心、風景（パエサッジオ）への関心の高まりを強く感じました。

このような動きや変化は、私が留学から帰国して以後、東京でいろいろな分野との交流

を通じて考えてきたことと、不思議なほど波長が一致していたのに驚かされました。時代を読む眼が間違ってはいなかったという実感をもちながら、建築類型学といった建築中心の方法だけではなく、むしろ東京で考えた空間人類学的な発想をより前面に打ち出して、気持ちを新たに研究を進めたのです。こうして前からの蓄積をふまえ、一年間の間に精力的に文献とフィールドの調査を行った成果が、小さい本ですが、『ヴェネツィア』としてまとまったという次第です。この本では、「浮島、迷宮、五感、交易、市場、広場、劇場、祝祭、流行、本土」という一〇のキーワードを掲げ、この都市の人々の多様な営みとその舞台を描いてみました。

ヴェネツィア研究の領域の大きな拡大深化

その後研究が他の領域、対象に多様に広がっていったため、ヴェネツィアを本格的に研究することは疎かになっていたのですが、すでにこれまでの回でもお話ししたように、教え子の樋渡彩さんがヴェネツィアに長期留学し、新しい世代のアンテナ感度で、テリトーリオの研究、そして共和国倒壊以後のヴェネツィアの水都としての変化という魅力的なテーマを掲げ、面白い研究をしてくれました。どちらも私がほとんど手をつけていなかったばかりか、イタリアでもまとまった研究が少ない新鮮な研究領域だったのです。

八〇年代、九〇年代以後の都市史研究の新たな潮流の最先端の動向を十分に把握したうえで、彼女は大きな研究の構想を考えました。もともと川の町、広島で育ち、水の都市に関心をもっていただけに、最初からその視点を鮮明に打ち出し、しかもヴェネツィア本島のなかだけでなく、ラグーナ全体を、そして本土(テッラフェルマ)を真正面から研究したのです。それまで定番どおり、オリエントばかりに目を向けてきた私の見方を完全にひっくり返してくれました。

とくにテリトーリオのなかでも、本土、テッラフェルマを対象に、ブレンタ川、シーレ川、ピアーヴェ川といった、いく筋かの川に光を当て、それを通じた流域の町や村とヴェネツィアの密接なつながりを、各地の資料館、歴史博物館、文書館に眠っている史料を掘り起こし、各所の古地図を駆使した徹底的なフィールド調査を行って、大きな枠組みでの研究をまとめました（71ページ参照）。その過程で、私も研究室のメンバーとともに、彼女が隊長となって企画される現地調査を数回続けて経験し、目から鱗が落ちるような場面にしばしば出会い、大きな刺激を受けてきました。その現地調査の成果は、『ヴェネツィアのテリトーリオ』に取りまとめられています。

こうして長く研究対象として付き合ってきたヴェネツィアですが、振り返ってみると、自分の問題意識、関心、テーマがいくつもの段階で進展し、大きく変化してきたことがわかります。法政大学の退任を控え、これまでの自分のヴェネツィア研究を集大成しようと企画し出版した『水都ヴェネツィア』では、その自分の軌跡がうまく表現できるように工夫してみました。都市の営みとしては、中世のオリエントとの交流を中心に繁栄した交易都市、ルネサンス以後の文化都市、そして比較的最近のラグーナの水環境との共生を求める環境都市へという変遷が描けますし、自分の研究方法の変遷としては、ラグーナの水上に形成された有機的な都市を〈建築類型学〉から読むこと、社会史研究の面白さを導入してこの都市社会の空間構造を読み直すこと、そして、最近のテリトーリオという新たな視点からヴェネツィアの都市と周辺地域の密接な関係を読むことへ、と大きな変化がたどれます。幸いにも、どの観点から見ても、このヴェネツィアという対象はつねに面白い研究素材を提供し続けてくれたのです。

このように、いろんな人たちとお付き合いしながら、自分とは異なる面白い学問と出会ったり、刺激的な体験をして、なんとかここまで来られたなという感じがしております。

そう考えると、一九九〇年代という自分にとっていちばん重要な時期に、福井先生と一緒にワイワイと本当に刺激的な議論ができたのはじつに大きかったなと思います。

陣内ほど学際的なつながりをもった建築史家はほかにいないだろう。陣内の広がりのある説得力をもった思考は、そうした関係のなかで鍛えられ言葉になる。フランス史で著名な福井もまた、陣内にとってはそうした関係で得られた友人のひとりであり、もっとも身近な存在である。▼学際的交流の重要性は互いに感じていたから、ふたりが出会うことはむしろ必然だった。福井は、かねてより都市研究に強い関心をもち、陣内の『都市のルネサンス』や報告書「東京のまちを読む」を早くから入手していた。一九七〇年代は、歴史学の研究においても空間や時間の枠組みの再検討が進んだ時期であり、福井もまた従来の「社会経済史」という範疇では収まらない、より広範な「社会史」という分野を主張し始めていた。そうしたなかで、歴史を生きていた人たちの目線から都市を捉え直す発想が生まれたのであって、同じ展望をもつ陣内を高く評価していた。ハードとソフト、つまり物理的な都市の空間構造とそこに住む人々の生き方を実際のフィールドワークから総合的に研究し描き出す観点である。▼当初、陣内は都市史への関心をもっていたが、建築の分野にはしっくりくるような先学が見つけられなかったので、文系の人たちの蓄積から研究をスタートしたという。樺山紘一、小木新造、矢守一彦、網野善彦からは強く影響を受けた。そして、七八年に『都市のルネサンス』を刊行した頃から、社会史研究のグループと交流が始まる。当時、文系の世界でも都市史に関心のある人はまだ多いとは言えないなかで、フランスのアナール派の影響を受けた福井とは共通の認識をもち意気投合する。陣内がイタリアから持ち帰ったムラトーリ派の建築類型（ティポロジア）や都市組織（テッスート・ウルバーノ）の理論は、パリのレ・アール地区の復元研究でアナール派ともつながっていたから、ヨーロッパの最新の手法と実践を身に着けたふたりが東京で出会うことになるのは、運命にも似た美しい巡り合わせだった。▼ふたりは西欧中心の都市史の記述にも疑問をもっていた。とくに、陣内はヴェネツィアを起点に地中海にまで研究の対象を広げたことで、様式史としての建築史からの脱却を果たし、文系との重なりが大きくなる。そうしたなかで、陣内にもまた都市を読む対象と方法の進展があった。平たく言えば〈建築類型学〉から〈人類学〉への転換である。著作で言えば、学位論文「ヴェネツィア——都市のコンテクストを読む」や『都市を読む・イタリア』から、「ヴェネツィア庶民の生活空間——一六世紀を中心として」(「社会史研究3」)、『東京の空間人類学』を経て『ヴェネツィア——水上の迷宮都市』へと至る変遷である。▼そして、九〇年、学問を広く横断する研究会「文化科学高等研究院」が設立される。ふたりの共同だけでなく、より広範なジャンルの超領域的な交流が加速するのである。修士課程の院生だった筆者は、あまりに内容が高度すぎて理解に苦労したが勉強会によく参加させてもらった。今思えば、ふたりのほかにも山本哲士、成田龍一、鈴木董、伊原弘といった錚々たるメンバーがいたことを覚えている。経済成長・産業文明の行き詰まりを強く感じて、近代へのクリティカルな姿勢を共有した人たちだった。その後も陣内と福井は交流を重ね、アンダルシアやヴェネトを一緒に調査旅行し『地中海都市周遊』を共同で出版している。▼七〇年代からの学問や研究を巡る大きな転換期。そのほぼ同じ時期に、それぞれイタリアとフランスに留学し、その経験を通じて都市への眼差しと研究方法のベースを形成していく。同じ空気を吸って、学問を、そして社会を考えた。社会との関係を意識しながら方法を大切にして、西洋との関係のなかで日本の立ち位置のあるべき姿を追求することも忘れなかった。八〇年代の学問の領域を超えた可能性の探求、つまり既存の学問体系のなかでは収まりきらない時代にふたりは出会い、視野や関心の広さに共感し、共通した感覚のなかで同じ世代として歴史学の新たな創造の時代を生きた。(高村雅彦)

世界から見た
江戸東京のユニークさ

田中優子
（江戸文化研究者、エッセイスト）

都市としての江戸

田中優子

今日は「江戸」について、都市だけでなく文化的な特徴も含めてお話ししたいと思います。まずは都市の特徴です。江戸は日本の統治システムの中心であったわけですが、他の世界の中心都市と比較すると城壁がないことが特徴です。多くの人は陸路(街道)から入り、米や酒などの物資は水路(川や海)から船で出入りしていました。海から来て川を上ったり、山の奥地から川で運ばれてきたり、江戸には川や運河が縦横に走っており、人も物資も流動性が高い都市でした。江戸時代は人口の約八〇パーセントが農民で定住率が高かったのですが、都市だけはたいへん大きな流動性をもっていました。江戸は一〇〇万都市と呼ばれていて、江戸時代の中頃には人口が一〇〇万人を超えていました。世界の都市のなかで最も人口が多い都市でしたが、その人口のほとんどは流動人口でした。定住者もいましたが、多くは出たり入ったりする人たちでした。

城壁がなくどこまでが江戸なのか、物理的には決まってないようなものだったので、都市の内と外が分かれることなく、都市のなかにもどんどん自然が入り込み田園や庭園がつくられました。現在の山手線の内側、たとえば広尾周辺は田園地帯でした。また、藩の屋敷がたくさん建てられていましたが、それぞれの敷地の多くを占めるのは庭園でした。江戸は水や田園や庭園などの自然が基調となった都市だったのです。川や運河などの水路や河岸は流通の柱でした。商家の裏側は運河になっていて、そこに河岸がつくられて、荷物はそのまま船から蔵に入れられるようになっていました。そのように水路が都市に張り巡

たなか・ゆうこ
一九五二年神奈川県横浜市生まれ。一九八〇年法政大学大学院博士課程(日本文学専攻)修了。法政大学社会学部教授。二〇一四年四月から法政大学総長。著書に、『江戸の想像力』筑摩書房、芸術選奨文部大臣新人賞受賞、『江戸百夢』朝日新聞社、芸術選奨文部科学大臣賞、サントリー学芸賞受賞、その他多数。二〇〇五年紫綬褒章受章。

らされていました。

水の都市、江戸

水についてお話します。一四五七年頃の江戸です［図1］。特徴的なのは浅草です。「鳥越村」と書いてあるあたり、浅草が島だったことがわかります。たくさんの水辺があり、神田川は大きな湖のようで、隅田川は海のような状態で、そこに島々が浮いて江戸ができていたことがわかります。この状態から都市をつくるためには、いろいろなところを埋め立てなければならない。

その後江戸時代の前には、江戸にだいぶ陸地が増えます。日比谷入江のところに小高い

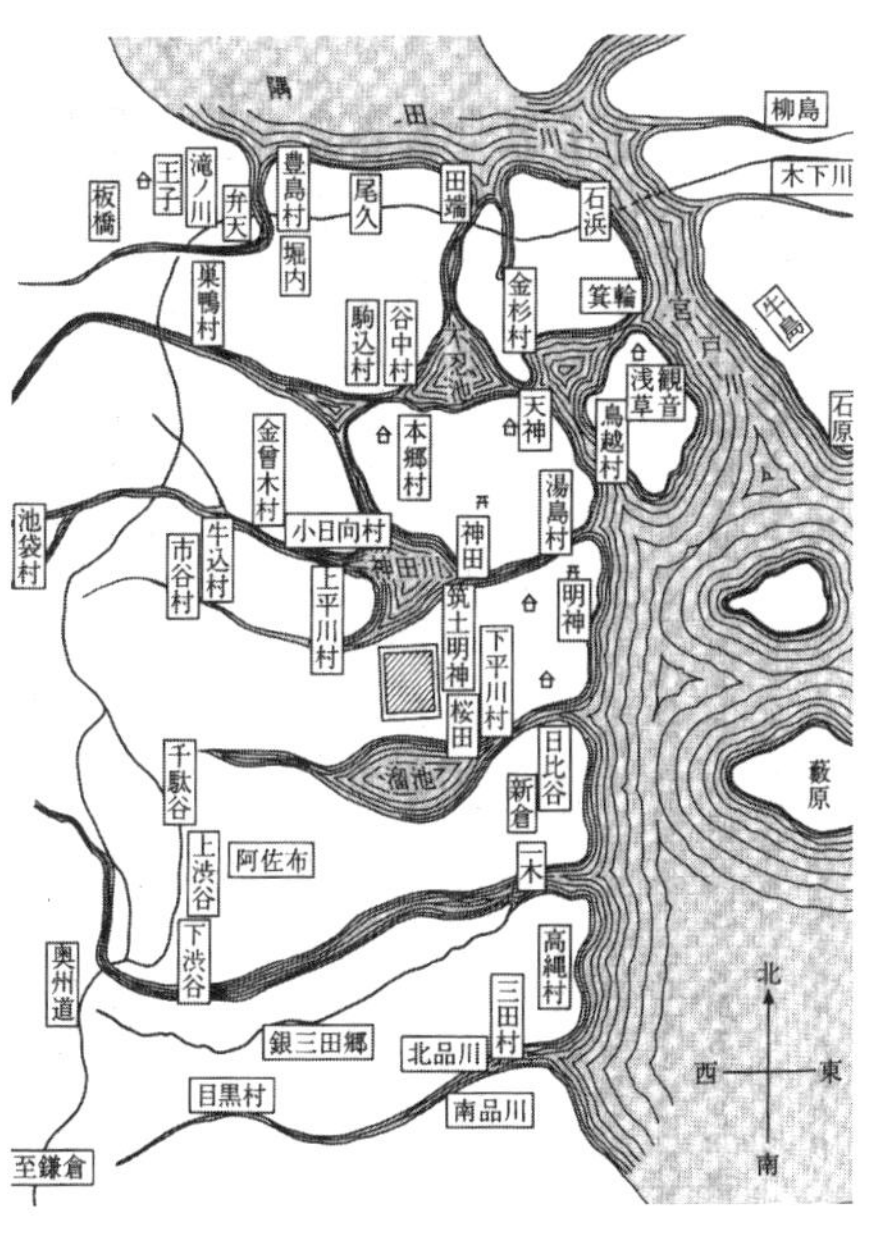

図1　1457年頃の江戸

場所があって、海辺に江戸城がつくられたのです。物資が運び込めないため、水辺になければ不便なわけです。今の江戸城は内陸にあるような気がしますが、もともとはこうした構造をもっていました。

日本橋——陸路と水路の出発・到着点

水の江戸がどのような町だったのか、浮世絵を見るとよくわかります。まずは日本橋です。陸路と水路の出発点であり終着点であるという両方の意味で、日本橋は形成されてい

図2　「日本橋雪晴」
（広重『名所江戸百景』、1856年）

図3　「日本橋 曙旅立の図」
（広重『東海道五十三次』、1841～1844年）

図4　「日本橋・朝之景」
（広重『東海道五拾三次』、1833～1834年）

ました。広重の『名所江戸百景』（一八五六〜一八五八）は明治維新の少し前、幕末に描かれました。つまり私たちから見るといちばん近い江戸の姿で、広重から見ると失われつつある江戸の姿ということです。ここから、当時の江戸の人たちの、江戸の見方がわかります。数えたところ、『名所江戸百景』は一一八番まであるのですが（「日本橋雪晴」は第一景［図2］）、約八〇パーセントに水が描かれています。これは、実際に江戸が水の都だったことを示しています。運河や川、湖、溜め池、海などさまざまな水が描かれています。

江戸時代には日本橋に魚市場がありました。魚市場だけでなく青物市場もあり、野菜を売っていました。裏に河岸ができていて直接蔵に運び込めるようになっているため、蔵が並んでいます。「日本橋雪晴」は初春（一月二日）の初売りが行われている情景です。「日本橋七つ立ち」という言葉がありますが、「七つ」というのは「あけ六つ」の二時間前なので午前四時です。午前四時に出発するのは町人たちで、その後、参勤交代の武士が出発していきます。

魚屋が魚河岸に仕入れに出かけていく情景も描かれています。右に旅人がいますが、これが「七つ立ち」です［図3］。もう一方のおなじみの浮世絵では、すでに魚を仕入れています。そして参勤交代の武士たちが出発します［図4］。このようにして、日本橋は魚市場の情景、魚市場に集まる人たちと陸路で出発していく人たち、つまり水路と陸路両方の出発点であったことがはっきりと見て取れます。

新しく発見された絵巻『熈代勝覧』の一部には日本橋魚市場の様子が詳細に描かれています［図5］。青物市場の様子も描かれていて、とにかく日夜このように大賑わいであったことがわかります。

［図6］は『名所江戸百景』に描かれた魚屋が、仕入れた後どう行動するのかがよくわかる

図5　日本橋魚市場（作者不明『熈代勝覧』部分、1805年頃）

絵です。一見わかりにくいようですが、じつはたいへんわかりやすい絵なのです。なぜなら、一枚の絵のなかに季節と時間の動きが全部入っています。右下にある桶の中に何か入っていますね。切り身しか見たことのない人にはわからないかもしれませんが、魚が入っています――初鰹です。

初鰹はたいへん高値で売れるもので、魚屋たちはとにかく魚市場に行って仕入れて、そこからはすごいスピードで走り回ってどんどん売っていきます。なくなったら魚市場に戻って、また仕入れて走って売る。走り出すスピード感がどこに描かれているかというと、魚屋が目の前にいないことです。あっという間に通り過ぎて行く。しかも日本橋から向こう側を見ると太陽が顔を出しています。題名が「日本橋江戸ばし」なので、奥に見えるのが江戸橋です。東側の江戸橋の方角から太陽が出ているので、つまり明け方に魚屋が日本橋を通っているところだとわかります。そして初鰹をもっているから旧暦の五月頃だなと、

図6　「日本橋江戸ばし」
（広重『名所江戸百景』、1857年）

図9　「するかてふ」
（広重『名所江戸百景』、1856年）

図7、8　現在の日本橋

季節と時間を読み取れます。日本橋を出発して町のなかを走り回っていく一日の行動が見えてきます。

［図7–8］は現在の日本橋です。寂しいです。江戸の賑わいに比べると閑散とした朝の日本橋です。空はない。空がないと、日本橋から下を見ても水があるという感じがしないんですね。高速道路で空が覆われているために暗い色になりますから。これが一九六四年の東京オリンピック以降の日本橋です。

日本橋から北に行くと、室町一丁目、二丁目があり、そこを左へ入っていくと駿河町に金座があります。金座は貨幣の大判小判をつくっていた場所ですが、この場所が現在の日本銀行になっています。駿河町の入口には三井越後屋がありました。このように、現在の配置と江戸時代の配置が似通っているのが日本橋です。

［図9］は駿河町を見たところで、右側、左側両方とも同じマークがついています。三井越後屋です。ここは富士を見る名所でもあり、浮世絵師たちがよく描く場所となっていました。［図10］が同じ場所の現在の景色です。富士山は見えません。けれど、右側は三井信託銀行で左は三越です。江戸時代にはオーナーが同じ三井家でした。右手奥は日本銀行です。

日本橋にはオランダ商館長一行が常宿としていた長崎屋というホテルがありました［図11］。彼らは一年に一度、長崎の出島から江戸まで陸路でやって来ます。そのときに日本人が注文した商品を持ってきます。アムステルダムで出版された数々の本をはじめ、彼らはさまざまな品を持ってきて、江戸にいる地方の藩士たちがそれらを手に入れます。その結果、ヨーロッパの影響が現れてくるのは長崎ではなく江戸になるのです。そのような流動性が江戸にはありました。

図10　現在の［図9］と同じ場所

図11
葛飾北斎『画本東都遊』に見える長崎屋（1802年）

隅田川と両国橋

隅田川や両国橋も水辺として特別な場所でした。両国は夏に川開きが行われると、三か月間は花火の季節を迎えますが、その時期は夜の営業が許可され、たくさんの観光客がやってきます。船もエンターテインメント用の屋形船や、食べ物を売る船がたくさん出ます［図12］。「両国橋大川ばた」は昼間の様子を描いています［図13］。手前に店が並んでいます。店だけではなく劇場もたくさんつくられていました。［図14］は大橋を描いています。同じ隅田川で、のちにゴッホが模写をして有名になりました。このように隅田川は数々の浮世絵に描かれました。

北斎が描いた『隅田川両岸一覧』［図15］にも店や劇場が描かれており、たいへんな混雑が見えます。日本橋と両国橋は混雑している場所として描かれることが多いです。隅田川に沿って描かれています。それだけ川に対する関心が強かったことがわかります。

［図16］は江戸で開発された銅版画です。銅版画はヨーロッパで生まれてアジアに伝わりますが、これはアジア人が初めてつくった銅版画になります。オランダ商館長がもってきた書籍によって、エッチングという化学薬品を使う方法が伝わりつくられました。絵の上にリボンがありますが、ヨーロッパらしい雰囲気を出すために描かれています。タイトルの「TWEELANDBRUK」、オランダ語で「二つの国の橋」という意味で、「両国橋」の直訳です。日本人が一〇頭身から一二頭身で描かれており、とても日本人とは思えません。

この絵では陰影法という技法を取り入れて、明るい部分と暗い部分を極端にして立体感を出す方法や、人間に影をつける方法などを取り入れています。銅版画の特徴は雲を見るとわかりますが、細い線で刻んで立体感を出している。ただし、決定的にヨーロッパの銅版画と違うのは色が着けられていることです。ヨーロッパの銅版画は色を着けないことに

図14 「大はしあたけの夕立」（同、1857年）

図13 「両国橋大川ばた」（同、1856年）

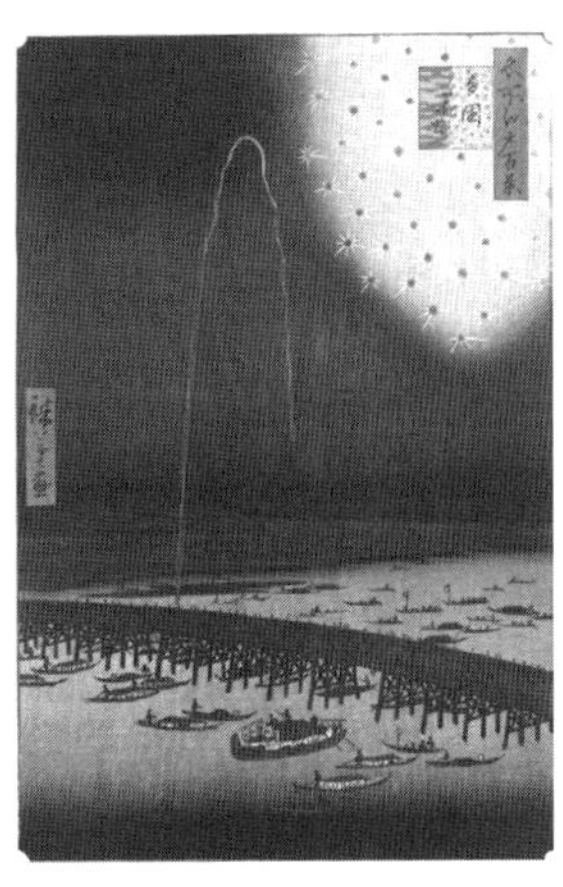

図12 「両国花火」（広重『名所江戸百景』、1858年）

図15 「両国橋」（葛飾北斎『隅田川両岸一覧』、1804年頃）

図16
「司馬江漢銅版画 TWEELANDBRUK（両国橋）」（1783年）

特徴がありましたが、木版画の浮世絵師は必ず色を着けるのです。作者の司馬江漢という人は、鈴木春重という浮世絵師でもあったので色を着けたのでしょう。このように新しい技術開発がされるときにも、隅田川はその情景として使われていました。

さまざまな水辺――芭蕉は水道管理人

小網町の浮世絵「鎧の渡し小網町」です［図17］。これは非常に珍しく、橋ではなく渡しで船が動いているところが描かれています。そして白壁の倉庫が並んでいて、ここからさまざまな物資を運んでいました。典型的な運河で、川ではなく開削した運河なのです。

［図18］では、霞が関から海が見えていたことがわかります。かなり高いところで、藩屋敷が並んでいる場所でした。今でも政府関連の建物が並んでいますが、もともとそうした場所でした。

［図19］は新宿周辺です。玉川から水を引いてきて、このあたりから暗渠に入り水道になります。水が溢れるところに並木をつくって、道に被害が及ばないようにしています。桜並木というものは、江戸時代中期頃に政策としてつくられ始めます。ソメイヨシノの開発がちょうどこの絵の頃に始まったので、江戸時代には桜前線はありませんでした。ですから、江戸時代の人にとって、桜並木は新しい風景でした。

［図20］は水辺の風景です。せき口（関口、堰口）というのは、堰き止めて水道にするための口です。現在の椿山荘ホテルのある目白の近くです。右に芭蕉庵が描かれていますが、これは今でもあります。なぜここに芭蕉庵があるのかというと、芭蕉は水道の管理をしていたからです。町役人の秘書だったのです。江戸時代にとって水道は、飲み水の確保のために山からの水を引く上水道のことですが、蛇口があるわけではありませんから、井戸の下

に上水道を通してそこから汲み上げるわけです。江戸の町の下には人工的な水道が張り巡らされていると考えてください。その取水口が何か所かありました。せき口はそのひとつです。

図17 「鎧の渡し 小網町」
（広重『名所江戸百景』、1857年）

図18 「霞かせき」（同、1857年）

図19 「玉川堤の花」（同、1856年）

図20 「せき口上水端はせを庵椿やま」
（同、1857年）

水道は掃除をしないとものが詰まってしまいます。今のように自治体が掃除してくれるわけではないので、自分たちで掃除をする必要がありました。すると、その地域の水道の掃除をするための組織化が必要になってきます。その組織化を最初にしたのが芭蕉なのです。芭蕉は組織化の名人でした。

［図21］は水道の絵です。江戸東京博物館に行くと発掘された水道が展示されています。水道と言えば水道橋ですが、江戸時代には実際に目に見える水道の橋が架かっていました［図22］。［図23］は現在の御茶ノ水の風景です。今は水道の橋はなくなり普通の橋（聖橋）になっています。

京都の「やつし」

江戸は京都の「やつし」と言われ、京都に見立てられていることも、江戸の都市のつくられ方の大きな特徴です。たとえば琵琶湖を不忍池に、比叡山を東叡山（上野・寛永寺）に見立てていました。［図24］が湯島天神から見た不忍池です。琵琶湖に見立てられた江戸の最大の池です。

また江戸にはミニチュアがあることも特徴です。「富士塚」は富士山に見立てて人工的につくられた山です［図25］。富士塚をつくって富士山を眺めながら富士塚に登山すると、富士山に登山した気分になる。こうしたレジャー的な富士信仰がありました。実際に八八〇の富士塚があったと言われています。

［図26］は外濠の内側から外側を眺めている風景です。手前に外濠が見えます。外濠の内側は今の法政大学が建っている側で、武家地です。外濠の外側は町人地でした。これはちょうど現在の市ヶ谷駅の場所で、向こうに見えるのが市谷亀岡八幡宮です。市谷は市谷八幡

図21　井戸と地下水道の樋
（喜田川季荘編『守貞謾稿』）

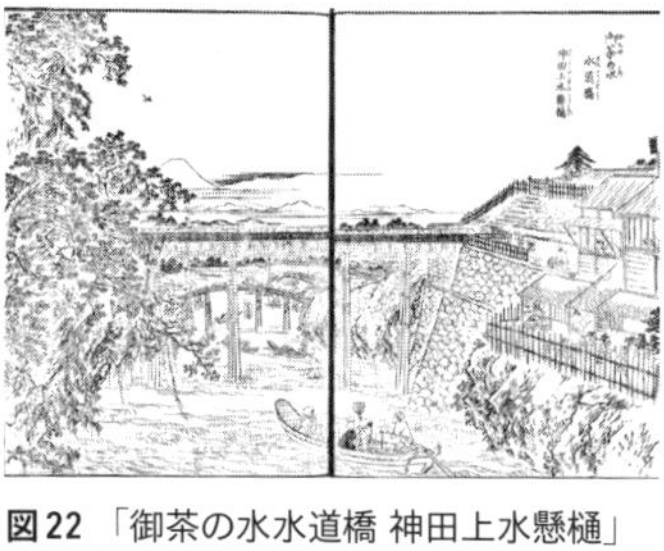

図22　「御茶の水水道橋 神田上水懸樋」
（長谷川雪旦画『江戸名所図会』、1834～1836年）

があり、人が集まる場所でした。八幡の門前町としてたいへん賑わったところなのです。［図27］は九段坂から飯田町にかけての情景です。ここにも、手前に川が描かれています。ちょうど九段下のあたりに川が流れていたことがわかります。九段下からきつい坂を上っ

図25 「目黒新富士」（同、1857年）

図24 「湯しま天神坂上眺望」（広重『名所江戸百景』、1856年）

図26 「市ヶ谷八幡」（同、1858年）

図23 現在の御茶ノ水

て九段上になります。

外濠の内側には藩邸がたくさんあるという話をしましたが、風景としては「島原藩下屋敷」［図28］のようなものでした。大きな木が見えますが、内側に広大な庭園をもっていて、それが外から見えているのです。表側には窓があり、家になっています。長屋と呼ばれ、小さい空間で仕切られ下級武士が住んでいました。道路に面したところに下級武士が住んで、一種の護衛として機能していたということです。

江戸近郊に出ると、自然に満ちた風景のなかに茶屋が建っていたことがわかります［図29］。ここまで話してきたことが、都市の情景です。

循環一〇〇パーセントの江戸

一〇〇万都市江戸の、もうひとつの大きな特徴があります。それは循環の仕組みです。

人口が多いと何が問題になるのかというと、ゴミと排泄物です。しかし世界でいちばん人口が多かった江戸ではほとんどその問題は起こりませんでした。

長屋は必ず、水道、「後架（こうか）」と呼ばれる共同トイレ、それとゴミ箱の三つがセットでした。排泄物は下肥と呼ばれる養分になって畑に運ばれ、土の下で微生物に分解され、ゴミ箱のゴミは運ばれて郊外の埋め立てに使われました。

排泄物や廃棄物を燃やして灰にして集められたのち水路で郊外に運ばれます。そして農村で土に還され、また植物になって都市に戻ってくる。その植物が肥料や食料の素材になります。循環が一〇〇パーセント達成されていた状況です。ですから不潔な状態にならないし、なれないのです。

また、布、紙、竹、木材などの生活必需品は基本的に農村で生産されます。衣や書籍、

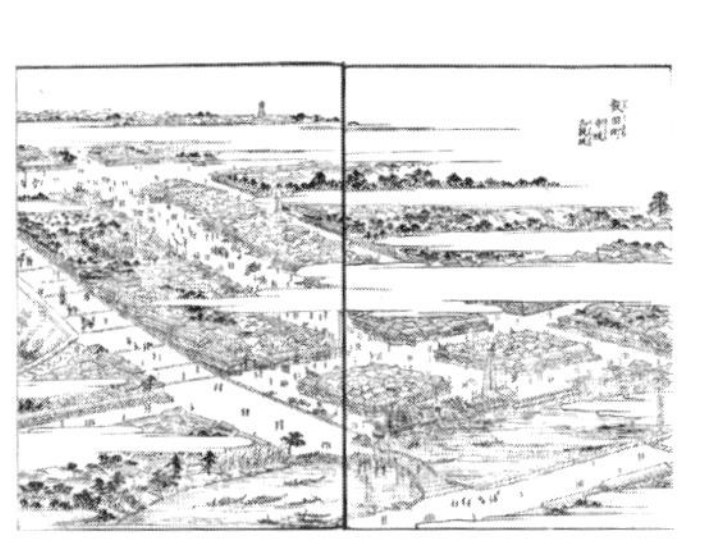

図27　「飯田町・中坂・九段坂」（長谷川雪旦画『江戸名所図会』、1834～1836年）

図28　島原藩下屋敷

諸道具は極限まで使い回されます。たとえば着物は、さまざまに流れて古着として流通します。着物として使えるものは子供に使い、着物としてとても使えない場合は分解します。分解するとただの布に戻ります。着物はもともと、何枚かの四角い布に戻るようにつくられている。つまり、分解した後でどうするかまで考えられた設計になっているのです。ただの四角い布に戻るので、それを縫い合わせれば別のものにつくり変えられる素材なのです［図30］。

さらに使い回された布は燃やされ、灰になって土に還ります。灰はすでにお話ししたように養分になりますし、洗う素材としても使われました［図31］。

このように、江戸は生活品を使い回すための古着屋、古道具屋、古本屋、各種修理店が

呉服屋
↓
洗い張り（繰り返し）
↓
古着屋
↓
洗い張り（繰り返し）
↓
仕立て直し
↓
古着
↓
染め直し
↓
洗い張り（繰り返し）
↓
ふとん皮
↓
風呂敷
↓
袋物
↓
壊れ物のクッション
↓
灰
↓
畑

図30　着物の循環

図31　灰買（喜田川季荘編『守貞謾稿』）

図29「江戸近郊の鄙びた茶屋（A Rural Tea-House）」（ランスロ画、1870年）

図32　歌川豊広『龍田山女白浪』に見える古着屋（1805年）

図33
右上から錠前直し、瀬戸物焼接、鋳鉄屋、
竹馬古着屋、羽織紐直し、紙屑買、古傘買
（喜田川季荘編『守貞謾稿』）

非常に発達していた。新しい商品が出ないと経済が回らないのではないかと、私たちは心配しますが、そんなことはないのです。修理屋をはじめ古いものを直すことで経済が動いている都市だったのです。

呉服屋に着物はなく反物しか置いていません。着物が吊るされているのは必ず古着屋です［図32］。お客さんには多くの武士がいました。今の秋葉原周辺も、古着、古道具、古本屋が集まっている町でした。家にいても古着には出合えます。竹馬古着屋が売りにきてくれます。本も古本を紙として回収して漉き返しをします。江戸の町には、さまざまな修理屋が歩いていました［図33］。

連とネットワーク――社会のなかの小社会、都市のなかの都市

江戸文化をつくり上げた構造についてお話しします。

「社会の裏」ともいってもよいかもしれませんが、表向きの社会とは別の小社会が江戸には無数にありました。私は『江戸の想像力』のなかでこれを「連とネットワーク」と呼んでいます。社会学者の池上英子さんは、同じ現象を「パブリック圏の性格をもった隠れ家」という言い方をしています。社会のなかに小社会が幾重にもつくられていて、そこで「狂名」（アバター）という、自分とは別人格の名前を複数もちます。そうした狂名によって文化芸術や技術を創造する人がたくさんいて、この構造が江戸文化をつくり上げていました。

少し詳しくこれを説明すると、江戸という都市があり、そこに江戸っ子と呼ばれる人が生まれてきます。江戸っ子は一七〇〇年代の後半から現れたと言われています。江戸っ子の特徴は「連」や「会」「社」などの小社会を形成し、創造活動をしていたことです。その創造活動は芝居町の形成にも力を発揮し、また遊郭を支える人たちでもありました。それを

田中優子
『江戸の想像力――
18世紀のメディアと表徴』
筑摩書房、1986年・1992年

図式化したのが［図34－35］です。

芝居町と遊郭はファッション界を支えています。そして全体として出版界を支えています。「画像&出版界」とあるのは、本だけではなく浮世絵が含まれているからです。このように、町や都市を抱え込んで文化活動が展開していました［図36］。

たとえば連のひとつは浮世絵をカラー化しました。カレンダー（暦）を開発する途中で錦絵と呼ばれるカラー浮世絵の印刷技術を完成させて、それを商品化しました。浮世絵師集団も関わりながら新しい浮世絵をつくるなかで、平安時代の文化の「見立て」や「やつし」をしながらつくっていったこともわかっています。それから狂名で活躍する狂歌連に属する人々が、黄表紙やパロディ本をどんどんつくりました。そして漢詩をつくる詩社は、狂詩というものをつくっており、武士たちが参加していました。出版界としては黄表紙や浮世絵、細見と呼ばれるガイド本、ライトノベルにあたる合巻や洒落本、読本と呼ばれる小説や、音楽本である富本や新内正本、鸚鵡（おうむ）石と呼ばれる役者モノマネ本、狂歌絵本と呼ばれる狂歌誌と浮世絵が合体した新しいジャンルなどを開発しました。これらが少しずつ社会とつながっています。ファッション界が新しいものをつくると、芝居町や遊郭の人がお客さんになっていく。

芝居町や遊郭でとても大事な存在が茶屋という存在でした。茶屋はプロデュース集団です。遊郭には仲の町の茶屋、芝居町には芝居茶屋というものがありました。茶屋は男芸者、女芸者を集めて、料理屋、仕出し屋、酒屋、菓子屋も集めて芝居を興行する。年中行事や年間のスケジュール、日々のスケジュールを立てるのはこの茶屋なのです。これらの人たちがコンテンツをつくってメディア戦略を展開します。都市のなかの文化活動が、相互に非常に密接に関係して展開していたことがわかっています［図37］。

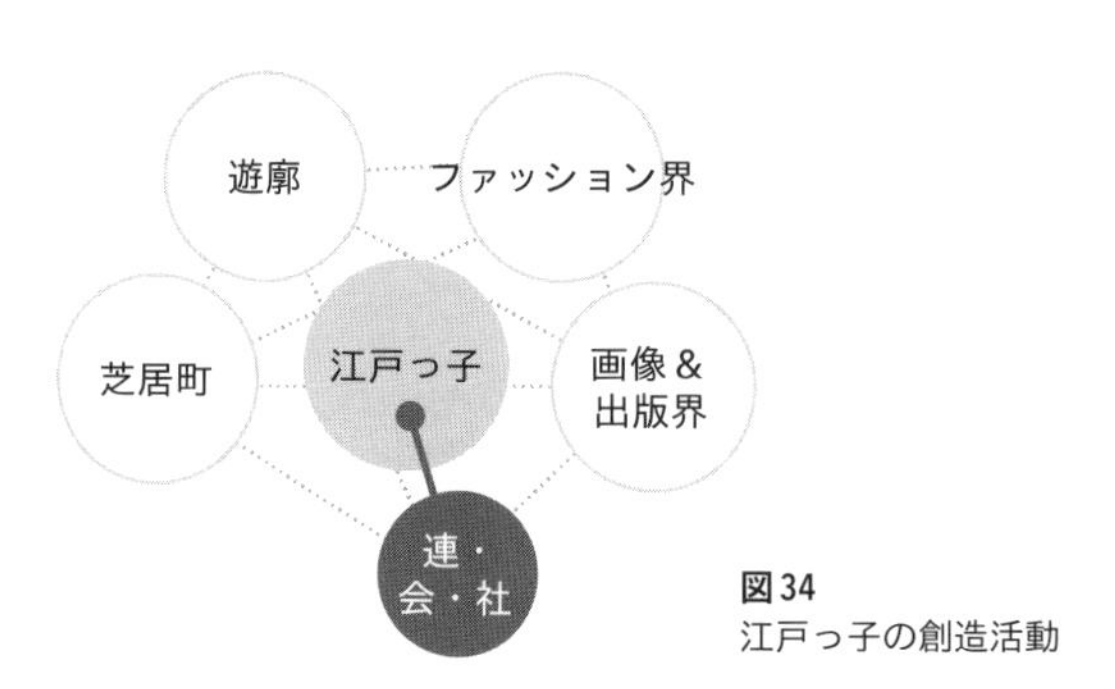

図34
江戸っ子の創造活動

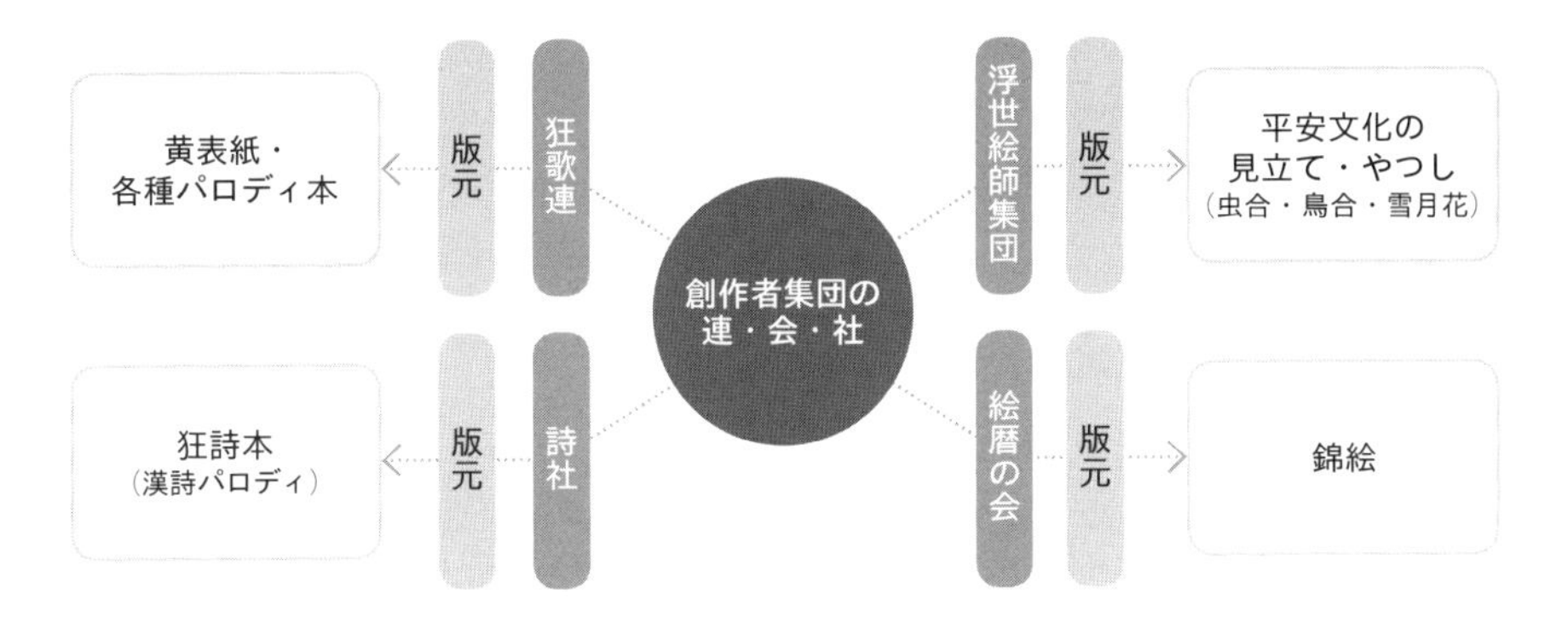

図35　創作者集団としての連・会・社

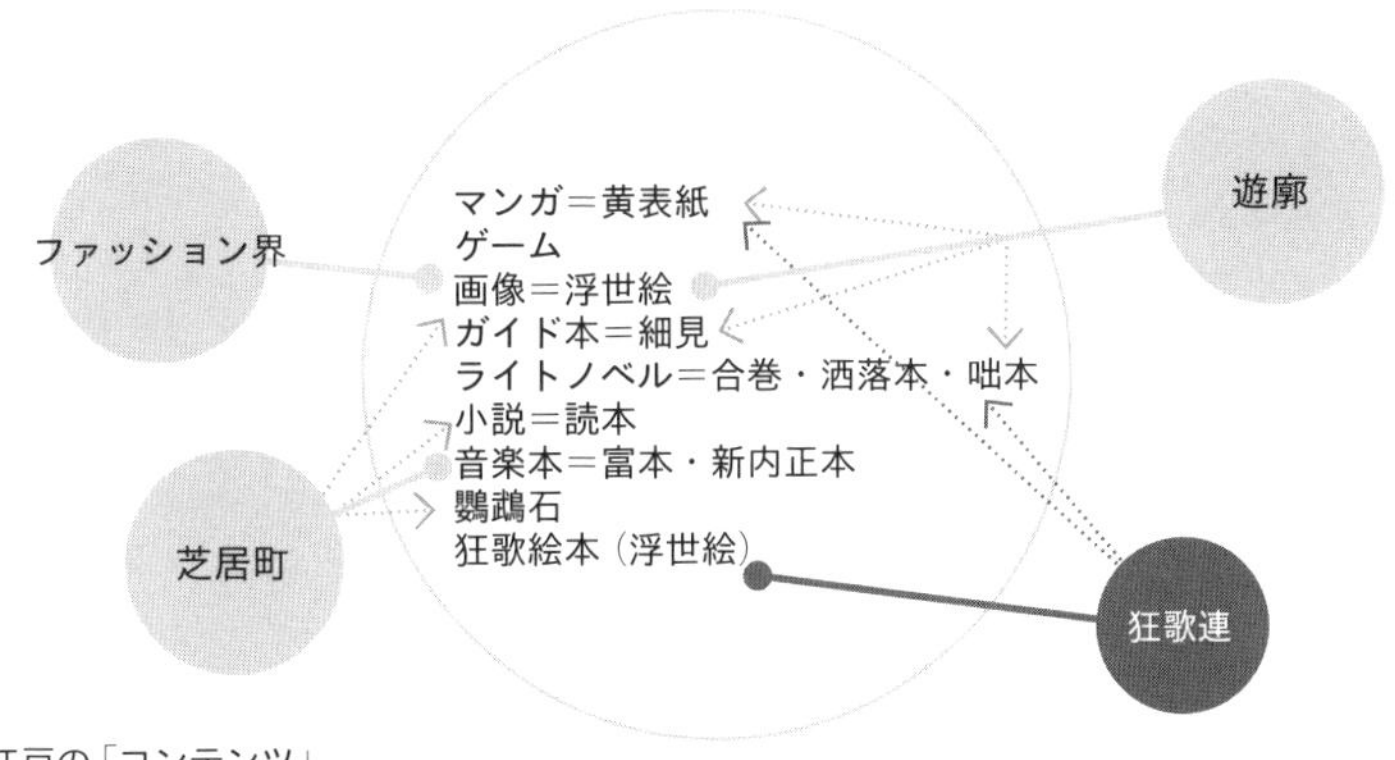

図36　江戸の「コンテンツ」

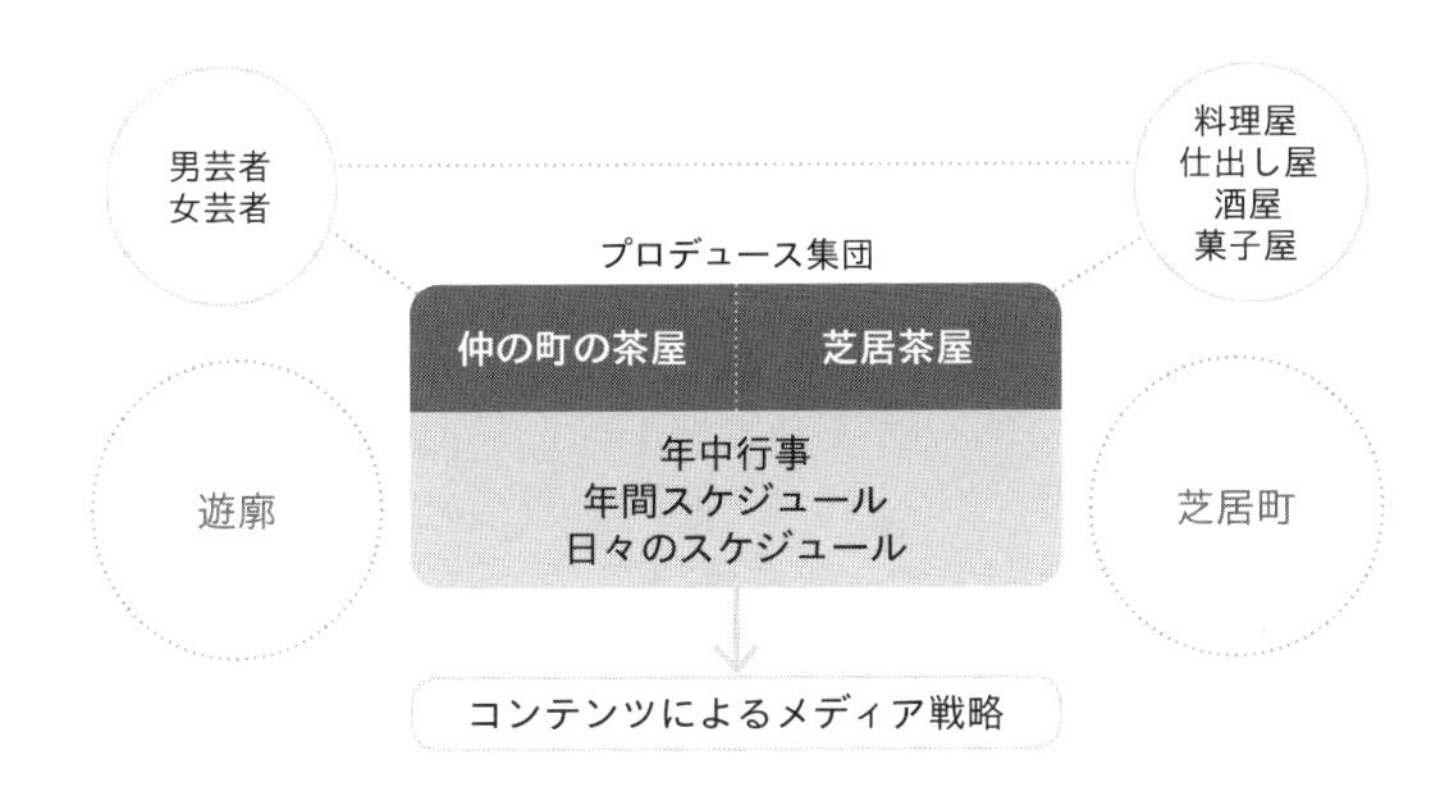

図37　芝居町や遊郭を支えるプロデュース集団「茶屋」

［図38–39］は狂名まさにアバターです。［図38］右の「もとの木阿弥」というアバターはお風呂屋さんです。左の「尻焼猿人(しりやけのさるんど)」というアバターは、姫路藩主の弟である酒井抱一です。このように武士であろうと町人であろうとアバターをつくっていました。［図39］右の「酒上不埒(さけのうえのふらち)」というアバターは駿河藩の藩士、倉橋格です。左の「門限面倒(もんげんのめんどう)」というアバターはいかにも藩士ですね。藩邸には門限があります。このように武士たちがアバターをつくって文化活動をしていたことがわかります。

連の特質［図40］は、それぞれ多名であるとか、組織化しても執着しない、目標が完成するとすぐに解散してしまうといった、面白い精神をもっています。

図38 『古今狂歌袋』（宿屋飯盛他編、北尾政演画、1787年）

図39 『吾妻曲狂歌文庫』（石川雅望他編、北尾政演画、1786年）

1 適正規模を保っている。
2 宗匠（世話役）はいるが強力なリーダーはいない。
3 金銭がかかわらない。
4 常に何かを創造している。
5 人や他のグループに開かれている。
6 多様で豊かな情報を受け取っている。
7 存続を目的としない。
8 人に同一化せず、人と無関係にもならない。→連句の精神
9 さまざまな年齢、性、階層、職業が混じっている。
10 多名である。

図40 「連」の特質

芝居と遊郭という「町」

同様の構造が、都市のなかの都市である「悪所」にも見られます。具体的には遊郭や芝居町のことです。

劇場は芝居町という町のなかにありました。遊郭も劇場も町なのです。だから「都市のなかの都市」であり、建物のなかにあるというよりも町なのだと考えてください。

吉原遊郭は畑のなかに浮かんでいるように、そこだけ明るくなっている場所でした［図41］。土手通りという道から入っていきました［図42］。土手を歩いていると緩やかに下っていくので、遊郭の存在が見えないようになっている。人工的につくられた町ですから、あえてそのようになっています。見えないのにみんな知っている、不思議なあり方なのです。

春になると桜の祭りが始まります。真ん中に見える桜はすべて植木なのです［図43］。つまり桜が咲いてからここに運び込まれ、散るとすべて運び出されます。町そのものが舞台であったことがわかります。明治になっても桜は飾られ、その季節になると遊郭には、女性や子供たちも花見に参加しました。

都市のなかの都市――対構造

こうした、江戸文化をつくり上げる構造にはまた、「顕れる」と「隠れる」の対構造があります。都市のなかの都市が悪所として隠れているのです。実際に隠れるような構造で、表の道から見えないようになっていますが、あることは皆知っている。見えないのにある、顕れることと隠れることが微妙に対構造になっています。

これは人間の世界にも言えることで、たとえば「隠居」という言葉があります。「隠れて居る」ということですが、これは表社会を退いた人のことを言います。じつは隠居になっ

図42　よし原日本堤
（広重『名所江戸百景』1857年）

図41　『江戸一目図屏風』部分（鍬形蕙斎、1809年）

図43　「新吉原五丁町弥生花盛全図」（広重『東都名所図』）

てから活躍する人がとてもたくさんいて、歌川広重は二〇代で隠居して、そのあと浮世絵師となります。井原西鶴も隠居してから小説を書いていますし、松尾芭蕉は隠居してから活動を始めています。つまり隠居は、文化的な活動の始まりであると言えます。伊能忠敬も隠居してから地図をつくっています。隠れた人たちが文化をつくっている。つまり社会のなかに裏の小社会があったと言えます。

このように、都市の構造、目に見える都市の様相から江戸文化を築いた裏の社会まで、江戸の特徴をご案内しました。江戸に関心を寄せることで、これからの日本の都市を、考えるきっかけにしていただけたら幸いです。

〈水の都市〉東京を掘り起こす

陣内秀信

江戸東京学の誕生、それを超えるストラテジー

一九八〇年代、のちに江戸東京博物館二代目館長となった小木新造さんが提唱した「江戸東京学」。何が新しかったかというと、それまでは江戸＝近世を研究する人と、東京＝近代を研究する人がはっきり分かれていたわけです。建築も文学も美術も、政治史もそうでした。だけど、江戸から東京へ名前が変わっただけで、その中身が急に変わってしまうということはありえない。少なくとも明治一〇年代までは江戸が続いていたことを小木さんが著書で論証して、連続性、断続性の両面を見ながら同じパースペクティヴのなかで研究しようと主張しました。それと都市学として提案したというのが大きいのです。

今、田中先生を筆頭にし、われわれは法政大学に江戸東京研究センターをつくろうと考えているのですが（二〇一八年一月に開設）、それは「江戸東京学」を継承しながら乗り越えようと考えているわけです。これは偶然ですが、田中先生の『江戸の想像力』（一九八六年）と私の『東京の空間人類学』（一九八五年）がほぼ同じ時期にしかも同じ筑摩書房から出たのです。ということもあり、法政大学で江戸東京研究を行うというのは、大きな必然性、説得力があるのではないかと思っています。

山の手＝田園都市（庭園都市）

江戸は庭園都市であり、水の都市でした。有名な鍬形蕙斎の絵『江戸一目図屏風』（200ペ

ージ図41参照）を見ると、ヨーロッパの都市とは異なり城壁がないので、まさに縁の部分では田舎と都市が一緒になっています。江戸東京のユニークさは、山の手は田園都市（庭園都市）で、下町は水の都市ということなのです。ところがこれはだいぶ前に私が考えていた図式で、田中先生もおっしゃるとおり、歌川広重の『名所江戸百景』を見ても、郊外まで水の都市だったということですから、より積極的な「水の都市」像を示すことができるわけです。いずれにしても江戸の都市にとってのグランドデザインは地形・自然条件に依拠していたと言えるのです。

凸凹地形を上手に生かしながら都市をつくってきたわけです。私はイタリアの研究をしているので、山の手は七つの丘をもつローマのようで、下町は水路が巡るヴェネツィアのよう。そのふたつを併せもつ都市は世界にもない、と言っているのですが、あながち嘘でもないと、だんだん皆信じてくれるようになってきました（笑）。ずっと言い続けていると強いですね。丘は七つが八つになっても構いません（笑）。江戸城を受け継いでいる皇居自体に山と水があるわけですよね。本当にうまく人為的につくっているわけです。

宗教施設というのも面白いのです。ヨーロッパと比べると配置がじつにうまくできていて、先ほど田中先生が上野の山の「見立て」の話をしてくださいましたが、東叡山寛永寺が江戸の北東の高台にあるわけです［図1］。都市の中心にはあまり宗教空間を置かないで、みんな外へ追い出してしまうのですね。移転、移転で結局、神田明神と山王権現も外へ移っていくわけです。そして寺院群も明暦の大火などいろんな時期に外に移転し、地形を利用しながら高台に集中ゾーンを形成していくので、まるでヨーロッパの都市で城壁が拡大していくのと同じように見えます。また、市谷亀岡八幡宮の話もありましたが、まさにそれが象徴的な例で、山の裾に神社があって、その下に人が住む町人地があって、川や濠があ

図3　上野――〈山の辺〉と〈水の辺〉の組み合わせ

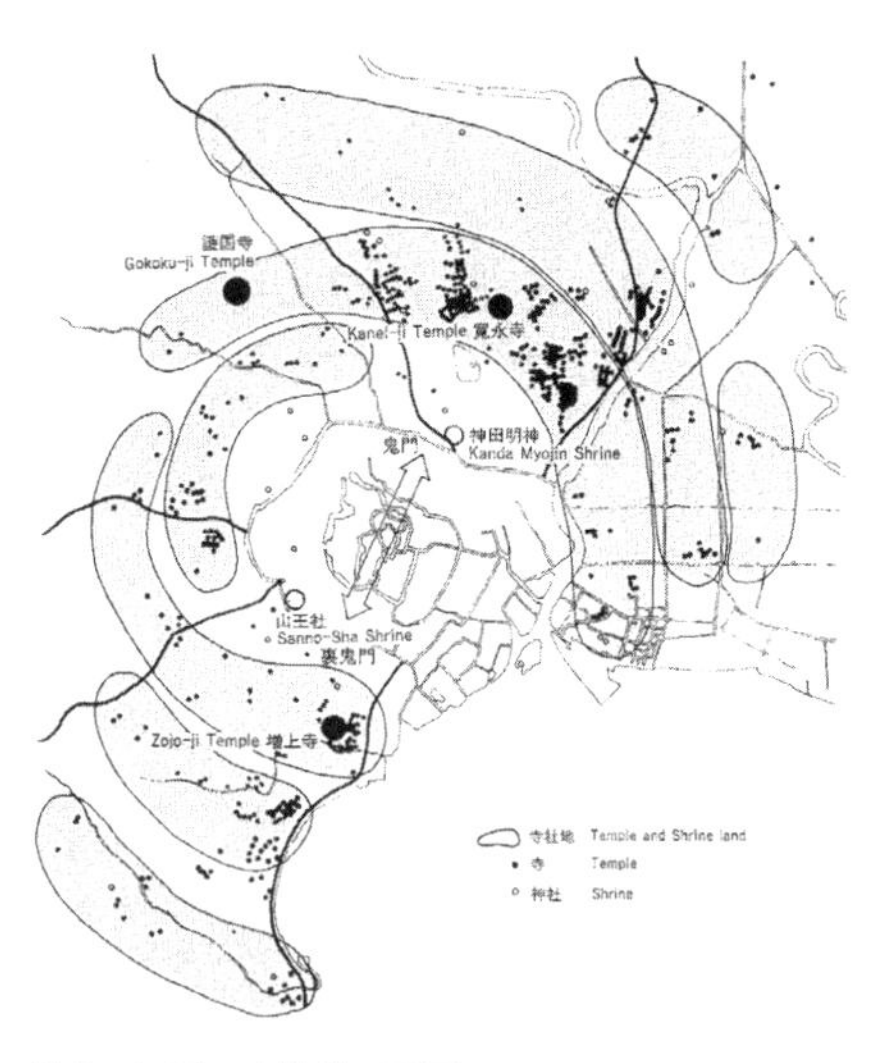

図1　江戸の寺社地の配置

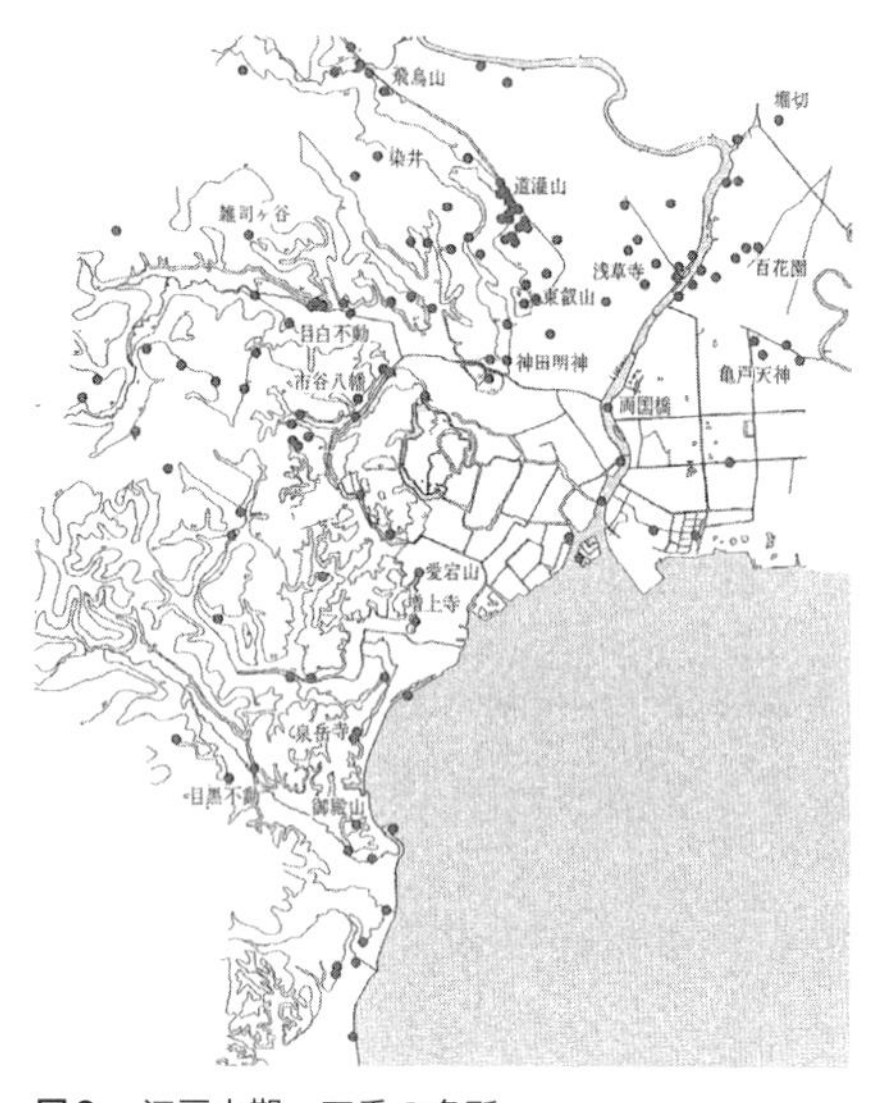

図2　江戸中期、四季の名所

る。この組み合わせは田舎の構造と同じなのです。だから東京はヴィレッジまたは集落がいっぱい集まったところだといいますが、そのとおりだと思います。

われわれより少し上の世代で、土木の分野で景観学を提唱した樋口忠彦さんとも、一緒に研究をしました。彼によれば、〈山の辺〉と〈水の辺〉というのが日本人は大好きなんだそうです。万葉の時代の歌をみると、古代から日本人にとっての理想郷はこういうところだとわかると言うんですね。**『日本の景観』**にある江戸の名所と言われる場所のプロット図を見ると、名所は本当に水の辺に多い。

その山と水の組み合わせをもっとも表現している場所が、上野だと思います［**図3**］。京都の「見立て」がここにあり、上野の山は比叡山、不忍池が琵琶湖なわけです。こんなに都

樋口忠彦
『日本の景観』
春秋社、1981年、
筑摩書房、1993年

図4　三田上空を飛ぶ――イタリア大使館周辺

心でありながら、山の辺、水の辺という日本人の古来もってきた感性が表れているところはないと思います。

まず、山の手のほうから始め、東大のキャンパスの立地を見てみましょう。本郷台地の中山道に面してもともと前田家の大名屋敷があり、斜面を上手に利用して水が湧き、三四郎池ができました。その東に下りると根津の町人地が広がり、奥に鎮座する根津神社は千駄木から移されたものです。明治の一時期には門前に遊郭もありました。

大名屋敷が連なる山の手は緑溢れる「田園都市」だったと言われますが、キャンパスの前身、前田家の屋敷図を見ると（43ページ**図36**参照）、敷地のなかに意外に長屋がたくさん建ち家臣がいっぱい住んで、ミクロシティだったということがわかります。

イタリア研究の縁で、三田の高台にあるイタリア大使館によく行きます。このあたりは、ヘリコプターから自分で写真を撮ったことがあります［**図4**］。バブルの時代って結構優雅なもので、一本エッセイを書けばヘリコプターに乗せてあげるし、自由に航路を選んでいいと言われて、撮りました（笑）。いい場所ですよね。慶應大学のネオゴシックの図書館、イタリア大使館、三井倶楽部、その向こうにはオーストラリア大使館が続きます。斜面を利用してイタリア大使館と三井倶楽部は池をつくっています。面白いことに、高台の道路添いの表の顔は全部近代の建物でつくるのに対し、庭には江戸風の回遊式庭園が維持されるのですね。

調べてみるといろいろなことがわかってきまして、われわれは最近「水循環都市・江戸東京」と言い始めています。循環都市というのはライフスタイル全部がそうで、本も布も衣類もみんなそうして、江戸の営みがあったと思うのです。そのなかでも水の循環というのも重要だったわけで、この都市にはまず水資源が多様にあり、枯渇してしまう前の一九二〇年代頃までは、都心にも湧水が豊富にあったのです［図5］。今でも郊外に行くとまだたくさんあります。このような湧水が山の手のあちこちに大名庭園の池を生んだのです。

そして東京ではヨーロッパと違って、建築ばかりで都市のロジックを理解することができないことに気づきます。自然と人工的なものが混ざっているので、それを解き明かしていくには、いろんな日本特有のアイテムを入れていく必要を感じ、〈空間人類学〉という考え方、ネーミングを思いつきました。都市にはいわゆる異界、他界とか死者の世界とか、いろんなものが紛れているわけです。その視点からは、麻布の善福寺の周辺も興味深いエリアです［図6］。九世紀前半に創建された麻布山善福寺があり、その墓地の一角に永井荷風も『日和下駄』で書いている奇妙奇天烈な逆さイチョウがそびえています、（44ページ図39参照）。その裏手には、近代を担った山の手らしく、関東大震災前につくられた石造の安藤記念教会があるという具合に、いろんなトポスが混ざっているのが東京なのです。

そして七不思議。法政で教える日本文化研究者の横山泰子さんも書いているものですが、七不思議と言われる場所が都市のなかに眠っていて、深層を形づくっている。これも都市に自然が紛れ込んでいる日本ならではのことだと思います。これらは都市化が進んでくることへ民衆が抵抗して、怪しげなものをつくり出したと解釈できるのだと思いますが。

文京区小日向の周辺を見ると、江戸の下敷きがよく維持されていて、地形を利用して、高台のいい場所に下級武士の住宅地を計画的につくり、川沿いにはだんだん町人が住んでいったことがわかります。じつにうまく凸凹を使いながらゾーニングし、それぞれの暮しの場をつくっていました［図7］。

先ほど、ありがたいことに田中先生から芭蕉庵の話があり（188ページ参照）、芭蕉が神田上水の水の管理をしていたというたいへん興味深いご説明があったのですが、まさにその神

図7　文京区小日向と鼠坂の丘上の計画的な下級武家地

図5　都心部の湧水の枯渇・消滅状況

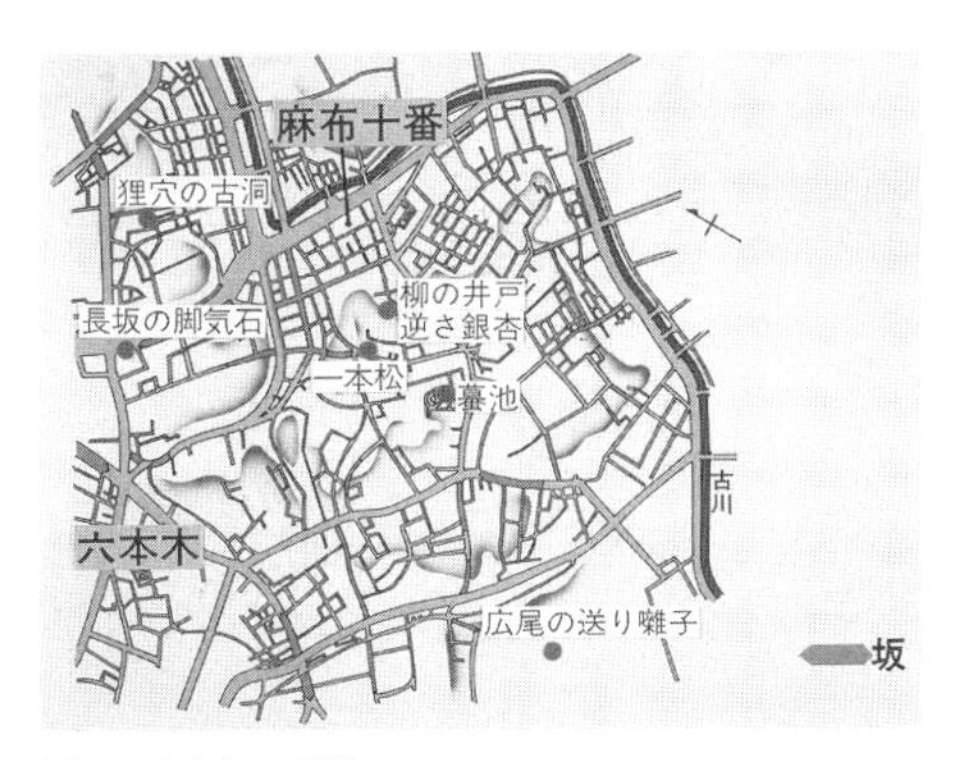

図6　麻布七不思議

田上水の水神社です。ここに続く大きな斜面緑地には、自然と歴史の資産を上手に利用した肥後細川庭園（新江戸川公園）やホテル椿山荘などがあり、地形の変化に富んだ東京ならではの貴重な空間となっています［図8］。

谷中がなぜ人気があるのか［図9］。これだけでも学位論文になるのではと思うのですが、あまり文化財の一級品はないはずです。でも、ヨーロッパの人、アジアの人、日本の各地で町並み保存をやっている人、誰を連れていっても谷中には感動するんですね。ちょっと今は観光客が多すぎるという話もありますが。地形が変化に富み、緑が豊かで、坂が多く、いろんなタイプの建物があって、そして井戸や祠があって、宗教空間があって、異界があって。要素がいっぱいあるんですね。こういうものをじつにうまく組み合わせて空間、風景ができている。こんな場所ってなかなかありません。その価値というのはまさに江戸東京がつくりだしたひとつの財産だと思います。生活感覚があるというわけです。

図8　目白、胸突坂

図9　台東区谷中

図10 辰野金吾設計の《帝国製麻ビル》、妻木頼黄設計の日本橋の競演──水の都市の価値の再発見

下町＝水の都市

水の都市、江戸東京の象徴である日本橋の上に、東京オリンピックを迎える頃、高速道路が架かり、水面が暗くなってしまったのですが、しょうがないと諦めないで、八〇年から何度も船に乗って調査をしてきました。まだ橋のたもとに、辰野金吾設計の《帝国製麻ビル》が残っていました(一九八七年解体)。手前角に階段室がありまして、螺旋階段を下りてくると、窓の下に水面が広がるのです。まるでヴェニスの鼻歌が聞こえてきそうだ、と言った人もいました。小ぶりながら素敵な建築で、その辰野金吾と日本橋の設計者、妻木頼黄との競演がここに見られたのです［**図10**］。

水の都市、江戸では、まずは洪水から守るさまざまな工夫をしたうえで、水がもつ多様な機能が存分に活かされました。飲料水、農業、漁業、舟運・商業活動、生産、宗教・儀礼・祭礼、レクリエーション、演劇、観光、アメニティ、風景など。これほど多種多彩に水が使われた都市は世界でも他にないと思います。なかでも、芝居を見に舟で行ったということも目を引きます。木挽町がそうですね。幕末に浅草・猿若町に芝居小屋が移った後も舟で行ったという話があります。本当にあらゆることに水を使っていました。

江戸の都市づくりでは地形を大いに活用しましたが、同時に、大胆に手を加え、大規模な土木事業を行って、ダイナミックな水の都市がつくられました。エコ研で、『外濠』を出版した際に、岡本哲志さんを中心に、家康入府前、江戸初期の寛永期までの都市復元図を作成しました［**図11**］。鈴木理生さんの研究をベースに、立体地形の情報を加え、下町、山の手にまたがる水の都市の原風景を図示してみました。わが法政大学の市ケ谷キャンパスのあたりを見ますと、もともと小さな川があってやや低く、ほぼ原地形を活かしているのですが、それでも最近の市ケ谷キャンパスの発掘調査で、さらに掘った土を盛っているということがわかったと報告書に書いてありました。こうして起伏を読み、高台は掘って切通しとし、内濠も外濠も土木工事で人工的に造成しながら、円環状のふたつの濠をつくったということでして、まさにグランド・ヴィジョンをもって人工的につくり上げた水の都市と言えるのです。城の東側の低い市街地も、埋め立てをしながら掘割を巡らせて、人工的につくった水の都市だということがよくわかります。

先ほど聖橋も出てきましたが、ここは神田山に人工的につくった切通しなのです。そこに自然が育って、こんなに見事な水と緑の風景がむしろ近代につくられました。われわれは船で神田川のこのあたりによく行くのですが、ほとんどすれ違う船がなく、もったいないですね［**図12**］。もう少し行った水道橋のところに、ゴミを運び出す東京都の施設があって、そこから出てくる船しかすれ違わないのです。最近はいくつかの船会社がツアーを企画していて、週末だとすれ違いますが。

江戸から現代に至るまで、埋め立てのプロセスはすごくて、ヴェネツィアと比べるとよくわかるので、われわれは比較研究をしています［**図13**］。

河岸（かし。大阪では「浜」）のシステムというのはじつに日本的で、ヨーロッパにはこういう概念はありません。ここは荷揚げ、物流の専門空間なのです。火災都市江戸だけに、やがて火事から守るために蔵が並んで独特の景観が生まれましたが、ヨーロッパにはここに建物があって住んでいるわけです。ヴェネツィアだったらここにパラッツォ（館）が並ぶわけです。そこが全然違うのです。江戸は経済中心なので、まずは水辺を物流機能の蔵で固め、その背後の道に面して町家が並び、路地裏に長屋が配されるという構成をとります。この組み合わせが面白いですね。高村雅彦さんの研究した江南の水上都市にも、河岸にあたるものが多少あるので、中国との比較も面白いテーマです［**図14**］。

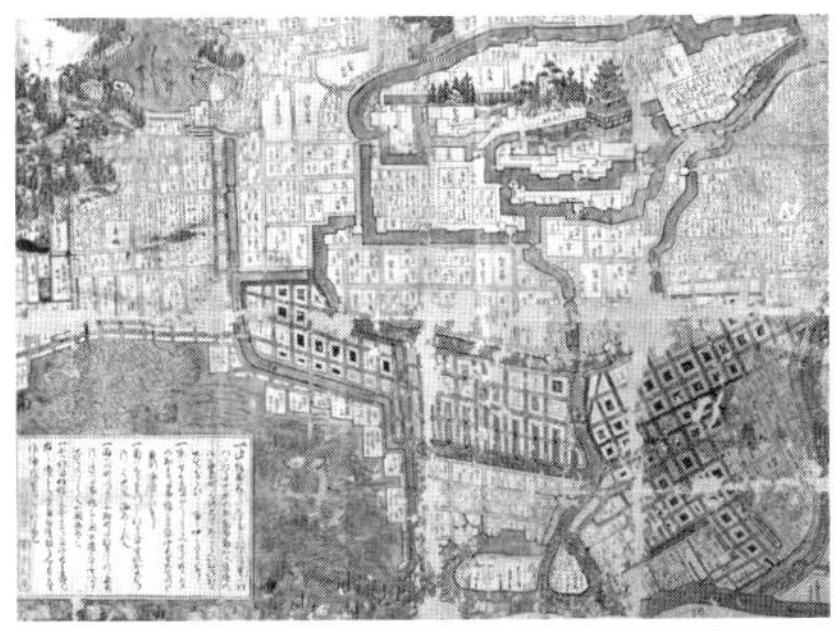

図13　埋め立ての過程――
1630年頃（上）と1850年頃（下）

図14　江戸は水網都市――
下町、中心部のすべてに河岸による港機能

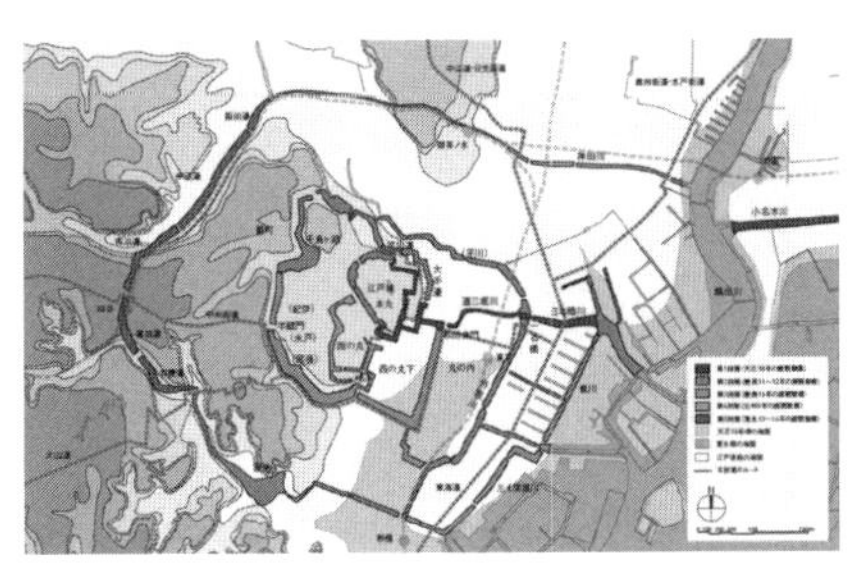

図11　寛永期までの江戸城内濠・外濠の整備

図12　現在の御茶の水を舟で

吉田伸之、伊藤毅、長島弘明編
『江戸の広場』
東京大学出版会、2005年

江戸の水の都市の賑わいで必ず登場するのが両国広小路ですが、この場所について吉田伸之さんが興味深い論文（「両国橋と広小路」、『江戸の広場』に所収）を書いています。両国広小路は火災の延焼を避けるために防火帯としてできたのですが、普段も空地にしておくのはもったいないので、だんだん仮設構造物で埋めていくわけですね。水際には茶屋が並び、広場には芝居小屋などがつくられ、民衆のエネルギーが溢れる盛り場になったのですが、そこに独自の自主管理の仕組みがあったというのです。先ほどの田中先生の小社会とつながるのではないかとも思います。

東西橋番、水防、役船、町の集団などが重層するかたちであったのですが、地元の有力者が上手にそれらを調整して、管理・請負システムをつくり、維持管理を地元が担う一方、

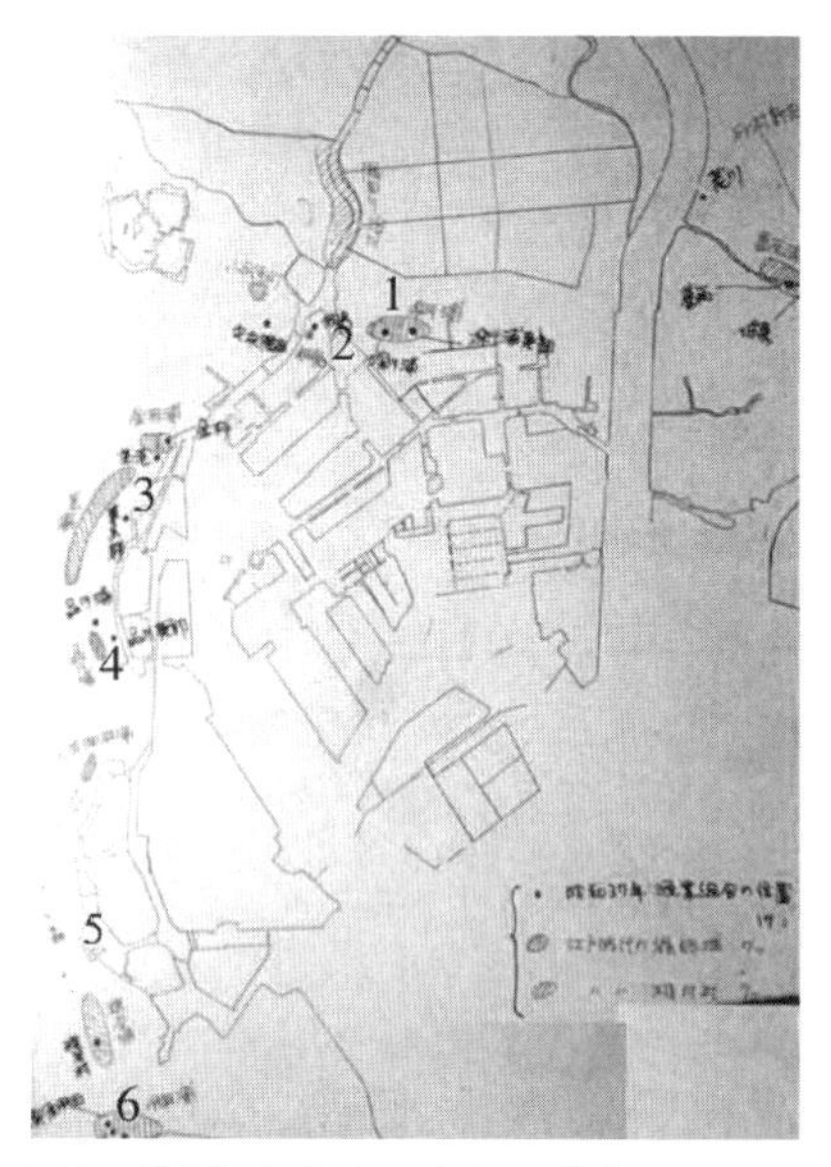

図15　漁師町（1 深川、2 佃島、3 芝浦、4 品川、5 大森、6 羽田）

図16　佃島の旧漁師町

図17　海中渡御（お台場海浜公園）

図18　深川──産業・生活・宗教・文化がすべて水と関係する

土地の経営権、一部河岸の独占使用権を幕府から認められ、それを小商人、茶屋、芸能興行者らに賃貸し、地代を取っていたのです。こうして上がりを取って経済的にも潤っていたということで、まさに地域ごとの小さな自治があったのです。そこが江戸の特徴なのだろうと思います。舟で芝居を見にいくというのは、じつはヴェネツィアとそっくりで、上流階級の人は自前のゴンドラでフェニーチェ劇場へ行っていました。

江戸にとってもうひとつ重要で、ヨーロッパ都市にはあまりない要素は、漁業です。漁師町がベイエリアの要所要所の浅瀬にあるわけです［**図15**］。それが今も生きています。佃島には漁師のスピリットが今日なお持続しています［**図16**］。品川では毎年、お台場海浜公園で海中渡御を行いますし、お祭りも活発です［**図17**］。こういう光景は世界の大都市では日本でしか見られないと思いますね。

深川では水の産業がいろいろ育っていきました。その要に神社があって、門前に花街が栄え、そこで木場の旦那衆がまた遊ぶというふうに、相互に関係していたのです。漁師もおそらく遊んだのでしょうね。持ちつ持たれつで、深川の産業・経済、そして文化をすべて水が結んでいました［**図18**］。

セーヌ川、テムズ川との比較の視点から見た隅田川の特質

海外と比較した際の、東京の原風景である江戸の特徴のひとつは、吉原の遊郭や猿若町の芝居町などが町の外れにあり、そこが特徴的な文化を発信するということです［**図19**］。なぜそういうことが起こるのか。

まずパリと比較すると、真ん中にセーヌ川、シテ島があり、ここが発祥の地であって、ずっと今でも中心ですよね。ローマ時代は南側（左岸）に市街地があったのが、中世に対岸

図21　セーヌ川中心部、オルフェーブル河岸の景観（1759年）

の北側にもだんだん広がって、川を中心にその南と北にほぼ対等に都市が発展します。シテ島にはノートルダム大聖堂という宗教の中心と、王宮が長らくありました。裁判所もあります。まさにここが権力の中枢ですね。そしてその付近に港ができてくるというかたちです［図20］。確かに中心部には中世的な景観がまだあったのです。染物屋などがあり、雑然とした姿は少し日本と似ていて、水辺の賑わいもありました。ただ本当にシテ島を中心に都市が成り立っていました。のちの一七、一八世紀になると水辺の両岸を建築で固めていって、自然が残った隅田川の状況とはまるで違う方向へいきます［図21］。

一方、ロンドンは、テムズ川に寄り添うようにシティとウエストミンスターができていて、その南岸はまさに川向こうにあたり、東京とやや似ているのです［図22–24］。橋が架か

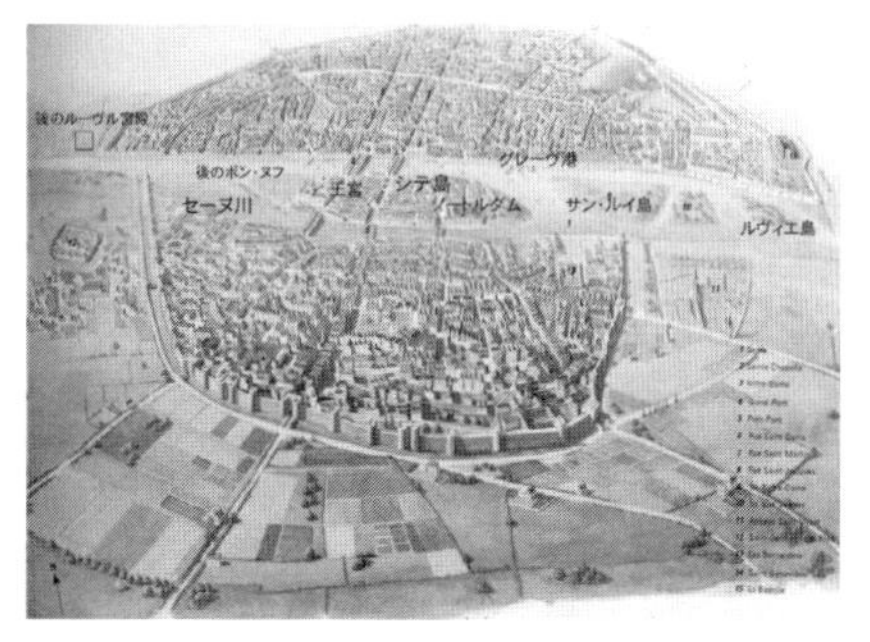

図20　パリ・セーヌ川は都市を貫く空間軸。シテ島が発祥の地で常に象徴的中心

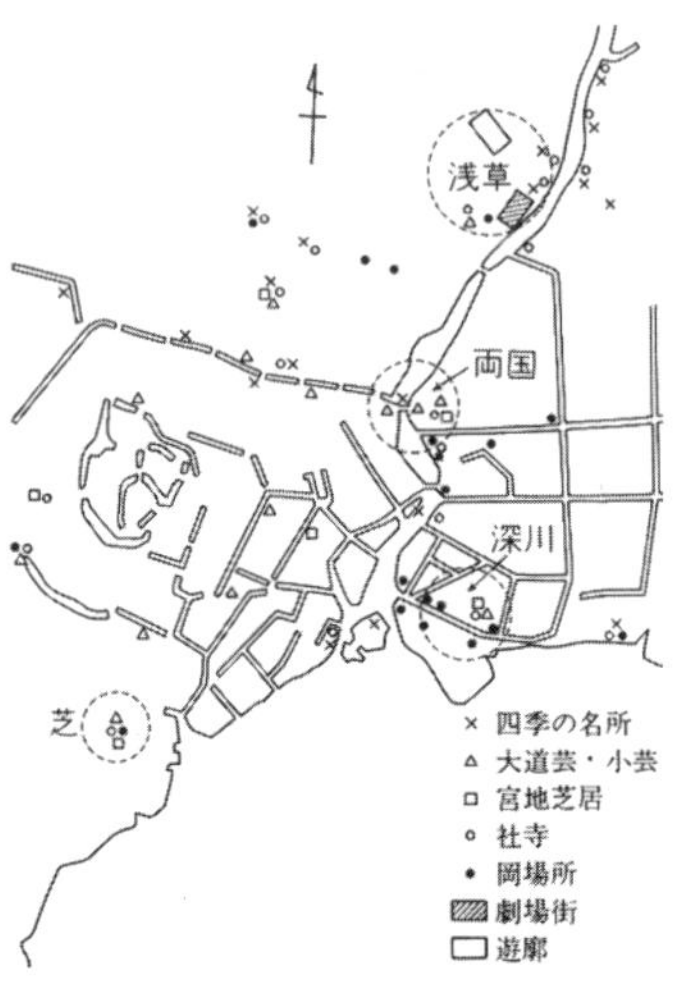

図19　江戸後期の遊興空間分布図

図24　テムズ川とロンドン橋（1890年）

図22　ロンドン（1588年）

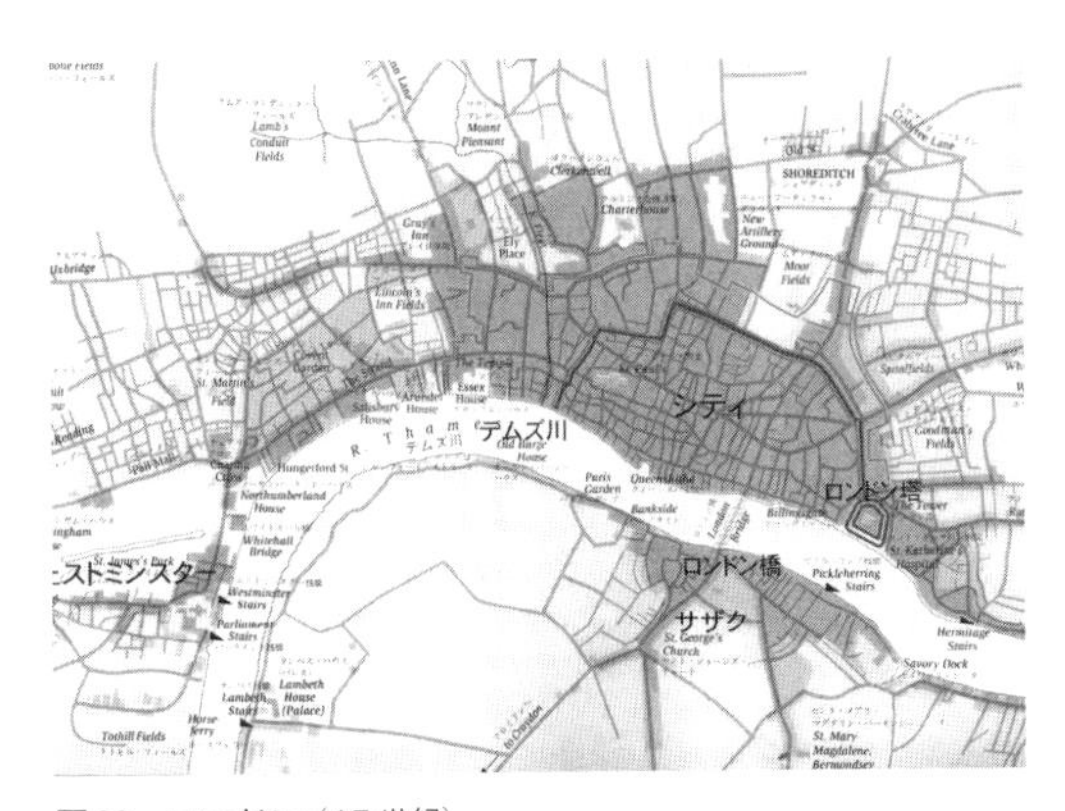

図23　ロンドン（17世紀）

っていたのがロンドン橋だけだったのが、隅田川とは違っています。川向こうに木材や石材の置き場、菜園があり、さらに劇場群がこの河原にできるというのが江戸と似ています。いずれにしてもロンドンは、政治にしても宗教にしても権力中枢がテムズ川沿いにあって、求心力が強かったわけです。

江戸における隅田川はどうかというと、両国の話もあったように文化の中心でしたが、本当に都市の外れにあります。明暦の大火以後、対岸の東側にも市街地が発展して、一応、隅田川が都市空間のなかを流れる川になりますが、それでも江戸城から見たら外れですよ

図25　母なる川としての神話化――梅若伝説（平安中期）
「隅田川両岸一覧」（鶴岡廬水、1781年）

ね。では、なぜ隅田川は外れにあるのに、人気があり人々を惹きつけるのか。このことを考えると、「江戸東京学」の枠を越えるひとつのきっかけが得られるのです。古代中世の伝承や物語、神話がたくさんあるのが隅田川で、江戸はむしろ新参者なのです。白鬚橋近くの木母寺が舞台の、平安中期に遡る「梅若伝説」という江戸の人々が好きな物語があり、浅草の北にある待乳山も古いし、もちろん浅草寺の創建伝承は古代のものです。江戸という都市の誕生以前に遡る聖地、信仰の場がいっぱいあって、小さな都市核がすでにあったということがわかります［**図25**］。つまり隅田川というのは都市の創建の源流に関わり、しかも江戸の外れなので自然が豊かであり、少し窮屈な都市のなかからちょっと抜け出てお参りや遊びにやってくると、開放感に浸れたのではないかと思います［**図26**］。廣末保さんの『**辺界の悪所**』という名著から私は大きな影響を受けたのですが、吉原と猿若の芝居町が、江戸の辺境にありながら文化を発信するという点がいかにも日本的なのではと思いました。

江戸というのは、パリやロンドンと比べて、じつにいろんな水の使い方をし、人の暮らしと密着していた、あるいは遊びや演劇や宗教にまで水が関係していた。より水との密接な結びつきが本来はあったのではないかと思います。それをわれわれはすっかり忘れてしまっていた。たとえば「隅田川図屏風」を見ると、大山詣に行く前の男たちがわざわざ川に入って、「水垢離」という無事と悪霊退治を願う儀式をやっているのです。衣類を脱いだ後まで描かれています。江戸東京博物館の「隅田川――江戸が愛した風景」展（二〇一〇年）に出展されていた「浅草吉原図巻」も、遊び心に満ちた絵巻で、日本ならではと思います［**図27**］。この絵巻には神田川の柳橋から船に乗って隅田川をずっと行って、首尾の松に寄って「今日はうまくいくだろうか」と言いながら、また進むと駒形堂があります。そこからまっすぐ行くと浅草寺があって、少し先で山谷堀に入ると日本堤の土手になります。そして土

廣末保『辺界の悪所』
平凡社、1973年

手に沿って、吉原へ入っていくというストーリーが、全部空間に表れているのです。

明治以後も水都を継承

明治以後もまた、水都であったというのが重要です［図28］。震災復興の昭和初期、モダニズムの水の都市を経験しました。現在、有楽町マリオンが建っているところは、朝日新聞社と日本劇場が並び、数寄屋橋があって、泰明小学校とともに素敵な水辺の近代空間を生んでいたのです。隅田川の花火は、本来は川沿いの料亭がみんなスポンサーで、そのすぐ目の前で打ち上げていたのです。そうした賑わいが六〇年代まであったのですが、防潮堤ができたこと、水の汚染など、さまざまな要因でストップしてしまうわけです［図29-30］。

われわれは、江戸東京が水の都市だったという趣旨で、二〇〇六年、法政大学のエコ研として建築学科の先生方皆で頑張って「東京エコシティ——新たなる水の都市へ」という展覧会を江戸博で行いました。ただこの頃は、オーソドックスな発想で、ヴェネツィアやアムステルダムと同じように江戸東京が川や掘割の巡る水の都市だったという風に考えていました。

「水の都市」の概念を転換、拡大

ところがだんだん研究していくと、じつは、東京の水の都市はもっと広く捉えられるのではないかと思いつきました。たとえば近郊の田園まで描いた江戸時代の地図を見ると、江戸城があり、外濠、荒川、隅田川、多摩川があります。そして目黒川や神田川や善福寺川などのいろんな中小河川が流れ、さらに湧水を水源とする池が描かれています（70ページ図67参照）。川沿いに集落がたくさん分布し、河岸が発達していたのがよくわかります。ま

図27 「浅草吉原図巻」

図28 明治期の水都──井上探景「江戸橋ヨリ鎧橋遠景」

図29 柳橋の料亭街（「柳橋新聞」1958年10月15日）

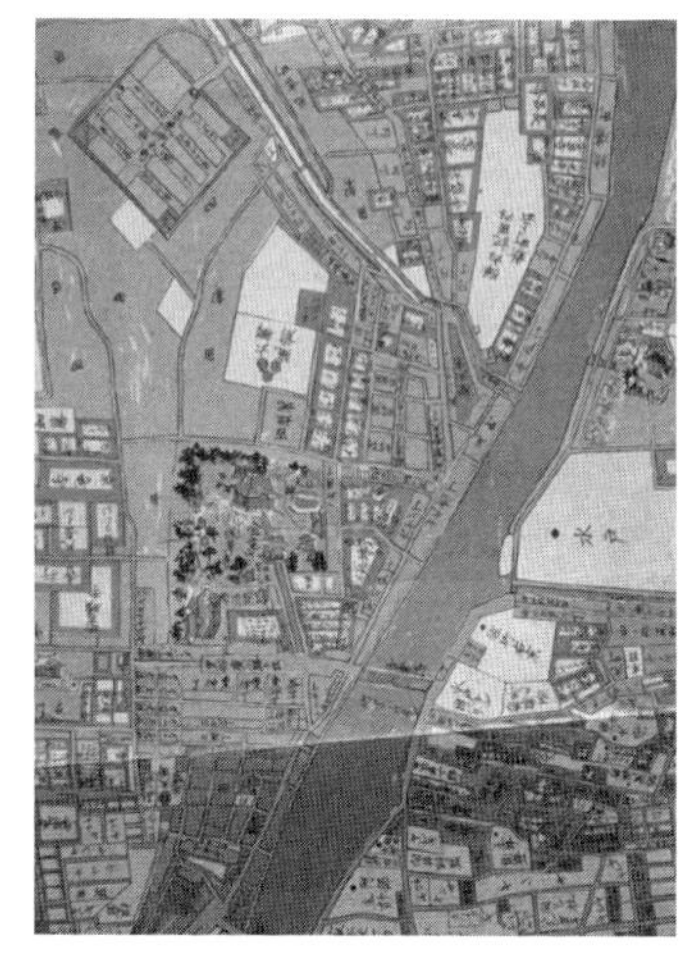

図26 隅田川は都市創建の源流──都市江戸の発展の過程では、周縁的に自然豊かで開放感。聖地・宗教空間・行楽地・名所が多い。奥への魅力（魔力）

図30　（左）1961年当時の柳橋周辺、（右）1960年の両国花火

さに江戸東京のテリトーリオ全部が河川、水系で結ばれている。こういう新たな水の都市論を打ち立てようと、高村雅彦さんと今考えています。結局、日本橋を中心とする低地の下町や中心部だけではなくて、江戸城や皇居のまわりの外濠、武蔵野・多摩や東京湾周辺も皆、水の都市や水の地域なのではないか……。田中先生のお話を伺い、これはまさに広重がすでに言っていたということに、今日改めて気がつきました。

その象徴としての「日野」

そうした新たな水の都市の発見へ向かう重要なステップとして、日野の調査研究が大きな意味をもちました。日野市と法政大学がオフィシャルに協定を結んで共同での研究を三年間（二〇〇九〜一一年）行い、成果物として『水の郷 日野』を出版しました。東京は自然の凸凹地形が豊かで、台地があり、丘陵地があり、沖積地があり、川がありと、変化に富んでいます。日野はまさにその東京の縮図なのです。そして高台の斜面に湧水がたくさんあり、その近くに縄文、弥生の時代から人が住んできたことが遺跡からわかります。

近世が近づくと川から取水する用水路が登場します。日野の用水路の歴史は江戸よりも古く、今年（二〇一七年）で日野用水開削四五〇年だというのが驚きです。江戸時代を通じて、数多くの用水路がつくられ、それがネットワーク化されて、水路のある独特の風景が生まれました。しかし今日、水田をキープするのが難しく、この用水路、水田をどう守るか。それをエコ研としてお手伝いしてきました。いずれにしても日野が水の都市、水の地域であることがよくわかります。湧水のあるところに神社が生まれ、清流があり、今も散策路になっています。そして、市民が「水辺のある風景日野」を投票で五〇選、選んでくれたのです。そこには水車など農産業の実用的なものから宗教的なものまでじつにさまざまなタ

図31 「水辺のある風景日野」より

イプがあって、人の暮らしと密着していることがよくわかります［図31］。

もうひとつの例は、お隣の国立です。駅周辺の学園都市ばかりが有名ですが、ちょっと南へ行くと谷保天満宮があり、今も水が湧いていて、まわりに古い集落があります。南西の多摩川から水を引いて用水路が巡り、まだ水田が残されています。神社の湧水や田植えなどの光景。東京にもまだこうした原風景が受け継がれているんですね［図32］。

杉並の善福寺川流域には、松ノ木遺跡があり竪穴式住居が復元されていて、この辺はまさに考古学のメッカです。川の対岸の高台に古墳時代の豪族のお墓があります。埋葬の儀礼を行っていた、そういう聖なる場所のすぐ近くに、一〇〇〇年代に大宮八幡宮ができたということです。杉並区立郷土資料館の展示を見ると、その面白い事実が確認できます。東京の川沿いのあちこちに、これと同じような水の都市、水の地域の深層と結びついた興味深い場所が見られるのです。

図32 国立の谷保天満宮と境内の湧水

図33 東京スリバチ学会の聖地——四谷荒木町

『東京人』
2012年8月号「東京地形散歩」
2013年8月号「東京の古道を歩く」

凸凹地形への関心

今日は東京スリバチ学会会長の皆川典久さんもいらしていますが、なぜ、今、凸凹地形が人々の心をつかむのか。やはり、バブル以降また東京が激変し、超高層ビルが建って、だんだん風景もわからなくなってくる。変化が激しい。だからこそ、安定したもの、頼りになるもの、東京らしいものに人々の関心が向くのではないだろうかと。それが大地の起伏、地形であり、地層や古層なのだろうと思うのです。それらは江戸より前にできているものが多いので、したがってわれわれが「江戸東京学」の成果を踏まえながらそれを乗り越えていくには、そこまで辿る必要があるだろうと思っています。

四谷荒木町こそがスリバチ学会の聖地ですね［**図33**］。皆川さんにも案内していただきましたし、雑誌**『東京人』**の「東京地形散歩」特集の際にも、一緒にここを歩きました。本当に面白い空間ですね。松平家の屋敷跡は、水をダムのように堰き止めて庭が機能していたというお話も皆川さんから伺いました。明治以後、ここが花柳界になっていたわけですね。今も弁財天が祀られています。

雑誌『東京人』は、江戸東京学とも波長を合わせて誕生し、もともと江戸と東京をつなぐところでさまざまな特集を組んできたのですが、近年では、もっと遡り、東京を古層からみていこうという発想も取り入れて、「縄文散歩」「東京の古道」「東京の神社」などの面白い特集が増えています。こうした凸凹地形ブームのなかで、貝塚爽平さんの**『東京の自然史』**が今ふたたび注目されているわけです。

外濠研究

われわれエコ研による日野に続く具体的な東京のフィールド調査としては、お膝元の外

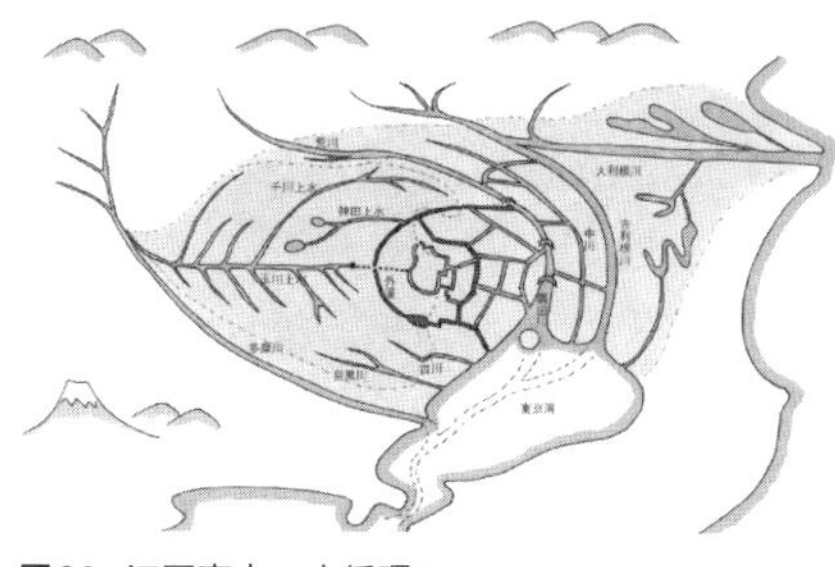

図34　江戸東京の水循環システム

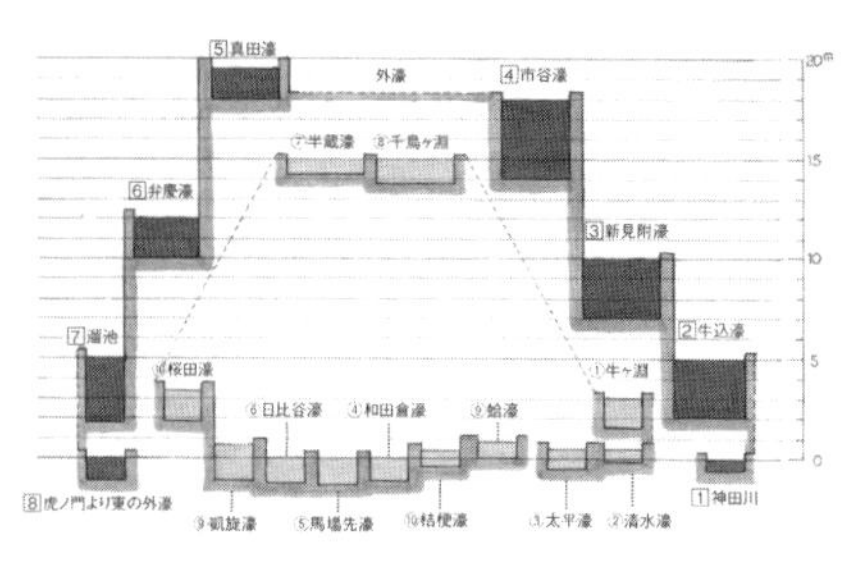

図35　外濠・内濠の断面構成

濠を対象に長年、取り組んでいます。外濠の史跡としての価値を評価する調査が行われ、『史跡 江戸城外堀跡保存管理計画書』という報告書が出たことで、史跡として折り紙つきになったわけです。その後、水質の悪化が大きな問題とされましたが、かつてはいかに水の循環系がうまくできていたのかを調べました。玉川上水の水も一部入り、水が循環していたということなのです［**図34**］。外濠と内濠の水位の高さの順番を表した図［**図35**］を見ると、堰のようになっていて、順繰りに水が下りていくわけです。『**江戸の川・東京の川**』の著者、鈴木理生さんによると、日本に古くからある棚田状の水の循環の仕方なのではないかということですね。なるほどと思わせます。

他の大学の人たちも私たちの外濠研究に関心をもってくださって、民間企業の大日本印刷、そして近くの東京理科大学の宇野求さんたちと、一緒に「外濠市民塾」という活動をやっています。さらに外濠の水をきれいにするためには、さらに元を辿らなければいけない、あるいは日本橋周辺の水をきれいにするには外濠をきれいにしなければいけないという認識から活動が広がり、日本橋川の浄化に関わってこられた川の大御所、中央大学の山田正さんが中心となり、いろんな大学に呼びかけて二〇一四〜一五年に「水循環都市・江戸東京」と題して一連のシンポジウム、展覧会を行いました。こうして、外濠をきれいにするには、もともと水の一部を流し込んでいた玉川上水から再び水を取ること、そのためには多摩川からの取水を増やして玉川上水の水量を増やすことの重要性が認識されるようになっています。

グリーンインフラ研究

去る七月（二〇一七年）には、田中先生に基調講演をしていただいて、法政大学の江戸東京

鈴木理生
『江戸の川・東京の川』
日本放送出版協会、1978年、
井上書院、1984年

貝塚爽平
『東京の自然史』
紀伊國屋書店、1964年、
講談社、2011年

研究センター創設を目指す旗揚げのアクションとして、シンポジウム「水都・江戸東京のグリーンインフラ――東京五輪に向けて江戸から何を学ぶか」を開きました。グリーンインフラというのは、われわれの仲間である神谷博さんが持ち込んでくれた欧米発の新しい考え方で、高度成長期にずっとグレーインフラ、つまりコンクリートで固めることばかりをインフラづくりでやってきたのに対し、これからは発想を根本的に転換させ、グリーンでインフラをつくるのだというのです。そこには水の空間も入り、こうした緑と水の空間づくりが防災にも役立つという考え方なのです。

しかし、日本には伝統的にこうした考え方がありました。川や水路の空間には必ず緑の帯が人々の手でつくり出され、しかも、古くから水辺に神社や寺院ができ、そこで四季折々の催事がなされ、人々を引きつけてきました。このようにグリーンインフラが目指す物理的な環境としての水、緑のレベルを越えて、人の暮らしとか人文的な価値などを付加して、愛される場所になってきたことが多いと思えます。確かにそれが近代の都市開発によって、壊され、また引き裂かれ、豊かなつながりが見失われたケースが多いわけです。それをエコ研は、「歴史・エコ廻廊」としてつなぎ、縫い合わせ、大きな都市軸として再生する必要性を提唱しています。こうして世界に類例のない〈水都〉〈庭園都市〉の復権が東京で実現されることにつながります。このような大きな構想が少しずつでも実現していくことを期待しています。

講義余録

イタリアで建築類型（ティポロジア）や都市組織（テッスート・ウルバーノ）の方法を身に着けた陣内は、帰国後、その方法を東京に応用する。「近代に大きく変容し、この巨大で複雑な都市東京を解読できれば、世界のどの都市も恐くない」。陣内にはそんな意気込みがあった。『東京の空間人類学』は必読の都市論、東京論として世に有名だが、その根底にはイタリアでの経験がしっかりと息づいている。ただし、そこに西洋の都市原理だけでは論じきれない限界を感じ、地形や土地利用など独自の視点を加えたのであって、イタリアと東京の陣内の仕事を連続的に見ることで、この本の真の価値が理解できる。▼一九八〇年代前半、小木新造の提唱で〈江戸東京学〉が誕生する。歴史学、民俗学、文学、建築、都市計画、考古学など多くの分野が連携した新しい学際的な研究領域であった。その火付け役を担い、研究を推進した人に田中と陣内がいる。ふたりとも、七〇年代後半から八〇年代前半にかけて、江戸東京研究をそれぞれ独自に展開していた。田中は文学・文化史、陣内は建築・都市史という観点からである。▼田中は、文系でありながら、都市空間に興味があり、場所の意味や空間のもつ特性に強い関心をもっていた。とくに、城壁のような内と外の明快な境界が存在しなかった江戸では、内部にも田園や庭園の豊かな自然が入り込んだ世界でもユニークな都市が形成されたと主張する。加えて、歌川広重の一〇〇枚を超える『名所江戸百景』のうち、その八割近くが川や海を描いていると指摘し、水の視点からも江戸を捉えようとした。着物や排泄物の再利用から、江戸は高度な循環都市であったと論じるところは、陣内がいつも言うエコシティの概念とも重なり、都市の全体を新たな観点から捉え直そうとする姿勢もよく似ている。自然や水、エコロジーは、江戸東京を読み解くうえでもっとも重要な要素であるとする共通のこだわりがふたりにはある。▼一方の陣内も、江戸東京を解読するには、建築だけでは都市のロジックが見えてこないことをすでに知っていた。とくに、江戸東京の各地の特徴や景観が生み出される原

理を地形や土地利用、歴史的な層の重なりから探った。たとえば、〈山の辺〉と〈水の辺〉がつくり出すそのユニークさを国際比較することで、江戸東京の特異性をあぶりだそうとしたのである。明治以後も、水辺の価値が、下町よりもむしろ山の手の田園や郊外のほうに活かされたことを明らかにし、従来の水都の概念を大きく変えることに成功した。対談では、明治どころかすでに江戸の広重の絵で、田園や郊外の価値が先取りして描かれてますよと田中が指摘すると、陣内も笑みを浮かべてうなずく。▼陣内が田中と話すときはじつに嬉しそうに見える。対談で陣内が江戸の都市文化は女性がけん引してきたともち上げ、芝居町が川沿いにあるから水辺には「色気」があるというと、田中がすかさず「遊び」と言ってくださいと軽くたしなめる。江戸東京を対象に歴史的な史実を実証的に積み重ねても、今の東京を射程に入れて考えるふたりには実感に乏しく、現実とのギャップを感じて消化不良になる。同じ価値観をもち、「文化」という抽象的な、しかしながら楽しく意義のある議論が田中とはできる。互いに従来の学問の枠にとらわれず、学際的な経験を積んで物事の深層にまで入り込もうとするふたりの文化人の会話は、聞いていると気持ちが華やぐ。▼都市の個性や文化的アイデンティティを求める気運が生まれ江戸東京ブームが興ってから、すでに三〇年が過ぎた。東京の歴史を近世の江戸から説く従来の〈江戸東京学〉を凌駕して、古代・中世からすでに存在し、今の東京のユニークさの源泉となっているこの都市と地域の基層構造に光を当て、世界のなかでも独特の性格をもつ巨大都市東京の成り立ちを多角的な視点から解明する。そのために、二〇一七年、法政大学に「江戸東京研究センター」が設立された。専門領域が異なりながらも、共通の価値観と関心をもつふたりのリーダーがここにはいる。文献的事実だけを研究するいわゆる「学問」から、時代の現実に直面し、乗り越えていくための方法を発見するための「運動」になりつつあると田中は期待する。（高村雅彦）

都市・地域の古層、基層

中谷礼仁
（建築史家／歴史工学研究）

私と『イタリア都市再生の論理』

中谷礼仁

陣内先生について語ることは自分の研究経歴を語ることと重なる部分が多く、非常に貴重な機会をいただいたと思っています。今日は「私と『イタリア都市再生の論理』」と題してお話をさせていただきたいと思います。

主体が見える建築史書はなかなかない

『イタリア都市再生の論理』は、陣内先生の本のなかでも私にとっては重要な意味をもっている本で、何回も読み返しました。

この本を読んだきっかけは、伊藤毅先生に紹介されたことです。私が大阪市立大学にいた頃、連続する長屋一団の実測をしていて、一〇〇年ぐらいで長屋の形がだんだんと変わっていく様子が面白いという話を伊藤先生にしたら、「陣内先生の『イタリア都市再生の論理』を読んだか」と言われ、「読んでいません」と答えると、「読みなさい」と言われました。読み始めて、ちょっと驚いたんですね。目から火が出るような感じで、建築の研究書からこの感覚をもらったのは陣内先生の本が数冊目ぐらいでした。今回はこの印象的な出会いを直裁に表している、私がこの本に線を引いた部分や印象に残った箇所を紹介します。線引きした部分って、その後自分の行動倫理になってしまうことがあるんです。だからそれを紹介すれば私のなかの『イタリア都市再生の論理』(以下『都市再生の論理』と略)の捉え方もおわかりになると思います。陣内先生に「あの本は素晴らしかった」と後に伝えた際に、本

なかたに・のりひと
早稲田大学教授。近世大工書研究、数寄屋・茶室研究の後に、視野を拡大し都市の先行形態の研究、今和次郎が訪れた民家を再訪しその変容を記録する活動の主宰を経て、千年続いた村研究――千年村プロジェクトを行う。二〇一三年、ユーラシアプレートの境界上の居住文明調査でアジア、地中海、アフリカ各地を巡歴。二〇一〇～二〇一一年、日本建築学会発行『建築雑誌』編集長。
著書に『国学・明治・建築家』蘭亭社、『近世建築論集』アセテート、『セヴェラルネス+』鹿島出版会、瀝青会『今和次郎「日本の民家」再訪』平凡社、『動く大地、住まいのかたち――プレート境界を旅する』岩波書店、『実況 近代建築史講義』LIXIL出版、共訳にG・クブラー『時のかたち――事物の歴史をめぐって』鹿島出版会などがある。

人から「若気の至りだった」と言われがっくりしたんですが(笑)、私が陣内先生の「若気の至り」に二〇年ぐらい付き合ってしまった経緯を、少しお話しさせていただければと思うわけです。

この本はイタリアの社会が変わり、従来の建築史学の役割も変わっていった頃、どういうことが起こったかを陣内先生が留学した先で味わった、そのレポート形式になっています。都市史あるいは建築史のなかで「主人公の目」が出ることってなかなかない。しかしこの本には陣内さんが何をしたか、たとえばどんな人に会いに行ったかというような経験の主体がはっきりしていることが、生き生きした描写を生んでいる。そういう意味では当時の「現在進行形の歴史」が語られています。まず「はじめに」で、

今イタリアのどの建築学部を訪れても、そこに漲る一種独特の熱気にまず圧倒される。確かに中庭を囲む高密な都市型のキャンパスと、壁にコミュニストの手で書きなぐられた政治スローガン、さらにその中で派手な身振りで饒舌家ぶる学生達の姿が、その雰囲気を高めていよう。だが、それにもまして目立つのはそれぞれの専門の枠を超え、今や大きな社会問題となりつつある共通のテーマに正面から取り組もうとする大学人の真摯な態度なのである。

——はじめに『イタリア都市再生の論理』、7ページ

とあります。これは建築史書なのだろうかと思うぐらいの迫力だったわけです。

陣内秀信
『イタリア都市再生の論理』
鹿島出版会、1978年

大阪の長屋群に見るティポロジア

現状の連続平面図を観察すると、どの住宅の内部にも一室目と二室目の間の同じ位置に構造壁が通っていることがわかるからである。両面の煉瓦壁の間に木の梁が密に渡されているローマの一般の住宅では……

——ローマのモンタナーリ『同』、185ページ

現在のイタリアの住まいから過去の影響をどのように読み取るかという方法が『都市再生の論理』には書いてあります。それがちょうど当時大阪で行った長屋実測の経験にきわめて役に立ちました。「あ、こういうことか」とわかるきっかけになった。「木の梁が密に渡されて」云々というところは、まさに大阪でも起こっていました［図2］。長屋群なので、誰かの家が空き家になっても、梁を通しておかないと他の家が崩れてしまうので、梁が空中を飛んで残っていることがあるのです。「これがティポロジア！」だと、自分のなかで本の記述を、長屋に投影していきました。

［図3］がその実測した長屋があった場所で、小学校の隣にちょうどノアの箱舟みたいな変な形の長屋が集まっており、これは変だと実測しはじめました。するとだんだん面白いことに気づいていきました。［図4］が学生とつくった各長屋の実測平面図の集合図で、一階はだいぶ改造されていて、和室が残っていないことがよくわかりますが、二階になると昔の畳敷きのパターンが結構残っている。つまり、まさにティポロジアのように、一見見えないけれど、そのなかに隠された文法がきっちりと残っている。それが木造の長屋で見られたということです。

図2　長屋で出くわした「木の梁が密に渡されて」（大阪菅原町）

の数多くの町で蓄積されたティポロジアによるスタディと計画の経験が
る。モンタナーリの指導の下にわれわれが行なったスタディでも、そこに
いた。
まず、対象ブロックの形成・変化のプロセスを読み取ることが問題となる
し南東に、長い馬蹄形の古代競技場をそのまま踏襲したナヴォナ広場があ
かるように、ローマ時代の市街地はすぐ南まで達していたが、この地区自
形成を開始した。まず、テヴェレ河と町の内部を垂直に結ぶ二本の主要道
居住核ができ、一室構成の平屋住宅がスキエラ型に集合して並んだ。次に
たブロックの南北の二面にも、同様の住宅群が建ち並んだ（図131）。
これらの段階を読み取れるのは、現状の連続平面図を観察すると、どの住
室目と二室目の間の同じ位置に構造壁が通っていることがわかるからであ
壁の間に木の梁が密に渡されているローマの一般の住宅では、もし最初か
ったのであれば、間の厚い構造壁はなくてもよいはずなのである。
次の段階では、各住宅が裏の空地に向かって拡張され、さらに階段を挿入
の成長が始まった。こうして、いわゆる中世の典型的なスキエラ型住宅が
132）。
ルネサンス・バロック時代になると、階数が増すとともに、二、三のスキ
を統合して、大きな貴族住宅や集合住宅への置換が行なわれた。これが、

図1　『イタリア都市再生の論理』、同引用箇所に中谷が線を引いている

図3　菅原町俯瞰（菅原町地区市街開発組合）

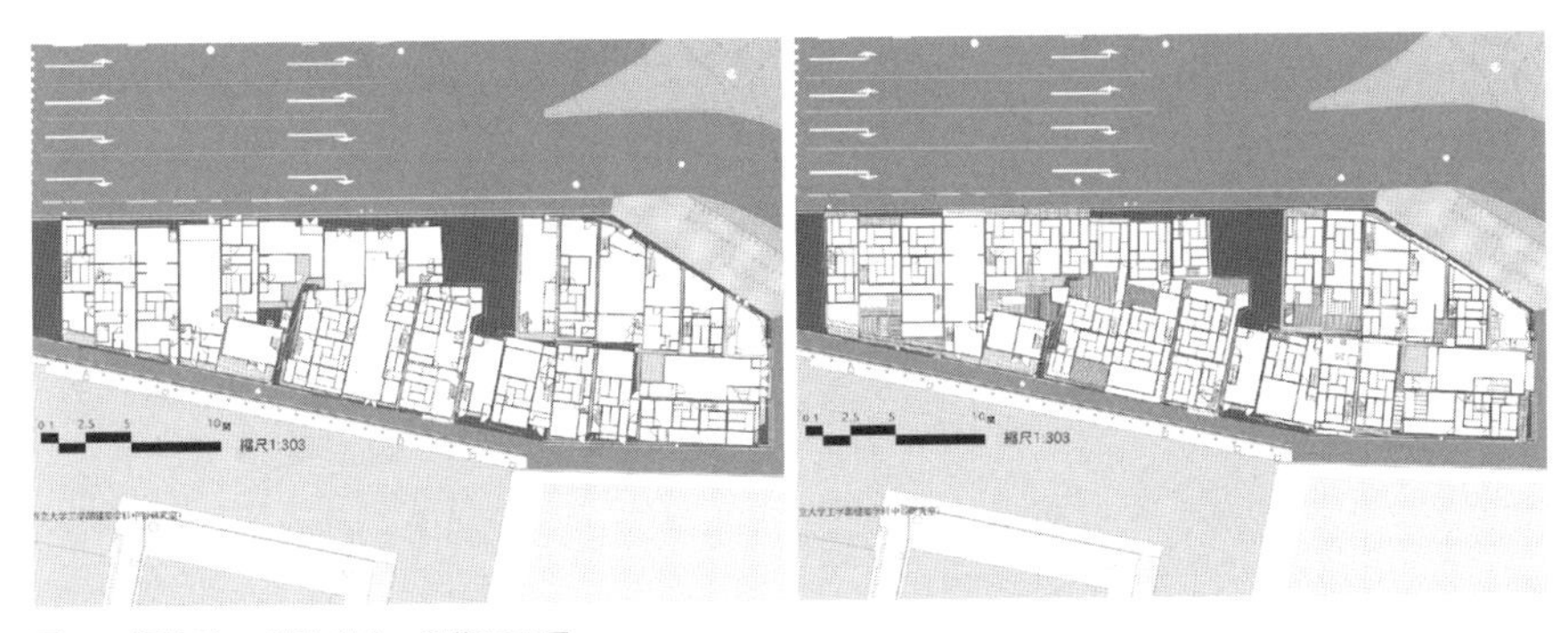

図4　解体時の1階（左）、2階平面図

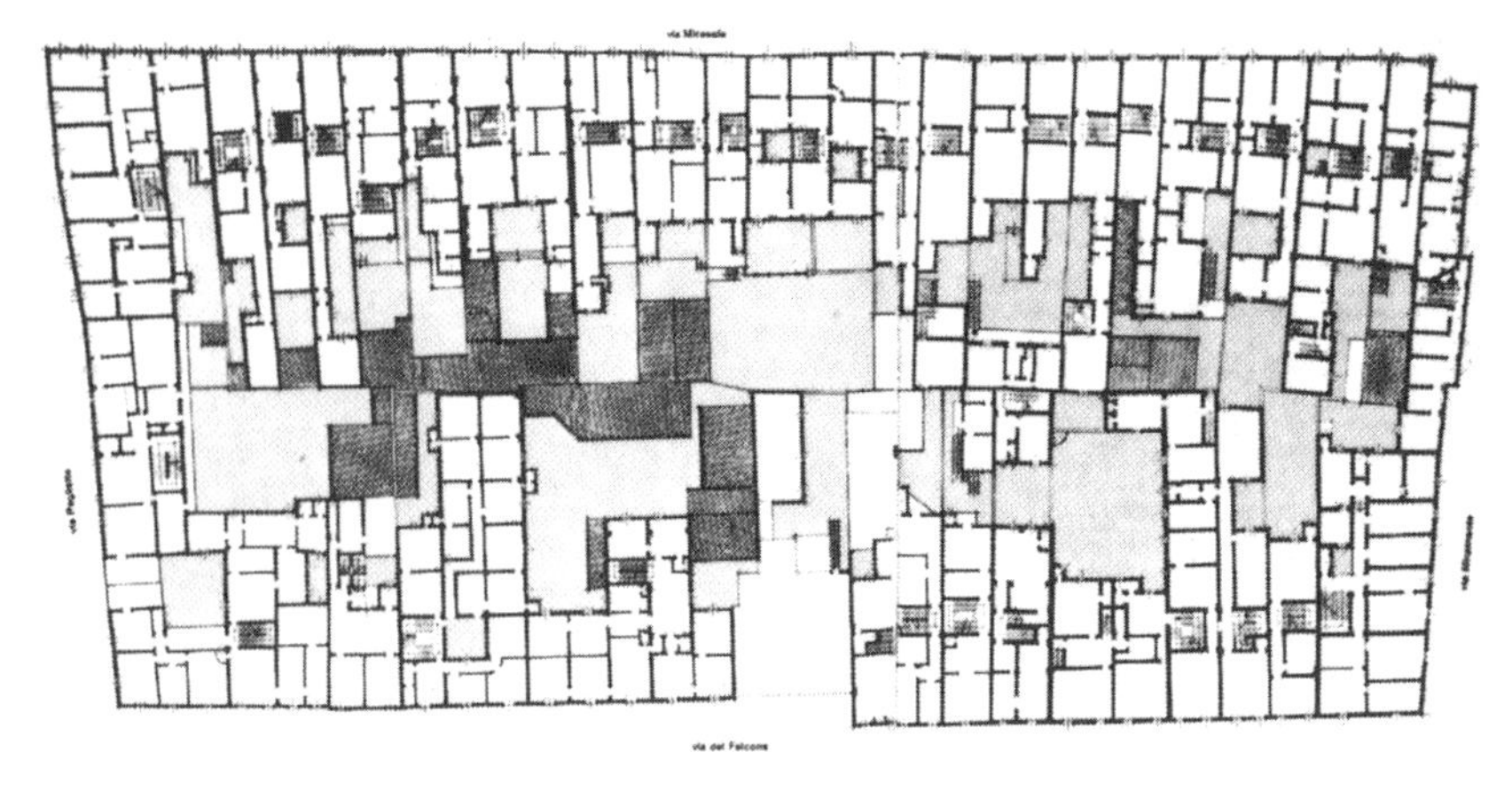

図5　平面図とファルコーネ通り側連続立面図（『イタリア都市再生の論理』p.203より）

図6　長屋連続立面図

図8　大阪の近代化──道路拡幅の際の曳家

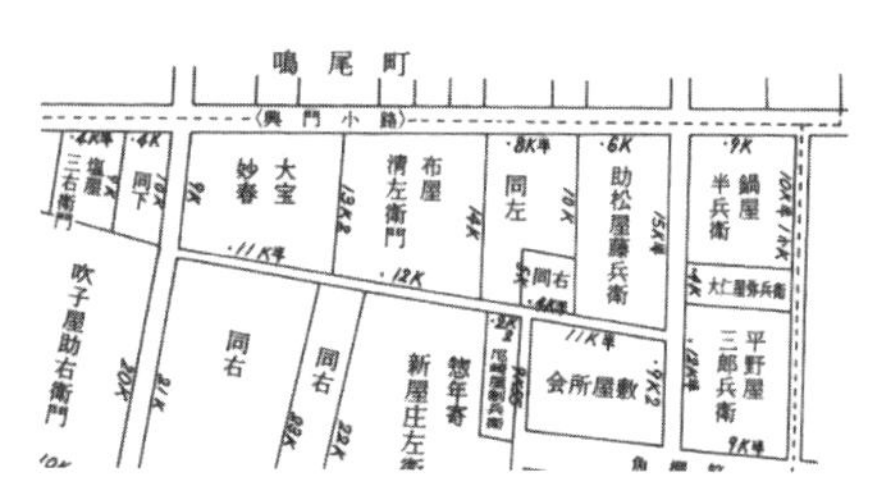

図7　天満菅原町水帳絵図（享保11年）

『都市再生の論理』のページを開いていくと「これは使える」、という分析方法があり、それを大阪の長屋に展開していきました。本で示された連続立面図［図5］がありますが、これも、大阪で見るとまったく「同じ」、でした［図6］。

『都市再生の論理』では、家の所有者や誰が住んでいたかを「カタスト」、つまり台帳で分析する方法が紹介されていますが、それは日本の場合は、江戸時代に誰がどのように土地をもっていたかが水帳（御図帳）からわかるわけです［図7］。しかし実測当時はこの形ではなくもっといびつな形に削られていました。

それはなぜかというと、大阪は近代化がたいへん激しい形で現れ［図8］、新しい道路ができるときに拡幅に応じて家の軒を切ってしまう「軒切り」と呼ばれる現象が起こりました。現状の土地台帳［図9］を見ると、江戸時代のまま残っている部分と、この長屋全体の敷地が市道拡幅で一回切られて、その後また隅切りされて二回切られる経緯が記録されていることがわかります。そのなかに長屋群が形をそろえられて集まっています。昔の形からロジカルに現在のカオティックな形になったのではないかと踏んで、江戸時代の新築の頃の復元をしてみました［図10］。

区割りの真ん中に路地があって、五間分ぐらいの長さの奥行きで、間口は二・五間程度であろうとか、それまでに大阪でいろいろ調査してきた経験からこれ以外はありえないというような最低限の寸法を最初に見た江戸時代の水帳［図7］にあてはめます。それが道路拡張で敷地の北側一面が軒切りに遭うと、住宅として成立しない奥行きになってしまうので、そういう場合は形式を変えて新築されるはずだと［図11］。……そのように展開していくと、東西方向の真ん中ぐらいで長屋の運命が変わります。この敷地は西に行くほど奥行きが狭まるのです。そうすると西側は、真ん中を路地にして両側を長屋にする形式が成立

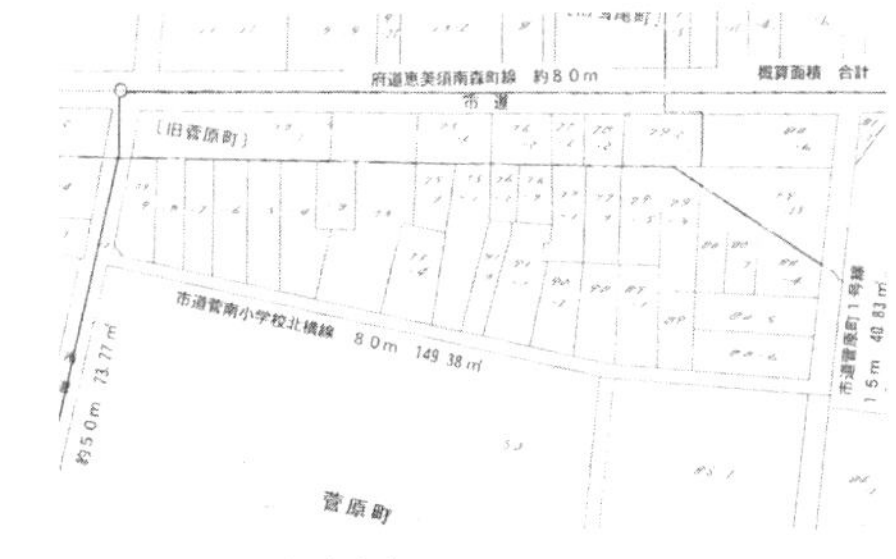

図9　現状の土地台帳

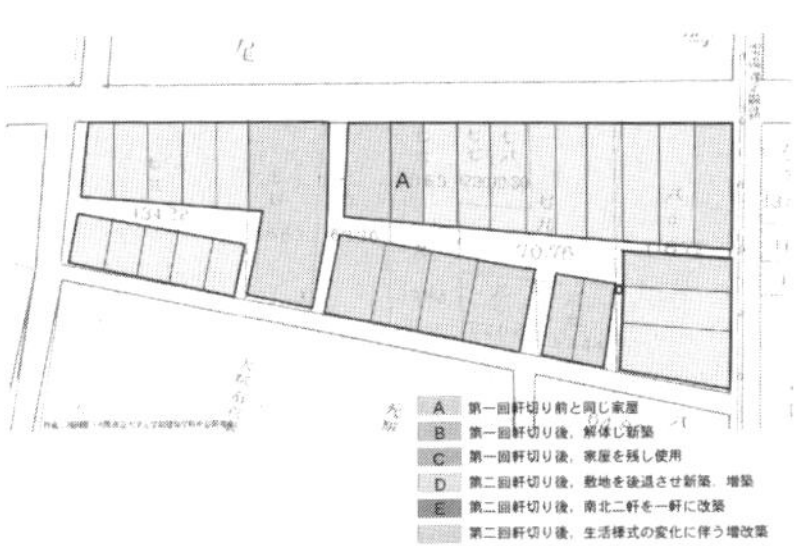

図10　江戸時代の新築時の復元

図15　古い看板を消さず、
その上に看板を重ねる

図16　土台を外して、土間にする

図17　新しい壁を外すと、古い壁が現れる

図18　垂木が根太に転用される
——用材から資材へ

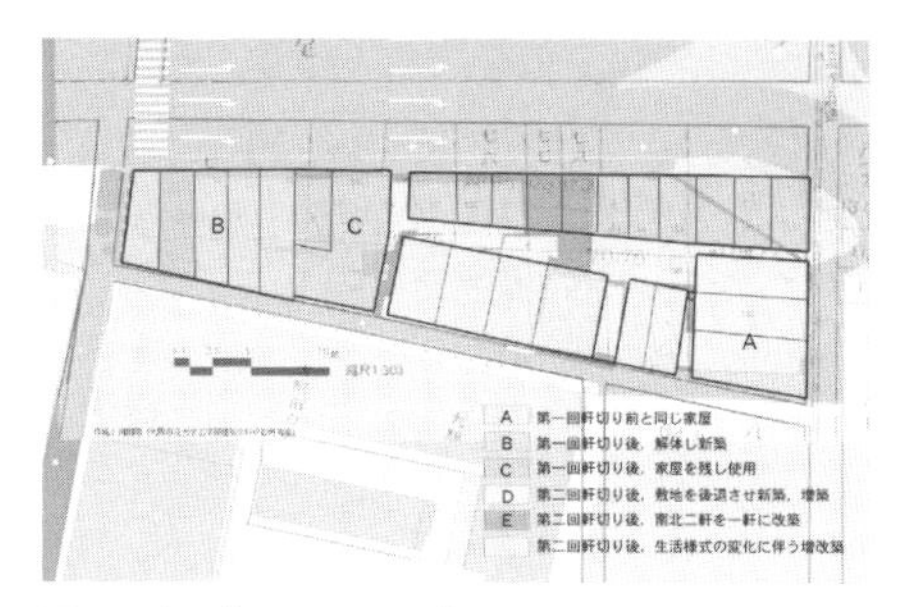

図11　大正期の１回目の軒切り

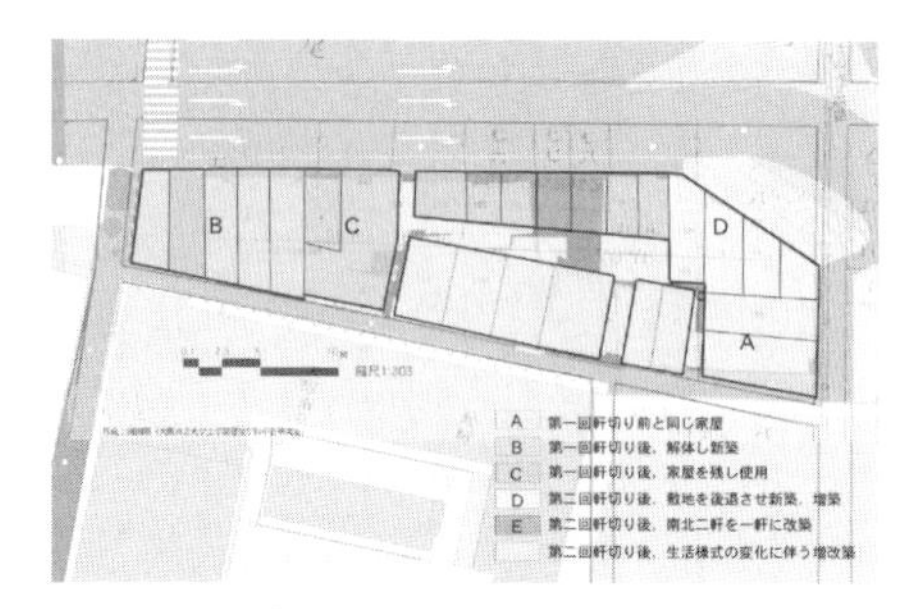

図12　昭和初期２回目の軒切り

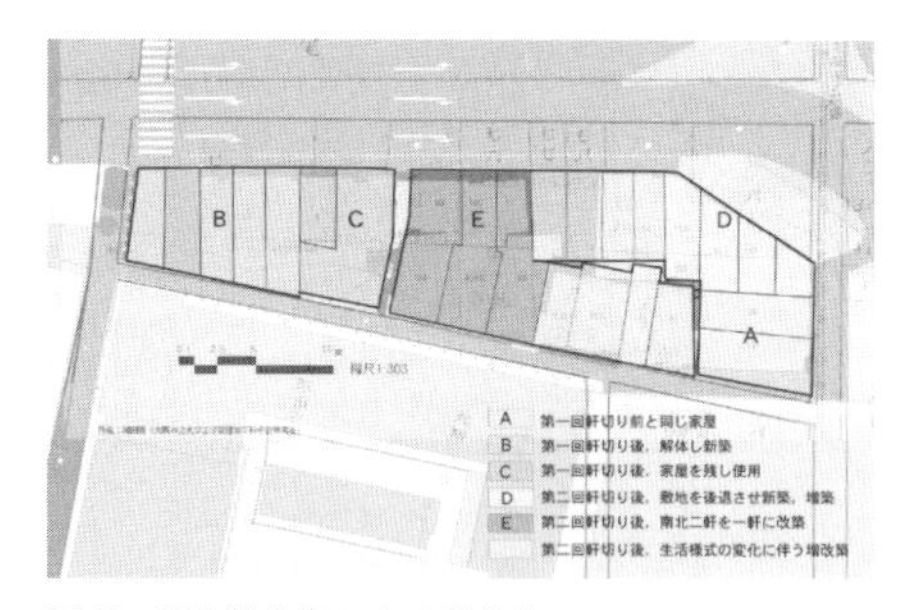

図13　昭和戦後期による私有化

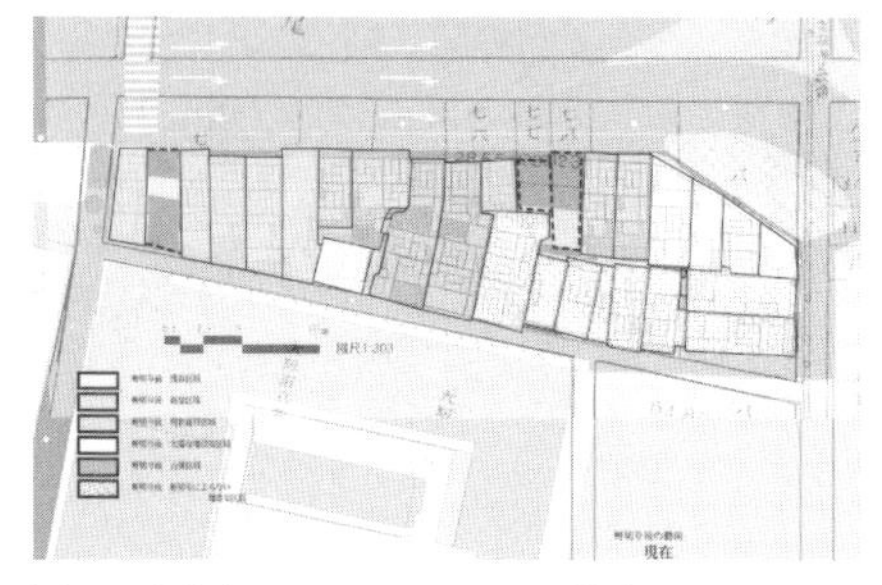

図14　現状とシミュレーションの対応

するだけの奥行きがなくなるため、南北を通じて一軒の新しい長屋として再建されます。そして東の方はかろうじて真ん中の路地を保って、主に北側の長屋群が軒切りによってかなり浅い奥行きになって残ったと考えられます。だけど次に隅が切られてビル形式の建物が新築され［図12］、さらに戦後には下水ができたので裏路地がいらなくなり、徐々に家が裏路地を侵食して奥に伸びていく［図13］。こうして論理的にシミュレーションをしたものが、どのくらい現実と整合しているかというと、ほぼ合っている［図14］。ティポロジアというか、もともとの形から現在を分析するというのはかなり正確だということがわかりました。

「弱い技術」という命名

イタリアのほとんどの住宅は、時代とともに必要に応じて上へ、奥へ増築を重ね、現在の姿に至っている。……上へ新たな階を増築したり、グッビオに見られるように、屋根の位置を動かさず各階の階高を小さくして階数を増やし……

——ムラトーリ学派の人々『同』、113ページ

これはつまり一回も固定することなく、さまざまに流転を重ねていくイタリアの都市住宅の姿が生まれてくるということです。これも大阪の長屋にありました。昔の古い店の名前が書いてあるところに新しい店の看板がついている［図15］。商店名を消さない、というか重ねられていく。あるいは、土台が入っていたものを外して土間にしているとか［図16］、新しい壁を剥がすと古い壁が出てくるとか［図17］、根太に垂木が使われているとか［図18］

……、そうした面白いことがわかります。

いちばん面白かったのは、雨戸の戸袋なんですけれど［図19］、新しいファサード壁が前面に追加されたので、そのまま残っていた。こういう、あっても使用に問題がない部分はいつの間にか忘れられて残っていく。いわゆる〝超芸術トマソン化〟です。南北に通じている奥行きのある長屋は途中で角度が折れていますが、これは表の長屋と裏の長屋をつなげて一軒にしたからです。だから折れているところの一階床を剥がしてみると、裏路地の表面が出てきました［図20］。このように融通無碍に都市が変わっていきます。

しかしそのなかには、何かまったく新しい風景があって、なかでも非常に驚いた風景がこれです［図21］。トタン張りの蔵ですね。これは阪神・淡路大震災の時に外壁が崩れてしまったので、応急措置で土壁を全部削って、間渡し竹のところから、新しく木枠で骨組み

図19　出窓が追加され壁がつくられたのに、戸袋がそのまま残る

図20　1階床を剥がして出てきた、裏路地の表面

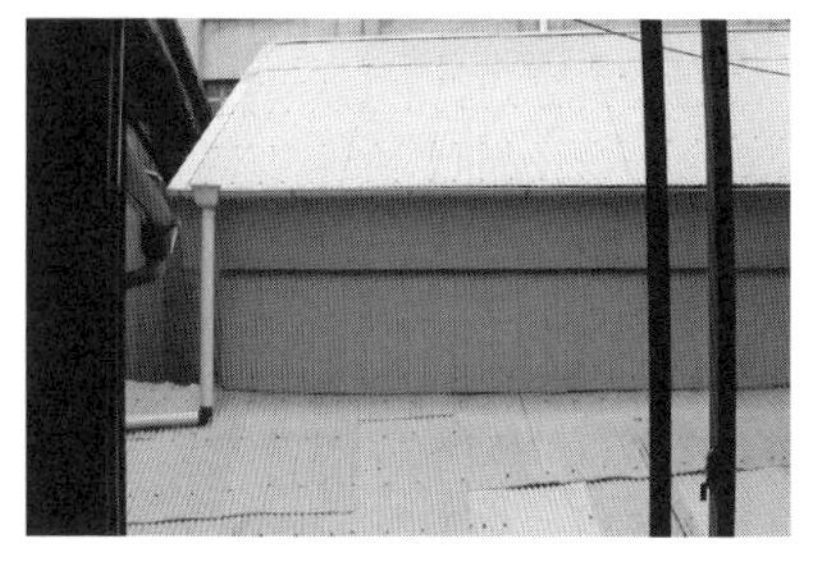

図21　トタン板で覆い尽くされた土蔵

図22　［図21］の、壁断面

をつくってトタンを張っていたわけです［**図22**］。なぜ面白いかというと、都市を構成する建築要素が増えていることがわかったからです。復元すると昔のままなのですが、復元しないで、残った柱と間渡し竹を支持体にしてトタンを張ると、新しい層が追加されている［**図23—方法2**］。その結果建築を情報として見たときに情報がもっともよく蓄積される。

現在ではリノヴェーションがだいぶ普通に行われるようになってきましたが、そうしたもののなかに都市の情報が蓄積されていくことが面白いと思うのです。

こういう技術が変転して、素材もその都度意味が変わっていく。そういった技術や素材のありようを「弱い技術」と捉えました。これは自分としても結構いいアイデアだなと思ったので、論文（中谷礼仁・北浦千尋・河田剛「類型分析に基づく編年シミュレーションを用いた近代大阪長屋群の存続条件の分析——北区菅原町旧長屋群を対象として（歴史工学的事例報告1）」『日本建築学会技術報告集』第一六号、二〇〇二年、および中谷礼仁・北浦千尋「弱い技術について——近代大阪長屋群の増改築手法におけるその特性（歴史工学的事例報告2）」『同』第一八号、二〇〇三年）として、きちんとまとめて報告しました。

陣内先生が「若気の至り」の気持ちで書いた『都市再生の論理』を、ここまで引き受けてしまっていた私の人生があるんだと、このプレゼンを用意しながら考えました。

過去は「いる」——先行形態論へ

その後、長屋の実測で味を占めたことで、都市が成立している古層みたいなものを探っていこうという考え方に展開していくわけですが、そこにも同書が影響してきます。

……改造の繰り返しで表面的姿を大きく変えた地区ではあっても、土地の所有権の

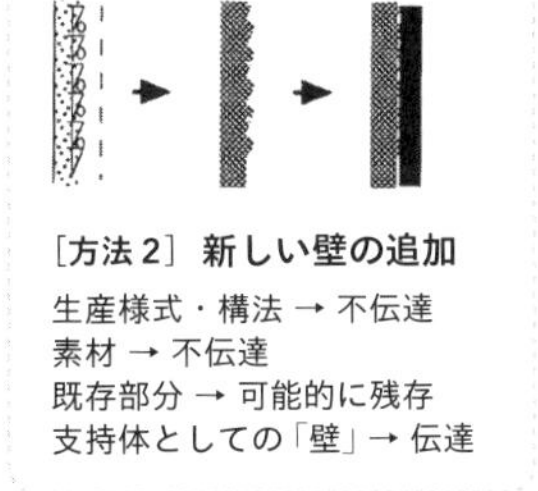

［方法1］既存の壁の補修
生産様式・構法 → 伝達
素材 → 伝達
既存部分 → 明示的に残存

［方法2］新しい壁の追加
生産様式・構法 → 不伝達
素材 → 不伝達
既存部分 → 可能的に残存
支持体としての「壁」→ 伝達

［方法3］全面的な建て替え
生産様式・構法 → 不伝達
素材 → 不伝達
既存部分 → 消滅

図23　土蔵改修の種類（方法1〜3）と情報の蓄積性を評価する

堅さ、基礎、壁のもつ物理的な規定性によって、ヴェネツィア独特の都市組織は今日なお残存している、と考えたのである。

──ムラトーリ学派の人々『同』、56ページ

これをまじめに受けて、大阪でこれをやろうとしたわけです。その結果できたものが、「都市連鎖」や「先行形態論」です（「都市は連鎖する」『10＋1』No.30、先行形態論は『セヴェラルネス＋』に所収）。しかし素材は違っていました。当時、私は古墳の近くに暮らしていたのですが、あるときふと、古墳が「いる」ことに気づいて革命的に考え方が変わったんですね。古墳は教科書に書かれている過去のものという認識でしたが、現実に影響を及ぼしていることを目の当たりにし、歴史とは現前しているものでそれをどう考えていくかという思考に変わりました。これもどうも、陣内さん、あるいはサヴェリオ・ムラトーリ起源なのかもしれない。

という流れで、消された古墳を学生が見つけてきてその経緯を研究したときには、面白すぎてどうしようかと思いました。

その消滅してしまった百舌鳥大塚山古墳（堺市）の場合、戦後、無指定だったその古墳が不動産ブローカーに買われてしまいました。最初は京都の家の土壁にするために、全部盛り土が採取されてしまいました。そうすると焼け跡みたいな土地が残るわけですね［図24］。そのブローカーは壁土が取れなくなった後、その跡地を住宅地として売り出すという……とんでもない儲けだったと思います。で、なぜこの写真が残っているかというと、もちろんなんとかこの古墳を記録しようと研究者が奮闘したわけで、一九四九年には緊急調査が入っています。

「都市は連鎖する」
『10+1』No.30
INAX出版、2003年

中谷礼仁
『セヴェラルネス＋（プラス）
──事物連鎖と
都市・建築・人間』
鹿島出版会、2011年

さてこの経緯で面白いのは、古墳はなくなっているけれど、現在の住宅街にはいまだに古墳の形が残っていることです。つまり物性は消えているけれど、そのフォームだけが残っている。そんなはずはないだろうと考えていると、陣内先生が『都市再生の論理』のなかで所有権の話をしていたことを思い出すわけです。なぜ消滅したのに、古墳は自らの形を住宅街に刻みつけたのでしょうか。そのような無意識な形態の受け継ぎということを私は「先行形態」と呼んでいます。ヨーロッパにおいてはその物性は相応に残るのに対し、日本の場合は残らない。しかしその形は亡霊のように残っている。そこで私は日本におけるティポロジアを「都市のおばけ」として扱っています。

そのメカニズムを説明しましょう。そうしたらこのような形だけが残る先行形態のあり方が普遍的である、つまり意識的に残そうとしたわけでもないのに、ほぼ自動的に残ってしまうことがおわかりになると思います。

図24　盛り土が取られた古墳の跡地

まず古墳は良い場所にあるのでだいたいその後、住まいにまわりを囲まれる。もう近世ぐらいからそんな状態だったのではないでしょうか。そして古墳は堀があるからそう簡単には埋め立てられないし、むしろ古墳がつくり出した環境は周囲の環境形成に寄与していたのです。さて戦後、ブローカーが入ってきて古墳を買ってしまい、古墳はなくなってしまいます。ここが重要ですが、古墳の外形線は残るのです［**図25**］。なぜなら古墳のまわりに町が建てづまることによって、古墳の外形がおのずと周囲の住まいにすでに転写されているからです。これが、形が残る。意味もないし実質もないんだけれど形骸だけが残る。そこが古墳、ひいては先行形態のミステリーで、そうした土地の形の受け継ぎ方があるということです。

さらに話を進めると、建築家が考えるものは図であって意識的に意味が見出されていて、意味に満たされていると思うけど、先行形態は地であって無意識であって空虚であって、何となく残るという面がある［**図26**］。これが流転・変遷していくことが都市の奥深さなんだと思います。このように本当に『都市再生の論理』は、私にさまざまな啓示を与えてくれたミューズのような本なのです。

セヴェラルネス――「いくつか性」

建築・都市空間を出来上がった過去のものとして見るのでなく、現在の都市の中に継承され、今なお人々の都市生活を秩序づけている空間構造を見い出し、それが出来上がってきた歴史的過程を捉えていく方法……

――ムラトーリ学派の人々『同』、48ページ

図25　古墳の形態が残る

図／**地**
意識的／**無意識**
満たされた／**空虚な**
望まれて保存される／**何となく残る**

図26　先行形態の特徴（太字）

これはまさしくティポロジアというものの根本的な原理です。これをどう自分のなかで展開していくかを考えたのが『セヴェラルネス＋』という本です。セヴェラルネスは「いくつか性」という意味ですが、世界はいくつかの可能性の重層によって展開されているということを書いた本です。ムラトーリが築いたティポロジアの原理にきわめて似ています。

ティポロジアもセヴェラルネスも基本的に重要なのが、形が先行するという意識です。われわれが意識をもつ前にまず形が存在している。その形のなかで人間が生活をしようとすると、その形に合わせて生活せざるを得ないのです。しかしその可能性には物や形としての限界が必ず伴う。トイレットペーパーでガソリンで走る自動車をつくることはきわめて困難でしょう。つまり物質とか形にはその使用範囲が限定されているということが、世の中に形態を与え鮮やかに彩っている。つまりわれわれがなぜ、ここにある机と椅子をそれとして見るかというと、われわれの頭のなかに意味構造として机と椅子がありありと鮮やかにあるわけですよね。それは機能を読み取る前に、形の現前があったからではないでしょうか。

私たちをも含めたあらゆる存在はつねに刻々と変化していることは自明である。この循環と変容の自明なプロセスからは、事物の変化、転用に対する私たちの驚きの感覚も導き出しえない。なぜこの茫漠とした循環からヴィジュアル・エゴにおける事物の鮮やかさ、明らかさが沸き立ってくるのだろうか。なぜこの世界はむしろ確固として鮮やかに構成されているのか。これが根底的な問いかけにはなりはしないだろうか。

——中谷礼仁『セヴェラルネス＋』、243ページ

そういう物性限界が、その後の機能を決定している例を見ましょう。これは西山夘三の電車住宅の例です〔**図27**〕。電車住宅で母親がふたりの子供を養っていて、その後結婚をする、そしてプライバシーのためにいろいろ展開していって最終的にお母さんが電車から出ていってしまう、というレポートです。電車は鉄のフレーム製なので改造が難しく、さまざまな家族形態を包含できなかったというわけです。形が家族の姿を規定するいい例です。形は転用に限界を与えていますが、その転用の限界がきわめて絶妙なアンサンブルとしての風景を生む。たとえばアルルの円形闘技場が集合住宅に変わっていくような場面です〔**図28**〕。というように、さまざまな意味機能を複層化していく転用のダイアグラムを『セヴェラルネス+』で書いたのも、『都市再生の論理』をいかに自分のなかで超えようとするかの

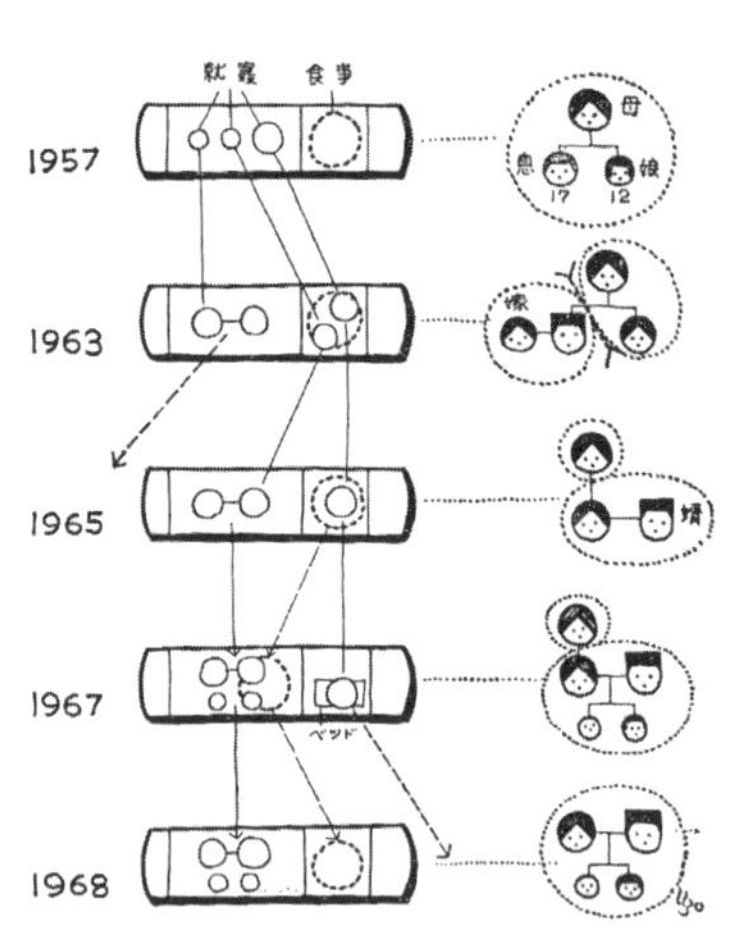

図27 堅固な形が転用に限界を与えている
──「電車住宅」(西山夘三、1975年)

図28 形と要求が絶妙なアンサンブルを構成
──アルルの円形闘技場

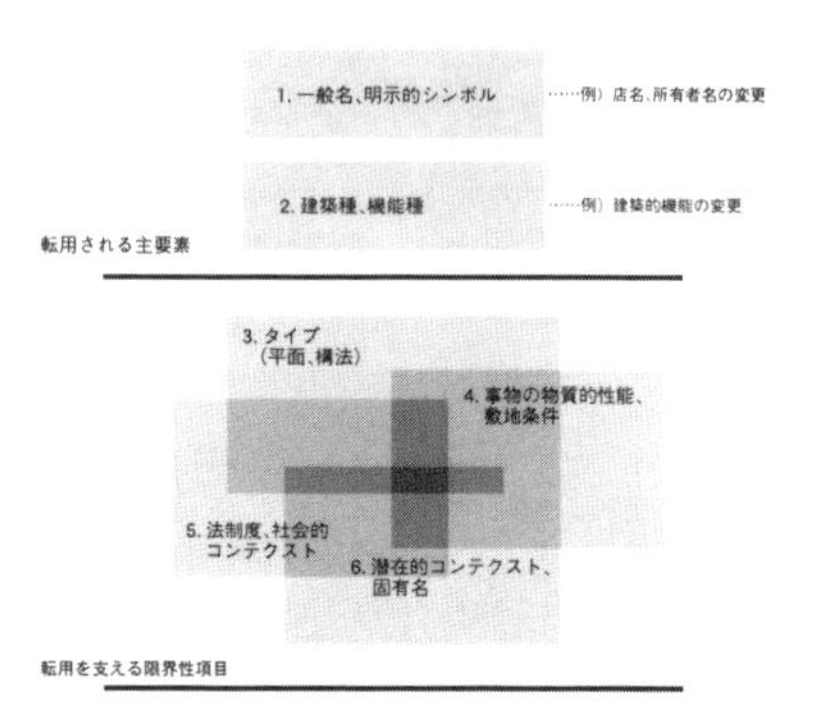

図29 転用を支える潜在層
(『セヴェラルネス+』より)

試みであったと思います［図29］。

今和次郎『日本の民家』を再訪する

関心が、点から面へ拡大したとはいえ、結局のところ一級民家が核となって環境をつくっているというモニュメント主義に陥る危険がいまだにある。それを克服するには、都市の生きた現実をつくり上げている無名の庶民住宅群も含めた都市の全空間を連続的に見る視点が必要なのである。

――ムラトーリ学派の人々『同』、54ページ

……こういうことは覚悟なくして書いてはいけないんです。もう、どこまでやらせるんだ！　全部見ろと言うのか！　という（笑）。藤森照信さんの「全部主義」と一緒に、これらの言葉が私には重くのしかかっていました。しょうがないので実行したのが、「今和次郎著『日本の民家』所収の民家再訪による日本国土の変容調査」です。陣内先生が主張するような「全空間」を見る能力はないので、今和次郎が書き記した約五〇軒近くの民家が、現在どうなっているかを全部見て調査したものです。

そのために瀝青会という調査団体を組織して六年間ぐらい日本全国を見て回りました［図30-31］。今和次郎『日本の民家』に取り上げられた民家を再訪すること、それら名もなき民家の現在を基準として約一世紀の日本の変容を報告するグループです。瀝青会独自の民家、集落像の提出。つまり先ほどの一品主義から脱却して、そして藤森先生の「全部主義」、つまり全部の遺族に会う、全部のものを見る、全部の文献を調べる、これを一気にやろうと

今和次郎
『日本の民家
――田園生活者の住家』
鈴木書店、1922年、
岩波書店、1989年

1　今和次郎『日本の民家』（1922年初版）に採り上げられた民家を自ら再訪すること

2　それら名も無き民家の現在を基準として約1世紀の日本の変容を報告

3　瀝青会独自の民家、集落像の提出

図30　瀝青会のミッション

図31　再訪の様子

図33　「見聞野帖」から判明した今和次郎の調査旅行の編年
──『日本の民家』初版まで

図32　今和次郎の「見聞野帖」

図34　「ドラム缶伸ばし張りモルタルたたき塗り仕上げ」

いう狙いがあったというわけです。今和次郎がまとめたスクラップブックをベースにして研究し、今和次郎が旅行して写生した民家について、われわれも同じことを全部やりました［図32–33］。

面白い経験はいろいろとありますが、ここでは民家ではなく、その過程で発見した壁を紹介します［図35］。すばらしくかっこいい壁です。現代芸術みたいですが徳島のクリーニング屋さんの壁です。よく見るとドラム缶を広げて使っているんですね。つまりそこは漁村でドラム缶が余るので、平らにして壁に使っているんです。この壁の存在だけで地域の生産連関がわかってしまう。これを建築家風に書くと、「ドラム缶伸ばし張りモルタルたたき塗り仕上げ」。こういうブリコラージュが日本にはいっぱいあることがわかりました。

千年村プロジェクト――千の村、無数の村、普通の村

「文化的アリバイ」

――ボローニャのチェルヴェッラーティ『同』、192ページ

『都市再生の論理』でいちばん大きかったのは「文化的アリバイ」という言葉です。これにはかなり影響されました。文化的アリバイとは何かというと、優良品だけ文化財に選んで、都市の他の部分を壊されることを許容するということです。建築史家としては耳が痛いですよね、保存とかね。なんであの建物を残してこれを残さないのか、ということになります。原理主義的です。そういうところに陥るのがちょっと耐えられなかったので、私は保存にはほとんど関わっていません。今後も個人的な愛情が介在しない保存活動はしないと

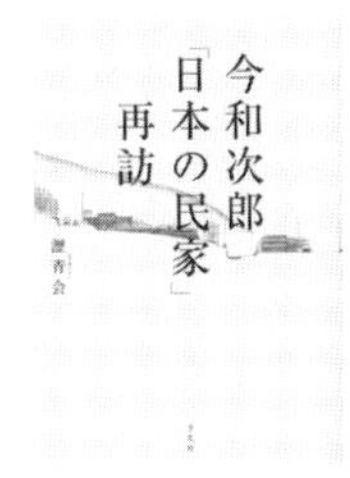

瀝青会
『今和次郎「日本の民家」再訪』
平凡社、2012年

思います。

　さて、文化的アリバイを建築史学者が担保してはいけない、と書かれていたので、わかりましたということで「千年村プロジェクト」を始めました。これはまさに現在の研究の原点というか立脚点と言えるもので、普通のものにどれだけ素晴らしさが眠っているかをきちんと見ようとするものです。今も継続するプロジェクトで、千年以上残っている地域を見つけて、研究して、その持続性を認証するというものです［図35］。

　通常、美しい村を調べる際には、われわれ専門家が見て「これ美しいよ」と恣意的に発見せざるを得ないわけです。それは職業的宿命なのですが、あまりそういう立場にいたくないんですね。というわけで古代地名辞書から昔の地名をプロットし、それを全部候補地に

- 〈千年村〉とは、千年以上にわたり、自然的社会的災害・変化を乗り越えて、生産と生活が持続的に営まれてきた集落・地域をさす。
長い存続の歴史を持ちつづけてきた場所には、長期的生存にまつわる仕組みがすでに育まれているはず。
- 日本の多くの地域はむしろ長期的に健全であるがゆえに無名。その多量を一つも漏らさず評価できるか？
- 千年村プロジェクトは、全国の〈千年村〉の収集、調査、公開、認証、交流のためのプラットフォームとして構想。
- 関東と関西に研究拠点を持ち、諸分野の研究者・実務者らによって運営。

図35　千年村プロジェクトとは

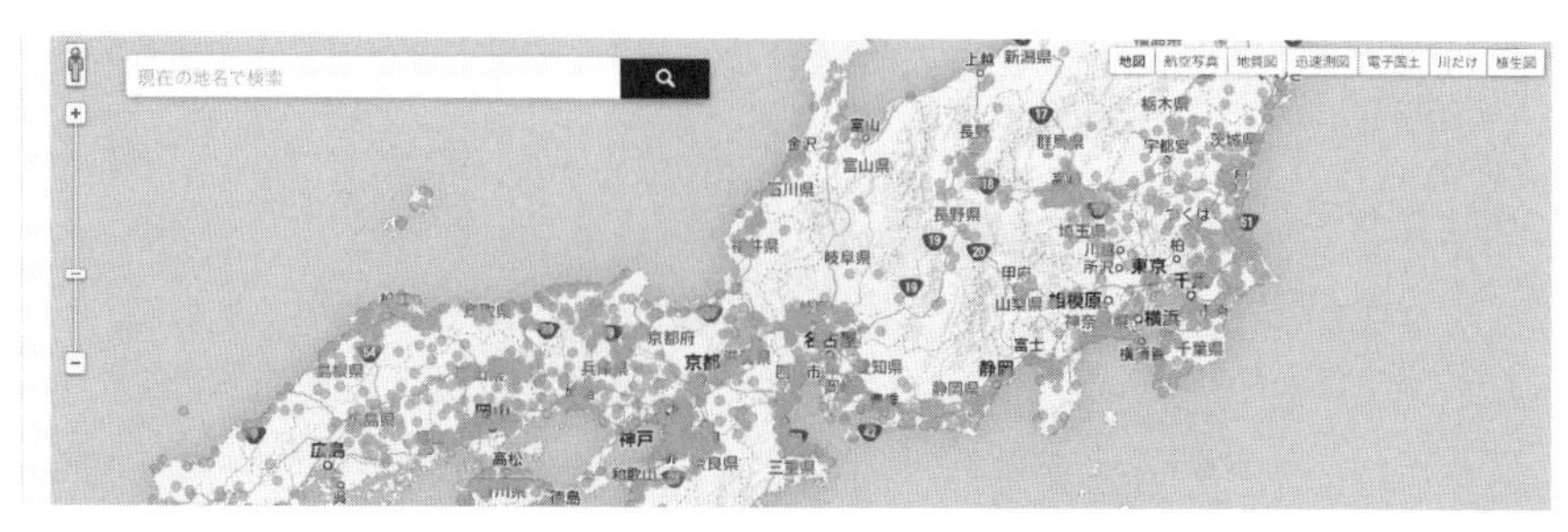

図36　千年村候補地（http://mille-vill.org/千年村をみつける）

して、全部見ればいいんじゃないかと考えました。その結果その地域に都市化が起こっていればその理由を考えればいいし、起こっていなければその理由を考えればいい。滅亡していたらその理由を考えればいい。これならいろいろな事例調査ができ、ひとつのパターンに陥ることもない。

具体的には地名学者のベース文献になっている『**和名類聚抄**』に記載している郷名を対象にしています。もうすでに複数の地名学者がその現在の場所を比定してくれています。そのなかから大字単位で同定可能な場所を選び出したら約二〇〇〇か所ありました。私の知らぬ間に学生たちがつくり上げてしまいましたが、これはブレークスルーでした。これだけあれば全部見ることはできない。尽くせぬものがあるという安心感に出会えました。このプロットデータをいろいろな地図に重ねることでいかに有益な地域情報が出てくるか、もうおわかりだろうと思います［**図36**］。

たとえば地質図と引き合わせることができる。どういうところに立地しているかという性格が奥深くわかるわけです。そうすると千年村の代表的な立地は沖積層とそれより高い段丘や山の際にあります。つまり沖積層は稲作の現場で、要は平地の泥っぽいところですね。ここは洪水になりやすいけれども稲を植えるのはここしかない。一方高い場所は湧き水や林の資源もあって住むには良いけれども、稲は育たない。それらのちょうど間に住むことが一挙両得になるわけですね。つまり、だいたい前面に田んぼがあって後ろに山があります。日本の村にはそういうステレオタイプがありますが、それは、生産ができる、水が湧く、地面が堅い、そのいちばん良いところに立地しているからです。まさしく日本の典型的な村がきわめて工学的に選ばれていた［**図37–38**］。

初めから美しい村を探そうとは思ってはいないのですが、偶然の出会いがあるわけです。

『**和名類聚抄**』
平安時代の辞書

どんな出会いがあるかと言うと、ドローンでわかるので見てみましょう［図39］。（以下、映像の説明をしながら）この村（山口市鋳銭司地区）には新幹線が通っていて、併存しても成立しているんだという安心感がありますよね。……野焼きをしています。おそらく江戸時代少し前ぐらいに人工湖がつくられ、そこから灌漑されて水が流れ、田んぼができています。まだ歩道整備がされる前の昔ながらの田んぼです。……また鎮守の森があります。こういう村が二〇〇〇個かもっとあるんですよ。人間はすごいなという感じがしますね。

　そういう地域を評価するには「文化的アリバイ」の基準は合致しません。われわれは「千年村憲章」「千年村行動倫理」「千年村認証基準」「千年村チェックリスト」をつくって、こ

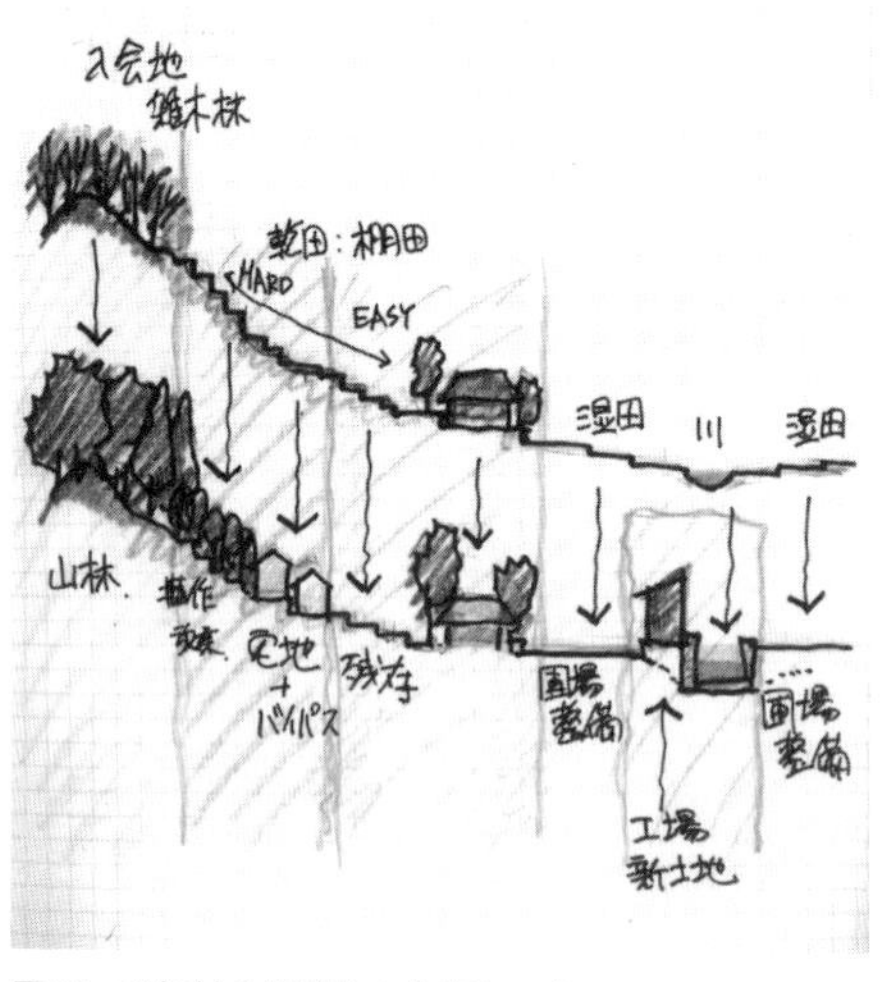

図37　千年村の典型的な生存セット

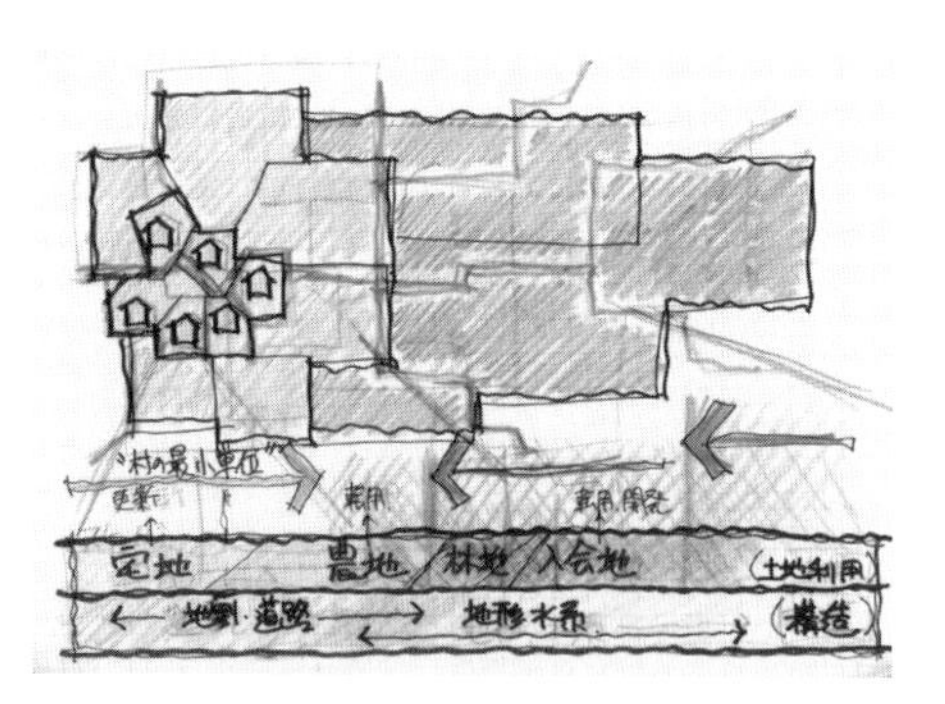

図38　千年前の日本で、人間は大地をどのようにデザインしたか？

図39　山口市鋳銭司地区のドローン空撮

れさえ守って、クリアできればどこでも「千年村」と認証します、ということをしています。そして年に一回皆で集まって、そんな認証村での取り組みを発表していただくことになっています。

陣内先生が書かなくなったこと？──『イタリア都市再生の論理』から離れて

ここまで話してきたように、本当に『都市再生の論理』がつきつけたテーマはすごいと思うわけです。ただやはり、すべての本には欠点はあるんですね……九割褒めたので一割は批判してもいいかなと。それは、陣内先生がこういう論調をこの後書かなくなったのではないかということです。若気の至りと言われてしまったし。

最近（二〇一七年）私は『**動く大地、住まいのかたち**』という旅行記を出したのですが、これは『都市再生の論理』を越えようとした作業です。陣内さんが本当は書くべきだったのに書かなかったことがあるのではないかと昔から思っていて、それを書いてみようとした本です。内容としては、東日本大震災でもまさにそうであったように、プレートテクトニクス理論によるプレート境界地域は世界中にたくさんあるわけです。地震や災害は日本だけに限った問題ではない。というわけで東日本大震災後に思いついて、日本が属するユーラシアプレートの境界に沿って、インドネシア、インド、イラン、トルコ、ギリシャ、イタリア（シチリア）、マルタ、チュニジア、モロッコなどを巡って、それら地域の集住の方法をレポートして、その体系性を示唆しました（同書は二〇一八年度日本建築学会著作賞受賞）。

第六章まであるのですが、第四章の「グローバライゼーションと付き合う方法」は陣内先生に捧げた章です。冒頭に指南役として陣内先生も登場しています。

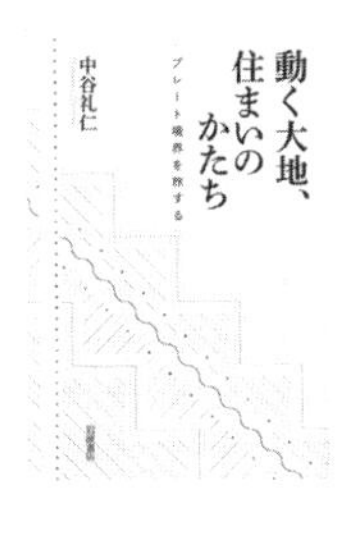

中谷礼仁
『動く大地、
住まいのかたち──
プレート境界を旅する』
岩波書店、2017年

それでは陣内先生が『都市再生の論理』の後に書かなくなったテーマは何かというと、それは地域の持続には必ずなんらかの闘争があるということです。人間が環境に関わるときは必ず具体的な人間がいるので、有限な資源を獲得するにはときに闘争という社会的過程があることは、われわれが生きていくなかでいつも感じていることです。ですから、今の都市史の地域叙述がきわめて調和的であり、闘争的過程の描写が抜けているとすれば、それは大きい問題なのではないかと思っていました。この本では現地に行っていろんな人の話を、その闘争的側面を意識的に聞いていました。そのときのことを日記に書いていたので、それを本にしたときには使おうと思いました。カッパドキアの観光地化の話なんかもそうですが、いちばんすごかったのがシチリア編です。六八年に中西部で発生したベリーチェ地震後の地域「復興」のメカニズムをレポートしたものです。

向こうから、一人の男性の老人が歩いてくるのを見つけた。彼は孫たちに昔住んでいた場所を見せにやってきたのだ。……
（集落の）移転に不可解な点がいくつもあった。（廃墟は十分修復可能であり、代替地の条件もいいとは思えない）移転には他の意図が介在していると思われた。

――中谷礼仁『動く大地、住まいのかたち』、167〜168ページ

地震後復興のために、なぜこの村から移ったのかと不思議に思ったら、その老人が「あいつらのせいだ」と吐き捨てるように言いました。マフィアのことです。私はそのときまでシチリアにいてマフィアとの関係を調べたいなと思っていたのですが、自分で言うのもおこがましいと思ったので誰かに言わせようと思っていたら……ようやく言ってくれ、そ

図40 「マフィアのせいだ」

の後はガンガン話が進んでいきました。今のデジカメは高性能で動画も撮れるんですね。「マフィアのせいだ」と言った瞬間を収めたので紹介します［**図40**］。（動画が流れる）

ベリーチェ地震は、貧困地帯であった中部のシチリア経済を根底的に変えていくような復興経済を派生させました。その結果ワインなどが一大産業として展開していくようになるわけですが、そう簡単ではないだろう、マフィアもいるんだからと思っていたわけです。こういうわけで言質を取ったので、あとは文献を探したところジャコモ・パリネロ（Giacomo Parrinello）という人が『*Fault Lines*』という、ドンピシャの本を書いているのを見つけました。それを少し紹介します。

> 地震による復興金と賠償金は農業形態を刷新するチャンスとなった。しかし同時に政府によって画策された産業化は果たされなかった。復興資金は地域の長年の夢だったダム建設に貢献したが、それはマフィアたちを呼び寄せ不幸な殺人事件の連鎖を引き起こした。建設されたダムは谷の土地利用を一変させ、ブドウとオリーブでいっぱいにした。このようにして現在のベリーチェのパラドキシカルな新しい風景が作られた。
>
> ──Giacomo Parrinello, *Fault Lines: Earthquakes and Urbanism in Modern Italy*（中谷訳）

やっぱり！　と思ったのです。ここで面白いのは、ベリーチェ地震のときに被災者たちは中心都市パレルモで「家、地質調査、仕事、ダム、水道、学校、産業！」と言ってデモをしました。すごく社会的ですよね。地質調査をやれというのは、よくわかってらっしゃるというか。その後調べてみると、確かにジャーナリストが殺されたりしたことが起こって

Giacomo Parrinello, *Fault Lines: Earthquakes and Urbanism in Modern Italy*, Berghahn, 2015

いる。最後、著者のパリネロはこういうことを言っているんですね。

都市の近代化とは内部共同体の減少と、一部の収益組織による新しい豊かな風景づくりであった。

──『同』

都市は自然史的には書けない。ワインがおいしいから、よい地域であるとまとめることはできません。シチリアの震災地に同行してくれた人がこう言いました。

よく私の父が言っていること、それはシチリアで生きる道はふたつあるっていうこと。マフィアに生かしてもらうか、戦うかってこと。私の父親は後者を選んだ。大変だけどね。それでも仕事はあるものよ。

──中谷礼仁『動く大地、住まいのかたち』、185ページ

その人のお父さんは建築家なのですが、こういう状況のなかでつくられる都市というものも当然あるのだろう。そうした思いをこの廃墟から受け取ることができ、ここを去ることができたのです。

図41-42　シチリア・ベリーチェにて

地中海世界と日本を〈空間人類学〉で読み解く

陣内秀信

今日お話をする内容は、今まであまり話したことがないのですが、日本の都市史や建築史でほとんど語られていないことでもあります。

二〇一七年日本建築学会大会の歴史意匠の研究協議会において、「フィールドとしての〈西洋〉を問う——建築史・都市史研究が拓く未来」というテーマで、いろんな人たちが論考、エッセイを寄せた冊子ができていました。そこには、西洋建築史における様式史というのを本格的に見直すべきだという話がたくさんあり、なるほど、そのとおりだなと思いました。様式史には価値があるのですが、その先に行こうとしたときに、とくに今日は南欧とイスラーム世界の関係から〈基層〉というテーマでお話ししようと思っているのですが、ヨーロッパとイスラーム世界の関係を扱う際に、様式史からは一切立ち入れないわけです。そこから自由になって、両者の都市空間、居住空間を対象に、その空間の構成原理を比較したいとつねづね思ってきました。

また、こうした分野に取り組むとき、日本語で都市を解析するのはなかなか難しくて、適切な言葉がどうも見つからないのです。tipologia edirizia は「建築類型学」、tessuto urbano は「都市組織」で英語の urban fabric ですけれども、もうひとつ impianto urbano（あえて直訳すれば「都市の設置」）という都市の骨格の構造を言い当てたすごくいい言葉がイタリア語にはあります。こういう日本語に置き換えにくい言葉の問題もあるのですが、そのニュアンスをお伝えしていきたいと思います。

図1
ヴェローナ——古代ローマのフォルムを受け継ぐ中心部のエルベ広場、その周囲は住宅

また、以上はハードな仕組みですが、そこにさらに人間の生き様を入れた〈空間人類学〉の発想も入れて、ヨーロッパの理解を深めたいと思います。地中海を挟んだ北と南で、どこが共通してどこが違うのか。古代から中世にかけて、いったいどういう風に受け継がれ変化してきたか、といったことを構造的に読みたいと思って、今日は準備してきました。

都心の公的、象徴的空間のあり方——古代から中世へ

日本の都市には公的中心が見出しにくいとよく言われ、一方、西欧都市を見ると、アテネには「アゴラ」があり、ローマには「フォルム」があり、古代から公的中心ができたとされます。ここは人が住まない公的な空間です。ではこれが中世にはどうなるのか。

たとえば、ローマを受け継いだ有名な都市としてヴェローナがありますが、碁盤目状の綺麗な町で、ここには古代の中心広場、フォルムの跡が中世自治都市の広場として受け継がれているわけです。市場の立つ市庁舎広場ですが、このまわりにはじつは人がいっぱい住んでいて、住居も含む複合的な機能の空間なのです。ローマ都市の公的中心性が受け継がれてはいるけれど、大きく意味が変わったとも言えます［図1］。

シエナもそうです。今のカンポ広場におそらく古代の広場があったのですが、中世にはどんどん住宅が入ってきて、市庁舎を核とする象徴的中心を形づくりつつも、人の住む空間になるのですね。その意味で古代の世界とはかなり違う。

ポンペイ（イタリア）と、破壊が進んでしまっているアレッポ（シリア）とを比較します。アレッポの中心に関し、ドイツ人の地理学者がつくった貴重な連続平面図があります［図2］。この中心エリアは人が全然住んでいないのです。全部が公的空間で、宗教と商業なのです。皆このビジネス空間に通ってくるわけです。一方、ポンペイの中心も宗教と商業空間と公

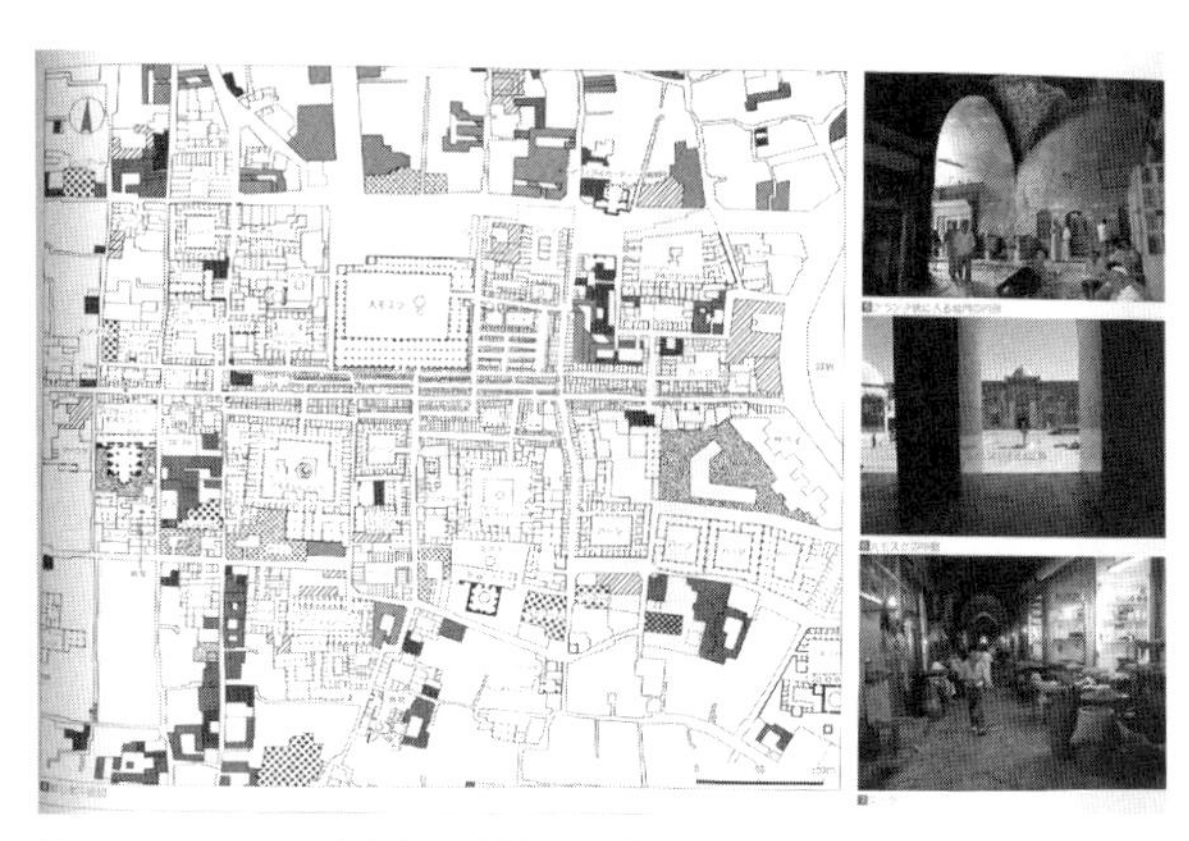

図2　アレッポの中心部、連続平面図

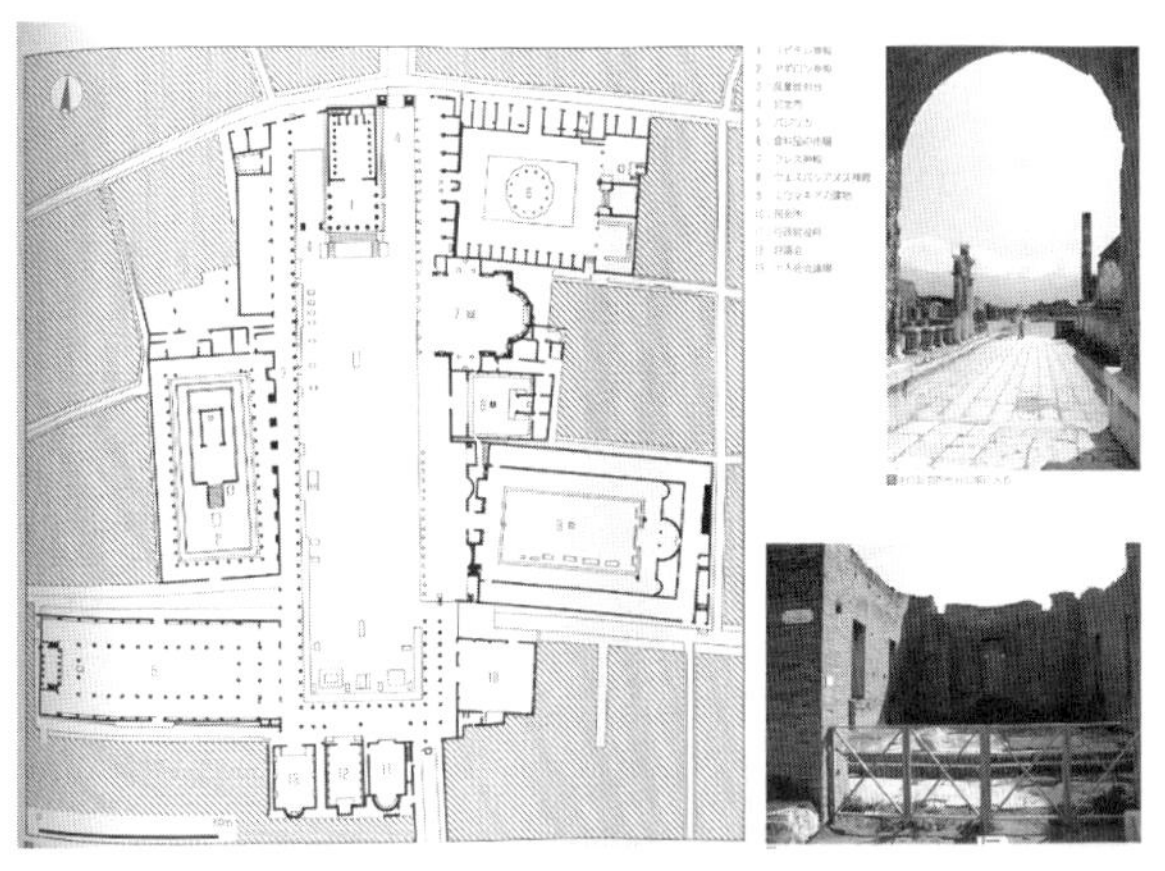

図3　ポンペイの中心部

図5　サン・マルコ寺院内部

図4　ヴェネツィア、サン・マルコ広場

的な空間［**図3**］。こう比較してみると、古代ローマ都市の本質を受け継いだのは、私の見るところでは、アラブのイスラーム都市なのです。

そのなかで唯一ヴェネツィアだけが古代的な公共の中心、人が住まない空間というのをサン・マルコ広場につくったのです［**図4－5**］。おそらく、地中海世界に残っていた古代の広場の空間からインスパイアされて、ヴェネツィア独特のこういう公的空間をつくったの

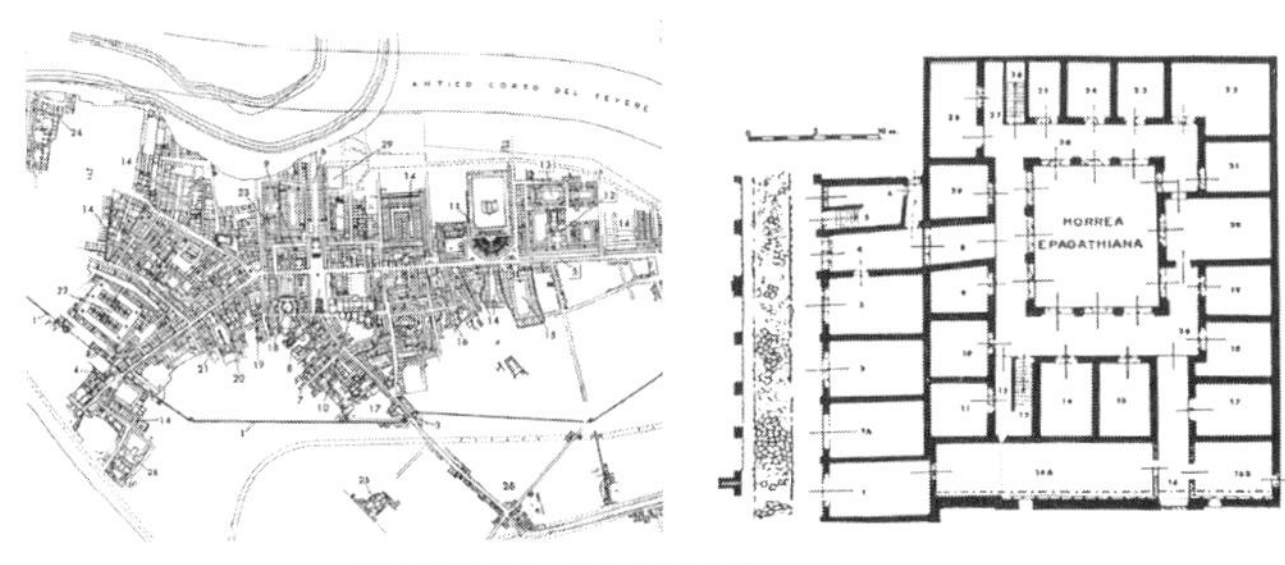

図6　オスティアの都市平面図、ホレア（商業施設）

だろうと考えられています。全部ポルティコで囲まれている点も古代広場とよく似ている。公共的広場だけでなく、アラブ都市の中心の公的空間のなかにあるモスクとか、公共性のある施設は皆、回廊で囲われた広場で、そこからヴェネツィア人がヒントを得た可能性もあるでしょう。しかも、その都心部には人が住んでいない。要は、オリエントとつながっていたヴェネツィアだけが西洋世界で古代広場を受け継いだという点が注目されます。

地中海世界でもうひとつ面白いのは、空間構造の基層のように、土地利用上の合理性が共通して見られることです。アレッポもダマスクスもカイロも、都心に商業に特化した空間のスーク（商店街、市場）がありますね。この高密な商店街の背後にパッと空地が抜けていて、そこにキャラバンサライ（地域によってハーン、フンドゥクなどと呼ばれる）がとられるのです。この構造というのが、アラブ、ペルシャ、トルコも含めて、まさに中東、地中海の中世から続く典型的な構造なのです。

しかし、どうもその構造は古代ローマに遡りそうです。テヴェレ川の河口にローマの外港都市として発達したオスティアという町があります。遺跡からその全体がわかります。その北縁のテヴェレ河口部に面したあたりに、ホレアという中庭型商業施設が並び、キャラバンサライとそっくりな構成を見せているのです。舟運で入ってきた物資を収納し流通される機能をもった施設が、中庭型の構成をもって街区をつくり、都市をうまく効率的に組み立てていく。その基本的論理がアレッポなどとそっくりなのです。おそらくホレアのような中庭型施設はアレッポにも古代からあって、中世にさらに洗練されたのだろうと想像できます［**図6**］。

それからお風呂の文化に関しても、古代ローマの経験を継承したのはイスラーム世界ですね。一方、キリスト教世界では衰退しました［**図7**］。

図7　ダマスクス、ハンマーム（浴場）

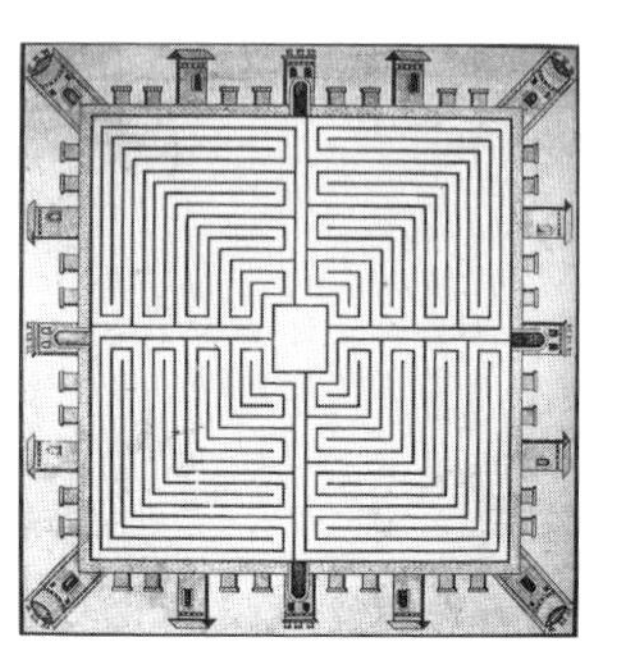
図8　ポンペイ、ヴィッラ・ディ・ディオメデ（Villa di Diomede）のモザイク画（B.C.1世紀）

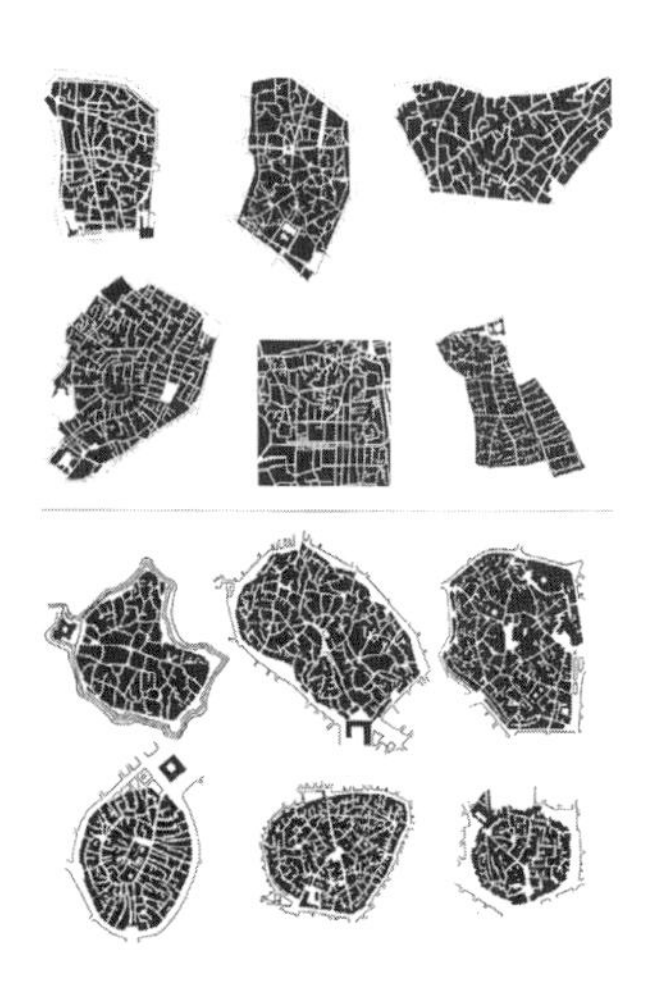
図9　グイドーニによる地中海都市の都市組織比較

地中海世界——計画都市と非計画都市

地中海世界というのは、植民都市のように計画的な都市をつくるのと同時に、ヴァナキュラーで、イレギュラーな都市をつくるという、このふたつの使い分けがじつに面白くできていると思います。人間が計画的に、しかも市民のために都市の空間をつくるという、計画都市の概念はまさにこの世界で発達したわけですね。でも一方で、迫力のあるヴァナキュラーな生きられた都市や集落が、古代からずっと今まで連綿と続いてきているのです。

面白い例として、ポンペイのヴィッラの床に都市を表現したモザイク画があります。外側は計画的な都市が設定され、イメージされているのですが、中身はまさにラビリンス（迷宮）なのです［**図8**］。だからフレーム、形式としては計画都市だけれど、実態としてはラビリンス思考がある。開いた空間と、イデアとしてのラビリンスだと思います。これがまた

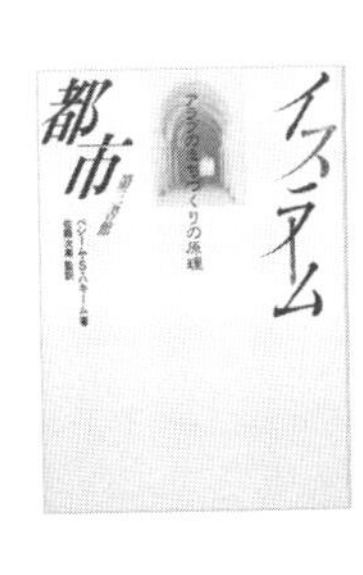

ベシーム・S・ハキーム著、
佐藤次高監訳
『イスラーム都市――
アラブのまちづくりの原理』
第三書館、1990年

ヴァナキュラーな都市とどこか相通じているわけです。ヴィットリオ・ウーゴ（Vittorio Ugo）というイタリア人の建築論を専門とする友人がいて、地中海世界には古代、ギリシア世界から神殿と迷宮という対極的な考え方があることを論じていました。迷宮はクノッソス宮殿からきているわけですね。神殿はアポロン神殿とか明快なロジック。近代にはニーチェが、ディオニソス的なものとアポロン的なものと定義しました。そういうふたつの違う、光と闇の原理が、地中海にはずっと連綿と基層構造のなかにあるということです

エンリコ・グイドーニ（Enrico Guidoni）が取り上げた南イタリア、スペインの都市群と北アフリカ、中東の都市群の都市組織比較は興味を引きます［**図9**］。ほとんど同じ体質をもつ複雑系の都市がどちらにも存在しているのです。

ベシーム・S・ハキーム（Besim Selim Hakim）というアラブ人の建築家が書いた、『**イスラーム都市**』という本があり、彼を日本に呼んで一度講演をしてもらいましたが、じつに面白い視座からアラブ都市を解読しています。一見、イレギュラーで計画性のないように見えながら、じつはマクロな視点とミクロな視点を巧みに組み合わせ、住みやすい都市ができているというのです。マクロな視点は支配者の側からの計画性であるのに対し、ミクロな視点には、市民・住民の側からの建設・環境形成行為を導くガイドラインがある、つまり、ボトムアップの論理でできあがっていく環境を維持するガイドラインがあることを指摘したのです。

これは日本を見るのにも非常に役に立つと思います。チュニス（チュニジア）を例にとると、中心部にスークがあり、公的空間で外国から商人、旅人たちがいっぱい来る。そこはわかりやすい構造でできている反面、私的空間の住宅地にはよそ者が入ってもらっては困るので、できるだけ複雑な四段階もの構造にして、かなりの家がクルドサック（袋小路）からア

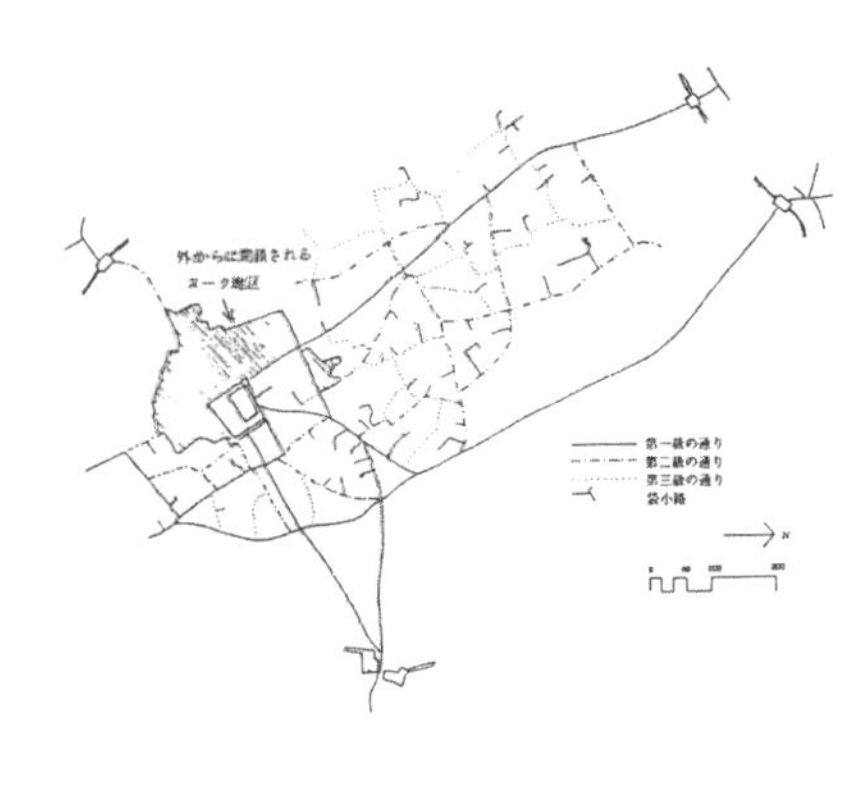

図10
チュニス、4段階のヒエラルキーがある街路

プローチする。理にかなった複雑な構造がこうして生まれた［**図10**］。ダマスクスから京都大学に留学で来ていた博士の学生が、この四段階論を京都で応用してみたのですが、結構当たるんですね、京都も同じです［**図11**］。

つまり長い文明を誇り、生活の知恵が働いている地域では、前述のようなことが行われてきて、これを全部チャラにしシンプルにしていったのが、近代の都市なのですね。車の時代でますますそうなった。

古代起源の都市、純粋な中世都市

じつはイスラーム世界の都市の多くは古代起源なので、簡単にイスラーム都市とは言えないとイスラーム学の三浦徹さんが言っていまして、古代起源で中世の変容を受けた都市というのが非常に面白いわけです。ダマスクスやアレッポは、ヘレニズム時代の計画的にできた格子状の都市が、イスラーム時代は新たなニーズに応じ、アラブ化し、変容していって、現在の計画都市とヴァナキュラー都市が重なった都市ができているわけですね。

南イタリアのレッチェという町も同じで、おそらく古代の計画都市がその起源なのです。ただ、もっと古くからの曲がった道が一本だけ、ちょうどニューヨークにおけるブロードウェイのように通っていますが、この古代のグリッド都市が中世に変容して、小さな広場（コルテ）や袋小路（ピアツェッタ）が生まれ、迷宮化し生きられた空間となりました。そのなかで近隣の人たちも建物の外壁の目を引くところにマリア像を祀って、身の丈に合った居心地がよく安全な都市に変貌させてしまうわけですね［**図12**］。

ところが、モロッコのマラケッシュはまさに中世にできたアラブ・イスラームの都市です。ベルベルも混ざっているようではありますが。ここは純粋に中世の原理でできていて、

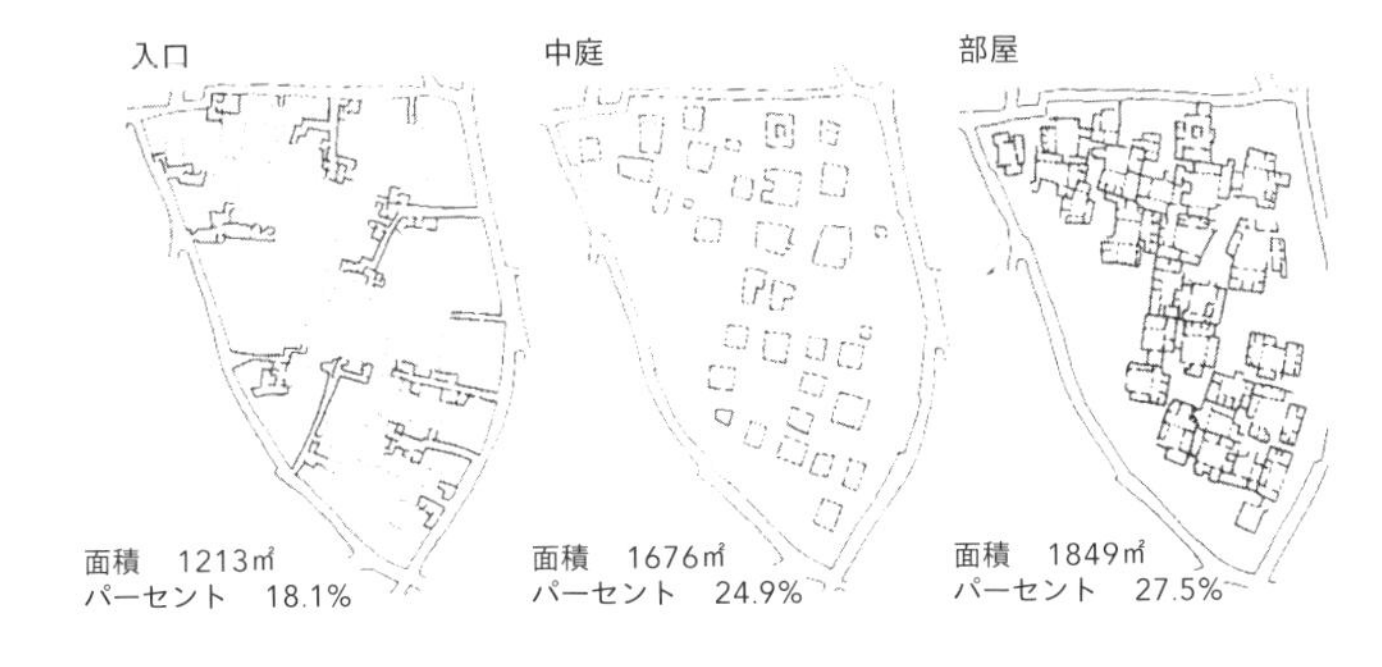

図11
ダマスクスの街区構成——
多くの住宅は袋小路から
アクセス

本当に街区という概念がない［**図13**］。われわれは九〇年にここを調査をしたのですが、その複雑な構造に驚いたわけです。メインストリートが商業空間としてのスークで、住宅地へは反対側の裏通りから入らなければいけないのですね。そうすることで、よそ者が来ない安全で落ち着いた生活の場が確保されます。住宅地には見事な中庭型住宅が連なり、商業空間との中間に公衆浴場とか公共トイレとかモスクなどのコミュニティ施設が置かれます［**図14**］。

つまり、長い年月の間に知恵が働き、ある種の計画性、合理性のもとでこうした空間の構造が生まれ、それが何百年も続いて現在を支えているのです。

円形闘技場跡

図12　古代都市の中世的変容を見せたレッチェ
（上）古代ローマ時代の碁盤目状都市計画
（中）中世に生まれた小広場や袋小路の分布
（下）発掘された古代円形闘技場

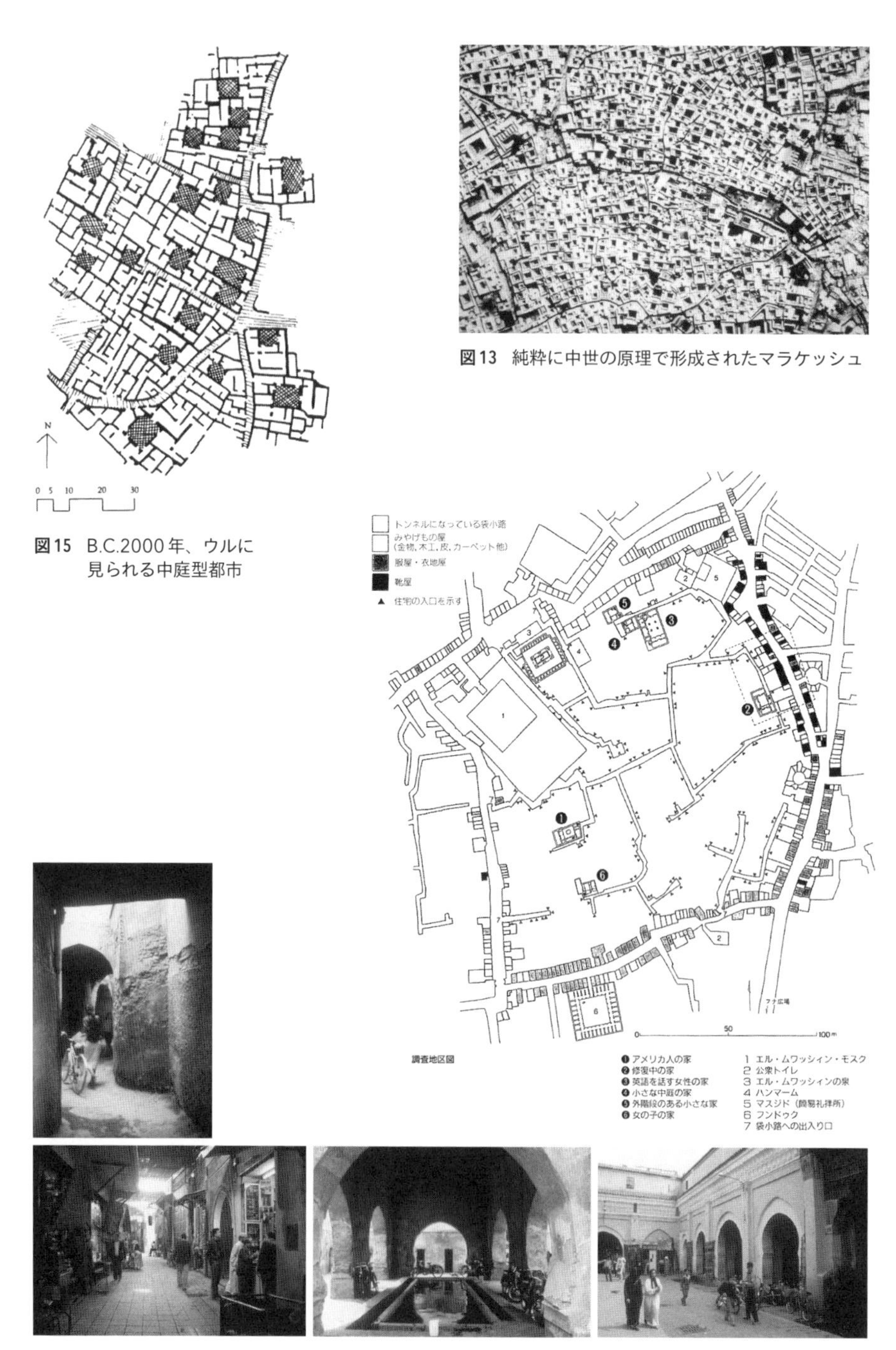

図13　純粋に中世の原理で形成されたマラケッシュ

図15　B.C.2000年、ウルに見られる中庭型都市

図14　マラケッシュ、街区という考えが成り立たない

図16　イスファハーン、庭園のような中庭

私的空間の安定——中庭、袋小路の発達

中庭型住宅という私的空間と公的空間をどうやって絡ませるか、組み合わせるかというのは普遍的なテーマですよね。長い歴史のなかで個の空間と都市全体の密接な関係が発達したのが地中海世界であり、たぶん日本も独自の建築タイプを生み、その集合の仕方などを追求してきた結果、今の都市があると思うのです。アラブ・イスラーム圏の住宅は中庭型を特徴としますが、じつは四〇〇〇年前から同様に中庭型住宅からなる都市がウル（イラク）にあったことが考古学調査から知られます［図15］。

暮らし方においてヨーロッパと違うのは、地中海世界、中東、アラブ・イスラーム世界は、大地とのつながりを大切にし、一九〜二〇世紀までグランドレベルを生活の階とし続けてきたことです。ところが、同じイスラーム圏でも中庭のあり方が全然違う。これがなぜなのかというのは、面白いテーマです。

七四年に訪ねたイランでは、中庭というのは庭園のイメージなのです。プールをつくって水を張る。そして建物の入口が庭より一段高く、大地から少し離されており、ステップを上って家に入る［図16］。

ところが、シリアのダマスクスに行くと、石で人工的にペイヴされた中庭の中央に噴水を置き、同時に一部、土を残して緑を育て、地上の楽園のような雰囲気を感じさせます。アラブの中庭型がなぜ合理的かというと、まずは水と緑で微気象を生む。そして、血のつながった家族が大勢住んでいる。長男も次男も結婚しても出ていかないで、皆一緒に住んでいるのです。ここがヨーロッパと違います［図17］。

イエーメンの塔状の高層住宅を別にすると、アラブ圏の普通の大都市で、カイロ（エジプト）だけが建物が上に発展し、生活階が二階にとられ、中庭の役割、意味が異なっているの

図17　ダマスクス、地上の楽園としての人工的中庭

図18　カイロの住宅、2階にとられた噴水のある大広間

が注目されます。ここだけ少しヨーロッパ化したようにも感じます［図18］。

それに対し、チュニジアでは、中庭はまさに居間そのものですね。その戸外のリビングルームでテレビを見たり、食事をしたりしている。中庭と室内の床面が本当に同じレベルなのです［図19］。

モロッコに行くと、もっと室内化するのです。扉も内開きではなくて外開きになります。パーティをするときは中庭も室内も完全に一体化して、天蓋、シェルターをかけていくようにもなります。完全にアトリウム化するのですね［図20］。

このように気候風土とか、先行する文化とか、いろんなものを混ぜながらヴァリエーションを豊かにつくって、暮らしの場を生んでいる。これは本当に、地中海、中東の知恵だと思います。もちろんこれは歴史的な街区の話です。それと新市街とはまったく違う原理で発展していってしまうので、その辺がひとつのアイロニーというか、そのつなぎがなかったわけですね。それをどう解釈するかというのが、アラブ世界の建築家やプランナーの大きな課題だと思います。

アンダルシア（スペイン）では中庭を全部ペイヴして、地面から生えてくる木が一切ないんですね。全部鉢植えなのです。だけど中庭というもののよさを全部生かしている［図21］。

一方、アマルフィは中世の一二～一三世紀には地中海的な中庭としてのアトリウムがあったのですが［図22］、だんだん斜面都市に合った、全部外へ開くタイプに変わっていきます［図23］。しかし、プライバシーを守る、個と全体、あるいは私と公のつなぎを上手に段階をもって構成していくというのは、アラブと発想がよく似ています。

アマルフィならではという住宅があります［図24］。裏手を通る重要な道の上に、じつは住宅がかぶさり、下は長いトンネルとなっているため、外観は見えないのです。しかし室内には立派な装飾があり、テラスには個性的な二連アーチをもつのです。階段状の迷宮を生み出す硬い壁の中にジャスミンやレモンが香る庭園を隠しもつ住宅も多くあります。こういう外から見たら全然目立たない建物でも、中に入るとものすごく豊かさを秘めている。まさにこれはアラブ世界を含めた地中海世界の大きな特徴です。

図20 メクネス、中庭の室内化

図19 スファックス、居間のように使われる中庭

図22 アマルフィ、12世紀末につくられたアトリウムをもつ有力家のドムス

図21 アンダルシア、アルコス・デ・ラ・フロンテーラ、舗装された中庭を鉢植えが飾る

図23 アマルフィ、15～16世紀の住宅

図25 シチリアのシャッカ、袋小路の居住地

図24 アマルフィの住宅、内部空間は装飾豊かなのに外観からはまったくわからない

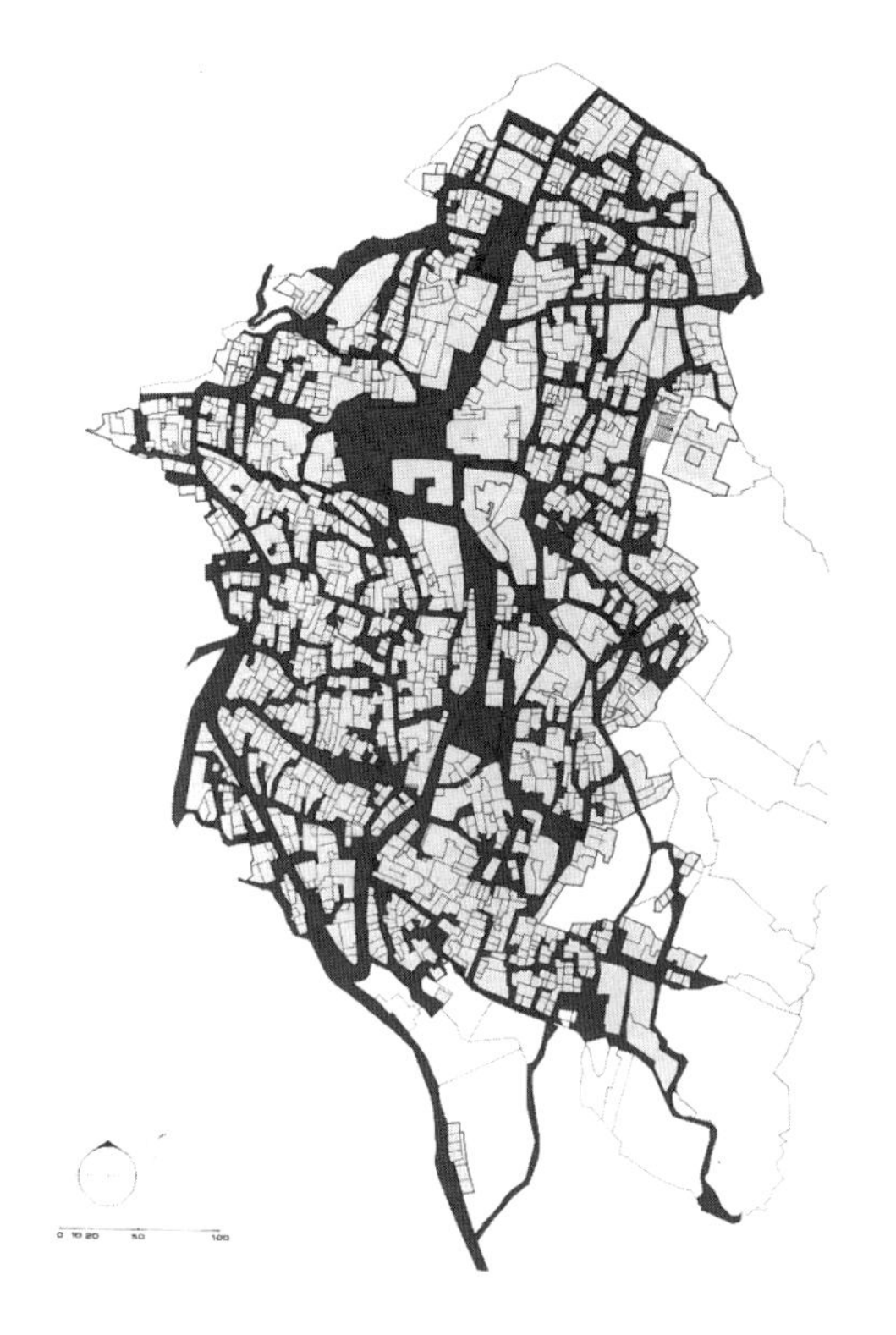

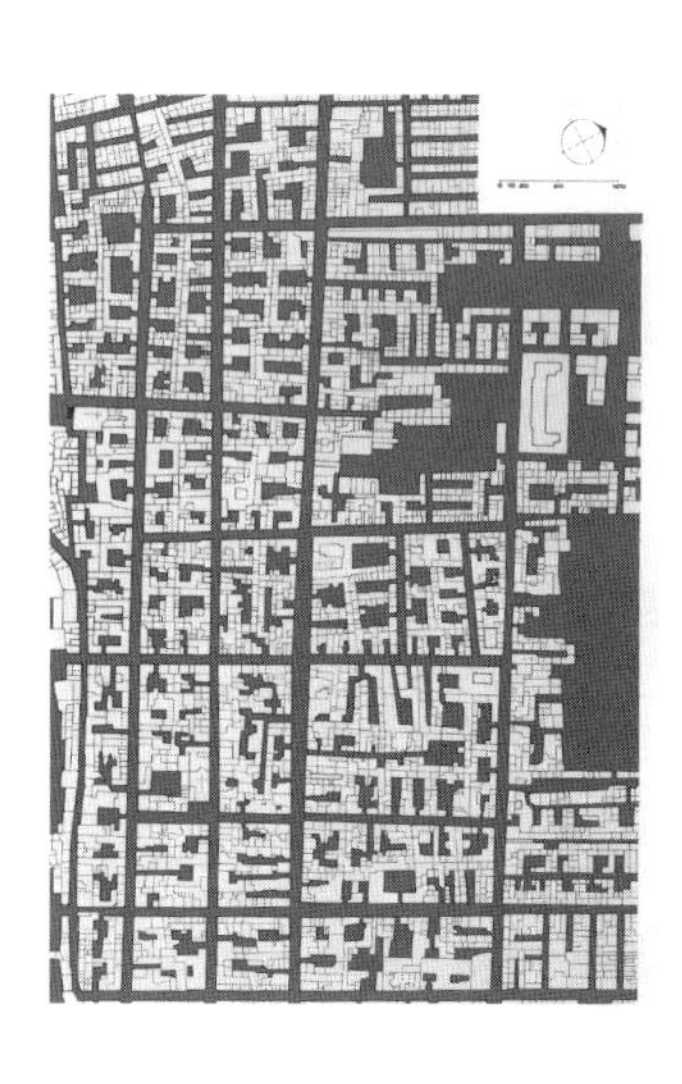

図26 シチリア、アッソロ（左）とメンフィ（右）

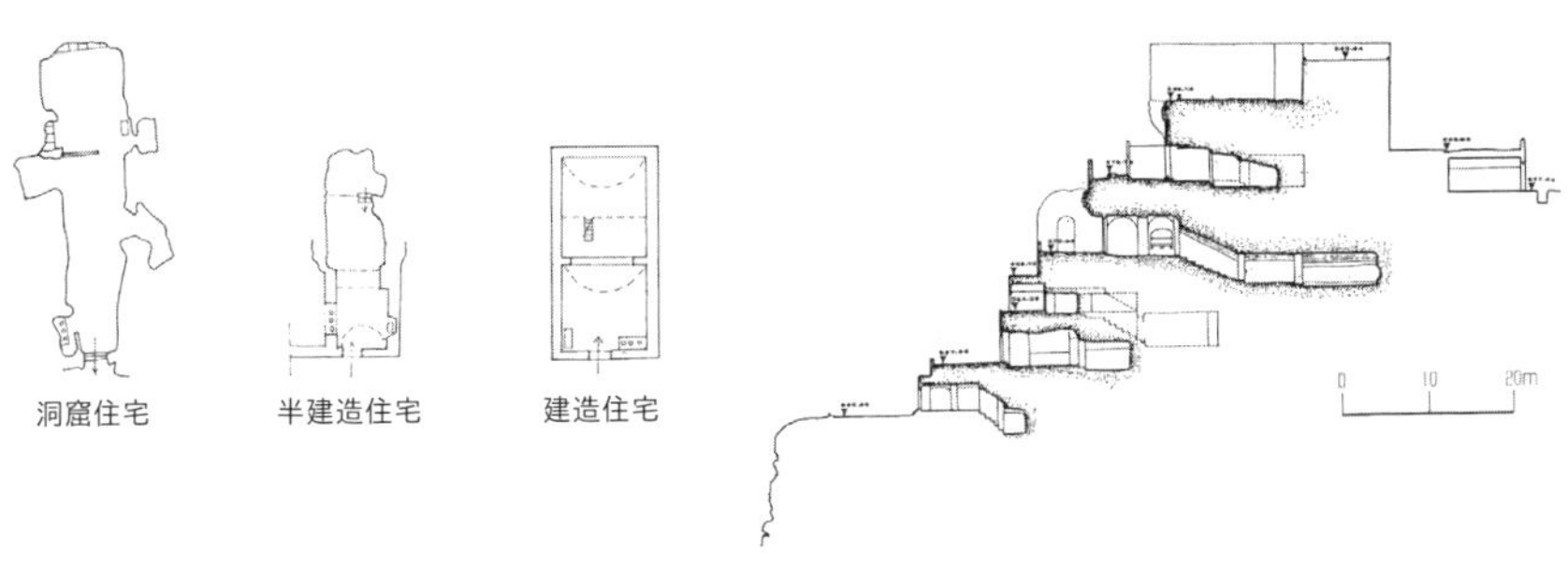

図27 マテーラ、サッシの３つの住宅類型と断面図

また袋小路が発達しているというのが地中海世界の特徴なのですが、シチリアのアラブ人が住んだ町シャッカには、中庭がないのです。道が入り組む都市の構造はアラブ世界と非常に似ているけれども、建築の類型が違う［**図25**］。コルティーレという袋小路が一種の中庭で、そのまわり全体が集合住宅みたいなものですけれど、建築的には中庭がなくて、小さな住宅単位が集合していて、近隣のコミュニティをつくっている。結局、零細な庶民が住んでいる空間というのは、このように皆で寄り合いながら暮らしているという、こういう形式が日本の長屋、路地と非常によく似ているわけですね。

地中海の南と北に共通して、このような複雑な空間構成の基層がありますが［**図26**］、それが都市の近代化で区画が整形グリッドになっていったとしても、内部にやはり同じように袋小路を再生させている。こういう建築と都市空間の関係においては、やっぱり身体に近い住居の方がこだわりが強いわけですね。ヴァナキュラーなレベルの力、このしぶとさというのはたいへんなものです。

ここでもうひとつ面白い、近隣のコミュニティの空間をつくるという特徴を、マテーラとプロチダで見たいと思います。まずマテーラでは、住居の類型としては、岩盤に彫り込んだ洞窟住居と、前面に少し建物をつくったケースと、完全に地上に建築をつくった、三つに分類できるのです［**図27**］。もっとも単純な初期の形式は、洞窟住居群がセットバックしながら重層化し、全体として一種の集合住宅みたいになっている。全部洞窟です。しかし、後の時代になると、わざわざ地上に建物をつくって、中庭・前庭を囲うようにつくるのです。ここが住民たちの絆となる空間になって、この近隣コミュニティを地元の人は「ヴィチナート」と呼んでいるのですね。これがものすごく発達して、マテーラのサッシ地区の一六〜一七世紀くらいに形成されたエリアには皆こういう集合形式ができており、その

図29 公的中心から、近隣地区、そして私的空間への段階構成

図28 プロチダ、急斜面の漁師町

上のレベルに今度は個人主義のパラッツォが並ぶ。だから三段階の発展段階が辿れます。その上のフラットな台地に一九世紀後半以後の近代住宅地ができます。

南イタリア全体において、やはり中世、近世というまだ貧しかった時代は、農民や漁民は、街路や広場という公共空間に直接むき出しに家を建てていたのでは成立しないわけですね。互いに寄り添うように集まって、空間を束ね、房状にして、共有空間をとりながら住宅地を形成するという傾向が随所に見られます。これは日本の路地・長屋ともよく似ていると思いますね。

プロチダは、鈴木恂さんが七〇年頃にサーヴェイしたものを見事にスケッチで残していますが、この漁師町の空間構成が面白いんですね、セットバックしながら急斜面をそれぞれの階段で上っていくのですが、皆、房状になっていて隣には連結していないのです。それぞれの房ごとに、一階には艇庫があり、上ると二層目から四層目まで、それぞれ二戸の住居がとられ(合体して一戸とすることもある)、上下方向に六家族ほどが連なっていますが、横のつながりはない。このように一棟の建物自体が先ほどマテーラで見たヴィチナートの空間なのです。こういうのが南イタリアのあちこちに見られます［図28］。

もうひとつ面白いのは、公的空間から私的空間までの段階構成というのが、これは中東、アラブ・イスラーム、そしてたぶん中国、さらに日本に共通した特徴であるということです。アルプス以北のヨーロッパにはこういう傾向はほとんどありません［図29］。

江戸時代の路地の入口を描いた挿絵を見ると、ゲートを設けて空間を仕切り、内部にアイデンティティのある空間をつくろうとする様子がよくわかります。近隣の人々の社会的ネットワークが非常に強い、そういう特質が共通して見られると思います［図30］。

また地中海と、ある意味日本も共通しているなと思うのは、男性と女性の空間がエリア

図30 (右) 江戸時代の路地の入口 (式亭三馬『浮世床』)、(左) 新宿・思い出横町の路地

図31 アルコス・デ・ラ・フロンテーラ、公的中心の男性社会と近隣住宅地の女性社会

で本当にはっきりと分かれている。われわれが調査したアルコス・デ・ラ・フロンテーラというアンダルシアの小都市では、中心に男たちが集まるサロンがある一方、住宅地では女性たちがじつにのびのびと暮らし、住宅の前の路地に楽しげに集っている［図31］。シチリアのシャッカでは、漁師たちが港のカフェで仕事上がりの午前一一時頃、みんなでカードをしてくつろいでいる。それに対し、女性が近隣の住宅地で、家の中に入っていては鬱陶しいので、戸外に出て中のテレビを見ながら楽しんでいるという、これはなかなか南イタリア的です［図32］。

基層、古層のあり方の違い——イタリア・地中海世界と東京・日本

先ほど中谷さんが引用してくださった『イタリア都市再生の論理』のなかでもたくさん述

べていますが、イタリア、地中海世界というのは、都市、地域の基層、古層を探るのに、現在に受け継がれた建築群、都市空間そのものの観察、分析が非常に有効で、そこにもちろん柔らかい変化や、融通無碍の使い勝手の変化というのはあるわけですが、それにしてもやはりその観察を確実な手がかりにしていけるのですね。それを、そうではない日本に当てはめ、基層の存在、その継承に関するロジックを読むというのが中谷礼仁さんの切り拓いている世界で、アイデアが次々と生み出されるのに驚かされます。日本、とくに東京では、確かに受け継がれるものは、地形、水路、湧水、植生、聖域、道路ネットワーク、敷地割りなど、大地や土地と関連する要素なのです。だから自然の条件とそれに加え、所

図32　シチリアのシャッカでも見られるジェンダーと都市空間

タモリ
『タモリの
TOKYO 坂道美学入門』
講談社、2004年・2011年

有権、土地の分割、もちろんそれに関するトラブルというか社会的闘争とか、そういう人間的、社会的ファクターも大いに背後にあるわけですが……いずれにしても、こういうものを経ながら、今に受け継がれているということです。

それをどう読むかということで、これは毎回紹介してきましたが、やはり地中海世界、イタリア、アラブ世界で見てきたかたちの論理の継承、変容だけではだめなので、こういうふうに空間人類学的な発想で考えてきたということですね。

『アースダイバー』の中沢新一さんは、もちろん建築はほとんど見ていないわけですね。建築を見る必要はないのかもしれません。縄文地図という興味深い考え方、武器を編み出し、もっと長いスパンで受け継がれたり、基層を成しているところに土地の固有性が生まれるという論理を、やや誇張はあるにせよ見事に解き明かしたわけです。なかなか説得力があったと思います。

結局、建築はどんどん変化していってしまう。地上の風景も変化する。しかし太古の歴史から連綿と続いてくる基層があるということで、そこを『アースダイバー』は解いたわけです。『タモリのTOKYO坂道美学入門』とか、皆川典久さんの東京スリバチ学会の視点というのが、やはり現在の東京、日本の都市を見ていく、ある種の新しいチャレンジングな方法論だと思います。

水から読む歴史の重層性と環境の持続性

これは中谷さんが主催される「千年村」の研究会での講演で使わせてもらった内容でもあるのですが、水から読む歴史の重層性と環境の持続性というのも、日本ではとくに有効に使えるなと思います。本当は西洋世界にも古代にはあったのです。たとえば、ギリシアのデルフィ（デルポイ）では、背後の切り立った崖の切れ目から水が湧く場所に、アポロン神殿のある聖地が生まれたというのです。ところが、だんだんそうした考え方が薄れ、失われていってしまったのですね、とくにキリスト教の世界になって、自然と結びついた信仰が否定されたのです［**図33**］。

古代地中海には、日本と似た状況がいろいろと見られました。たとえば、アテネの近く、スニオン岬の先に海の神であるポセイドン神殿がつくられ、船乗りの守り神であり、航海の目印でした［**図34**］。

それとまったく同様に、海を見晴らす高台の神殿がシチリアの古い町、エリチェにも、ギリシア文化の影響を受ける前の先住民族の時代からありました。イタリアらしく女神を祀っており、ギリシア時代にはアフロディーテ、ローマ時代にはヴィーナスに捧げられる

図33　デルフィ（デルポイ）の聖地アポロン神殿、切り立った崖・山と湧水

図34　アテネから70km、スニオン岬の先のポセイドン（海の神）神殿（B.C.450年頃）

図35　ポルト・ヴェーネレ、サン・ピエトロ教会

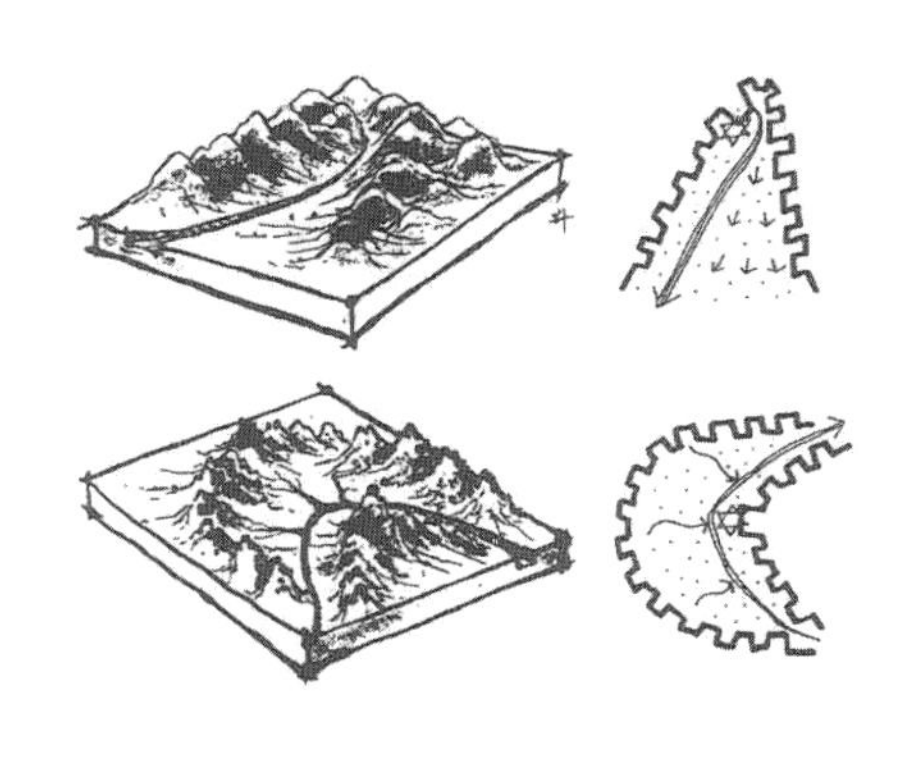

図36
景観の原型の例
（「水分神社型景観の構造と構成要素」）

神殿として継承されたのです。その考え方がさらに伝播し、中世にジェノヴァの要塞都市となったポルト・ヴェーネレでは、海を見晴らす岬にローマ時代に祀られていたエリチェのヴィーナスを祀った神殿が、コンヴァージョンされてサン・ピエトロ教会になっているのです［**図35**］。

このように見ていくと、歴史、意味の重なりというのは非常に重要なわけで、先ほどの中谷さんのドローンで撮影した小山の上の神社もすごいなと思うわけです（248ページ**図39**参照）。あれはもたぶん一〇〇〇～一五〇〇年前にできたのでしょうね。

シチリアのギリシア都市を前身とするシラクーザも面白い例です。オルティージャという島にアクロポリスができ、それが受け継がれて今に至っているのです。その中心の高台にそびえるアテナ神殿が船乗りの信仰の場でもあったのですね。ドーリス式の神殿の柱群が、現在の教会の中にそのまま残っているという、建築的に本当に面白いコンヴァージョン、継続を示しているわけです。

ここからは日本についての話なのですが、樋口忠彦さんの『日本の景観』は、意外にも忘れられてしまっているかもしれないけど、こうした領域を考えるうえでの原点だと思います。〈山の辺〉と〈水の辺〉こそ日本人の好む場所で、万葉の時代から人はこういうところに住んできたというのです。日本の景観の原型としていくつかの地形モデル［**図36**］があり、それらは模式的で、建築や集落までは入らないのですが、しかしこの空間把握は原点ですね。東京について樋口さんと共同研究をしたことがあり、彼が提示した〈山の辺〉と〈水の辺〉に名所が分布するという原理は、じつに示唆的でした。それをもっともよく表しているのが東京・上野であり、万葉から続いてくる日本の感性をそのまま表している。江戸の初期に意味付けられたその山と水の組み合わせが、結果的に都心に残っているわけですね。

図38 上野公園にある摺鉢山古墳、全長約70mの前方後円墳。5世紀頃

「名所双六」というのが非常に面白いのですが［**図37**］、江戸時代と、文明開化の明治になって描き方が変わるのですね。江戸時代には、スタートは日本橋でゴールが浅草。切り取っている風景に、海や森や山という自然を必ず入れるんです。場所を俯瞰していたのですね。一方、人工物である建築の部分は象徴的なエレメントだけで表してしまう。ところが、文明開化になると、建築が前面に出てくるようになります。建築が主役になって、自然の要素が後退していく。視点が下りてくる。だけど、ここに登場し描かれた建築は、今はほとんど残っていない。現在残っているのは、やっぱり海や森や山なんですよね。というわけで、持続するものをよく表しているのが江戸時代の名所双六なのです。

上野の山には古墳がありますす［**図38**］。たくさんあったそうですね。だからこういう聖な

（中心部拡大）

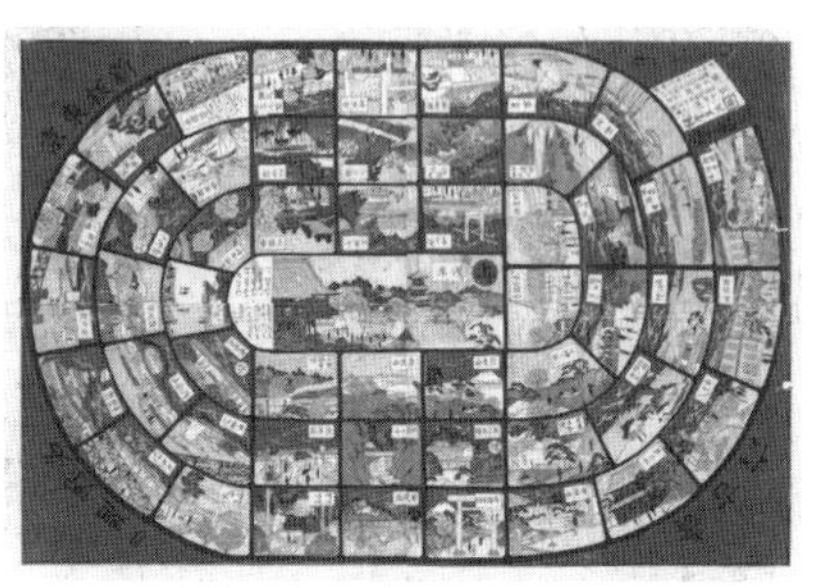

（中心部拡大）

図37 （上）「名所双六」江戸、（下）明治

図39　ヴェネト地方（北イタリア）、ピアーヴェ川の上流域にある古代の水の聖域

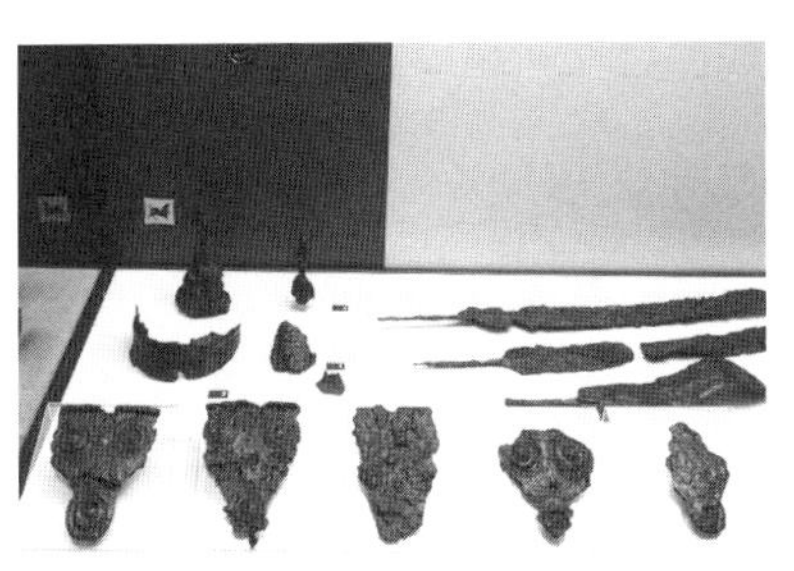

図40　ピエーヴェ・ディ・カドーレ考古学博物館に展示された「供物」

る雰囲気をもつ場所に中世に感応寺ができて、そしてその聖なる磁場の上に徳川家の菩提寺の寛永寺ができた。

私の地元である杉並区の阿佐ヶ谷、正確には成宗のあたりなのですが、近くにある大宮八幡宮は善福寺川の南の高台で水の湧く、願ってもないところにつくられました。条件のよい土地だけに、古墳時代には豪族の墓がありました。そういう聖なる場所の上に一一世紀に神社ができ、鎌倉古道が集まる重要な場所になったのです。川の対岸の高台には、縄文時代以後の各時代の遺跡群が見つかっています。

こうした聖なる意味というのは、本当は古代にはヨーロッパにもあったわけです。それがキリスト教の普及とともにどんどん薄れていって、禁止されていったのですね。こういう泉や聖なる水などを信仰の対象にしてはいけないということになって、すっかり忘れられてしまった。

ところが、たぶん八〇年代から再評価されたのだと思われますが、北イタリアのヴェネト地方にあるピエーヴェ・ディ・カドーレ考古学博物館を訪ねると、ピアーヴェ川の上流域に古代に形成されていたラゴーレ神域に関して、水の聖なる場所の意味を評価する、非常に興味深い展示が行われています［**図39-40**］。ヨーロッパ人も気がついたのだと思います。サルデーニャには、サンタ・クリスティーナの聖なる井戸があります。そしてカプラス近郊の田園のサン・サルヴァトーレ教会では、三〇〇〇年ほど前のヌラーゲ時代の聖なる井戸の上に中世に教会ができ、現在もそこが信仰の中心になっている。

祭礼と結びついた海上の宗教行列というのは、南イタリアをはじめ、クロアチアやスペインなど、地中海世界に広くあるようです［**図41**］。これは東京のお台場海浜公園で今も行われる品川の荏原神社の海中渡御とも相通ずるものです。ところが、アルプスより北の地

図41
モノーポリ（南イタリア・プーリア地方）、海上の宗教行列。筏に乗った聖母マリアの海からの到着

方では聞いたことがない。この辺はもうちょっと広い範囲で、水と人間、宗教を考えることが重要だろうと思っています。

東京を対象にこうした発想を掘り下げるには、テリトーリオへ、つまり郊外へと研究を拡大していくことになります。じつはこれはサルデーニャの経験から学んで、応用してみた結果なのです。東京の郊外の歴史を見るのに、どういう視点がありうるかというのは本当に悩ましかったのですが、サルデーニャで開眼したんですね。つまり、湧水と古道と地形です。これで自分の原風景である杉並のあたりがすらすら解けたのです。この地域には現在、JR中央線の高架鉄道が通っていますが、古道と交わるところにそもそも阿佐ヶ谷駅ができたわけです［**図42**］。パールセンターが鎌倉古道で、ずっと南へ行くと大宮八幡宮に至る。明治の地図を見ると低地には水田が広がっていますが、地形を読みながらこの辺の原風景を古代・中世まで辿っていくと、できた順番がわかるわけです。先ほどの中谷さんの話にあった、大阪で長屋が江戸時代から変遷していった過程のタイポロジカルな分類に似たことを、テリトーリオを対象にしてもできるのではないかと思います。

子供の頃遊んでいた神社の隣に弁財天があり、ここに重要な池があったんです。こういう空間、湧水というものが、私自身の原風景のなかにもあったということですね。中谷さんの千年村は、皆これに似た構造をもっており、こうした武蔵野の風景というのが六〇年頃までには残っていたのです。低地に広がる水田の背後にある丘の斜面に神社が存在します。川沿いの高い安全なところに、縄文・弥生時代から人々が住んでいて、竪穴式住居が復元され、古墳があり、古代末の神社があるといった構造が読み取れます。

そういうことで、地域の古層というのは、歴史からすればもっとも新参者にあたる中央線沿線にあるのではなくて、むしろ少し離れた川沿い、古道、湧水のあるところに掘り起こせるのであり、そこへ目を向けようというのが、『中央線がなかったら見えてくる東京の古層』での主張です［図43］。

最後に、国分寺崖線のなかでも田園調布を取り上げたいのです。法政大学エコ研の仲間の出口清孝さんがここにずっと住んでいらして、地元の環境のことを考える活動のリーダーなのです。彼にいろいろと資料を提供してもらい、地形や水との関係で田園調布を調べてみました。このあたりは国分寺崖線のいちばん先の、多摩川の河口近くにあたります。

多摩川を望む崖線の高台は、今は多摩川台公園となっていて、そこに重要な古墳群（亀甲山古墳）があります。その長く延びる丘の裾に水が湧き、古い八幡神社、照善寺があって、まわりに古くから人が住んでいました。むしろ最後にできたのが田園調布の駅と町なので

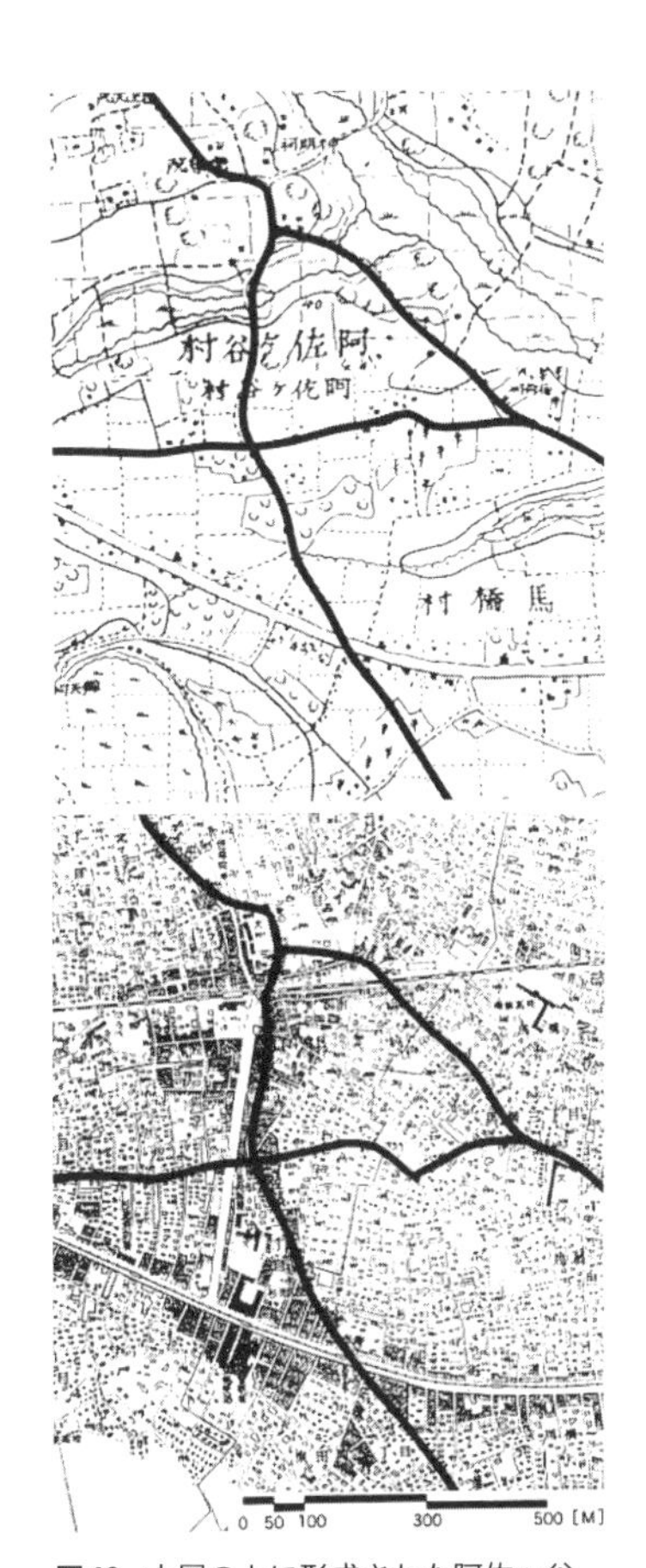

図42　古層の上に形成された阿佐ヶ谷

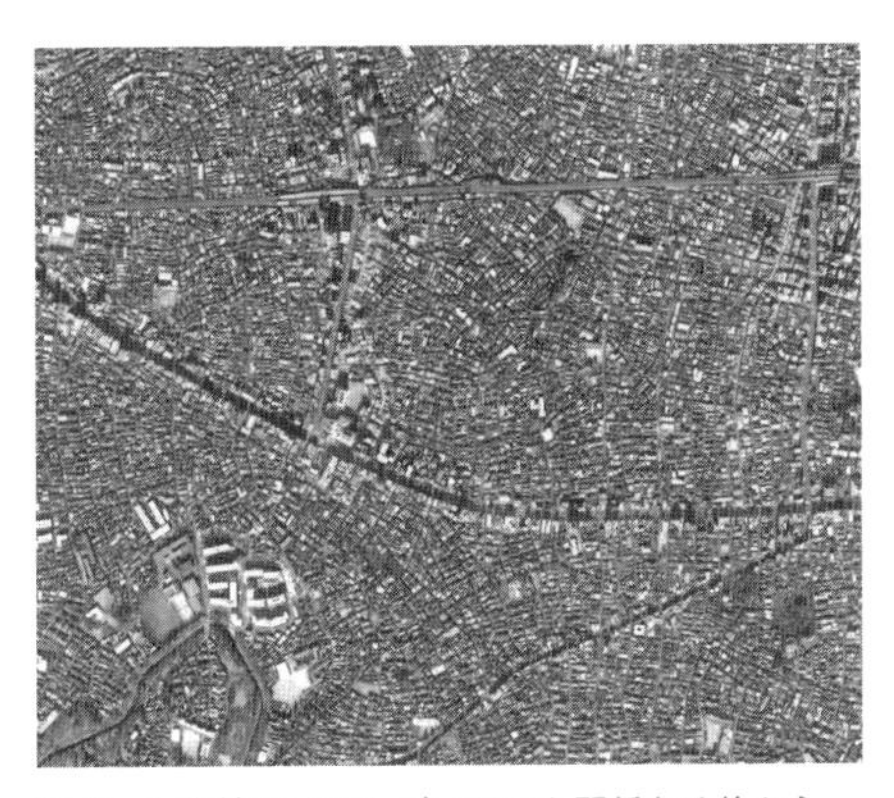
図43　中央線（上の方）がいかにも関係なく後から挿入されたことがわかる

図44　多摩川台公園に残っている亀甲山古墳
（4世紀後半〜5世紀前半）

図45　多摩川から望む

です。何もない雑木林だったから簡単に鉄道と駅ができた。田園調布の地域の本当の原点は、古墳や社寺が分布する多摩川に近い崖線エリアにあるというわけです。

この八幡神社には船が入り込んでいたらしく、このあたりの重要な守り神でした。多摩川台公園には、東京でもいちばん大きい古墳、前方後円墳があります［図44］。また湧水が多く、低地をはさんだもうひとつの山からも水が湧いて、滝や清流を生み、せせらぎ公園と命名されています。同時に、この地域には江戸時代初期に多摩川から水を引いた六郷用水が丸子川として残され、その流れと合流する。こんな湧水や滝、水路の風景が近代的な住宅地と言われる田園調布のすぐそばにあるのです。

このように、田園調布全体が、新しい意味での「水の都市」であると言えると思います。じつは渋沢栄一が田園調布をつくったわけですが、渋沢は日本橋川沿いにヴェネツィア風の館をつくって、東京をヴェネツィアのような海に開いた国際交易都市、水の都市にしようとしたのですね。だけどそっちでは陸派に負けてしまったのですが、結果的にはこの田園調布が水循環、エコシステムから見た二一世紀的な観点での水の都市の地域だということがわかってきたのです。渋沢も驚いてくれるのではないかなと思います［図45］。

中谷さんの話とどう絡むかはわからないのですが、中東、地中海と日本を比較するという視点を今日はひとつ提示してみました。何が見えるのか、何が見えないのか、どうしたら見えるのか……というアイデア、切り込み方を議論できると面白いかなと。そして何が継承されるのか、何がどういう意味をわれわれに伝えてくれるのか、というあたりも今後も議論できるといいと思います。

講義余録

この回では再び建築史の専門家を招いた。若い世代は陣内をどう見ていたのか。どのような影響を受けたのか。若いと言っても中谷は五〇代だが、陣内を語るにはこれ以上ない適任者だと思った。陣内もまた、日頃から中谷を高く評価していた。建築史の世界にいながら、従来の枠に飽き足らず、枠そのものを壊して新たな世界を構築しようとする志に感銘を受け、共感していたからであろう。そして、机上や言葉だけでなく、それを実践する力、ムーヴメントをつくる力をもっている。ユニークな発想、テーマの設定、分析・叙述の方法をつねに探求し続ける中谷を真似ようと思っても、そう簡単にできるものではない。研究のスタンスは違うものの、建築史にいる人間が追求すべき姿勢や意識がふたりには共通している。▼講義では、中谷はまず陣内の『イタリア都市再生の論理』にいかに刺激を受けたかを伝え、それを自分の世界に投影して、方法を探求したプロセスを語った。単体の建造物や都市の一部だけを保存するいわゆる「文化的アリバイ」に対する批判に共感し、イタリアの方法を応用してみようと思ったのである。たとえば、大阪の長屋を実測調査し、痕跡からその変遷を探った仕事では、建築類型(ティポロジア)の手法を使って解読している。そこに自身の視点を加えて、軒切りなどの外圧行為があったとしても、建築の全体性を保つことができる日本建築のたくましさや柔軟性を「弱い技術」という言葉で表現した。同時に、都市組織(テッスート・ウルバーノ)に記憶される痕跡との関係についても言及し、陣内から強く影響を受けたことを披露した。そこから、歴史を受け継ぐ仕方に日本独自のものがあるのではないか、石や煉瓦の西洋の建築文化と違って、もっと地形や水などの自然要素が人間の住む世界の成立と継承の基層にあるのではないかといった千年村の研究につながる。物理的な都市や建築の分析からだけでは本質が捉えきれないとして、新たな視点を加えた陣内の空間人類学と相通じる思考である。▼陣内もまた今、基層の指向へ再び回帰している。イタリア留学で学んだことを東京に応用し、空間人類学の考え方を生み、

また再度、原点のイタリアや地中海に戻って考えたことは、基層の問題であった。歴史の重層性を考察して遡り、土地と建築・都市の成立や形成を見ていくと、近代的な計画都市とは異なり、地形や自然の基層構造がその上に展開する人々の生活といかに強く結びついているか、それを明らかにすることの重要性に改めて気づかされた。地中海都市と東京の基層、古層のあり方の違いから、現代の都市の独自性を浮かび上がらせようとしているのである。さらには、現代都市の消費構造から解き放たれ、基層に戻る発想こそが歴史を通観し、近未来を見据えるのにむしろ意義のあることだということもわかってきた。こうした着想は、中谷がユーラシア、中東、地中海世界を行脚した行為ともよく似ている。これまでふたりの違いと言えば、中谷が日本建築の特質を国内で追求したのに対し、陣内が西洋との比較のなかで明らかにする点だったが、ここにきて中谷もまた陣内と同じようにフィールドを大きく広げている。▼対談で中谷は、人間の意志がないと何事も動かない、だから陣内はなぜシチリアのような闘争という人間社会の歴史から都市と建築を描かなかったのかと質問した。計画から実装へと向かう建築の人間が考える普通のベクトルではなく、それとは反対に実態から計画への背景を歴史的に読み取る。つまり、そこに生きるさまざまな人々の意志を探ることで、歴史学の多様性が生まれる。だから、もはや機能と形からだけで建築を語ることは限界であると中谷は主張する。加えて、都市史ではなく建築史から入ったほうが、そうした人間の意志に近づきやすいのではないかと陣内に疑問を投げかける。陣内が多角的かつ学際的であることを宿命とする都市史に立脚することで生まれた差異だが、やはりふたりはよく似て、時間を自由に往来して物事を考えながら、対象をいかに論理的に解読し組み立てて示すか。それがつねに頭のなかを巡っている。中谷は、陣内をもっとももよく理解し、その英知を吸収して、自身の世界に応用し発展させた建築史家のひとりである。（高村雅彦）

〈水都学〉の思想と
その到達点

高村雅彦

（建築史家／アジア建築史・都市史）

対象としての水都、方法としての〈水都学〉

高村雅彦

東京の水辺一五〇年

私からはアジア、そして日本に絞ってお話したいと思います。最初に、今、東京の水辺が面白いという話から始めます。

これまで、お台場を正面から評価するケースはあまりないと思います。［図1］がウィンドサーフィンをする日曜日の写真です。［図2］は東京湾大花火の写真です。写真の下の方にすごい数の屋形船があります。レインボーブリッジの手前の集合住宅の最上階から撮った写真ですが、本当に美しい。このあたりから、かつては艀（はしけ）で内陸部の方に入って行くと、「大根河岸（だいこんがし）」などの内港が多くあって、東京駅から五〇〇メートルも離れていないような場所に、こんなにダイナミックな水辺空間がありました［図3－4］。河岸の問屋には、直接船から出入りできるように入口が設けられています。こうした川も一九五〇年代に埋め立てられて、現在では上に高速道路が通っています。

ヨーロッパのように、ある一定の期間につくられ長く保存されてきたものと違って、お台場が評価されないのは、いろいろな時代のものが雑多に混在しているからだと思います。［図5］ではまず手前に江戸時代のお台場が見えます。その向こうに、芝浦、日の出、竹芝の各桟橋があり、大正から昭和の戦前にかけて財閥の倉庫がずらりと並び、多くのだるま船が横付けされていました。「宿船（やどぶね）」といって、船そのものが住居であるケースも多くありました。明治四一（一九〇八）年には、当時の東京の人口の五〇人にひとりが水上居住者であ

たかむら・まさひこ
一九六四年生まれ。法政大学デザイン工学部建築学科教授、江戸東京研究センター・プロジェクトリーダー。二〇一三年、上海同済大学客員教授。前田工学賞、建築史学会賞受賞。主な編著書に、『中国の都市空間を読む』山川出版社、『中国江南の都市とくらし――水のまちの環境形成』山川出版社、『タイの水辺都市――天使の都を中心に』法政大学出版局、『水都学I～V』法政大学出版局。

図5　今のお台場

図1　お台場の水辺──サーファー

図2　屋形船と花火

図3　昭和7（1932）年の大根河岸

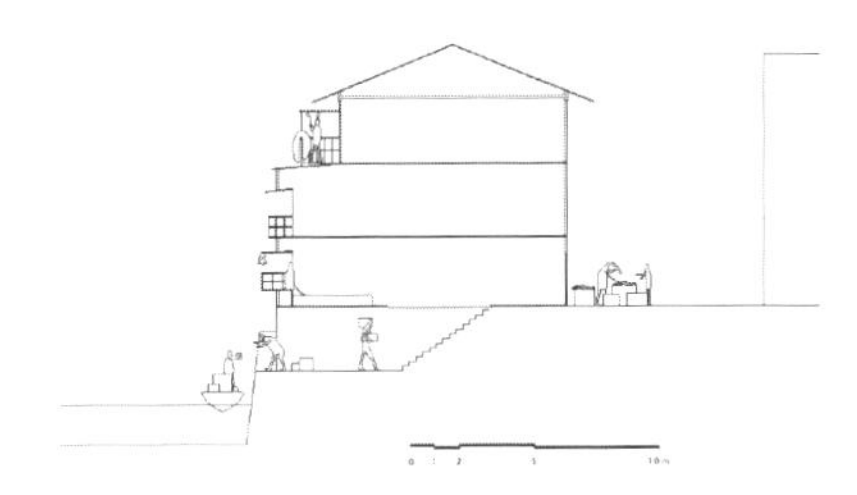

図4　大根河岸復元図

るという記録もあって、水際と水上それ自体が多くの人々の活動の場となっていたのです。

ところが六〇年代に入ると、東京タワーなどができて、こうした身体的な水辺が眺めるだけの水辺へと変化します。品川には、殺風景なクレーンとコンテナだけが並ぶ日本初の巨大なコンテナ埠頭も完成します。水辺がだんだん人間から離れていきました。そして、輸送手段も船からトラックに代わり、水辺から活気がなくなります。しかし、八〇年代には水辺を利用したロフト文化が流行するようになります。《MZA有明》や《インクスティック芝浦ファクトリー》、《タンゴ》など若者が集まるスポットが次々にオープンし、その後もお台場に昼夜問わず人々が遊べる水辺が誕生しています。情緒に溢れ活動の中心だった前近代の水辺から、物流と眺める場所に意味を変えた戦後の水辺、そして人々の多様なアクティヴィティを受け入れる現代の水辺。この一五〇年の間に、建築や空間が動態的に変化しながら、いろいろな時代や機能の層が重なる。そういったものが、一定の価値をもちながらひとつの風景のなかに蓄積されている。知識のいる手間のかかるものではありますが、それを理解できると、アジアや東京の風景はかなり面白く、再生のひとつの方向性も見えてくるような気がします。

〈水都学〉の意義

ヴェネツィアや蘇州、東京は水郷都市ですから水都のイメージがあるかもしれませんが、「港町や日野まで水都なの?」と感じた方もいるかと思います。一方、仲間の研究者からは「近世以前は全部水都では?」とも言われました。確かにそうですが、横断的な方法としての〈水都学〉、つまり陣内先生がよく指摘されるように「学問領域の垣根を越えて国際比較するための新しいアプローチ」として水都学の考え方はかなり有効であることもわかってきました。たんに対象としての水都の魅力を掘り起こそうとしたのではなく、都市を解読し、新たな視点を見出し、時代を読んで、次へと更新するための横断的な研究方法としての水都学の確立を目指したのです。

また、アジアを対象とすることそれ自体にも意味がありました。八〇年代からアジアのさまざまな国が外国人に開放され、自由に行き来できるようになりました。ヨーロッパを専門にすることが多かった上の世代に対し、われわれはアジアを研究の対象とします。新世界創造の役割を担うアジアを研究の枠に組み込むことで、新しいパラダイムの転換ができるのではないかと期待をもったわけです。「前近代と近代は断絶しているのか?」「本当にアジアは多様なのか?」「それをどのように語りうるのか?」これらが課題となりました。

私が学生だった頃は、デザインサーヴェイが建築の世界の手法としてあり、建築史研究と衝突します。デザインサーヴェイは歴史までは踏み込まないんですね。また、都市を扱うところでも、従来からの計画史と新たな都市史の対立という構図を生みました。計画史は建築家や行政による計画の図面を見て考えるもの、一方、都市史は民衆の生活や建築と都市の関係を歴史的にひもとくという違いがあります。都市史と建築史の問題もあります。最近の都市史研究者は都市だけを扱うことが多いようですが、陣内先生や私は建築と都市の間を行き来しながら全体像を捉えようとしています。

方法としてのフィールドワーク

それからフィールドワークをつねに心がけています。建物の実測と聞き取りを徹底し、統計や古文書だけに頼らない建築史・都市史を目指しています。それでも方法は対象によって柔軟に変え、たとえば北京の研究では多くの歴史的な史料が現存していたので、〈モルフォロジー〉、〈ティポロジア〉、〈コンテクスト〉という、まさに陣内先生が『イタリア都市再生の論理』で紹介したような研究を試みました。上海では一部の公文書が近年外国人にも公開されたので、土地所有や建築申請の図面まで手に入るようになって、ディテールまで入り込んで研究できるようになりました。これら史料の考察は行いますが、やはり調査研究の中心にはフィールドワークがつねにありました。そうした史料が残されていないバリ島では、集落の寺や集会所、すべての住宅を調査しました［図6］。全部実測するんですね。これによって集落と社会構造、地縁と血縁の関係、つまり集落全体のメカニズムが社会と空間をいかに支えているのかを見出すことができました。

これまでのフィールドでは、おもなものだけでも蘇州と水郷鎮（八七〜九六年）、北京（九三〜九八年）、バリ島（九九〜二〇〇三年）、タイ（九九〜〇五年）、浙江省楠渓江（〇一〜〇四年）、台湾旧市場（〇五〜〇七年）、マカオ（〇五〜〇九年）、ホーチミン（〇五〜一一年）、インド・バラーナシ（一一〜一三年）、上海（一一〜一五年）、日本の水の聖地（一五〜）を研究室の学生と一緒に調査しています。

多様なアジア？

さて、ここからはアジアの水都について話を進めたいと思います。これだけいろいろなところを調査していると、陣内先生からは「アジアは多様であることがわかっただけなのか？」とつねに言われ続けました。そこで、それらを比較するうえで重要なポイントだけに絞って、調査研究を行った年代順に紹介していきます。

まず、蘇州と周辺の水郷鎮は、いずれも江南地方の伝統的な川港型の水都です［図7-8］。近代に入って、上海が都市として成長するわけですが、ここもまた同じ川港です［図9］。

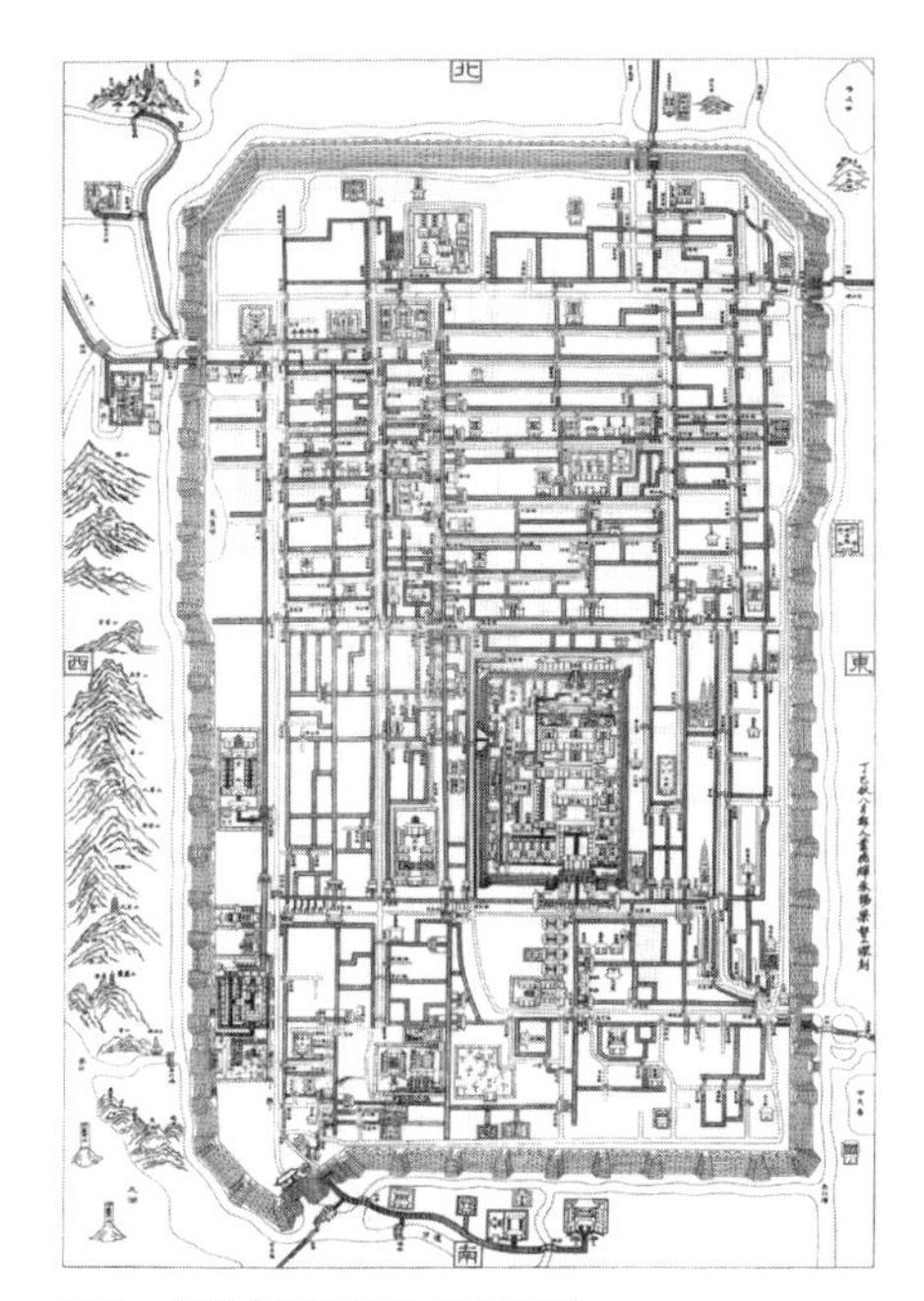

図7　蘇州「宋平江図」（1229年）

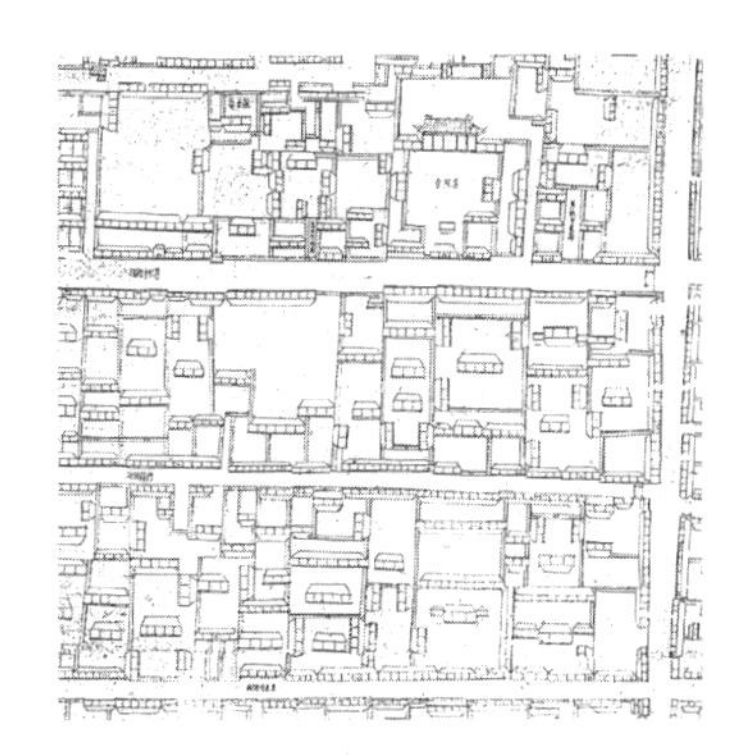

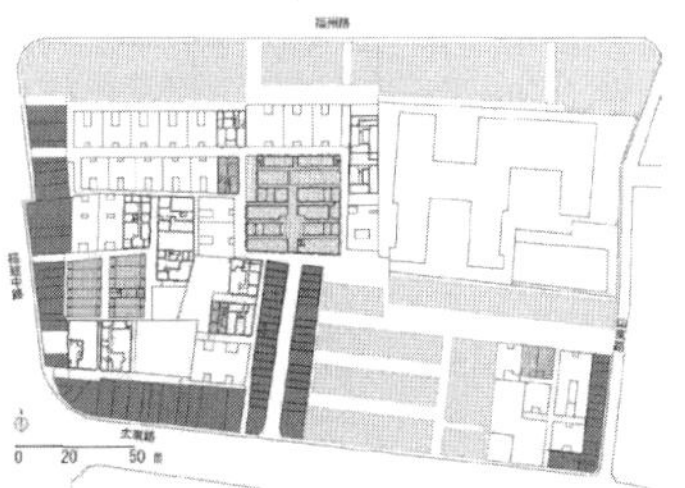

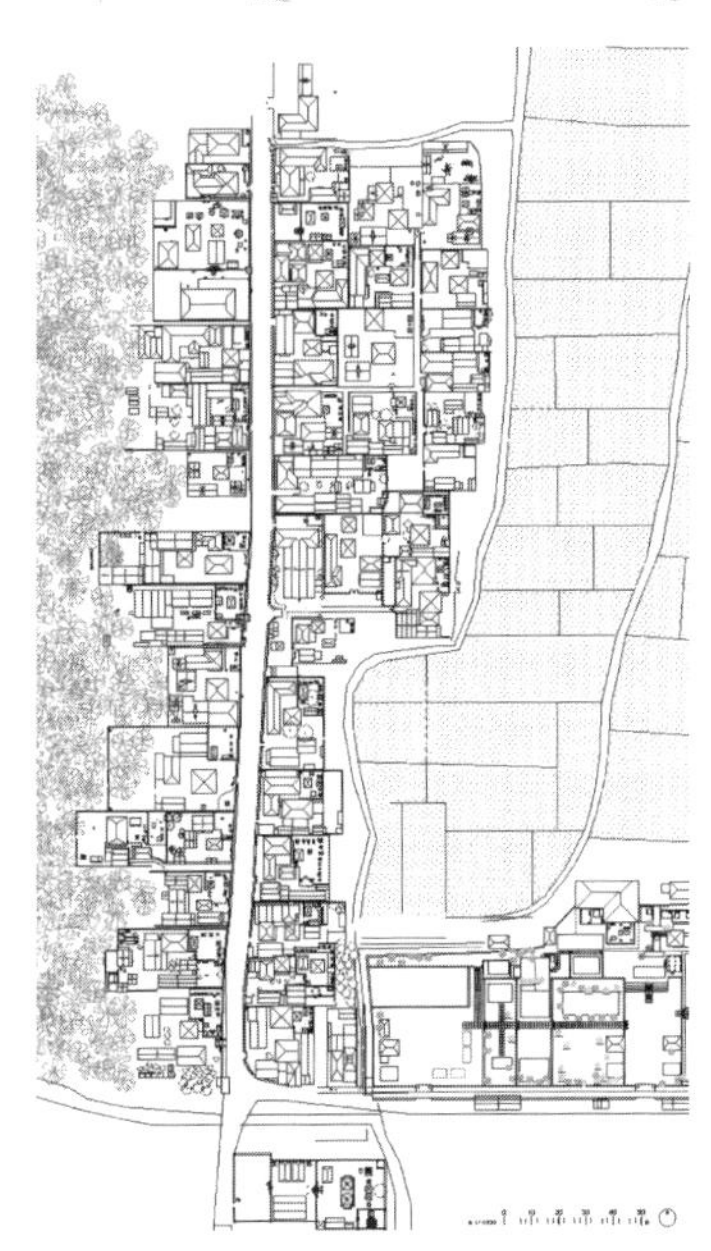

図6　フィールドワークでの調査成果──上から北京（1750年「乾隆京城全図」）・上海（実測した里弄の建築群）・バリ島（クルンクンの集落全体実測図）

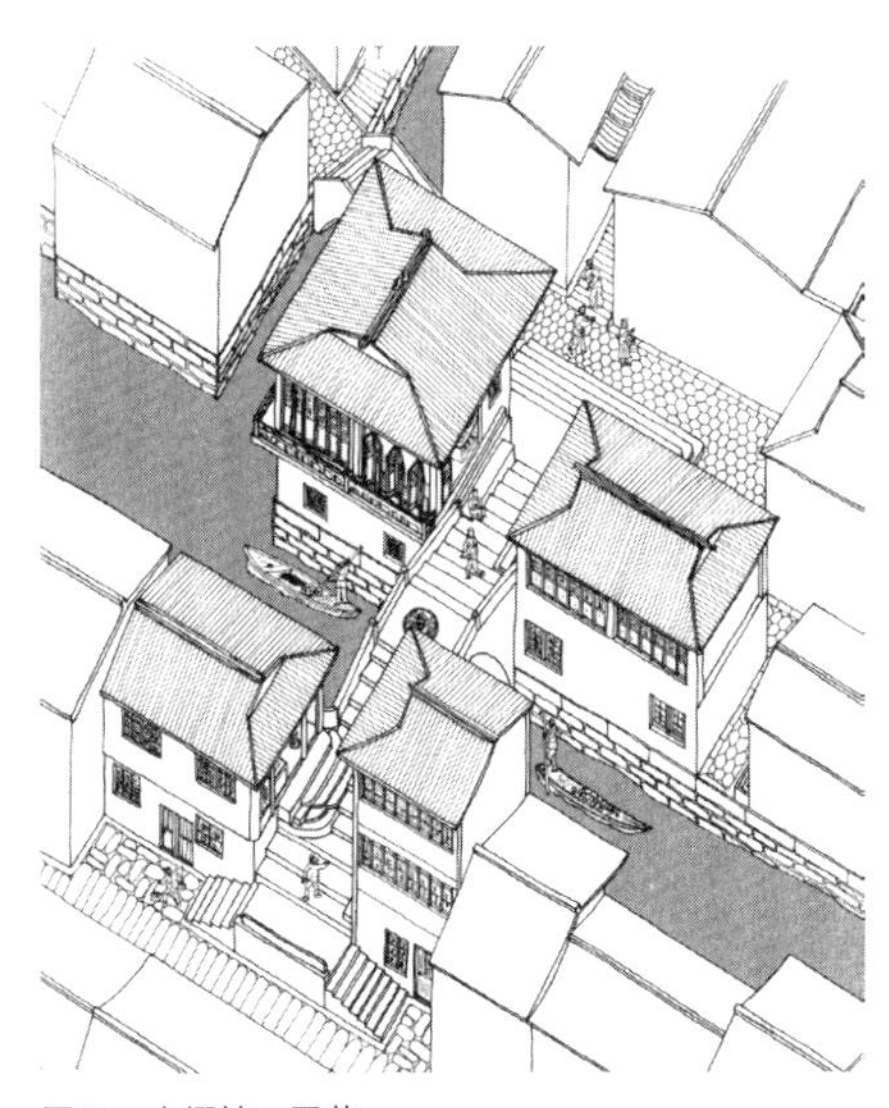

図8　水郷鎮・周荘

調査対象を蘇州から水郷鎮へ、そして上海へと広げると、内陸の伝統都市と海に近い近代都市とが川で密接に結ばれて、この地域全体に変化をもたらしていることに気づきます。つまり、有名な蘇州だけ調べても、都市の構造や空間の特徴が見えてこない。そのまわりの水郷鎮という小さなまちとも比較しながら、次に上海との関わりのなかで考えるわけです。租界地であった上海の都市や建築を外国の視点から探るのではなく、江南の一地域として捉えるのです。

マカオは大陸と大海の間に位置する島上の海港型の水都です［図10］。ここもまた、内陸部の河口デルタに位置する港型の都市群と、近代になって関係を強くもつようになります。

一六世紀中期、ポルトガル人がこの土地の租借に成功すると、自国のデザインそのままに教会や邸宅をつくり、それまでアジアにはまったく存在しなかった異国の風景を出現させました。それを表徴させることで、政治と宗教、経済のアジアにおける支配と権力の可視化に成功したのです。しかしながら、次第に中国人が海沿いに多く移住するようになると、島の上部の迷宮的な地区に住むポルトガル人は海とのつながりを失います。そこで、ポルトガル人は一九〇三年に区画整理を実施し、アルメイダ・リベイロという目抜き通りを無理矢理通して、海への明快な軸線を生み出し、都市の実権を再び掌握します［図11－12］。アジアでは、植民地的な都市のあり方から、その地域の特性を読み込んでいくことも必要です。

次にヴェトナムのメコンデルタの河口に位置するチョロンとホーチミンです［図13－14］。チョロンは、アジアでもっとも歴史のある一七世紀初めのチャイナタウンです。一八六〇年、その隣にフランス人が商業港としてホーチミンの建設に着手するわけですが、それにはシンガポールの建設に従事した華人やスラバヤに造船所をつくったスコットランドの会

図9　19世紀初頭の上海「丹鳳楼画」

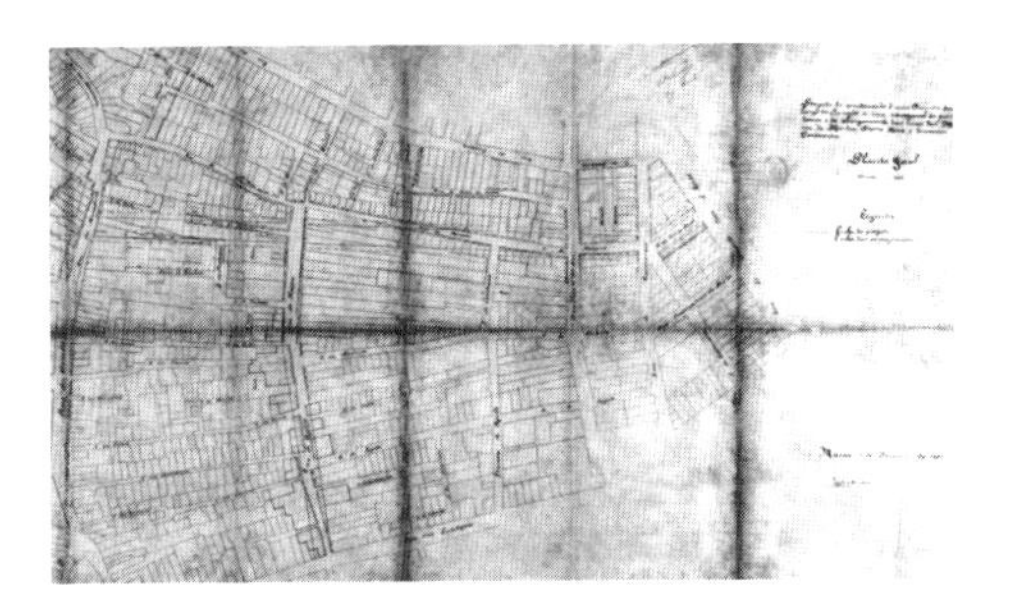

図11　1903年の市区改正計画図

図10　1598年頃のマカオ

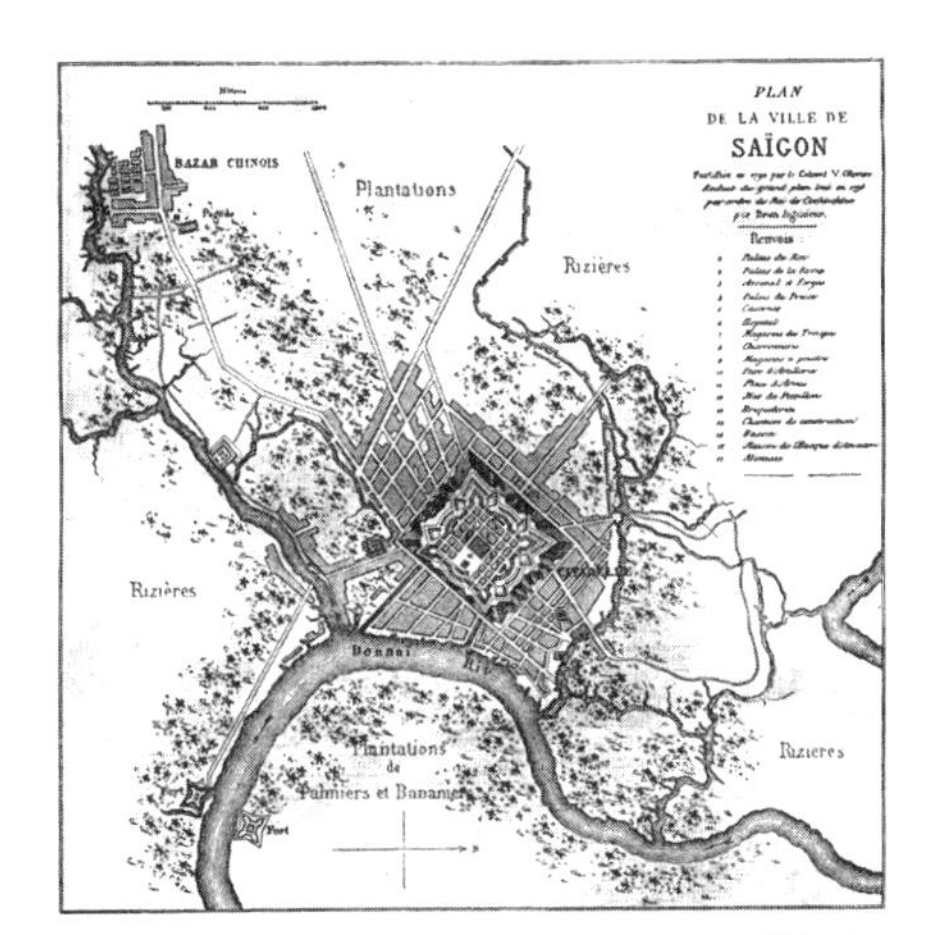

図13　中央にホーチミン、左上にチョロンが描かれる

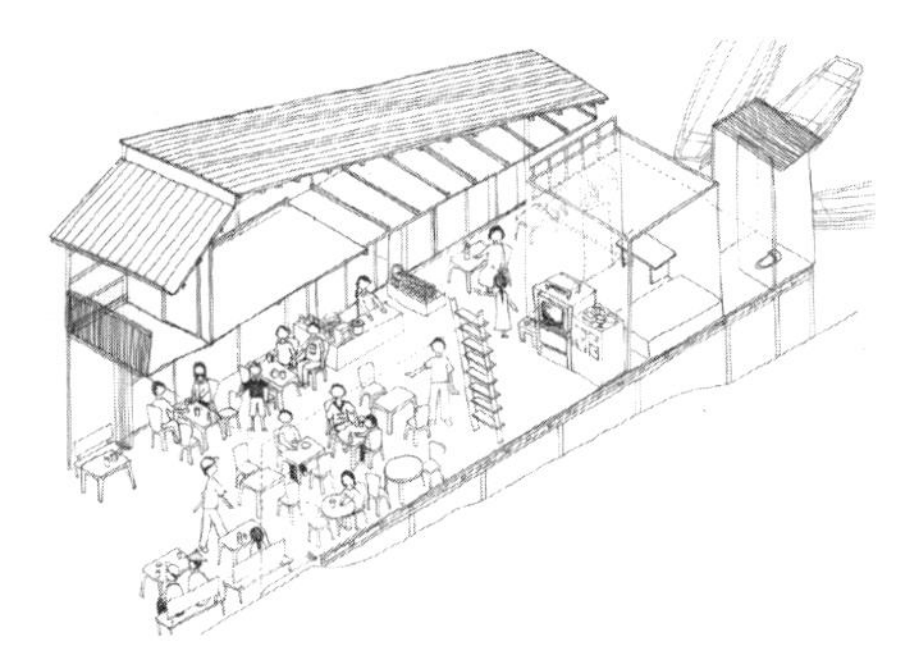

図14　伝統的なマーケットタウンの茶館
（フォンディエン）

図12　1918年のアルメイダ・リベイロ通り

社が携わります。さらに、内陸部では伝統的なマーケットタウンの周辺に、ヴェトナム人に耕作させるための農地を整備し、生産と流通のネットワークをつくり上げました。こうして、この植民地都市はフランス人とヴェトナム人によるホーチミンという空間だけで完結していたのではなく、海域で結ばれる非ヴェトナムのアジア世界と、内陸に展開する先住民の世界からなる両方を広く領域として設定し、そのなかで人や物を交流させながら地域全体を成立させていると捉えるのが不可欠なことを意味しています。

バンコクは、アジアの水都としてとりわけ有名です。タイでは、チャオプラヤー川沿いの都市を上流から下流にかけて一体的に見ていきました。そもそもタイでは川の水が人々の身体にきわめて近く、水浴びだけでなく、半身水に浸かりながら家を移築することもあ

図15 バンコク・パトゥムワラナム寺院の壁画。水中を移築中の左下の高床住居、舟からベランダを伝って居間に物を運ぶ右の住居（1800年代前半）

図16 アンパワー。満潮と干潮で1日に2～3mもの水位差が生じるため、床下が浸水してもいいように水際の建物はすべて高床でつくられ、水面と家々をつなぐ階段が各戸に設けられる

りました［図15］。また、上流と下流では水位の変化が大きく、河口側の都市アンパワーなどでは一日で二〜三メートルの潮位の差があるため高床式の住居をつくり、一方の上流では年間を通して一〇メートルも上下するので、家は筏の上に浮家としてつくられます［図16］。ひとつの国、ひとつの川沿いであっても、そうした環境の変化に応じて都市のつくられ方や住居の形式が大きく変わる実態を調査しました。対象の枠組みやその歴史だけでなく、自然環境からの視点も重要であることを教えられました。

シンガポールは、いわゆる植民都市としてイメージしやすい海峡型の都市です［図17-18］。ここではとくに戦後の動きに注目しました。一九八〇年代までのシンガポールは、強力な住宅政策のもとで生活水準を一気に高め、同時に川沿いの低層の建築群を一掃して、街並みの美化を貫徹します。アジアのなかでもいち早く近代化を成し遂げた都市であって、優等生的存在でした。とりわけ、当時の強力なリーダーであったリー・クアンユー首相（一九二三〜二〇一五年）は、七七年から一〇年計画で川の完全浄化を宣言し、また八三年には岸に停泊していた小舟をすべて撤去して、各省庁が責任を負う法令を成立させ厳しく順守させます。

でも、水辺がきれいになった代わりに、そこに展開する人々のアクティヴィティと、西欧人がアジアに求めるエキゾチックな魅力までをも失ったことに後になって気づくのです。八五年には一転して、川沿いのボート・キーやクラーク・キーを中心に、観光客を呼び戻すためのショップハウス、つまり伝統風の店舗兼住宅の再建と、プロムナードの整備を行います。ここ数年では近未来的なデザインのホテルが新たなランドマークとなったマリーナ湾の開発もよく知られています。西欧のような統一された歴史的な美しさではなく、ましてやアジアのように伝統的な街並みあるいは無秩序な風景でもない、新しい都市の風景

図17　1950年代のボート・キー

図18　マリーナ湾

を生み出しています。

さて、一連の水都の調査研究にあって、大きな衝撃を受けたのがインドのガンジス河に寄り添う聖地・バラーナシです。アジアに多い川港型の水都で、「ガート」と呼ばれる水辺の階段が六・四キロメートルにわたって連続する風景は圧巻です［図19－20］。石で舗装された階段は一四世紀の例がもっとも古く、全部で八四を数え、その間に九八の寺院や祠が点在しています。ガートの上部には、インド各地の王宮と寺院が軒を連ねています。人々は早朝から階段を下りて沐浴しながら祈りを捧げ、別の場所では荼毘に付された遺体が河に

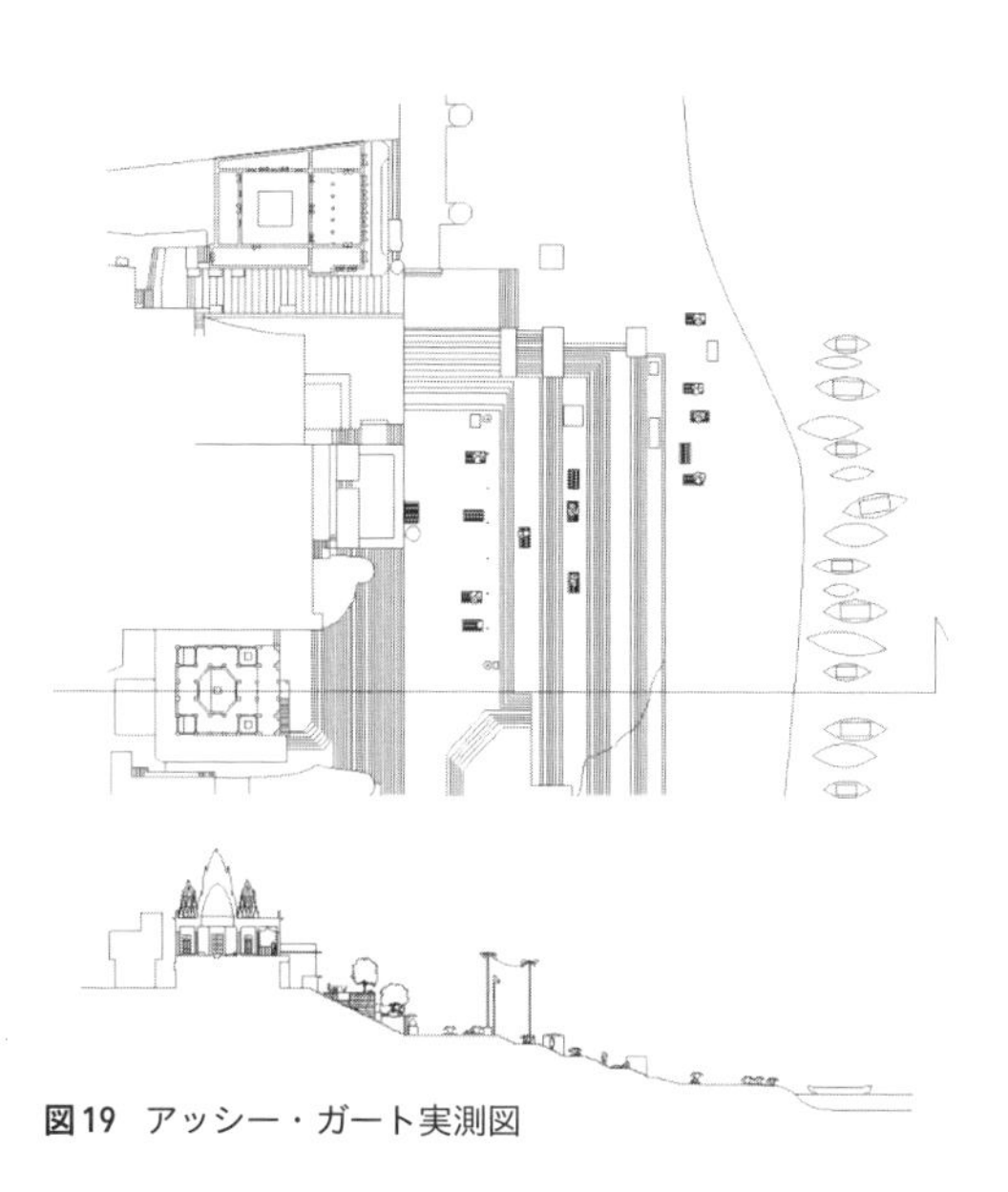

図19　アッシー・ガート実測図

図20　ガートで沐浴する人々

図21　夜の儀式プージャ

流される。まさに、生と死が水辺の空間に一体となって共存する水都です。また、こうした水の聖地では祝祭的な儀式も欠かせません。ダシャーシュヴァメーダ・ガートには、夜になると若い僧侶が水際に立ち、ランタンを振りながら祈りを捧げるプージャという儀式が行われます［図21］。バラーナシにあって、人々がつねに追い求めているものは、神に対する畏怖や畏敬の念をもち続けることにより、水と一体となった身体と精神を獲得することにほかなりません。世界でもっとも水が身体に近い水都は、こうしてつくられました。

水都の類型

陣内先生は、私も編者に加えていただいた『水都学Ⅳ』で、次のように書いています。

> 西欧、アジア、そして日本、水と都市の関係は、深くかつ多様である。信仰に、遊興に、産業に、水運に、水との広く多彩な結びつきが都市の文明を支えてきたことが次第に明らかになってきた。
>
> ――陣内秀信・高村雅彦編『水都学Ⅳ　水都学の方法を探って』、表紙扉文

こうした多様で多彩な水都を見ていくときに、その立地の類型を考えることは有効な手段です。

これまで見てきたアジアでは、圧倒的に内陸部の川港型、いわゆる水郷都市がかなり多くなっています。膨大な水や土砂を出し続ける大地が背後に控えていますので、その影響をまともに受ける海港をつくるには環境的にかなり難しいんですね。ところが近代になると新たな技術が入ってきます。デルタといっても、日本の本州がすっぽり入るような巨大

な河口デルタです。そんな場所に都市をつくるにはかなりの技術が必要なわけですが、それを近代の技術が可能にした結果、海港の都市ができてきます。そうすると、従来の内陸部の川港の都市とつながって、途中の小さな村やまちが一体となってネットワークを組織し、その地域全体が更新される。まさに、陣内先生が主張されるテリトーリオという考え方は、こうしたアジアの地域でも欠かせない概念となります。

破壊と再生を繰り返すアジア

しかしながら、アジアの都市は、破壊と再生を繰り返すという点で西洋とは決定的に異なります。アジア都市の破壊の歴史は、戦後の民衆意識の矯正をも企図して、老朽化・不衛生・危険という名目で旧市街地が排除され、より健康的で、より清潔に、そしてより効率的な都市と社会を追求してきた結果と言えます。そのおもなターゲットとなったのは都市の水辺でした。長い歴史のなかでつねに不法占拠され続けた空間であり、下層階級や裏社会の巣窟でもあって、戦後の輝かしい近代化においては、早急に、そして完全に排除しなければならない対象だったのです。建築の質が悪く不揃いではあっても、活気に満ち、水が身体にきわめて近いアジア独特の水辺空間には、カミソリ堤防が立ち上がり、西欧によく見られるきれいなプロムナードが整備され、それに沿ってツルツルピカピカしたオフィスビルやマンションが建ち並ぶようになります。ヨーロッパのように、水辺にモニュメンタルな建物がなかった点も破壊に一層拍車をかけました。アジア都市の水辺空間は、宮殿や寺院のような象徴的な単一の建物が主役なのではなく、小さな住宅や店舗が密度高く集まり組織されるその集合のあり方そのものに魅力をもちます。中谷礼仁さんのいう「弱い技術」や、青井哲人さんの「やわらかい都市」といった発想の転換によって見直すと、アジアや日本の都市も面白く、評価できるのではないかと思うわけです。

そして、八〇年代、とくに二〇〇〇年に入ってからは本当の意味での歴史と文化に根ざした水辺空間の再生がさまざまなかたちで現れつつあります。その水辺はどのような歴史と文化を蓄積した空間なのか、そこは都市全体との関係でいかなる意味をもってきたのかという枠組みのなかで、水辺空間の意義を知り再生を図る時代が到来しているのです。

水の聖地論へ

二〇一五年頃から、古代や中世が地域の形成にいかに影響を与えたかを重点的に研究しています。じつは、東日本大震災直後から、そうした時代の地形や自然環境が聖地の成立と深く関わっているのではないかと考えて調査していたところでした。日本を含むアジアでは、歴史的にも数々の水害を経験してきました［**図22**］。とくに、津波の災害では、都市や集落のある特定の神社が被害に遭わなかったという研究が多くあります。とすれば、そもそも都市や集落の領域は歴史的にどのように把握されていたのかを調べていくうちに、どこでも「水神（すいじん）」を祀る聖地がその領域の境界に置かれていることに気づいたのです。

中国の江南地方では、水口（すいこう）という語句がよく古文書に出てきます。市街地の周辺で水が集まるところ、あるいは水が分岐するところ、そうした場所が非常に重要であって、都市や集落の境界を示すように、その水口に宗教施設が置かれます。日本の都市も同じで、海と陸の境界、川の合流・分岐点、また水が湧き出るところや江ノ島のような陸繋島の地形に、水神が祀られ聖地化します。加えて、日本ではさらに周囲の山や台地との境にある湧水地を山口（さんこう）と呼ぶこともわかってきました。そこで災害と都市領域、基層構造と聖地をつなげて調べてみようと思ったわけです［**図23**］。

図22
安政の大地震で現在の江東区付近を襲った大津波
（『安政風聞集』1856年）

これまでに、長崎県島原、広島、名古屋、大坂、沼津、小田原、水戸、江戸といった都市を調べてきました。これらの城下町では、都市のさまざまな領域を示す境界にことごとく水神が祀られています。いずれも一般の民衆ではなく為政者が置いた水神です。さらに、もう少し広い環境領域を見ても、為政者が水神を置いて保護していたことがわかってきました。ここでは大坂と江戸の事例をお話しします。

古代の聖地に依拠する大坂

淀川は上流の山崎で桂川と宇治川、木津川の三川が合流し、その山口とも言うべき場所に離宮八幡宮を貞観元（八五九）年に鎮座させています。祭神は比売三神（ひめのさんしん）という水神で、大坂を流れる淀川の始点にあたり、同時に京都との境界にも位置する環境領域を示す水の聖地と考えています。

一方、城と城下が築かれる上町台地では、まず三の丸の境界に玉造稲荷神社が置かれています［**図24**］。紀元前の垂仁天皇一八（紀元前一二）年の創建と伝えられる古社で、当時は離宮八幡宮と同じ水神を祀る比売社と称されていました。台地東端の崖地に立地し、そこから湧き出た水は〈白龍池〉となり、今ではそこに水神の市杵嶋姫神（いちきしまひめのかみ）が祀られています。ここから城外に出て南下すると、台地西端に生國魂神社（いくくにたまじんじゃ）が鎮座します。大坂の総鎮守とされ、もともと城内に置かれていた小祠でしたが、秀吉が水の豊富な場所に遷座させ、水神の弁才天を勧請します。上町台地上に計画された城下町の南端には、六世紀末の推古天皇元（五九三）年創建とされる四天王寺が鎮座します。ここもまた、境内には聖徳太子にまつわる霊泉が今も湧き、金堂地底の〈青龍池〉から流れ出るとされて〈亀井の水〉と呼ばれました。秀吉の城下町計画は、古代・中世からの地形や地質などの自然条件に依拠しながら、それと

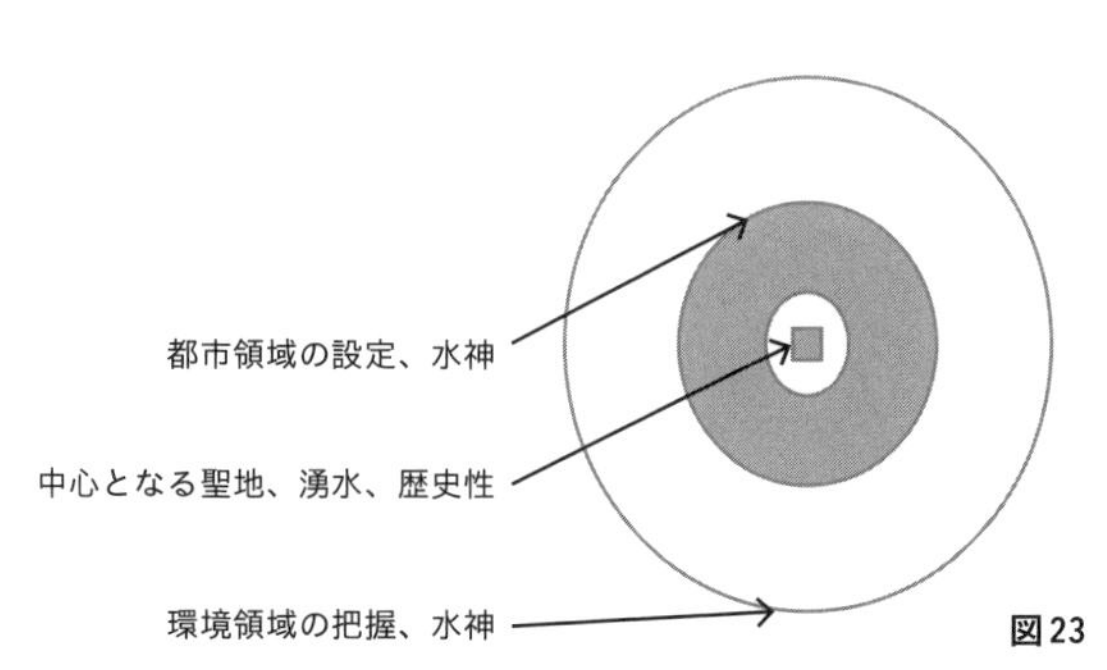

図23　水の聖地と領域の概念図

結びつく水の聖地といった文化の基層をその上に形成し、それらを都市領域として可視化しながら地域のコンテクストのベースをつくりだしているのです。

上町台地の城下町整備に続いて、秀吉は城の西に広がる低湿地の開発に着手します。文禄三(一五九四)年、東横堀川の開削を開始し、その土砂を利用して船場地区の土地造成を行います。そして、同年に開発地の西端に御霊神社を遷座させます。もともとは、船場地区のさらに西に広がる海中の島々の守護神として、円江(つぶらえ)という場所に祀られていたもので、創建は古く、平安時代に行われた八十島祭を担う神社です。祭神は瀬織津比売神(せおりつひめのかみ)で治水を司る神です。秀吉による船場地区の開発事業では、以前から存在した海側の神の力を借りて、新たに生成される都市領域の境界に水の聖地として遷座させたのです。同様に、船場開発の南端の境界を示す聖地に坐摩(いかすり)神社があります。四世紀初めの創建とされ、豊臣期以

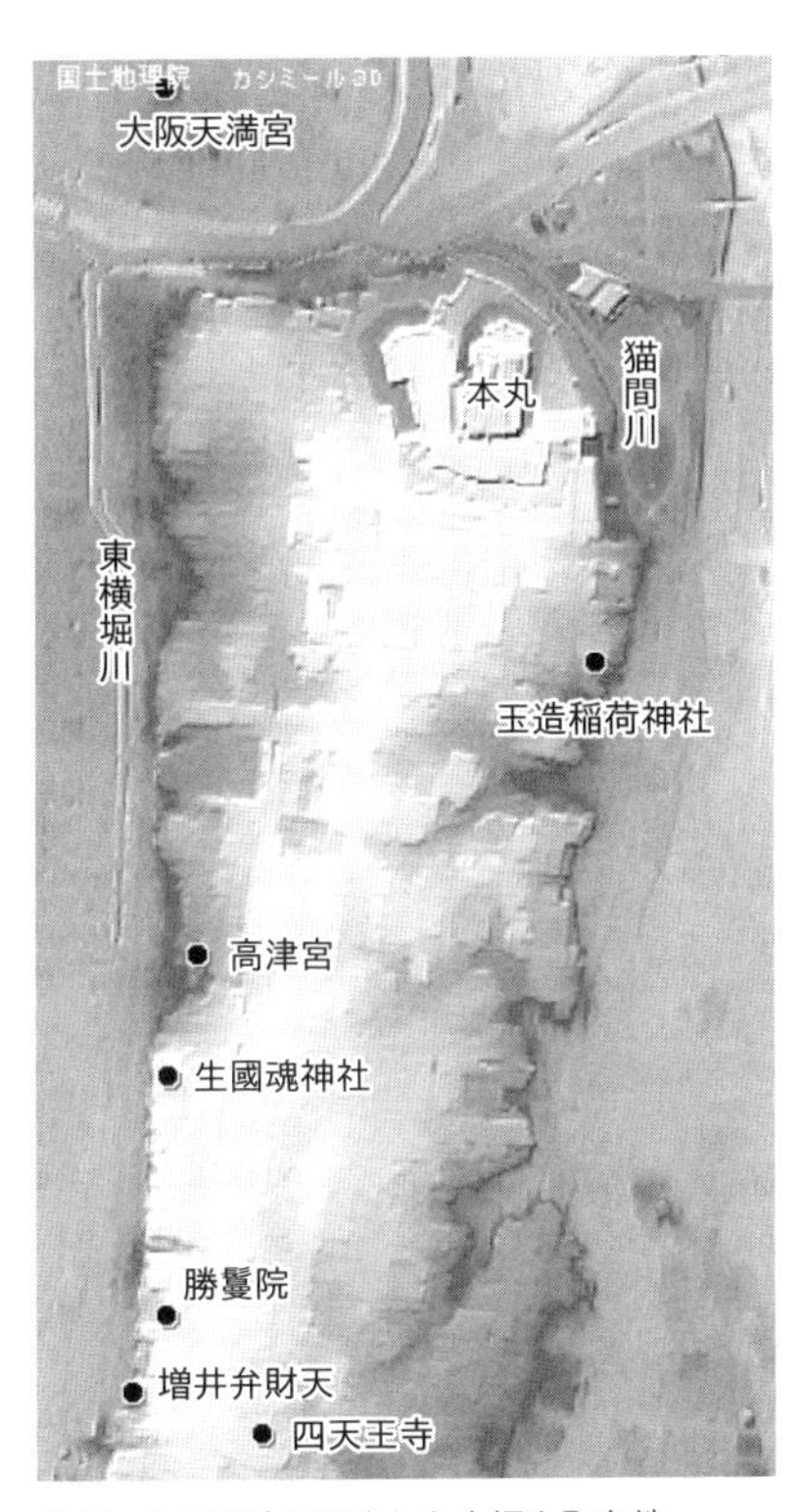

図24 水の聖地に囲まれた大坂上町台地

前には、のちに大坂城が築城される台地北端からほど近い、天満橋南詰に鎮座していました。大坂城の築城を開始する天正一一（一五八三）年に、現在の地に移されます。祭神は、井泉を司る水神三神と竈の神二神です。遷座後の地では、井泉の神が祀られているにもかかわらず、飲用に適した水の記録がまったく見あたりません。つまり、坐摩神社もまた、海側からの御霊神社の遷座と同様に、古くから伝わる水の神の力を借りて、陸側から都市領域の境界に遷座したと考えられるのです［図25］。

山の辺と水の辺の聖地がつくる江戸

まず、豊かな湧水を誇る井の頭池には、すでに一〇世紀の源氏以降に蛇神とつながりをもつ弁才天が祀られ、一五世紀初頭の創建で滝や池を擁する湧水豊かな新宿の熊野神社にも大きな水場に弁才天が置かれています。そして、関口大洗堰の上流側には、二本の銀杏の大木がそびえる水神社が鎮座しています。創建年代は不詳ですが、享保一七（一七三二）年の『江戸砂子温故名跡誌』巻ノ四には「上水開削より関口水門の守護神なり」と紹介され、水門の神とされる速秋津彦命（はやあきつひこ）と速秋津姫命が祀られています。その脇には松尾芭蕉が住んだ龍隠庵（りゅうげ）がかつてあり、今なおそこからは水が湧き出ています。

一方、下流の江戸湊や隅田川と合流する場所には、いずれも江戸築城で有名な太田道灌に由来する日本橋の常盤稲荷神社と神田の柳森神社がすでにあり、両社とも水神を祀ります。常盤稲荷神社には代表的な水の神である罔象女神（みつはのめのかみ）が祀られ、現在では埋め立てによってかなり内陸に位置しますが、江戸開府のいまだ日比谷入江があった時代には、まさに江戸湊への出口にあたります。同じく、柳森神社には「水神、厳島大明神、江島大明神」と書かれた小さな祠が鎮座します。もとは向柳原、現在の浅草橋四・五丁目あたりにありまし

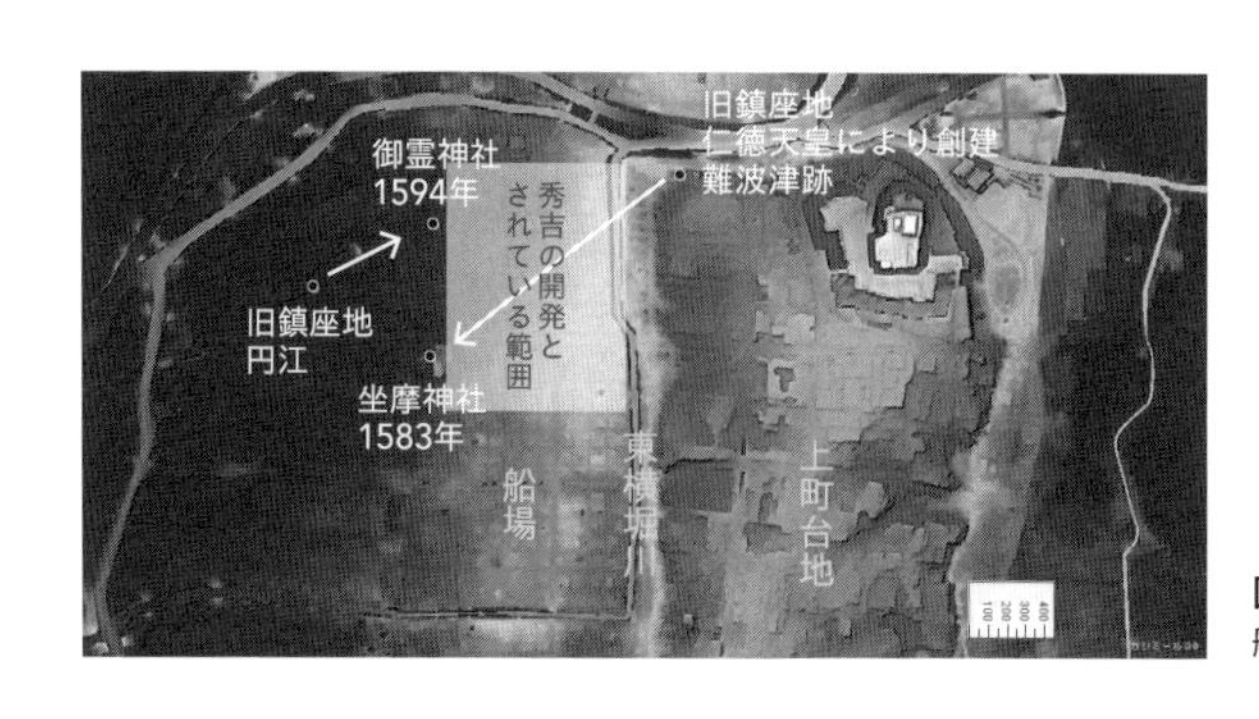

図25
船場の開発と水の聖地の関係

たが、神田川が開削されると、新築の土堤に柳を移し植え、その一角に社殿を遷しました。現在のＪＲ秋葉原駅の西に位置し、今では柳橋のある神田川河口から一キロメートル以上も内陸に位置していますが、その場所はちょうど神田山の東端にあたります。江戸の開府当初、その東側は隅田川土手の鳥越の丘に至るまで、いまだ一面に池や沼地の広がる低湿地であって、まさに武蔵野台地が形成する陸地の終焉に、この柳森神社は置かれたことになります［**図26**］。

神田上水が複雑な台地と谷地の地形のなかで人工的な開発を遂げた都市領域の聖地創造であったのに対し、東の隅田川では低地の環境的な自然の秩序に依拠して水の聖地が立地

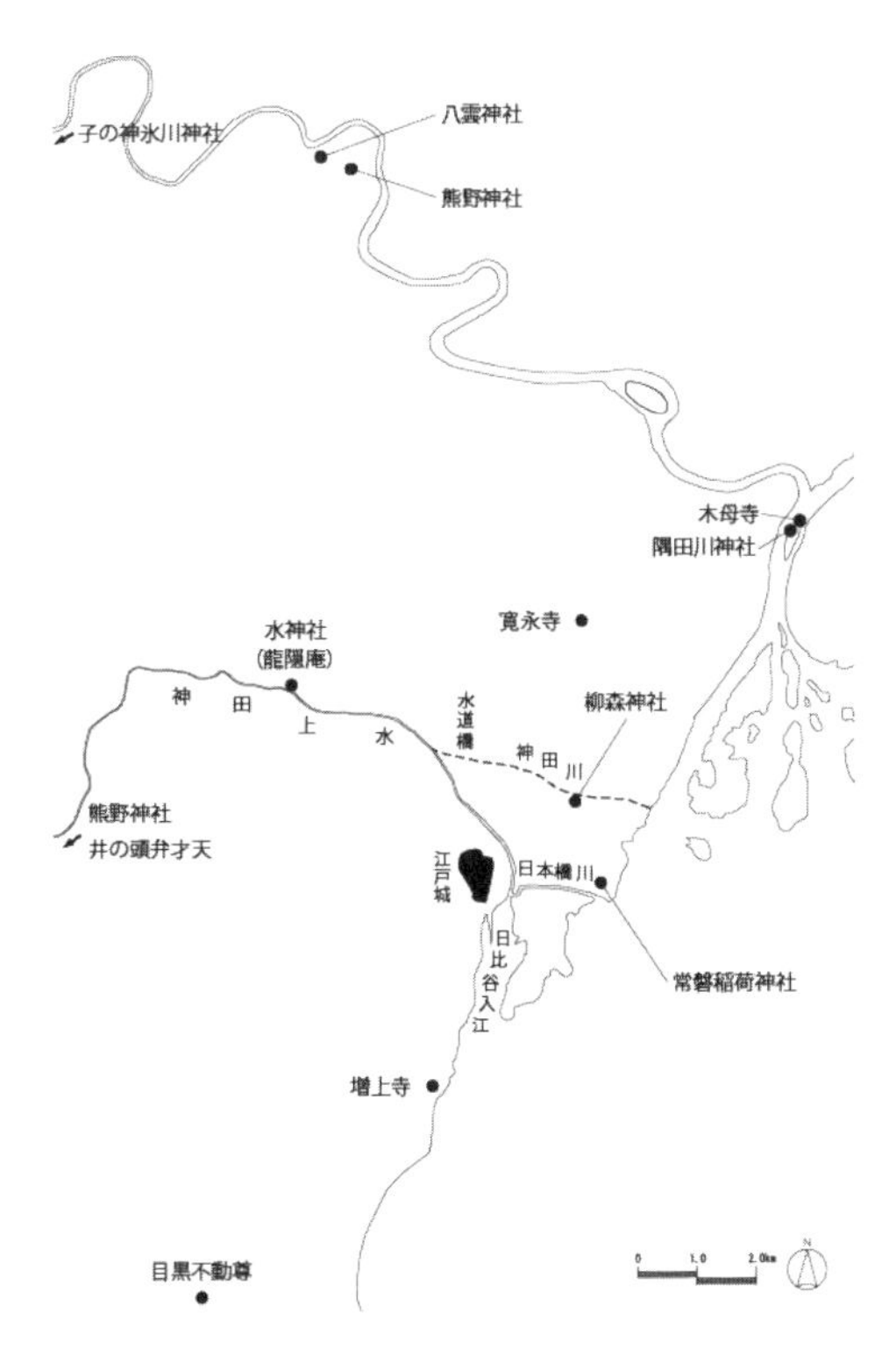

図26　江戸の水の聖地

します。いずれも創建年代は不詳ですが、現在の北区岩淵水門の脇には岩淵八雲神社と志茂熊野神社が隣接して置かれ、両者とも水の神を祀る市杵島神社と水神社が境内に合祀されています。この場所は、江戸時代の瀬替え後の荒川と新河岸川の合流点、つまり江戸に水が流れ込む入口のまさに水口の位置にあたります。その下流の隅田川神社はかつて浮島社や水神社と呼ばれ、一二世紀に源頼朝が造営したと伝わります。一六世紀末から活発になる河口部の陸地化以前は、隅田川の出口、つまりここからが江戸湊の入江になっていました。それゆえに、水門の神とされる速秋津彦命と速秋津姫命を祭神としています。また、そのすぐ北のかつての内川との分岐点は、隅田川の西岸とを結ぶ古東海道の渡しがあった場所で、蛇体に女性の頭を付けた水神を祀る一〇世紀創建の木母寺があります［**図27**］。

さて、隅田川以東の低地開発は、大坂の船場の状況に似て興味深いものです。まず南端の富岡八幡宮です。寛永元（一六二四）年に隅田川河口の中州を霊岸島として埋め立てたとき、東の対岸にあった奈良時代創建の弁才天を祀る七渡神社を地主神としました。その三年後、この一帯の東端を流れる中川土手の微高地にあった富賀岡八幡の御神体を今の場所に移して富岡八幡宮が成立するわけですが、その七渡神社を遷座させて境内に合祀します。つまり、その土地に古くからあった神の力を借りて、都市領域の境界に移動し水の聖地と一体化させた大坂の例と同じです。その後、さらに東や南に埋め立てが進む過程では、元禄一四（一七〇一）年に木場の設置が認可される前年、弁才天を祀る洲崎弁天が置かれています。まさに都市領域の終焉、海と陸の境界の陸繋島に成立した水の聖地です。一方、北端の領域の可視化の役割を担ったのが亀戸天神社です。横十間川の北端に位置し、一七七九年の「安永手書江戸大絵図 坤」を見ても、川の東側一帯は田畑や村が点在するだけであって、まさに新たにつくられる市街地の境界に鎮座しています［**図28**］。じつは、この神社もまた寛

図27　木母寺の水神

文二（一六六二）年に東の中川土手の微高地にあった天神を遷座させて成立したもので、その三年後には水の神を祀る弁天社を太宰府から勧進しました。ちなみに、明治五（一八七二）年の氏子域を見ると、もともと七渡神社が霊岸島にあったために富岡八幡宮のそれは隅田川の東西両岸に広がり、亀戸天神社は川によって結びつけられた水の聖地であることを示すように、横十間川、大横川、竪川に沿って隅田川まで広がっています。大坂と同様、水の聖地を移動させて都市領域を可視化しながら地域全体を成立、形成させる様子がよくわかります［**図29**］。

新たな〈水都学〉に向けて

こうして、新たな学問体系としての〈水都学〉を考えていきたいと思っています。そのために、具体的な方法や事例を調査研究していくことがまずは求められます。

陣内先生が、『水都学Ⅰ』で、

> 水の都市の特質とそこに潜む魅力を、歴史とエコロジーの視点から探り出し、近代に忘れられ失われかけた価値を復権・再生させるための新たな学問体系〈水都学〉。
>
> ——陣内秀信・高村雅彦編『水都学Ⅰ　水都ヴェネツィアの再考察』、141ページ

と明言しているように、その成果を現代の社会にいかに生かしていくかが重要です。二〇一七年度には、法政大学に「江戸東京研究センター」が設立されました。その初代所長に陣内先生が着任されました。

陣内先生は素晴らしい研究者であることは皆さんご存知かと思いますが、同時に素晴ら

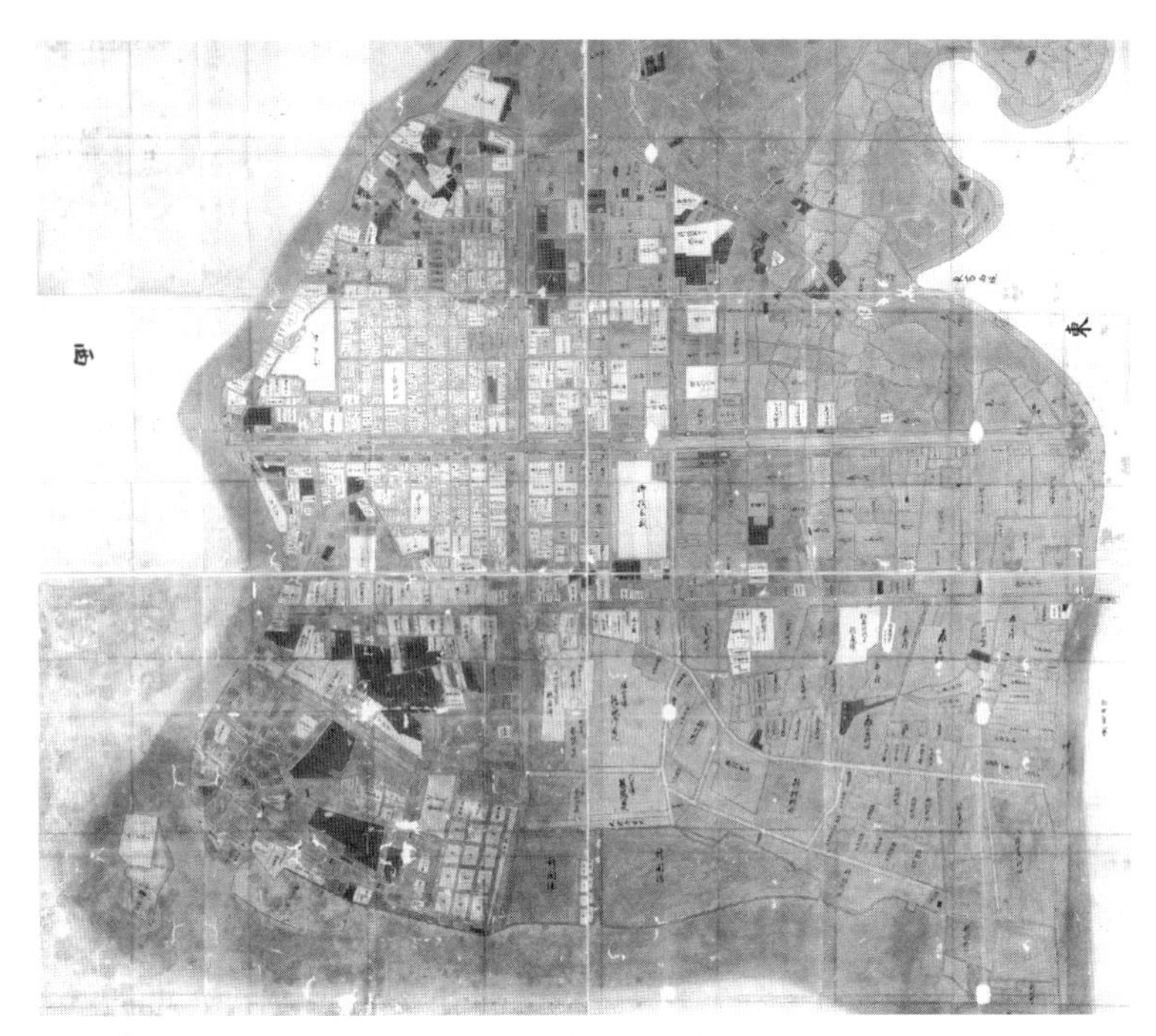

図28 「安永手書江戸大絵図 坤」（1779年）横十間川の東は田畑が広がったままであることに注目したい

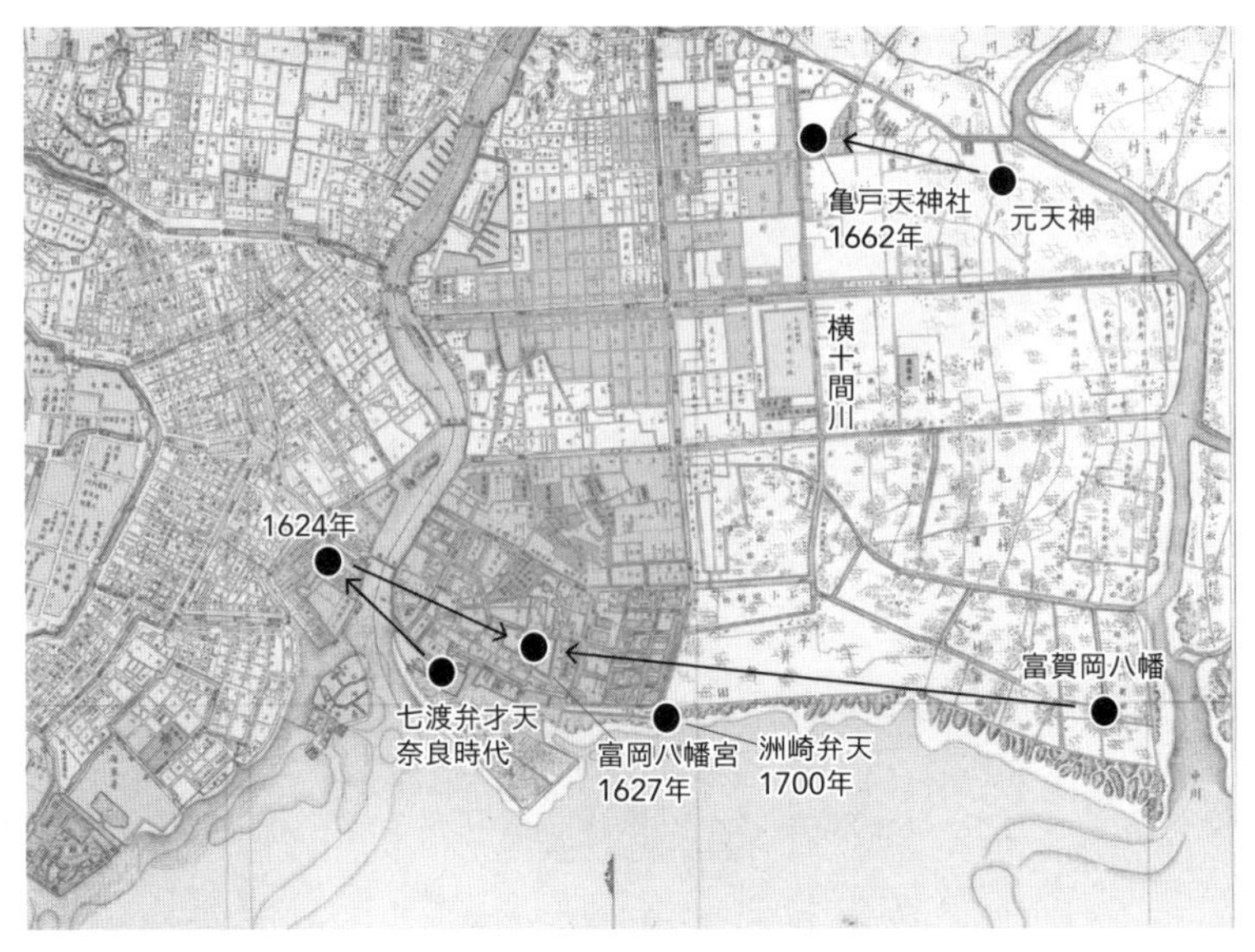

図29 隅田川以東の開発と水の聖地

しい教育者でもあります。両方が揃っている人はあまりいないと思います。

そんな陣内先生の教えに「一点突破、全面展開！」というのがあります。学生時代からよく聞かされていました。これは、何かひとつ自分の世界をはっきりと見つけて、そこである程度ものさしをつかんだら、あとは全面展開するべきだ、というものです。つまり、国立大学と違う法政らしさを大切にすべきというもので、全体的な基礎学力のなかから絞り込むのではなくて、ある一点に集中してそこから大きく論を展開しなさいという教えです。

中谷礼仁さんの回では、講義後の対談で「早稲田は東大じゃない、東大に反抗するために早稲田には民衆的なものがある」と言われていましたが、法政はこの「一点突破、全面展開」に突破口があるのではないか。そう言われてみると、確かに私も当時は誰も見向きもしなかった中国の、それも江南の一地域に見慣れない水のまちがあって、面白そうだからという単純な気持ちで留学し、研究を始めたことを思い出します。「無頼の研究者であれ、そして熱心な教育者であれ」という教えを宝のように生涯にわたって大事にしていきたいと思います。

日本発の〈水都学〉を切り拓く

陣内秀信

〈水都学〉の始まるきっかけから話します。一緒に研究を行っている高村雅彦さんの学位論文（「中国江南の水郷都市に関する研究――形成過程と空間構成の原理について」一九九五年）は、中国の江南、蘇州周辺の水郷の町を扱ったものでした。まだ自由化の前で観光客もまったくいない地域で、しかも天安門事件（一九八九年）の直後です。外国人なんか行けないような、田舎の水郷の町を巡って、オリジナルの調査研究をやったパイオニア中のパイオニアです。だからもともと水の都市が大好きな専門家なのです。

私も留学先がヴェネツィアですから、若い頃に水の上に暮らしていたわけです。最初から水の都市を研究しに行ったわけではないのですが、そこに水があった。水の都市の面白さというのは、身体で知っていましたが、それを理論化するようになったのは、その少し後なのですね。東京に帰ってきて、法政大学で教え始めていろいろ調査していたら、東京も水の都市だったということに気がつき、船で水上から観察しながら、いろいろな成果を挙げていました。当時、私たちは小金井の工学部にいたのですが、二〇〇三年に工学部を中心に法政大学にエコ研というのが生まれたのが重要なステップになりました。大学のなかでも大きな研究助成をとって、学際的に研究しようという機運が高まり、陣内お前やれ、提案しろ、ということで、皆と議論していて思いついたのが「水の都市」の研究でした。それを歴史とエコロジーとを結びつけてやろうと考えたのです。かなり予算がついていたものですから、学内外のいろんな分野の人に入ってもらって、学際的で横断的に思い切ったことをたくさんやってきました。

オランダとの強いつながりをもつ寺田真理子さんの力で、エコ研が中心とするグループがロッテルダム・建築ビエンナーレに招かれ、「水の都市」東京の展示をつくり、建築学科の渡辺真理さんら、皆さんと一緒にロッテルダムに乗り込み、オランダ、ヴェネツィアの専門家たちと交流しました。帰国後、それに大幅に手を入れ、江戸東京博物館での大がかりな展覧会「東京エコシティ」を実現し、水の都市に深い関心をおもちの皇太子殿下にもご覧いただきました。

そして、大型科研費にもとづく「水都に関する歴史と環境の視点からの比較研究」の研究成果を本にしようというときに、担当の法政大学出版局の勝康裕さんという辣腕の編集者が『水都学』という書名を提案してくれました。われわれは「水都研究」と考えていたのですが、そのネーミングでぴょんとひとつ飛躍できました。私自身も東京の「空間人類学」とすでに名づけたりしていて、「学」ばかりつくるのはどうかなと一面では思いますが、最近では東京スリバチ学会というのも大いに力をもっていますし(笑)、「学」はやはり大いにつけていいのではないかと思っています。

水都「学」もいっぺんそう言ってみるといいもので、たとえばずっと連携して活動してきた日野も、もともと「水の郷」と言っていたのですね。それはのどかでルーラルでいい感じではあるのですが、もう少し都市化が進んできた今の段階では、「水都」と言ったほうがいいよとみんなで話していたら、日野の人もそう呼んでくれるようになりました。というわけで、水都というのはなかなかいいなと。だけど、その内実はどうなのかについて、これまで大勢の人たちとやってきたさまざまなことを振り返って、今の到達点や問題点、そして成果をご紹介したいと思います。

水都学とは

この『水都学』シリーズは五巻まで出ました。各巻のテーマは、それぞれの段階でステップアップしたものを考えました。旗揚げのⅠはやはり水都の原点・ヴェネツィアをもう一回見直す特集、Ⅱがアジア、Ⅲでテリトーリオへ広げようと考え、Ⅳは水都学の方法を探る特集を組みました。最後のⅤの特集タイトルに「水都研究の到達点」とつけたつもりが、うっかり最後まで気がつかないで、なんか変だと思いながら「水都研究」のまま出ちゃったのですけど……。

なぜ今水都か、というと、当然のことですが、人間の暮らしの場、都市、営みの場というのは、多様な役割と機能をもって水と結びついて成り立ってきたわけですよね。ところが近代化、産業化で陸の時代になり、水が汚染され、本当にそっぽを向いてしまう。ということで、学問の体系も皆、水から離れてしまった。建築史や都市史もそうでした。ところが時代が巡って、今またここに真面目にもう一回水辺の価値を見直さなければいけない時代が来ているのですけれど、それに応える学問の体系が分断されており何もないのですね。そこでわれわれはそれをもう一回、二一世紀に取り戻そうということで、その学問体系をつくろうと考え始めました。そのためには東西の英知を融合しようとも。

今日は、まずオーソドックスな水の都市ということで、一番目には、港町の歴史的変遷から始めたいと思います。港湾空間とか、ウォーターフロントの再生や再開発というのは、皆ここに集中しているわけですね。世界の状況と比べ、日本あるいは東京はどういうポジションにあるか、考えることもできます。

一方、水都研究を進めていくと、産業の論理というのが当然近代に強まってくるのですが、じつはプロト工業化社会というのが非常に面白いということが見えてきました。一六

〜一九世紀の産業ゾーンは内陸部にあるのですね。そこから二番目のテーマとして、水車や運河を活用した時代に、人類がつくった大きなもうひとつの水都がある、という点をお話しします。テリトーリオとつながっていくわけです。

だけど、こういう方向でばかり考えていくと、どうも西洋が文明を引っ張って、日本は近代にこれを学んで追いかけるという構図になりがちなのですね。ウォーターフロントの再生も出遅れている。どうも日本が劣勢になってしまうようなことがありまして、やはり日本発あるいはアジア発の水都学にしたいと思い、もっと深く多面的に考察しようとも考えました。そこから三番目のテーマとして、水の聖なる意味が出てきます。

陣内秀信、高村雅彦編
『水都学 I
特集 水都ヴェネツィアの再考察』
法政大学出版局、2013年

同
『水都学 II
特集 アジアの水辺』
同、2014年

同
『水都学 III
特集 東京首都圏
水のテリトーリオ』
同、2015年

同
『水都学 IV
特集 水都学の方法を探って』
同、2015年

同
『水都学 V
特集 水都研究』
同、2016年

図1　アムステルダム、運河都市

図2　ロンドン、河川沿いの港町として発展

港町から世界の歴史を書き直す

世界を旅していると、いい港町が多いわけですよね。本当にどこの首都でも、どこの魅力ある町でも、水の空間、多くは港をもっています。河川港もあります。それを分類して発展のプロセスを辿っていくと、世界の都市の歴史を書き直せるのではないか、という確信をもてるようになりました。

港、そして港湾空間というのは、歴史のなかで変遷を辿り、とくに近代化で大きく変わって、その後、空っぽになったり放置されたため、そこを再生するウォーターフロントの問題が生まれたというわけですね。その変遷の動向を構造的に把握するためにも、港町の系譜を、大雑把に分類し、それぞれどういう発展があって、どんな空間が生まれ、風景ができて、どんな営みを見せてきたか、というのを読み解いていくと、非常に面白いのです。

古代に起源をもつ地中海の小さな入江（湾）に誕生した港町に、ジェノヴァやマルセイユなどがあり、そこでは近代の港湾機能が外に転出した後、古い小さな港の空間が現代の魅力ある場に生まれ変わっています。一方、ヨーロッパの古い低地地域にはヴェネツィアやブリュージュのような水網都市という類型が多く、だんだん近代に向けて発展していくとミラノ、アムステルダム［図1］のようにカナルと閘門（ロックゲート）の組み合わせが出てくるわけですね。レオナルド・ダ・ヴィンチがミラノで閘門の改良案を考えたことが大きな影響を与えました。それとともに、ヨーロッパには河川港が古代以来多く、ロンドンが一八世紀頃から成長を遂げ、一九世紀にドックランドを建設し、大きな発展をする［図2］。

日本も近世には河川港が多かったのですが、近代化とともにそれを捨ててしまったわけですよね。その辺がヨーロッパと違う。近代に発展した港の最終形は、アメリカのニューヨーク、ボストン、サンフランシスコに典型に見られる、湾に開き桟橋、埠頭を数多く並べるダイナミックな形式で、シドニー、横浜などもその範疇に入ります。これらの港町はどこも、ウォーターフロントの再生事業に熱心に取り組み、やはりアメリカがその再生でも最先端を走っています。

そもそも古い港というのはすべて都市に密接に結びついていました。ですから、港の機能が町に溢れ、水と都市が一体となって活気がありました。ところが近代前期には、それを旧市街のすぐ外に追い出していくわけで、港が市民生活とやや切り離される。しかし、倉庫が並ぶ立派な空間をつくったわけで、これが今世界のあちこちでリノヴェーションされ見事に蘇っているのですね。一度捨てられたものがストックとして生きていたので、これを蘇らせるというのが今の世界のトレンドですが、日本は少し出遅れているわけです。

世界の港湾都市の再生メカニズム

ヴェネツィアも港湾空間を大きく変遷させてきました［図3-4］。かつてはこの島部のなかに運河網が巡り、港の機能が皆入り込んでいて、江戸と同じだったのですね。ところがイタリア統一後の近代には、町の南西部に新しい港湾空間が集中してできます。それとともに、旧市街に分散していた港の機能が不要になっていったわけですね。その空いた水辺の空間をどうやって新しい時代につくり変えていったかが問題なのです［図5］。ヴェネツィアを研究する樋渡彩さんから教わったことなのですが、港湾機能は南西の新港湾へ集中的に皆移ってしまったのですね。だから古くからの中心で、東方から物資がいっぱい集まって荷を揚げていたサン・マルコ水域はその機能から解放されるわけです。カナル・グランデにもたくさん荷物を積んだ船が行き交っていたのですが、それがなくなった。市民の生活を支える野菜やワインなどは運んでいますが、そういう物流機能からは外れたわけで

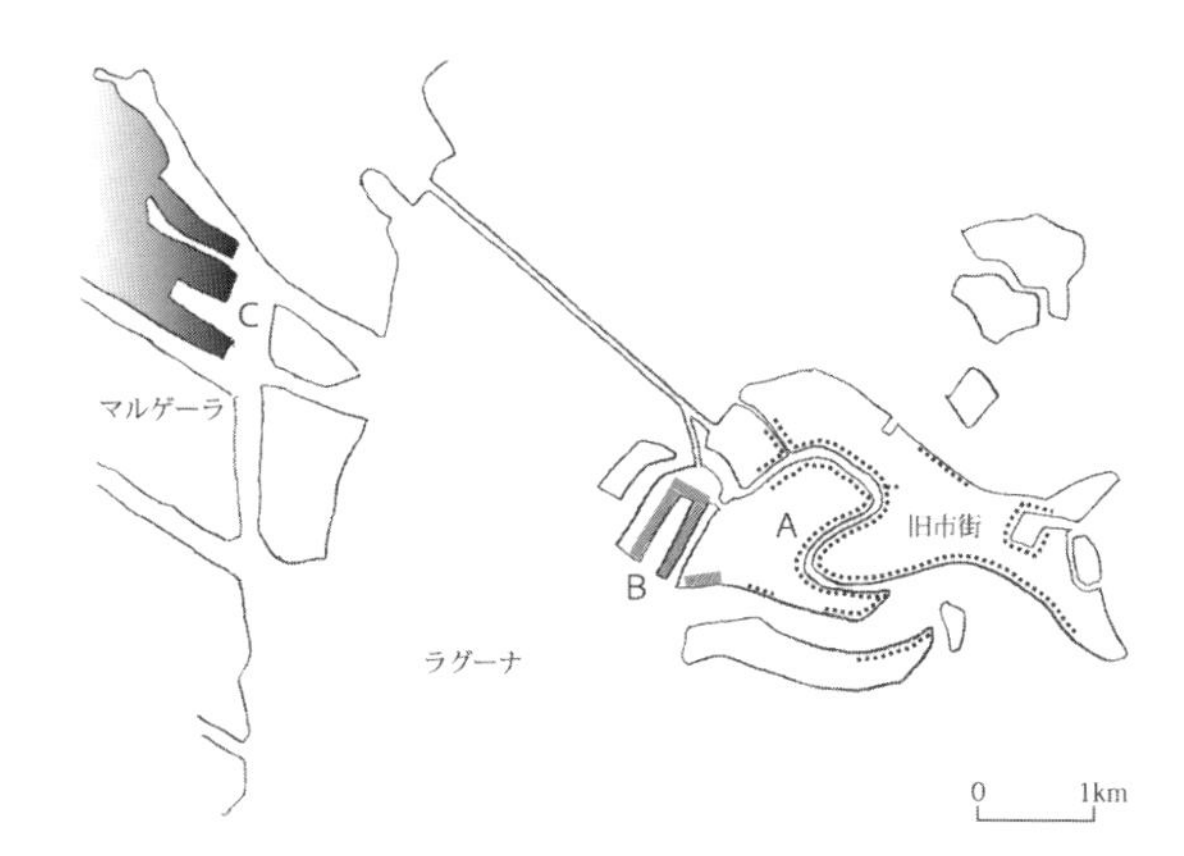

図3
ヴェネツィアの港湾空間の変遷
A：前近代（内港システム）、
B：近代（集中式港湾区間）、
C：現代（コンテナ埠頭）

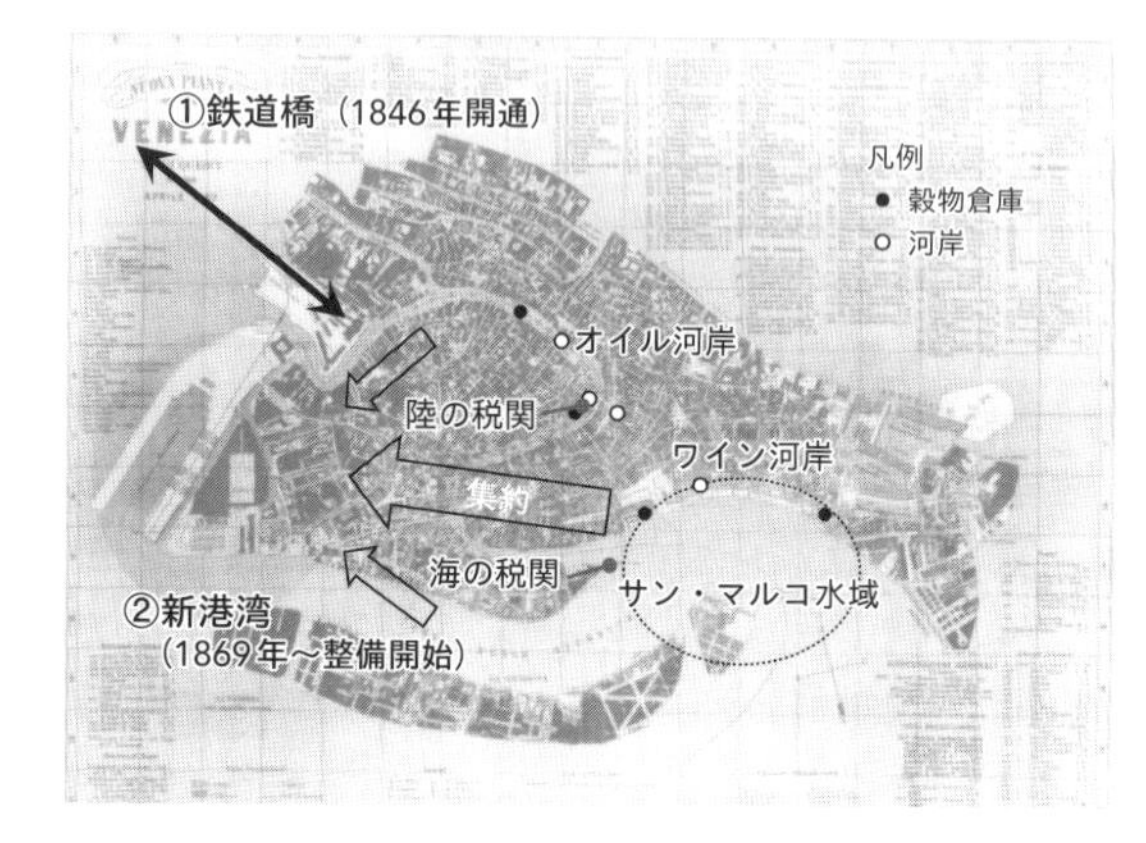

図4
新港湾建設後の影響――都市の表と裏の関係が逆になり、サン・マルコは港機能を縮小した

図5　大運河沿いの水上テラス

すね。そこで発想を転換し、ホテルに転じた元の邸宅の前に、一九三〇年代から素敵な水上テラスが出るようになったのです。そこで朝食をとるのは最高の気分です。

アムステルダムもまったく同じでして、運河と岸辺の道がセットとなって一六〜一八世紀につくられた素晴らしい都市空間に、かつてはどんどん荷が入ってきていました［**図6**］。古い写真を見ると、ここで荷を揚げていたのがわかります［**図7**］。ところが近代の港湾の変化でこれらの舟運のための船が全部出ていってしまいました。したがって運河の水辺が人々の手に解放されたわけですね。それで岸辺に浮かぶハウスボートでゆったりと暮らしたり、カフェテラスを出すことが可能になったのです［**図8**］。

一方、港湾都市の歴史の次のステップで、一九世紀、二〇世紀の初めに海を埋め立て、港湾空間や工業地帯が開発されましたが、それも今では空っぽになってしまったので、そ

図6　アムステルダム（1663年）、運河が同心円状に巡る

図7　かつてのアムステルダム舟運

図8　アムステルダム
（上）港湾空間が水辺の住宅地に
（下）運河沿いのハウスボート

図9　ジェノヴァ——連なる桟橋や塔状住宅、ポルティコの連続する中世の港の構造

の再生事業が大規模に進められています。用途を変えて人々の住む町ができていて、家の前に個人ボートもつけられる。このように一度つくったものを、次のステップで新たな時代のニーズに合わせて蘇らせる転身ぶりが見事なのです。こういうことをずっと続けているから、歴史の連続性と重層性を維持しながら、現代の町の機能を取り入れる発展ができるのです。

ジェノヴァもそうです。ここは古い小型のお椀型の湾なのですが、中世から木の桟橋（ピア）が突き出していたのが特徴的です［**図9**］。港のまわりにポルティコが巡る中世の都市ですが、コロンブスのアメリカ大陸発見五〇〇周年記念の大事業として、地元の建築家、レンゾ・ピアーノのマスタープランで、古い港のまわりが一気に蘇りつつあります。住宅やカフェもあるし大学のキャンパスも水族館もある、本当に面白い空間になっています［**図10**］。

ハンブルクも同様です。中世から近世にかけてのハンザ同盟の頃は、内部の川沿いに発展した河川港の町でしたが、これが一九世紀に城壁の外の大河川、エルベ川の方へ倉庫が並ぶ港湾空間が出ていくのです［**図11-A、B**］。ここももう歴史ゾーンとなり、現代のコンテナによる港湾空間はずっと外へと転出しています。［**図12**］で、Aが前近代で、Bが近代で、Cが現代と捉えると、Bの空間がストックとして残ってきたわけですね。これを今ものすごく見事に蘇らせている。Aも生きていて、Bも生きている。Cがいわゆるコンテナ埠頭で、現役バリバリの物流空間。Bのエリアをハーフェンシティと呼んで、今都市の再生・開発を進めているわけですね。古いものを生かし、倉庫の上にコンサートホールを載せるプロジェクトが企画され、国際コンペで選ばれ実現しているヘルツォーク&ド・ムーロンの大胆な建築が話題になっています。全体としては、倉庫を残すところと新しくつく

図10　レンゾ・ピアーノのマスタープランによる港湾空間の再生、1992年

図11　ハンブルク。（上）A（前近代）、（下）B（近代）

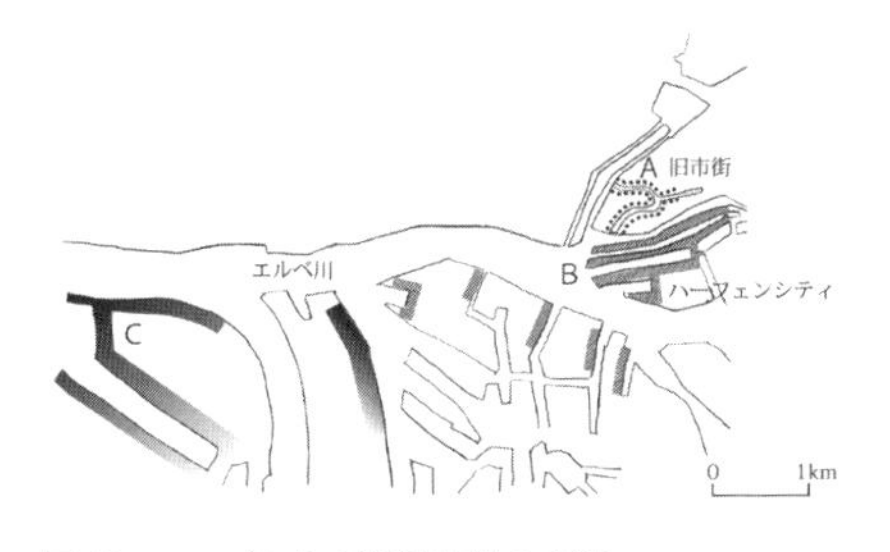

図12　ハンブルクの港湾空間の変遷
A（前近代）：内港システム
B（近代）：物流の大規模化、埠頭と倉庫群
C（現代）：コンテナ埠頭

るところをうまく組み合わせ、未来に向けた大きな港町の魅力ある顔を生み出そうとしています。ハンブルクは内陸の河川港でありながら、ヨーロッパで一、二の取引量を誇っているのです。つまり河川が生きている。

ロンドンは、ハンブルクと同じく河川港タイプですが、発展した時代がハンザ同盟の頃より遅く、一九世紀に入ってから世界のトップになります。その際、船で混み合っている水面の状況を改善し、また七メートル以上もある干満の差をクリアするためにドックを数多くつくりました――これが有名なドックランド。だけどこんなのんびりしたシステムは役に立たなくなってしまい、それが再生される段階が一九八〇年代から始まります［図13］。［図14］で示すように、もともと古代から一八世紀まではシティ（A）の川沿いにしか港はなかったのです。一九世紀には東の下流域のドックランド（B）へ港湾機能が移って、二一世紀にはより河口に近いCに移りました。二〇一二年のロンドンオリンピックの際には、テムズから内部に入ったあたりの水路沿いの荒廃していた工業地帯の跡地をオリンピックパークとして蘇らせたのです。テムズ川も同時に蘇ってきた。

ニューヨークはもっとダイナミック。一九世紀中頃というかなり早い段階からマンハッタンのほとんどをピアで埋め尽くしたのですね［**図15**］。東側のブルックリンもそうです。だからニューヨークでは、江戸やヴェネツィアのように人々が水辺に親しむという文化は歴史的に経験しないまま、物流の都市、港町として発展してきましたし、ニューヨークの文化の発信というのは、みんなアンコ（内側）の部分から生まれていたわけです。タイムズスクエア、ワシントン広場、同じくソーホーも。それが今、ウォーターフロントのほうに光が当たっているという、ものすごく面白い現象を示しています。ブルックリンもそうです。つまり［**図16**］で見ますと、A（前近代）がなく、B（近代）からスタートするわけですね。やがてBがもういらなくなり、物流としては皆C（現代）に行ってしまうと、Bを再び蘇らせているということです。マンハッタンの西側の港湾・工業ゾーンを南北に結ぶハイラインは、市民の熱い要望を受けて見事に保存再生され、周辺地区のイメージを高めて、このあたりが今や現代アートの発信の中心地になっているわけですね［**図17**］。

というように、歴史の発展段階、港の形態、そして今どのように蘇っているか、その構造を系統的に理解できる。これが水都学のひとつの成果だと思っているわけです。

東京——水網都市

では東京はどうでしょうか。東京・江戸は稀有な「水網都市」です——水網都市という言

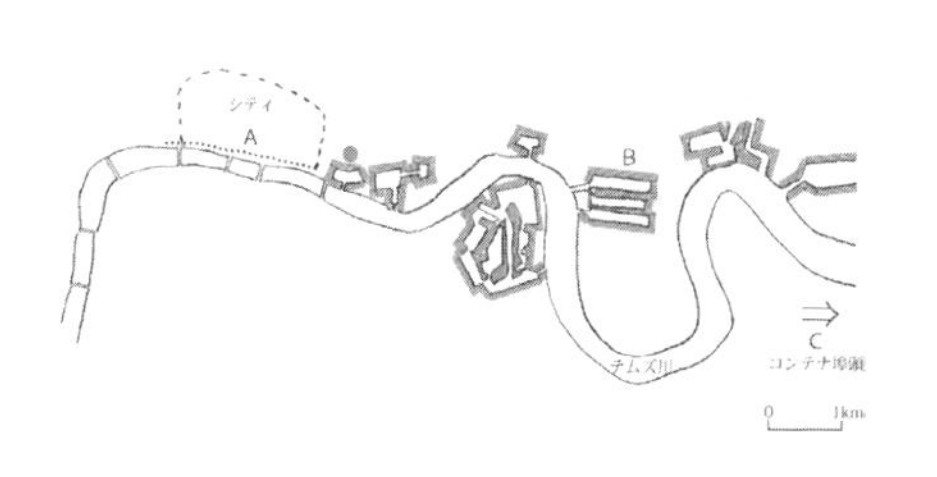

図14　ロンドンの港湾空間の変遷
A：川沿いの港
B：ロックゲート＋ドック＋倉庫群
C：コンテナ埠頭

図13　ロンドン、1828年にできた聖キャサリンドック

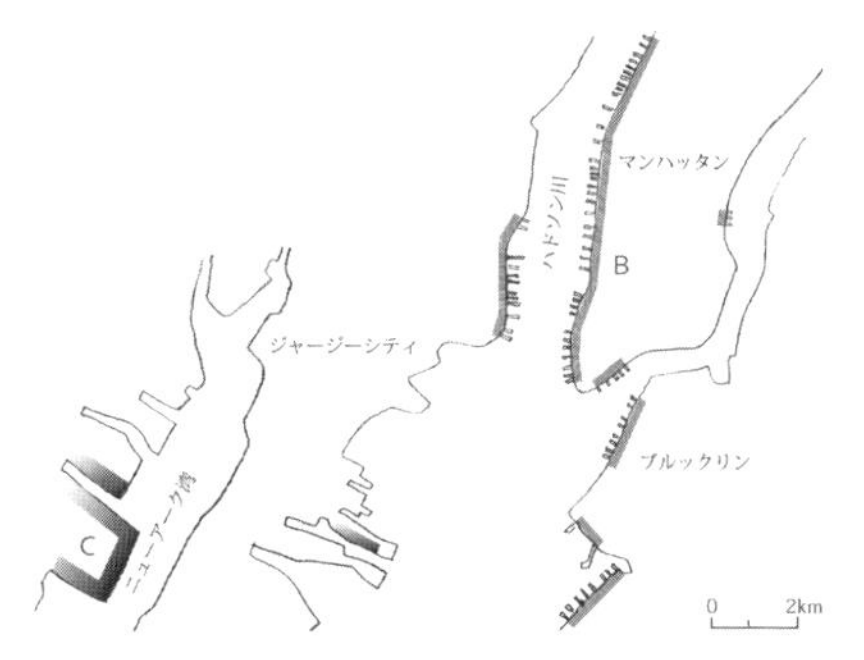

図16　ニューヨークの港湾空間の変遷
B：桟橋（ピア）群＋倉庫群
C：コンテナ埠頭

図15　ニューヨーク鳥瞰図（1865年）

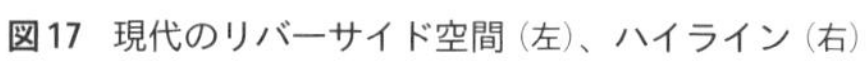

図17　現代のリバーサイド空間（左）、ハイライン（右）

い方はじつは上田篤さんが八〇年代に言われましたが、先見性があるなと思いました。江戸は、港の機能が全部都市の内側に入っていました。佃島の沖合に帆船が停泊して、ここで積み替えて、艀（はしけ）が掘割に入っていった。日本橋の周辺をはじめ、水辺にはどこも蔵がずらっと並び、物流空間を形づくりました（46ページ図44参照）。こういう構造は、ヴェネツィアもアムステルダムも同じなのですね［図18］。

関東大震災後の昭和の初期になっても、江戸橋のところに三菱倉庫ができたのが注目されます［図19］。ですから、昭和初期まで日本橋川にいっぱい船が入っていました。ところがその後、切り捨ててしまったのですね。六四年の東京オリンピックの前に、川や掘割の上に高速道路が架かり、以後、水面は暗くなりました。［図20］が示すA（前近代）の水都の空間の生かし方がまったく意識されず、陸の交通という別の目的のために犠牲にされた。B（近代）はどうかというと、近代の運河沿いに倉庫が数多く存在したわけですが、それらもあまりうまく生かされてないのですね。一時期八〇年代にロフト文化があったのですが、その後見向きもされずに捨てられました。そのなかで輝きを放っているのは寺田倉庫のT.Y.HARBORですね［図21］。これがBの継承者です。今は、どんどんC（現代）のコンテナ埠頭が広がっています。

東京の特徴のひとつは、ベイエリアに広大な埋め立て地をどんどんつくってきた点にあります。これをどうするかという重要な課題があって、私はこれ自体をアーキペラゴ（群島、多島海）として見直したら面白いのではないかなと思います。アドリアン・グース（Adriaan Geuze）というオランダのランドスケープデザイナーが日本に来たときにも、ここはアーキペラゴとして可能性があると言っていました。本当にそう思います。

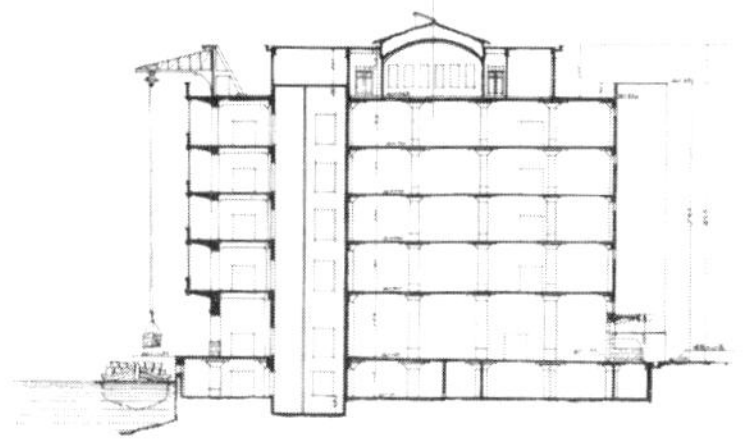

図19　昭和初期の日本橋川沿いに立つ
三菱倉庫（『江戸橋倉庫概要』）

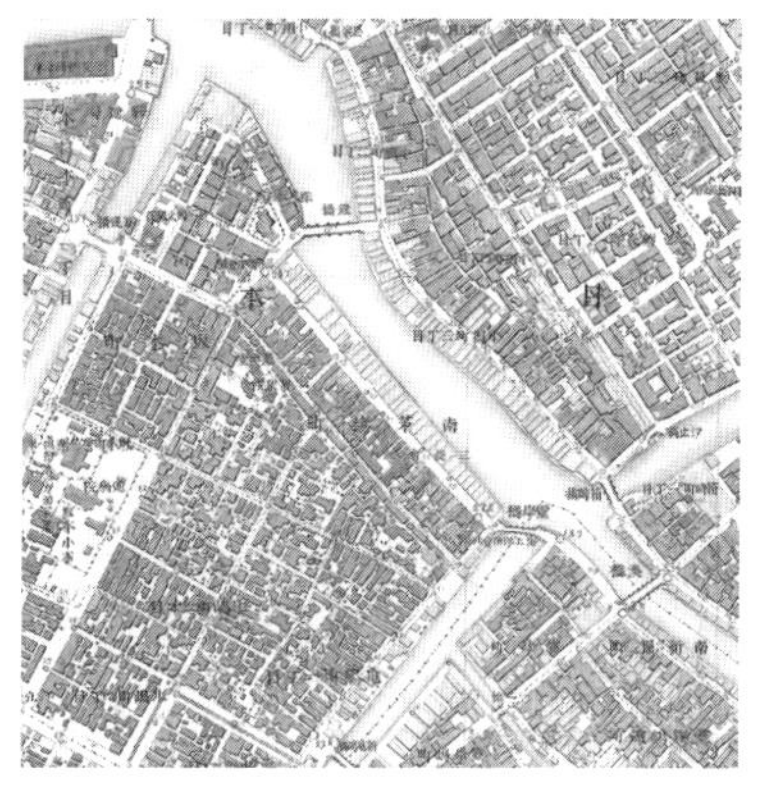

図18　日本橋川沿いの土蔵群（1884年）

図21　（上）ベイエリアはディベロッパーの
マンションだけが並ぶ
（下）輝きを放つT.Y.HARBOR（東京・品川）

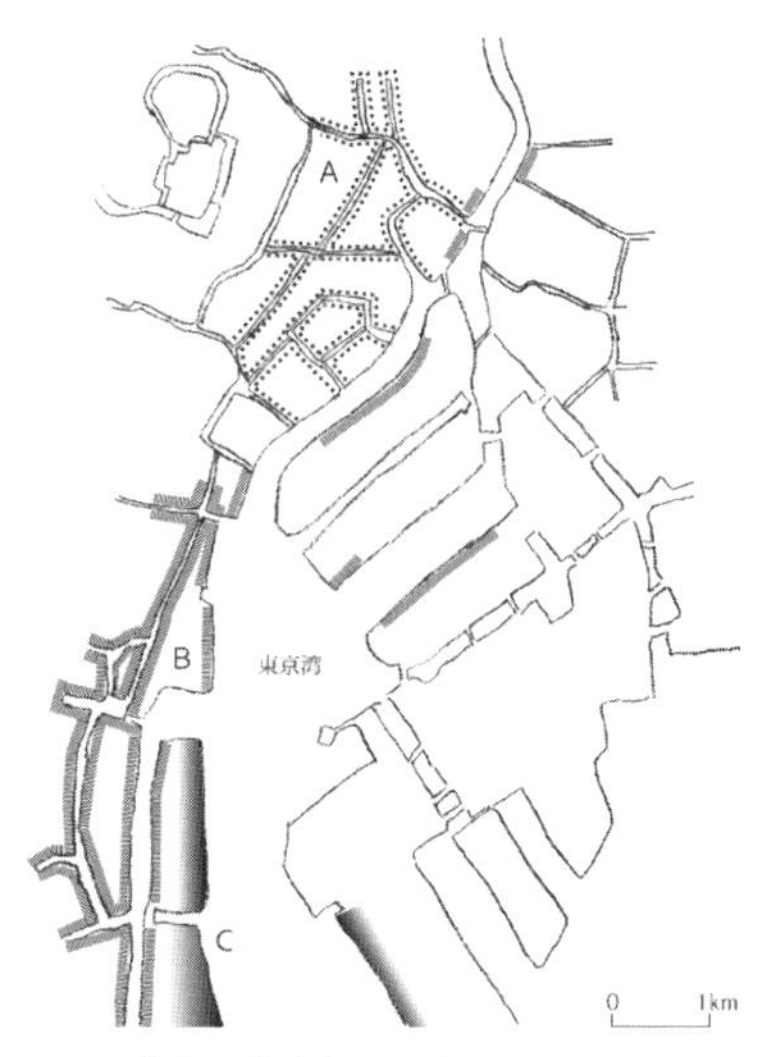

図20　東京の港湾空間の変遷
A：内港システム
B：埠頭＋倉庫群、近代内港システム
C：コンテナ埠頭

図22 トレヴィーゾ（左）と桐生（右）――水車・運河を活用した水都

水車・運河を活用した産業に見る水都の発展の系譜

水都学のもうひとつの大きなテーマとして、最初は全然想定していなかったのですが、水車・運河を活用した産業という領域が大きく浮上してきました。水車を使った産業が西洋の至るところにあったし、日本にも入ってきた。たんに精米をしたり、そば粉をつくったりするだけではない。たとえば、織物工業で有名な桐生では、その重要な撚糸工程を全部水車でやっていたのですね。水車を活用した産業都市という点では、じつはイタリアのトレヴィーゾ、アマルフィ、ボローニャ、英国の諸都市、米国のローウェル、桐生は全部つながっています。これは決して偶然ではなく、そのつながりを見ていくことで、西洋の英知が結集し合理的精神で自然を征服、制御、活用して、機械化し大規模組織化して生産力を高めた系譜が辿れます。これが近代をリードし現代まで導いた西洋のすごいところで、世界中が現在までこの恩恵を受けてきているわけですよね［**図22**］。

工業地帯というと、東京もヴェネツィアのマルゲーラも、どうもわれわれは海側ばかりと思いがちですが、じつは初期の工業ゾーンというのは、みんな内陸部にあったわけですね。蒸気機関、電気が生まれる前は、エネルギーは水車で生むしかありませんでした。水力を用いたそのエネルギーは、他の場所へ運ぶことはできず、そこで消費されました。したがって、水力を活用しやすい内陸部に産業ゾーンが発達するのはごく自然だったのです。本当にすべて内陸部に産業ゾーンがあったのです。それを思い返すべきですね。ですから、各地に生産、ものづくりのスピリットがたくさんあったということです。ところが、近代には海のほうへ行ってしまい、内陸部の蓄積を打ち捨ててしまったのですね。

そこでもう一回、テリトーリオのレベルでそれを思い起こしたい。都市や生活の場を支える水の空間というのは多岐にわたります。とくに日本では、とてつもなく早い段階から

図23　群馬県甘楽町に残る水路

水路を引く技術があって、灌漑も重要でした。多目的に水を使うというのは、日本がいちばんうまかったと思われます。そのひとつが水路の引き方なのです。

最近知ったのですが、群馬県甘楽町は織田家ゆかりの土地で、内陸部の小さな城下町です。ここでは上流域から水を引いて、町のなかに水路を巡らせ、金沢と同じように武家屋敷の庭園に水を引き、生活用水にも使う。武家屋敷がなくなって、まわりはもう農地に戻ってしまっていても、水路が豊かな風景を生んでいます。そして中心市街地を出たあたりの街道沿いに養蚕農家がいっぱいあるのですが、この辺では防火用に貯めて使う。本当に水の使い方がうまいのですね［図23］。さらに下流域では農業用水として使われています。

そういう系譜を辿ると、江戸の玉川上水や川崎の二ヶ領用水、仙台の四ツ谷用水をはじめ、日本には重要な用水や上水の建設に関する歴史遺産があるのですね。これは重要な視点だと思います。

そうして水路や運河を見ていくと、さすがヨーロッパだなということも見えてきます。

レオナルド・ダ・ヴィンチがミラノを水の理想都市にしようと構想したというのは有名な話ですが、幸いに陣内研究室の道満紀子さんがミラノに留学し、レオナルド・ダ・ヴィンチ研究所に入り原典にあたって、水に関する記述をすべて探し出し、彼がどういう構想を描いていたかを解読する、面白い博士論文（「ミラノの環状運河システム成立期におけるレオナルド・ダ・ヴィンチの都市理念に関する研究」二〇一二年）を書きました。彼女の研究を通じて私も勉強できました。ダ・ヴィンチが考えた両開きの閘門の改良案が効果を発揮し、これがヨーロッパ中に伝わって、ヨーロッパの運河、閘門をフルに活用した舟運というのが活発になって、それがイギリスの産業革命にもつながる。その出発点であるミラノには、ダ・ヴィンチが考案した形の閘門が今、ひとつだけ残っています［**図24**］。一九世紀から二〇世紀に入るま

図24 ミラノに残る運河とダ・ヴィンチ考案の閘門

図25 ブレンタ川沿いのドーロにあるヴェネツィア共和国直営の製粉所跡

図26 アマルフィ、渓谷の川沿いに水車を用いた製紙業が発達

でミラノは運河の町でしたし、水車がいくつもありました。水車を使って兵器をつくる施設もあったようです。

今は自然エネルギーや小水力発電と言われていますが、プロト工業化社会の時代というのは風車の文化圏は別として、水のエネルギーがすべてのもとだったわけで、水がないところには産業はできない、都市は発展しない。そもそも西洋人はパンを食べるので、水車がないと製粉ができないのですね。だから人口が倍になると、水車も倍必要だったわけです。ラグーナにあるヴェネツィアも、水車がなかなか設置できないので、皆本土のヴェネト地方の町や村に、水車を用いた小麦の製粉や火薬製造、他の多くの産業を依存していたわけです。ブレンタ川沿いのドーロには、ヴェネツィア共和国直営の製粉所がありました。

アマルフィでは中世に始まった製紙業が重要な産業となったのですが、渓谷の川から水路を引いて水車を回し、エネルギーを得ていたのです［**図25**］。ヨーロッパでもアマルフィの紙というのは非常に有名でした。陣内研究室の稲益祐太さんが現地を踏査し、製紙工場などの遺構がたくさん残っているのを確認してくれました［**図26**］。一方、ボローニャは町中に水路をめぐらし、絹産業の撚糸工程に水車が使われ、これが重要な役割をしたことを、最近知りました。その水車を用いた機械化の発想、技術がイギリスに渡って、産業革命のもとのひとつになったとも言われています。ただイギリスで発達したのは絹織物ではなくて綿織物ですが。

その技術がまたアメリカに渡って、北東部の内陸エリアで綿織物業が著しく発展したのです。まさに新しいタイプの水都ですが、そこには水車（タービン）を回すための水を送るパワーカナルと材料や製品を運ぶ舟運のカナルの両方がつくられたのです。舟運の運河には閘門もつくられました。この新たに浮上した研究テーマに私が着目し、陣内研究室に所属

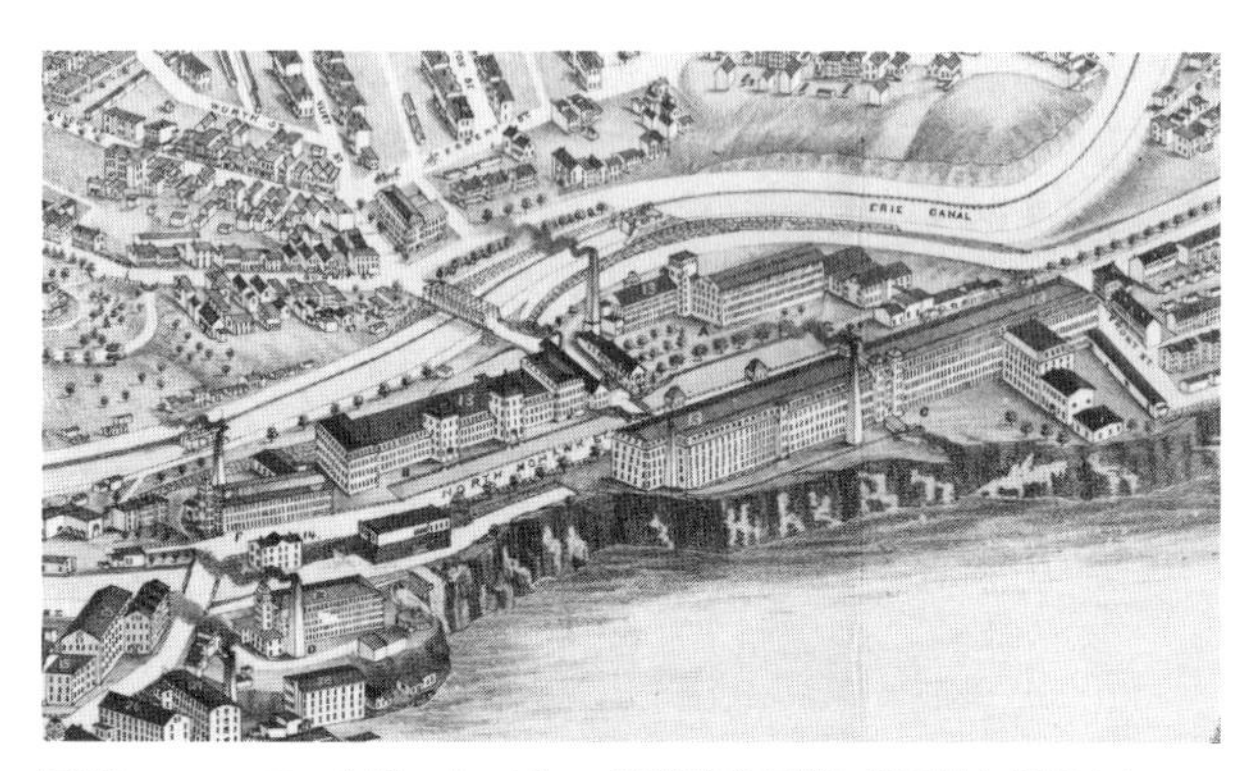

図27 ニューヨーク州コホーズ——産業革命初期に計画的に開発された、水運と水力のための運河網をもつ大規模な繊維工業都市

し社会人ドクターをとった米国留学経験のある水田恒樹さんが中心になって、人間環境学部の石神隆先生と一緒に現地調査に行きました。この地域には地形的に滝が多く、その高低差を活かし水力エネルギーにできるため、コホーズやローウェルなど、大きな工業都市がいくつも発達しました。ローウェルの都市構造を見ると、土地の高低差をうまく読んで、滝の上流から水を取り込み、パワーカナルを引っ張って、水力エネルギーを生める落差が

あるところに工場を建てている。落差を巧みに計算しているわけです。そして五階建てにも及ぶ大工場の各階に、タービン水車の回転による動力を長いベルトで伝達するのです。こうして各階にある織物機を動かす仕組みを開発して、織物工場を大発展させました。一九世紀を通じて、アメリカの一大産業だったのです［図27］。

このように進んだ西洋の近代技術が、日本の桐生に、おそらくローウェルから学んで導入され、明治期の絹の撚糸工程に用いられたことが、陣内研究室の堀尾作人さんの研究で明らかになりました。江戸時代から、桐生では水力・水車を用いた撚糸技術を発展させ、絹織物で大いに繁栄しましたが、明治に西洋の技術を導入し、さらなる発展を目指した――この桐生の町を堀尾さんは水都として研究し、博士論文（「水都・桐生の形成史に関する研究」二〇一八年）にまとめました。こうして、ボローニャから始まった水車を用いた産業のあり方が、回りまわって桐生にも来ているのは面白いことです。

水車を使った生産施設の跡をフランスの水都、ストラスブールでも見る機会がありました。町のなかを通る運河の水位差のある場所に閘門が設置され、その脇にレベル差を活かし水車を活用してつくられた製氷工場の跡が、今もエコミュージアムとしてホテルの一部に残っているのです。

「東京＝水都」の発想の転換・拡大――日本発の水都学へ

前述した「東京エコシティ」展の後、もっと日本らしい時代を切り拓く水都学をと試行錯誤していきました。あるいはアジア発の水都学とは、を。

水網都市であるということは、やはり非常に重要だったと思います。ヨーロッパでも古いところは水網都市という体質をもっていました。日本には本来はそれがあったはずです。

水に接しているところが多いわけだし、水の機能、役割、意味がこんなに多様に展開していた国、文化圏は、世界的に見てもないのではないか。アジアとどの辺が重なるか、どこが日本特有なのか、そこを極めたい。宗教的に見た水の存在、あるいは聖なるものとの儀礼や遊びとか、たとえば隅田川を見ているだけでもいろいろな要素があがってきます。

しかし同時に、もう少し広げて東京を水の都市として見られないかということを考えてきたわけです。つまり、東京郊外の武蔵野はどうかと。私の地元の阿佐ヶ谷の近く、善福寺川の流域の大宮八幡宮が水の聖地なのですね。これは中沢新一さんも『アースダイバー』のなかで取り上げていますが、ここに古代の埋葬の地があって、川の向こう側には縄文、弥生の重要な遺跡があり、竪穴式住居も復元されています。こうした古代の聖地の上に、一一世紀創建の神社が鎮座し、今も水が湧いています［**図28**］。

もっと水都論を展開できないか、と考えていたときに、幸い日野と出会いました。エコ研メンバーの長野浩子さんが地元に入りこみ、市民、行政、研究者と信頼関係を築いてくれていました。これももう一〇年前のこと。多摩地域も水をキーワードとして地域全体の構造を読むのが面白いということが、だんだんわかってきました。地元の方々は用水路とか湧水とか地下水ばかり研究していたのですけれど、われわれは地域の全体像を見ようという提案をして、ルーラルランドスケープを考える、あるいは道のネットワーク、地形を利用した集落のでき方、聖地のでき方なども研究し、あわせて水都・日野というイメージを提示しました。都市環境デザイン工学科の宮下清栄先生の研究室が用水路地図を作成してくれました。じつに多くの用水路が今もあるのですね。多摩川と浅川のふたつから水を引き、水田が広がるこの地域に水を配ってきたのです［**図29**］。

一方、法政大学お膝元の外濠も水都東京の重要な一角ではないかなと気がつきまして、

図28　1063年創建、大宮八幡宮の聖なる湧水

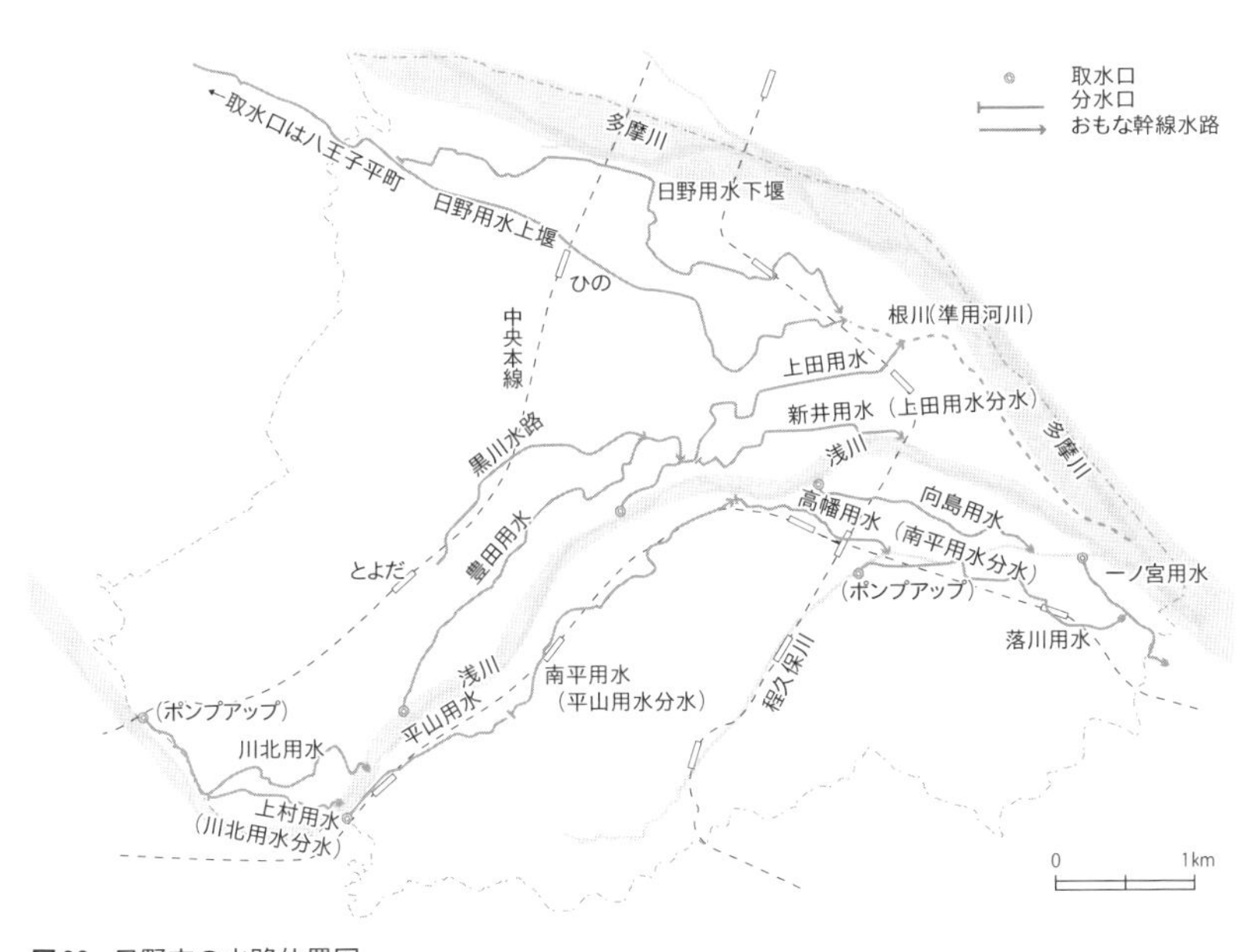

図29　日野市の水路位置図

外濠
1 神田川
2 牛込濠
3 新見附濠
4 市谷濠
5 真田濠
6 弁慶濠
7 溜池
8 虎ノ門より東の外濠

内濠
① 牛ヶ淵
② 清水濠
③ 大手濠
④ 和田倉濠
⑤ 馬場先濠
⑥ 日比谷濠
⑦ 半蔵濠
⑧ 千鳥ヶ淵
⑨ 蛤濠
⑩ 桔梗濠
⑪ 桜田濠
⑫ 凱旋濠

図30
江戸の水系における堀

この七、八年、法政大学エコ研の福井恒明さんを中心とするグループ、東京理科大学の宇野求さん、そして地元に本社のある大日本印刷、市民と一緒に研究をしているのです。こうして外濠を調べ、東京の水循環システムを考えていくと、玉川上水の水が一部、外濠に入っていて、江戸、そして東京は全体として本来は循環都市であったことがわかったのです（222ページ**図34**参照）。凸凹地形を改変しながら、高台は掘って窪地や小さな川とつなぎ、結果としてリング状の外濠ができました。じつは半蔵門、四谷のところが高くて、そこから水が時計回りにも反時計回りにも循環していくわけです。こういう循環ネットワークをつくり上げた。これこそまさに水都ですよね。ヨーロッパ以上に目的のために地形を改変している面もあります。地形を巧みに利用しているのですが改変している。そして外濠、内濠に囲われた東京ならではの水と緑の空間として、皇居が真ん中にある［**図30**］。これはまさに水都の象徴ですね。

水都学とテリトーリオ

もうひとつ近年は、テリトーリオに広げていくということを考えてきました。ヴェネツィアが、先ほどから言いましたように、本土の周辺地域とともに発展していった。とくにブレンタ川、ピアーヴェ川は木材を供給する筏流しでも有名で、同時に筏の上にあらゆる物を載せて運んできたのです。

江戸東京に関しても、同じような発想に立って、そのテリトーリオとのつながりで捉えることを考え、『水都学Ⅲ』は、首都圏に及ぶ利根川水系、荒川水系、多摩川水系に目を向け、全部が江戸を支えるのに重要であったという話を組み立てました［**図31**］。東京湾も重要でした。つまり、水都をこうした広がりのなかで考えなければいけないということが、

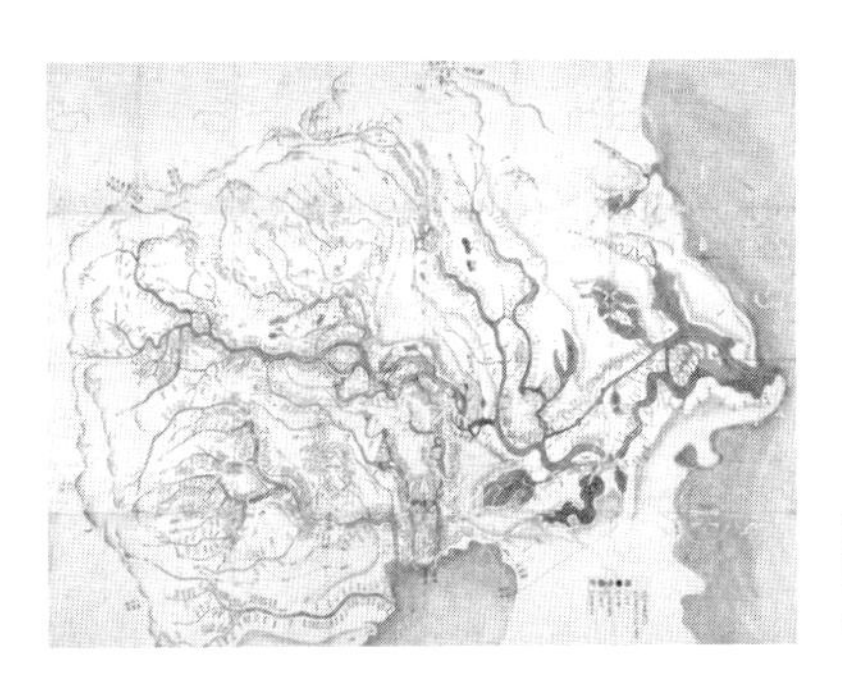

図31
「関東五ヶ国水筋之図」
（江戸時代後期）

だんだんわかってきました。というわけで、水の役割の理解、水都の概念を広げようというところに、今至っているわけです。

結論なのですが、日本では——アジアとも共有できる部分があると思いますが——都市の周辺に広がるテリトーリオ、田園、農村、あるいは小さな町や村、そういうものが全部ネットワーク化しながら水で結ばれ、水の循環系もそうですし、舟運もそうですし、人と物と情報の伝達のすべてを含めてつながって、共通の経済圏や文化圏を形づくっていたはずなのですね。それを掘り起こし世界に発信する〈水都学〉を目指したい。

水のネットワーク、水循環としては、江戸城＝皇居を要の位置に置きながら、山の手も武蔵野も東京湾も低地、下町もつながりをもつ。それぞれ個性のあるエリアが役割分担をしながら水を媒介としてつながって、どうやって水都東京の全体が成り立ってきたのかということを、陸の時代になった今、もう一回振り返ってみよう。これこそが東京が世界に発信できる二一世紀型の水都だと思います。本当はオリンピックに向けて、こうした議論がもっと広い範囲で行われなければいけないのに、そういう状況にならないのがまどろっこしいのですが、法政大学に江戸東京研究の拠点ができ、体制も整ってきましたので、今こそ日本発の新しい考え方を発信できるのではないかなと考えています。

陣内が持ち帰った建築類型（ティポロジア）や都市組織（テッスート・ウルバーノ）の方法が、イタリアや日本の研究では有効だとわかっても、世界の都市を相手にすると、その効果がなかなか発揮できない場合がある。▼高村が、中国江南の水郷都市を初めて訪れたのは、今からちょうど三〇年前の一九八七年。当時、日本では陣内も一翼を担ったウォーターフロントブームが真っ盛りで、物流・産業拠点であった港湾部の殺伐とした雰囲気は、若者を中心とした流行の聖地へと一気に姿を変えていた。そして、東京もかつては水の都だったことを知り、陣内の案内で小舟に乗り日本橋川や神田川を何度か巡ったが、都市内部の河川には隙間なくビルが建ち並び、すべてが水の側に背を向けていて、そうしたイメージにはほど遠かった。そんなとき中国江南に出会ったのである。蘇州をはじめ、その周囲には水路に寄り添って人々が暮らす小さな水のまちが多数点在し、その魅力に取りつかれ留学を決意する。▼だが、すぐにわかったのは、中国の歴史的な建築は格による多少の違いはあっても、規模や空間の構成は金太郎飴のようにどれも皆、同じタイプであること、そのうえ社会主義国家らしく、歴史的なものも含めて地図は非公開で、建築や都市に関する史料も未公開のものばかりだった。それではと、街区や住宅の実測調査を徹底し、類型のわずかな差異や街区内部の組織変容の痕跡から研究の突破を試みたが願いはかなわなかった。水郷地帯だから地形も平坦で、わずかに水路の上流と下流で土地利用の違いは見出せるものの、東京のような〈山の辺〉と〈水の辺〉とのドラスティックな展開も望めなかった。もう残された道は、単純に水路が縦横に巡る都市の歴史的な特性と魅力を正面から描き切るしかなかった。そこから先は、中国を飛び出し、ヴェトナム、タイ、インドへと水の都市のフィールドを広げる。どんな場所でも実測だけは徹底したが、何か別の明快な方法を見つけて研究が進化したわけではなく、ただたんにその何かを求めてアジアの旅を続けたに過ぎない。二〇〇四年に設立された法政大学エコ地域デザイン研究センターの時代がそうだった。▼しかし、陣内が代表者となって一一年に科学研究費が採択され、世界の水都に関する比較研究が始まると、状況が変わる。陣内がヴェネツィアから、高村が中国江南の水郷都市から研究を開始し、西洋と東洋の比較検証を行い、水都という枠組みから都市を解読する新たな方法や学問の創出を目指した。それを〈水都学〉と命名して新しい世界史を描こうとしたのである。世界の水都の多様な類型を整理し、水辺を系統的、連続的に理解する。アジアの固有性、日本との共通性と違いをできるだけ論理的に示すことに力を注ぐ過程で、ようやく高村の旅が陣内のおかげで報われるときが来た。陣内がイタリアなら、俺は中国だ、そしてアジアだ。そんな単純な発想が実を結ぶかもしれない。▼そんな光が見えつつあったころ、すかさず続けて展開するのが一七年の江戸東京研究センターの設立である。水都研究が重要なテーマのひとつに掲げられ、今度は水都としての東京の読み直しがおもな作業である。ここでは、古代中世からの基層構造、ならびに後背地とつながるテリトーリオを主題として研究を進める。自然の地形を根底に、その上に文化の基層が形成され、それが地域のコンテクストとなりネットワークを結んで都市全体の営みが展開すると考えれば、水からの視点がもっとも有効であることに気づく。これまでの水都研究が活かされて、都市を歴史的に解読し次へつなげるための新たな枠組みがおのずとつくり出されたことを意味する。たとえば、水害が多く、不安定な水辺にあって、聖なる場所の立地や意味、儀礼や祝祭、遊びと地域形成の関係を湧水や河川、水への畏怖と信仰から読み取ると、また新しい江戸東京の歴史が指摘できる。たんなる水と都市との関係を探る行為が、都市史全体の、しかもその成立と形成の根本をも浮かび上がらせる可能性をもった研究であることを示す大きな転換点となるかもしれない。アジアだけでなく、日本もまた伝統社会の生きた水都が近代に役割を変えるが、都市の財産としての水辺を発掘し、更新する時期に来ている。一貫して水都研究にこだわってきたからこそ、今もなお東京発の、そして日本発の世界へ向けた水都学の発信を目指す。（高村雅彦）

都市・地域とアート

藪前知子
（東京都現代美術館学芸員）

服部充代
（インテリア・デザイナー）

美術館、まちに出る

藪前知子

江戸文化と現代美術、そしてコーヒーのまち

東京都現代美術館は一九九五年に開館して以来二〇年以上経ちますが、二〇一六年五月から一九年の春頃まで休館中です［図1］。その期間中、「MOTサテライト」という、まちのなかに美術館が出て行って展覧会を行う企画を始めました［図2］。

MOTサテライトの舞台は、美術館周辺の清澄白河と呼ばれるエリアです。一五年ほど前に都営地下鉄大江戸線と東京メトロ半蔵門線が相次いで通ることになり、江東区清澄という場所と江東区白河の間に駅ができたため「清澄白河」という駅名になりました。

このエリア一帯は、古くは深川と呼ばれ、隅田川が近くに流れています。芭蕉庵跡があるなど、江戸時代の史跡も多く残る場所ですが、近年では現代美術を扱うギャラリーも点在しています。たとえばそのひとつが、アート集団Chim↑Pomなどが所属する「無人島プロダクション」［図3］。これは駅から美術館に通じる深川江戸資料館通りという商店街にあります。ある時期は、シャッター商店街に近い状態だったのですが、「かかしコンクール」など、名物商店街会長さんの工夫もあって、活性化してきました。

緩やかに生活の場とアートの領域が交差する場所でしたが、いわゆるサードウェーヴコーヒーと呼ばれる、コーヒー・ロースタリーが、ここにほぼ同時期に三店舗オープンしました。決定的だったのは、一五年三月にアメリカのポートランドにある「ブルーボトルコーヒー」の日本一号店がオープンし、初日はコーヒー一杯飲むのに四時間待ちという大変

やぶまえ・ともこ
一九七四年東京都生まれ。東京都現代美術館学芸員。これまで企画担当したおもな展覧会に「大竹伸朗 全景 一九五五—二〇〇六」二〇〇六年、「MOTコレクション 特集展示 岡﨑乾二郎」二〇〇九年、「山口小夜子 未来を着る人」「おとなもこどもも考える ここはだれの場所？」二〇一五年、「MOTサテライト2017春 往来往来」二〇一七年（以上、東京都現代美術館）などがある。札幌国際芸術祭二〇一七の企画チームに参加。キュレーションのほかに、雑誌、ウェブ、新聞などに日本の近現代美術についての寄稿多数。

な行列がいきなり出現しました［図4］。それまでの静かな下町が、急に「谷根千」のように注目のエリアになったわけです。サードウェーブというのは、素材や流通経路なども含めてこだわるコーヒー文化で、ロースタリーという豆を焙煎する場所で店主が一杯ずつ丁寧にドリップしてコーヒーを出すお店のことです［図5］。世界的に見ると、こうしたサードウェーヴコーヒーはアートの根付くエリアに多いと言われますが、その理由を店主のおひとりに聞いたことがあります。曰く、パーソナルな文化でアートに近い、自分たちは表現としてロースタリーをやっているのだということです。

図1　1995年に開館した東京都現代美術館。大規模改修工事のため、2016年5月～2019年3月下旬まで休館中

図2　「MOTサテライト2017春往来往来」チラシイメージ

図3　現代美術を扱うギャラリーのひとつ、無人島プロダクション

清澄白河の新旧コミュニティをつなぐ

若いクリエイターたちが拠点を構えるような動きもあり、地域全体が変化する一方で、この場所は「深川八幡祭り」という江戸三大祭りの舞台でもあります。町会ごとにお神輿があり、真夏の盛りにそれを地域で担ぎます。三年に一度の大祭では、五四町のお神輿が連なり、門前仲町の深川八幡の前の道を人が埋め尽くします［図6］。興味深いのは、この神輿の担ぎ手のほとんどはそれぞれの町の住民の方々で、プロの担ぎ手のような人たちが入っていないことです。担ぐときにはお酒を飲んではいけないという決まりがあり、規律正しく、コミュニティの結束はとても強いです。「和を背負う」というところから、「わっし

図4　サードウェーヴコーヒーの流れ。ブルーボトルコーヒー日本１号店

図5　アライズ・コーヒー・ロースタリー

ょい」という言葉もこのお祭りから生まれたと言われています。その古くからつながるコミュニティに、新しい文化が入ってきて、それらがうまく溶け合うかという問題があります。いわゆるジェントリフィケーションが起き、タワーマンションも増え、新しい住民も格段に増えました。しかし旧住民の方々の気質としては、皆さんオープンで新しい文化も住民も歓迎、むしろお祭りを通じて皆つながろうという意識があるようです。

そんなことを感じさせてくれるきっかけのひとつに、深川で開催されていた「コウトーク」というイベントがありました［**図7**］。中心となっているふたりの男性は、おひとりは生まれも育ちも深川で、お祭りでは中心となる方と、清澄白河に住んでいないけれど愛が深すぎて、「清澄白河ガイド」としてSNSで情報発信し続けている方。地域のカフェなどで、月一回、お店をやっている人を中心にゲストが呼ばれ、自分たちの活動を紹介するのですが、最後の四人目には必ず、各町のお祭りの総代の方がお話になります。目的はひとつ、新住民と旧住民がつながり、お神輿の担ぎ手を増やしていきたいという試みです。この「コウトーク」に参加したとき、MOTサテライトを通して実現しようとしたヴィジョンの一端が見えたような気がしました。

地域のなかで展開する現代アート

アートは、人と人とをつなぐメディアです。MOTサテライトを企画した動機のひとつは、地域住民のひとりとして、この地を舞台に複数のコミュニティをつなぐことができるのではないかということ。それからもうひとつ、現代美術の体験のリアリティの変化ということがあります。近年、現代美術の展開の場が、美術館の中よりもその外に出ることが多くなり、その状況に美術館として批評的に介入したいということがありました。

図7　複数のコミュニティをつなぐ試み、コウトーク

図6　深川八幡祭り

二〇〇〇年代後半から現代美術は地域のアートプロジェクトとして展開することが多くなっています。去年(二〇一六年)もっとも話題になった展覧会のひとつに、二〇一六年に歌舞伎町の取り壊される直前のビルで行われたChim↑Pomの展覧会「また明日も観てくれるかな? ── So see you again tomorrow, too?」が挙げられます[図8]。前回のオリンピックの時期に建てられて、次のオリンピックの再開発のために壊される建物にアートの手法を介入させることで、場所が持つ歴史的な文脈が可視化され、現状に対する批評的な眼差しが開かれます。美術館のホワイトキューブは、美術作品を取り巻く文脈を消し去ってしまうひとつの装置ですが、そこから外に出て、場所や歴史などのネットワークの結ばれる場所に作品を出現させることが、現代美術のひとつの方向性として定着してきています。

芸術祭、国際展と呼ばれる催しも、「横浜トリエンナーレ」や「あいちトリエンナーレ」「札幌国際芸術祭」など、日本各地でも二〇〇〇年代後半から盛んに開催されるようになりました。目的も少しずつ変化していきます。先駆けの「越後妻有アートトリエンナーレ・大地の芸術祭」は、過疎化の後、平成の大合併で分断されてしまったコミュニティをつなぐという目的がありました。近年は、都市空間のなかで展開する芸術祭が増えています。シャッター商店街の活性化という目的をもつものもありますが、まちなかに現代美術という異物を放り込んで、人が日常生活から新しい思考を拓くきっかけをつくる役割を果たしていたりします。

世界的には、「ソーシャル・エンゲイジド・アート」などと呼ばれる動向があります。アートを介して、地域がもっている問題を解決していくという流れです。たとえばアートは、その土地にある負の歴史を忘却せず、継承して次世代に語り継ぐためのメディアとなります。ここでは、瀬戸内海にあり、瀬戸内国際芸術祭の舞台ともなった、「大島青松園」とい

図8
「また明日も観てくれるかな?
So see you again tomorrow, too?」展より
《青写真を描く version 2》

うハンセン病施設でのアーティストたちの活動を例に挙げておきます［**図9**］。誤った政策により隔離されてきた人々の記憶を、遺された物を作品として再構成することで、社会のなかに保存し、掲示していくのです。二〇一五年のターナー賞を受賞したアッセンブル（Assemble）は、建築家の集団ですが、プロダクトをつくって地域に還元し、リバプールのスラム街を再生していくプロジェクト「グランビー・フォー・ストリーツ」が評価されました。現在、世界的にももっとも注目を集めるアーティストのひとりであるシアスター・ゲイツも、元は陶芸家として活動していた人ですが、シカゴのサウスサイドで手に入れた建物を起点に、地域を変えていくプロジェクトを拡張し続けています。

一方で、美術館の側でも、地域のなかに出ていくという試みは、世界的な潮流であるとも言えます。たとえば先年、ミュージアム・オブ・ザ・イヤー二〇一五を受賞したウィットワース美術館は、リノヴェーションで建物のプランを隣接する公園に開かれた形に変更し、ハード面でもソフト面でもまちの一部として生まれ変わる試みが評価されました。

さまざまなアーティストによるMOTサテライトでの試み

現代美術が、こうした社会とのつながりにアクチュアリティをもっていくなかで、美術館は何ができるか。MOTサテライトを開催した前提についてこれまでお話ししてきましたが、それでは実際に、作家たちがこの場所に何を読み取って作品をつくっていったのかをお話ししたいと思います。この地域在住の作家と、初めての出会いとなる作家の両方をお招きしました。清澄白河ないし深川という地域を素材に、その歴史を掘り起こして共有したり、地域の人々をつなぐきっかけとなったり、あるいは自分たちにとっての「まち」とは何かという問いへ思考を促す作品が制作されました。

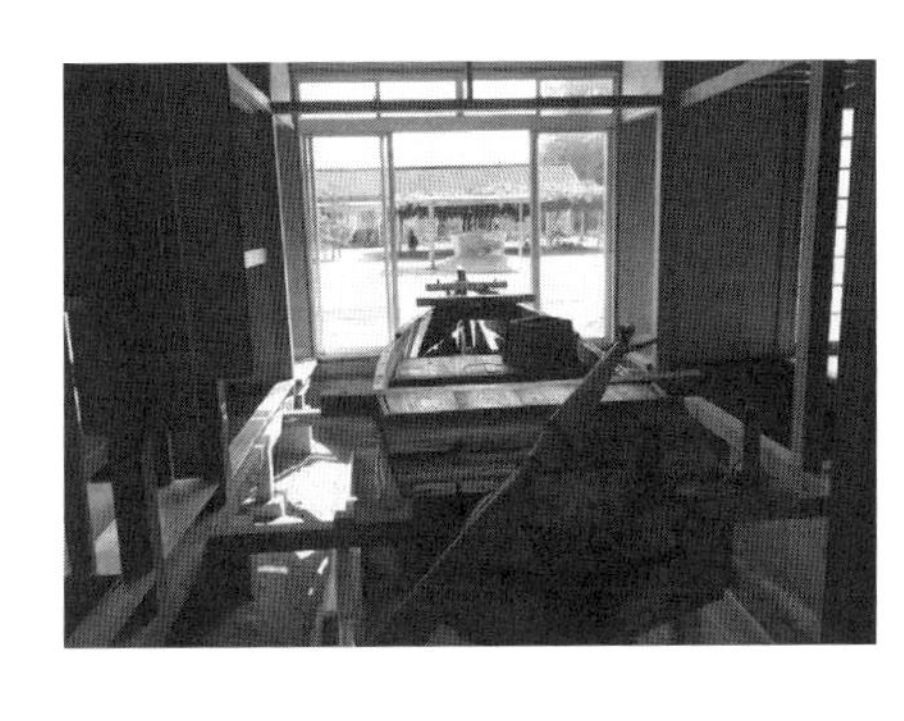

図9
《やさしい芸術プロジェクト、香川県大島青松園》
瀬戸内国際芸術祭 2016

建築家ユニットのミリメーター(mi-ri meter)は、この土地をリサーチして、そこで集めた情報を、「清澄白河現代資料館」という空間に結実させました［図10］。このまちに住んでいる、複数のコミュニティの住民たちのインタヴューが、モニターで展示され、このまちの多声的な状況を表します。お祭りの総代で古くからこの場所で家具屋を営む人や、タワーマンションの主婦、ディヴェロッパー的な動きをしている人や夜の飲み屋さんの常連など、それぞれが自分たちにとっての清澄白河を語っています。ひとつのまちが、人によってまったく違う空間として使われていることが明らかになります。

日本を代表する写真家の松江泰治さんは、航空写真でこの地域の変遷を可視化する作品を制作してくれました［図11］。清澄白河にはかつては木場があり、材木商が建ち並ぶまちでした。この地域がぐるっと運河に囲まれているのは、木材を流通させるためのものです。木場はその後、七〇年代から新木場に移転します。木を切ってきて木場に貯木し、それを素材にしてまちがつくられていく。「まち」の生成の最初の段階に関わっている場所なんですね。松江さんはそこに着目し、新木場から清澄白河をつなぐ運河沿いにかけてヘリコプターから撮影をしていきました。新木場から運河沿いに航空写真を撮っていくと、人間の営みの諸相が見えてきます。昔の木場が新しい使われ方をしていたり、郵便や輸送会社の流通の要地があったり、東京で最初の公団があったり。東京というまちの生成、人間のコミュニティができあがってくる過程を今もうかがい知ることができます。洲崎というかつての遊郭街も、吉原と同じ方形の地形だけが残っているのが航空写真からわかります。さらに運河を上ったところが清澄白河地区で小名木川、大横川と仙台堀川に囲まれている扇形の地域です。近年はタワーマンションが建ち並び、この土地がスクラップアンドビルドを繰り返し、共同体が生まれ変わり続ける、往来の舞台であることが写真から暗示されま

図10 ミリメーター(mi-ri meter)
「清澄白河現代資料館」

す。［図11］の最後の一枚は、寺町でもあるこの土地の、広大な墓地を捉えたものです。ここは東京大空襲や関東大震災で人がたくさん亡くなった場所で、これは同じサイズの区画の墓が並ぶ、都心型のお墓が最初にできた場所でもあります。共同体の最後の姿を映し出したところでこのシリーズが終わります。

写真家の花代さんは、かつて向島や円山町で、芸者さんの卵、半玉の修業をされたのち、世界的に活躍する写真家になった方です。今回は、深川は辰巳芸者だった姐さんの小唄に合わせて花代さんが清澄庭園で舞う映像を中心に、失いゆく文化に強く惹かれつつ、その世界から一瞬の煌めきを切り取る彼女の真骨頂をインスタレーションで示していただきました［図12］。

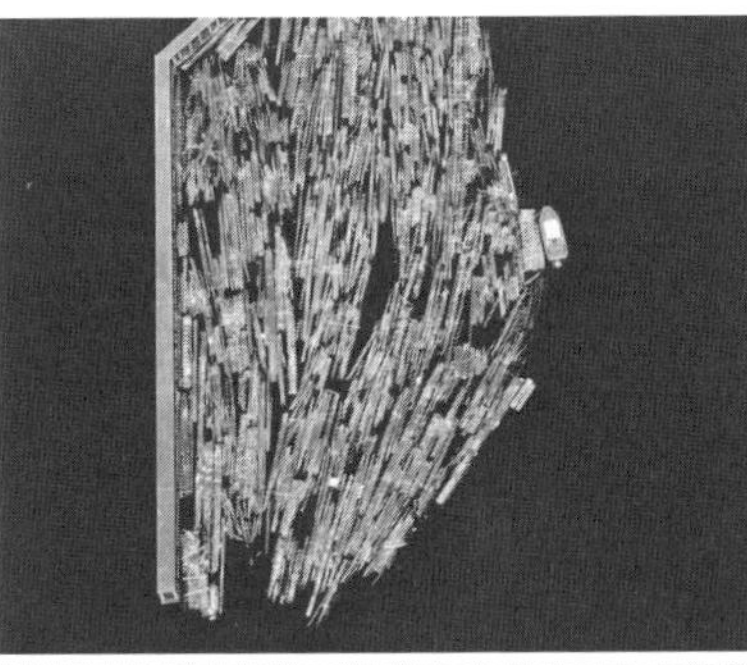

図11　松江泰治《Jp-Kiba》シリーズより

図12　花代「第三次性徴」

現代美術家の毛利悠子さんは、先ほども出てきた広大な墓地のすぐ横にある建物の一室で、電気を発生させ、見えない磁場の存在を可視化する作品をつくりました［図13］。作品のひとつは「鬼火」と題されていますが、当たり前のように存在している電気でさえも、それが何なのか解明されていないことがまだ多いと言われます。毛利さんはそうした説明できない力の存在につねに焦点を当ててきました。またこれらの作品は、この地区の隅田川のあたりに、かつて平賀源内が居住しており、有名なエレキテルの実験を行った史実にもちなんでいます。

地域に根ざしたアート

日本の伝統的な大工の技術をもった建築家であり、美術家でもある佐野文彦さんは、この地域の住民でもありますが、彼は「中心がない」という点に、この場所の特徴があると観察しました。そこで、実態はなく、情報だけが集まる架空の「中心」を出現させる試みとして、ガラスでつくった「磐座」の中に本祭りに奉納するお酒が醸造される映像と投影し、周りに清澄白河の各所の映像をライブ中継する空間をつくり出しました［図14］。

飯山由貴さんは、地域に眠る八ミリフィルムを集めて共有する活動をしている大阪のNPO「remo」と共同で作品をつくりました［図15］。remoは祭りや家族の団欒などの映像を蘇らせ、提供者のインタヴューをまとめた本とともにそれを上映し、飯山さんは、提供者それぞれの人生に寄り添い、独自の生のあり方を引き出すような映像作品をつくりました。

画家のクサナギシンペイさんは、もともと清澄白河を主題に絵画を描いていました。清澄白河とは、先ほども述べたようにじつは地名ではなく、清澄と白河の間に駅ができたので、それをつなげた駅名にすぎません。クサナギさんは、その「どこでもない場所」として

図13　毛利悠子「F邸のためのいくつかの作品」

図14　佐野文彦「139.804083.35.681083」

の清澄白河に、抽象と具象の間にあるような、どこでもない中間領域の風景という自分の絵のテーマを見出しました［**図16**］。

日本を代表する詩人の吉増剛造さんにも作品をつくっていただきました。吉増さんは、近年は《gozo ciné》と呼ばれる映像作品や、震災以降続けておられる、書写ともドローイングとも言えるような痕跡を残した紙作品などをつくられています。今回は、深川を逍遥しながら、この地に所縁の人たち、松尾芭蕉や小津安二郎、彼の想念に浮かぶさまざまな人たちと交感する映像作品を制作していただきました［**図17**］。吉増剛造さんのプロジェクトでは、一日限りのイベントも多数行っていただきました。そのうちのひとつ「深川水の音句会ライブ」は、高柳克弘さんを宗匠に、カニエ・ナハさん、花代さん、城戸朱理さん、朝

図15　飯山由貴「旧印刷所　あとを追う｜PLAY A RECORD ｜顔」

図16　クサナギシンペイ「荒野へ」

図17　吉増剛造プロジェクト「エクリチュールの洞窟の心の隅の染の方へ」

吹真理子さんなど豪華なメンバーが、芭蕉にちなんだ場所を吟行する様子を清澄庭園に設えた会場にライブ配信し、さらに戻ってきて公開句会を開きました。

「ごはん同盟」というこの地域を拠点とするフードユニットのおふたりには、「深川蔵屋敷弁当」をつくっていただき、深川江戸資料館の一角で展示していただきました［**図18**］。これは、蔵屋敷が建ち並び、諸国の名産が往来していただろうこの地域のイメージをひとつのお弁当箱の中に閉じ込めたものです。

清澄白河で、一点ものの日傘のアトリエ「Coci la elle」を構えているひがしちかさんには、地域の宝物のような、彼女の素敵なアトリエ兼ショップそのものを公開してもらうとともに、そこで、一点しかない日傘を、それぞれユニークな人に見立てた、この世に一冊しかない本をつくって展示してもらいました［**図19**］。

地域に散らばるアート

地域全体に散らばるプロジェクトとして、カニエ・ナハ＋大原大次郎「旅人ハ蛙、見えない川ノ漣」を紹介したいと思います。現代詩のもっとも注目されている若手のひとり、カニエ・ナハさんと、手描きを中心とした独特のタイポグラフィで人気のグラフィック・デザイナー、大原大次郎さんとのコラボレーションです。カニエさんが地域の歴史や展示する場所の文脈をさまざまに召喚しつつ、そこに休館中の東京都現代美術館の収蔵作品への追想を絡めて書き下ろした詩を、大原さんが暖簾に起こしました。展示場所はまちのお豆腐屋さんや文房具屋さん、呉服屋さんから、お寺の境内や図書館、地域の人たちの集まるコーヒー・ロースタリーなど。「アライズ・コーヒー・ロースターズ」の軒先に吊るした暖簾には「ハクセキハクセキフカイミズキョウデンキョウデンバキンバキン」と書いてありま

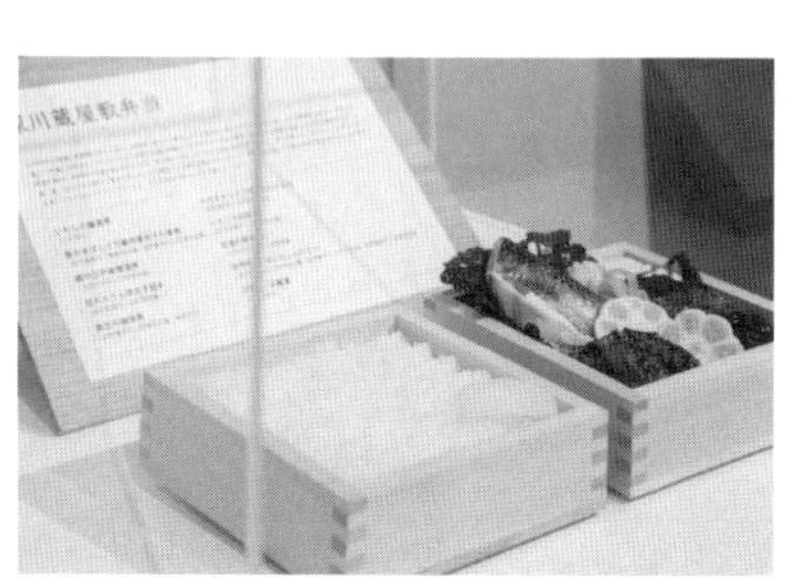
図18　ごはん同盟「深川蔵屋敷弁当」

図19　ひがしちか「日傘　人　ひとつ」

す。新井白石と、伊東深水、山東京伝、滝沢馬琴という、この地域にかつて住んでいた諸氏が集っているような楽しい作品ができました［図20］。

商店街の中心部に、「田巻屋」という呉服店があります。いつもこの店は軒先に季節に合わせた芭蕉の句を掛けているのですが、この作品は、カニエさんが芭蕉句のなかから「た・ま・き・や」が入っている句を選んだものです。田巻屋さんはこれをとても気に入ってくださって、残念ながら作品そのものを差し上げることができなかったのですが、ある日ご自分たちで同じアイデアのものをつくっておられました。とても嬉しかったです。豆腐屋さんには小津安二郎の「映画屋は豆腐屋だ」という発言にちなんだ暖簾や、アイロン屋さんにはエレキテルの実験にちなんだ暖簾、広大な墓地が並ぶお寺には、惨禍の歴史をほのめかす暖簾が掲げられました。

図20　カニエ・ナハ＋大原大次郎
「旅人ハ蛙、見えない川ノ漣」

地域と協働するプロジェクト

以上が美術館が主体となって作家に依頼し、まちなかに展開する展示でしたが、それだけでは、美術館が土足で地域に踏み込んでいっただけにすぎない、という思いが私のなかにはありました。そこで、MOTサテライトの構造のなかに、ユニークな地域の拠点と協働する「フェロー・プロジェクト」を組み込むことを考えました。それが、「ラジオ往来往来」と「MOTサテライトアーカイ部」です。

芭蕉がここに居を構えてから、有名な「古池や蛙飛び込む水の音」をはじめ、音に関連する作品が増えたという人がいます。そうしたことも関わりがあるのか、清澄白河には音をテーマにしてインディーな活動をする人たちのコミュニティがあります。世界的なデザイン・プロセスの研究者、アンドレアス・シュナイダーさんの家もそのひとつで、全体がひとつの楽器のような素晴らしい空間です。アメリカ人の世界的な実験音楽家がクローズなイベントで演奏をしていたりするのを見て、すっかり驚いてしまった記憶があります。もうひと組、こちらを拠点とするデザインチーム、「gift_lab」も、カフェでもある彼らの拠点で、音をテーマとする作品を多数手がけてこられました。今回はこのふた組を巻き込んで、架空のラジオ局、「ラジオ往来往来」をインターネット上に立ち上げました。地域の方がまちで採取して投稿いただいた音から、監督、脚本、出演者たちまでこの地域の人たちの参加によってつくられた映画『小名木川物語』のサウンドトラックなど、清澄白河を音で旅することをテーマに、複数のチャンネルがあります。地域の子供たちの声でジングルをつくっていただいたりもしました。本展の参加作家さんたちの相互交流のプラットホームにもなり、吉増剛造さんの詩を花代さんが朗読したり、カニエ・ナハさんが時報の詩を書き下ろし、お嬢さんと一緒に朗読してくださったりもしました。

図21 吉増剛造プロジェクト「水の音の会ライブ」

もうひとつは、「MOTサテライトアーカイ部」です。この地域にある、キュレーターの小澤慶介さんが主催するアートスクール「アートト」に、MOTサテライトを観察し、まちにどのような変化をもたらされるかをリサーチしてもらうプロジェクトです。これについては後述したいと思います。

地域パートナーの存在

MOTサテライトの構造として、美術館で行う事業や協働での事業のほかに、じつはもっとも重要な枠組みとして、「地域パートナー」として、地域の現代美術のギャラリーや、ワークショップなど独自の発信をされているショップや町工場などの拠点をご紹介しました。そもそも、私がMOTサテライトを企画した動機には、美術館の休館中に、まわりにようやく増えて来た現代美術のギャラリーが減少したりすることへの心配もありました。その一方で、現代美術に関係なく盛り上がっている地域の活気を取り込ませてもらおうという気持ちもありました。一八か所ほどの地域パートナーとの連携をつくりましたが、そのなかには、たとえば、いろいろな職業の人がバーテンダーを務めるイベント「しごとバー」を企画しているリトルトーキョーという拠点で、MOTサテライトスペシャルとして作家や私などもバーテン役となり、MOTサテライトを回った人が最後に立ち寄る場所を週一回のペースでつくっていただいたり。法政大の陣内先生のグループには、日本橋から舟で運河伝いに清澄白河まで来て、さらにまち歩きとシンポジウムというイベントをしていただきました。

このエリアにあるいくつかの現代美術のギャラリーも、たとえばSatoko Oeでは、川をテーマに、この地域に多くある印刷会社、製本会社のひとつと協働して、緩やかな連帯を

図22 地域パートナー。陣内秀信さん、服部充代さんらが主宰する「水辺からアプローチするアートシーズンズ」

つくってくださいました。最終日、MOTサテライトの出品作家と、このギャラリーで展示している作家が、一緒に演奏しているのを見て、ここに地域アートプロジェクトの理想形がここにあるなと感じました。

MOTサテライトの後

以上が「MOTサテライト二〇一七春 往来往来」のご紹介ですが、その後のまちの動きなどについて触れたいと思います。どんな影響があったのかがはっきりするのはまだ先の話ですが、地域の人にとっては、美術館の人間と初めて話した、という声も多く、また美術館の内部の人間にも大きな刺激となったと思います。こうしたアートプロジェクトが自治体主導で行われる場合、多くは、地域の創造性の向上が目的に挙げられていたりします。清澄白河は美術館の助けなど借りなくても、すでに自立したユニークな拠点が多い場所ではありますが、でもMOTサテライトも、最終的にはそうした動きを後押しするものであればと思っています。私が先ほど紹介したコウトークのメンバーが中心となって、MOTサテライトの最終日に合わせて「フカガワヒトトナリ」というまち歩きイベントのvol.0が開催されたのは、とてもありがたく、本当に嬉しかったです。清澄白河、森下、門前仲町という深川地区全体の六四か所の店舗から個人などが、それぞれワークショップなどのイベントを企画し、運営もすべてまちの人たちのボランティアで行われ開催しました。私も、まちを紹介するツアーを企画しまして、何かを追求し表現し続けて、アート以上にクリエイティヴな状況をつくり出しておられる地域の強力な個性をもった方々を尋ねてまわるツアーを行いました。「フカガワヒトトナリ」は、この後も広がりつつ続いて行く予定です。清澄白河の方々は、自分たちのまちにプライドをもち、伝統や歴史についての理解も高く、

図23　「深川ヒトトナリ」vol.0の参加メンバー

一方で新しく来た人たちにもオープンで、なおかつこうしたイベントを実施できてしまう行動力があります。その底力を見せつけられるとともに、つくづく、すでに充実した人生に満ちているこの地域で、土足で踏み込むようにアートプロジェクトをやることには何の意味もないことを、改めて考えさせられました。

地域のアートプロジェクトをどう評価／批評するか

最後に、先ほどもちらっと話ししました地域との協働プロジェクト、「MOTサテライトアーカイ部」についてお話ししたいと思います。地域で展開するアートプロジェクトが全国で増えていることをどう評価するか、さらにはどう批評するかがひとつの大きいトピックになっています。ほとんどのプロジェクトが助成金で運営されているので、継続的に展開していくためには、地域に何をもたらしたのか、それをどう観察し、評価していくかという大きな問題があります。さらには、近年、こうしたアートプロジェクトの「クオリティ」について、従来の美術批評の評価基準では捉えられない部分があるということについて、批評家側からの疑問が提出されたりもしました。たとえば、皆がつながって幸せな状態をつくったとしたら、それが美術作品としてのクオリティが低かったとしても、成功した作品として評価されるのか。こうした状況を受けて、「アートト」というアートスクールにご相談したところ、越後妻有に長く住み、「大地の芸術祭」が地域にもたらして来た影響を長年リサーチされて来た、文化人類学者の兼松芽永さんが講座をもっておられまして、彼女のゼミ生を中心に、「MOTサテライトアーカイ部」を結成して、MOTサテライトを観察していただくことになりました。

リサーチをまとめた詳細なレポートは、ただいま「アートト」のウェブサイト（http://www.

artto.jp/）で公開されております。ここに至るまではなかなかの難産でした。とくに「誰が」「何のために」これを書くのか、ということについて、アーカイ部側とさんざんやりとりをしました。被評価者であるこちら側の最初の動機としては、内部でもあり、外部でもある関係性から、そこで起こったことを記録し、観察し、評価してもらえないだろうか、ということがありました。アーカイ部側も、作品主体ではない評価基準を打ち立てるという動機を当初はもってくださっていたと思います。しかし、結果として彼らが選んだ内容は、地域の人たちに詳細な聞き取りを行い、清澄白河の歴史的な変化を記述しつつ、まちと美術館との関係の変化を考察することでした。興味深かったのは、そこで、リサーチをしているアーカイ部のメンバーたちの、まちへの印象の変化が記述されていたことです。結果として、清澄白河に住んでしまった人までいました。どうしてそのようなことになったのか、やりとりを進めるまで、最初はわかりませんでしたが、文化人類学的手法として、対象と記述者との距離というのは内容に影響を与える重要なファクターであるようです。

アートプロジェクトとは、客観的に外部から記述だけできるものではなく、そのただなかに入り、それが実現されていくプロセスに自分も巻き込まれながら体感することで初めて、総体として把握されるものであるようです。ですから、本来なら、作家が地域をリサーチしている作品づくり以前の段階から、観察を始めてもらう必要があったのでした。また、アートプロジェクトが何をもたらしたか、その効果はすぐにはわからないわけです。半年後、五年後と時間を経るなかで初めて見えてくるものがある。今回の「アーカイ部」は、MOTサテライトの一部として、同時期に展開しなくてはならないものでした。結果として彼らが選んだ内容は、今ある条件のなかでできることのすべてだったわけですが、そうしたことも実際にやってみて初めてわかったことでした。

アートプロジェクトを、誰が、どのような距離から、どんな評価基準をもっていつ評価するのか。「MOTサテライトアーカイ部」から上がってきた内容を見て、企画者である私は、このアートプロジェクトが、地域に変化をもたらすという、これまで美術館を拠点に行ってきた展覧会とはまったく一線を画する目的をもったものであったことを、改めて確認することになりました。その一方で、美術館が主催する現代美術の展覧会として、あるクオリティを目指したところもあり、評価もある一方で、地元の人から難しいという声も聞かれました。先にも触れたとおり、美術館が地域に出ていく都市型のアートプロジェクトは今後も増えていくと思われますが、そこで想定される受け手の多層性の分析と、評価軸の設定にはまだまだたくさんの議論すべきことが残っていると感じています。このことを申し上げて講義を終えたいと思います。

ニューヨークのウォーターフロントに見る都市・地域とアート

服部充代

私は一九九一年から約一一年間、ニューヨークで仕事をしていましたが、当時、とても気に入っていた場所がウォーターフロントです［図1］。毎日忙しい日々を過ごしていましたが、そこに行けば気持ちのよい水辺があり、何かしら楽しいことがありました。ニューヨークという場所柄もあり、行けばアート・イベントをやっていたり、ミュージシャンがライブをしていたり、わざわざ美術館やシアターに出かけなくても、のんびり楽しい時間を過ごすことができました。

二〇〇二年に日本に戻り、水辺を見て愕然としました。水辺はあるものの、ニューヨークのようには活かされていないのがとても残念で、これはまずいと地元の閉ざされた運河を舞台にアート・イベントを開催する市民活動を始めましたが、陣内先生とのご縁をいただいたのも、その活動がきっかけでした。その後、陣内先生の米国東海岸における水都研究にも参加させていただきました。

ニューヨークは、皆さまご存知のように、かつては港湾の一部として栄えた場所でした。一八〇〇年代半ばからフィラデルフィアを抜いてアメリカ最大の港湾都市となりましたが、時代とともにニュージャージーなどに勢いを奪われ、一九一〇〜二〇年頃から衰退が始まります。五〇〜六〇年代に入ると衰退もピークに達し、深刻な荒廃が始まり、普通の人は近寄らないような水辺に成り果てます。その水辺が今では、市民の憩いの場となり、世界

はっとり・みつよ
インテリア・デザイナー／like air + water co., ltd. 代表。一九九一年から一一年間ニューヨークに在住。Clodagh Design Internationalにてデザイナーとして働くかたわら、ニューヨークのウォーターフロントに魅せられ、都市のなかの水辺のあり方、水辺とクリエイティヴィティの関わりに強く関心をもつ。二〇〇二年に帰国後は、名古屋の中川運河再生のムーヴメントに力を注ぐ。一般社団法人中川運河キャナルアート、初代理事長。ミズベリング諮問委員。著書に『水都学Ⅴ』（共著）法政大学出版局ほか。おもな報告書に『「米国北東部の水都」調査報告書 法政大学デザイン工学部建築学科・陣内研究室編』（共著）法政大学エコ地域デザイン研究所。

中から観光客を惹きつけ、周辺では新たなクリエイティヴ産業の集積も始まり、生き生きと蘇ってきます。そのダイナミズムはいったいどこからきているのでしょうか。ニューヨークの水辺がここまで人に愛される水辺に再生した要因として、私は街にあるアートとコミュニティの関係が鍵を握ると考えています。今日は、ニューヨークの地域とアート、とくにウォーターフロントの再生に関わる事例をいくつか紹介したいと思いますが、その前に少しだけ、この背景にある都市事情について触れさせて下さい。

動き出したウォーターフロント再生の背景――プランNYC

ウォーターフロントの再生が始まった背景には、二〇〇七年にニューヨーク市が出した「プランNYC（PlaNYC）」という都市のヴィジョンをまとめた都市計画が大きな原動力となっています。これは二〇三〇年のニューヨークがどうあるべきかを広く市民や専門家に問いかけ、答えとして集約したデータを元にまとめられました。

それが「ア・グリーナー・グレーター・NY（A Greener, Greater NY）」、環境に優しく持続可能な都市、強くて魅力的な都市にしたいという将来のヴィジョンだったのです。ニューヨークもさまざまな都市問題に直面しています。急激な人口増加による住宅不足も問題でした。それから地下鉄もパンク状態で、交通インフラは崩壊し、システムの改善が急務となっていました。地球温暖化への対応も求められていました。これらを解決して、さらに持続可能で環境に優しく、災害にも強く、なおかつ魅力的な街にしたい。そして、それを実現するための「一〇のゴール」が設定されたのですが、蓋を開けてみると、一〇のゴールのうち、半分以上がウォーターフロントと関係するものでした。たとえば住宅を増やすにもウォーターフロントの空地を開発する必要がある、誰もが幸せを感じられるような公園

図1　ニューヨーク、ウォーターフロント

Viewing from A Rooftop Bar on Hudson River

Outdoor Cinema at Brooklyn Bridge Park

をつくろうとすればウォーターフロントの空地が候補になる。新たな交通システムとしての水上交通もそうですが、このヴィジョンを見ると、誰の目にも、今、ウォーターフロントを再生させることが急務であることがわかりました。その後、これを受けて、ウォーターフロントに特化したヴィジョン（Waterfront Vision and Enhancement Strategy）と、総合プラン（NYC Comprehensive Waterfront Plan）、そのプランを実現するための実行計画（NYC Waterfront Action Agenda）が発表されました。こうして、ニューヨークのウォーターフロントの再生が急ピッチで始まったのでした。

さて、ここからが本題の都市・地域とアート、アートと水辺の再生の話になります。かつて港湾の一部であった地域とアートに目を向けると、アートの働きにおいて、大きく役割が変化した時期があります。今日はその変化に着目し、ふたつのフェーズに分けてお話ししたいと思います。一九五〇年代から九〇年代までの、アートが変化のきっかけとなった時期をフェーズⅠ、そしてそれ以降、PlaNYCの施行も後押しとなりウォーターフロントの再生が大きく動き始めるなかで、アートが地域の魅力づくりの一端を担うようになる時期をフェーズⅡといたします。

［フェーズⅠ］荒廃からの再生・アートが変化の原動力
——五〇〜八〇年代のSOHOと六〇〜九〇年代のチェルシー

荒廃したかつての倉庫街にアーティストが住みつき、それが地域再生の原動力になった事例が、皆さんご存知のソーホー（SOHO）です［図2］。隣接する港湾の物流を支えるかたちで倉庫街となったSOHOも、五〇年代には「地獄（Hell's Hundred Acres）」だと言われるほど荒廃していましたが、その頃から、いち早くアーティストたちがそこに住みつきます。

犯罪率は非常に高く、朽ちた空き倉庫の目立つエリアでしたが、アーティスト・コミュニティが生まれ、夜な夜な集会を始めると、エッジの効いたギャラリーがスペースを構えるようになります。そしてアーティストがイベントやツアーを始め、それが面白いとヤッピー（Yappy）が集まるようになり、さらにメディアがそれを取り上げるとエリアの人気がますます高まっていくという、皆さんご存知のストーリーです。

しかし地価が高騰し、ジェントリフィケーションが起こると、ギャラリーは別の場所に移っていきました。アートウォッシュです。再生はしたけれども、ジェントリフィケーションの負の側面としてものちに注目されるようにもなります。今では、ルイ・ヴィトン、シャネル、プラダのある街になっています。

チェルシーでも、崩れかけたピア（桟橋）や廃墟となった倉庫、工場跡は、アーティストにとって絶好の実験の場となりました。六〇年代、七〇年代は、こちらにも多くのアーティストが集まるようになります。その頃の代表的なアーティスト、ゴードン・マッタ＝クラーク（Gordon Matta Clark）が、ハドソン川に面した「ピア52」という桟橋にある廃墟となった倉庫の壁を切り抜くなど、「ビルディング・カット」というシリーズが話題となりました。そこもアーティストの集まるメッカのようになっていきました。しかし、時を同じくしてこのエリアがゲイのメッカとなり、エイズの蔓延が問題となったこともあり、ＳＯＨＯのようにすぐに大きな変化につながることはありませんでした。地域の変化が本格的になったのは、九〇年代に、すっかりエッジを失ったＳＯＨＯから多くのギャラリーがチェルシーへの移転を始めた頃からでした。二〇〇〇年には、ギャラリーの数でＳＯＨＯを抜きます。それでもまだ雑然としたエリアで、ギャラリーの向こう側には自動車の修理工場やゴミの集積場が残っていましたが、今では、多くのビルがギャラリー・コンプレックスとな

図2　SOHO、2014年

り、全体で三四〇軒あまりのギャラリーが集積する、世界的にも珍しいほどのギャラリー街となっています［図3］。

その後、ここで再生された高架橋のプロジェクトが、皆さんよくご存知の《ハイライン》（二〇〇九）です［図4］。ハドソン川に沿って走っていた、かつての貨物鉄道高架橋をパブリック・スペースに再生したもので、今ではたくさんの観光客を集め、周辺には、ザハ・ハディッド（Zaha Hadid）、フランク・ゲーリー（Frank O. Gehry）、ジャン・ヌーヴェル（Jean Nouvel）、坂茂といった世界的な建築家による建物が建ち並び、多くの世界企業が拠点を置くエリアとなっています。

このようにチェルシーも、SOHOとはストーリーの違いはありますが、その変化のきっかけにはアートがありました。荒廃のなかでアーティストが記憶を重ね、その後のアート・ギャラリーの集積が変化のスタートとなりました。しかし面白いことに、ここでは変化とともにアート・ギャラリーが他へ移転して姿を消すのではなく、ハイラインの再生後もそこに留まり、さらに数を増やしています。

［フェーズII］地域の魅力づくりの一端をアートが担う
――多様性に富む新たな地域づくりとアート

しかし、その再生のメカニズムに変化が現れます。ここからは、その後のフェーズIIにあたる二〇〇〇年以降の話をしたいと思います。アートが再生の原動力というだけではなく、地域の魅力づくりの一端を、さまざまなかたちで担っていくケースが増えていきます。それが結果的に、多様性に富む新たな地域づくりにも寄与することになります。数えきれないほど事例はありますが、今日はそのなかの三つをご紹介します。ひとつ目は、ウエス

図3　チェルシーのギャラリー街、2007年

図4　ハイラインから眺めるハドソン・リバー、2011年

ト・チェルシー（West Chelsea、チェルシーの西側・ハドソン川沿い）とその南側に位置するミートパッキング・ディストリクト（Meatpacking District）の事例です。ここでは、アートがコミュニティをつなぐ動きをみることができます。ふたつ目はDUMBOとウィリアムズバーグです。地元デベロッパーがフィランソロピーとしてアートを支援し、アートが持続可能な地域づくりの一端を担うという事例です。三つ目は、スタテン・アイランド（Staten Island）における《Future Culture – Connecting Staten Island's Waterfront》です。大規模再開発が計画されるなか、古くからウォーターフロントに広がるアーティストの拠点を中心に、文化をつなぎながらアートが歴史を守り、地域を守る事例です。

アートが地域コミュニティをつなぐ――《ハイライン・アート》とホイットニー美術館の《コミュニティ・アート・プロジェクト》

ハイラインがオープンし、それを受けて二〇一五年には、その南端にレンゾ・ピアノ（Renzo Piano）設計の新ホイットニー美術館がアッパー・ウエストから移転してきました［**図5**］。この美術館はニューヨークでもっとも古い現代美術館です。

ここで紹介したいアートの取り組みのひとつが、《ハイライン・アート（High Line Art）》です。〇九年にハイラインが最初のセクションをオープンした際に、同時に始まったプログラムで、ハイラインの建築の特性や、歴史、デザインと連動し、周囲地域の文化や歴史、そしてランドスケープと呼応するようなアート作品をキュレーターが選んで、シーズンごとに展示が行われています。アーティストの気づきから生まれたアート作品は、その場に隠された時の流れや地域性を浮き彫りにします。その点は、東京都現代美術館のMOTサテライトとよく似ていると思います。この試みが始まったことによって、訪れる人がアー

図5　ハイラインの南端、ハドソン川沿いに移転したホイットニー美術館、2017年

トを観賞するだけではなく、この地域にもともと住んでいる人がアートと連動して歴史保存の街歩きを始めたり、ギャラリーのオーナーもイベントを企画したりと、ハイライン・アートをきっかけにさまざまなイベントが年間三〇〇〇件以上企画されるようになったそうです。

また、ホイットニー美術館でも面白い取り組みが始まっています。二〇一五年の移転をきっかけに、教育部門（Education Department）が中心となり、コミュニティに密接に関わるアートを積極的に展開するようになりました。たとえば、「コミュニティ・アート・プロジェクト（Community Art Project）」という取り組みのなかに《Deep Atlas》というプロジェクトがあります。ドイツから来たコミュニティ・アーティスト・イン・レジデンスの作家が、地元の参加者と一緒にミートパッキングのマップをつくりました。普通に売っているようなマップではなくて、人の記憶や地域で大切にされてきたものなど、さまざまな視点でマッピングすることで都市の記憶や隠された意識などをあぶりだすというプロジェクトです。小学校やシニア・センター、ゲイ・コミュニティを訪れてヒアリングをしたり、さまざまな人たちへのインタヴューを通して制作された地図は、コミュニティと協同した作品展として、その後ホイットニー美術館で展示されています。

また、ホイットニー美術館は、このリストにあるようないろいろな地域コミュニティとパートナーシップを組んでいます［**図6**］。ザ・ドア（THE DOOR）は地元のアーティスト・グループです。《FULTON YOUTH OF THE FUTURE》は家庭に問題があり学校に行けない子供たちを集めて、アートによって社会との接点をつくっているNPOです。《HUDSON GUILD》はものづくりの場。ここはLGBTのメッカなのでLGBTセンターのパートナーとなっています。これらのパートナーシップを結んだのは二〇一〇年のことなの

List of COMMUNITY PARTNERSHIPS
@Whitney Museum NY

- THE DOOR (-2015)
- FULTON YOUTH OF THE FUTURE (-2014)
- HUDSON GUILD (-2011)
- THE LGBT CENTER (-2010)
- WESTBETH (-2011)

図6　ホイットニー美術館のコミュニティ・パートナーシップ

で、美術館の移転に先駆けて地域との結びつきを構築し始めていたことになります。ホイットニー美術館としても、地域との大事な取り組みとして進めているのだと思います。

また、学芸員がこの街を歩いてアートの歴史を辿りながら、重要なスポットをヴィデオ・アーカイヴしていくという活動も行われています。住民の記憶をたどりながら、かつてハドソン川沿いの古いピアで行われたさまざまなアーティストの活動を、覚えている人のインタヴューを集めてヴィデオに記録していく試みです。その多くは、いずれ取り壊されることも危惧されている場所です。

さらに、実際にパブリックアートを川沿いに設置することで歴史を記録する試みもあります。デイヴィッド・ハモンド(David Hammond)というアーティストが、先ほど紹介したゴードン・マッタ＝クラークへのオマージュを作品としたのです。かつてここに荒廃したピアがあり、そこで活動していたアーティストがいたことを記憶に残すことを意図したものです。じつはここでも、現在、古いピアを新たなパブリック・スペースとして再生させる大規模アイランド計画が進んでいる場所で、そんな背景もあって提案されたアート作品でもありました。

アートが持続可能な地域づくりの一端を担う——
ダンボとウィリアムズバーグでの地元デヴェロッパーによるフィランソロピー

ダンボ(DUMBO:Down Under the Manhattan Bridge Overpass、マンハッタン橋高架道路下の意)もブルックリンの水辺のエリアです。工場や物流の拠点として栄えた場所ですが、マンハッタンのウォーターフロントと同様に六〇年代には衰退がピークとなりました。七〇年代にはアーティストが移り住むようになるのですが、この後の展開が少し違います。ここが面白いと考えた地元の不動産デヴェロッパー、トゥー・トゥリー・マネジメント（Two Trees Management）が、七〇年代に主要な工場跡地と倉庫を取得します。不動産の塩漬けの期間は長く続きましたが、当時、破格の値段で一帯の主要建物を買い占めることができたので、二〇〇〇年を前後して再開発が動き始めた頃には、容易に売りませんでしたので元を取ることができました。そこで、このデヴェロッパーは、コミュニティと密接に関わりながら、アートを通してこの地域をよい街にする活動に取り組み始めています。それが「コミュニティ・コラボレーション（Community Collaboration）」、アートによる「フィランソロピー」です。

具体的に言うと、この地域で長く活動を続けてきたアーティストの流出を避けるために、開発後も優先的にスペースを提供すること、空きスペースがあれば地域にとって有益なアート・ギャラリーやアーティストに無償、あるいは安い家賃で貸すことなどがそれです。アートには街を豊かにする力があるという考えが背景にあります。そしてその代わりに、アーティストやギャラリーにはコミュニティに貢献してもらう。アートを通して地域がつながることで、より暮らしやすいコミュニティを育むことが狙いです。アート・プロジェクトで学校とも連携をします。デヴェロッパーらしく、地域の価値を考えてよくプランされたものですが、こうした動きが二〇〇〇年頃から始まっています。

そしてもうひとつ、同じデヴェロッパーによるウィリアムズバーグでの動きをご紹介します。ウィリアムズバーグ・ブリッジの足元には、創業以来一五〇年もの間、地域を支え、地域に愛された製糖工場、ドミノ・シュガー（Domino Sugar Refinery）がありましたが、〇四年に閉鎖され、それ以来放置されたままでした。それを一一年にトゥー・トゥリー・マネジメントが買い受け、イーストリバー沿いに広がる六エーカーのドミノ・パーク（Domino Park）と、入り組んで隣接する住宅棟や教育施設を併設した商業ビルへの再開発が始まりました

図7　蘇ったDOMINO PARKとアーティファクト

［**図7**］。ただ、まったく新しい地域につくり変えるのではなく、ランドマークである製糖工場ビルを中心に工場跡の建築物を積極的に残しながら、サインやクレーンなどのその他のアーティファクト（人工物）も貴重な歴史資源と捉えて、それらを歩いて巡るウォークウェイも計画されています。このランドスケープを手がけるのはハイラインを手がけたジェームズ・コーナー・フィールド（James Corner Field）です。製糖工場も改修される予定ですが、クローズする前には、その内部でカーラ・ウォルカー（Kara Walker）という地元のアフリカ系アメリカ人アーティストが、三〇トンもの砂糖を使った作品を制作・展示しました。工場があった当時、アフリカ系アメリカ人たちは決してよい条件で雇用されていたわけであり

ませんでしたし、女性に対する差別もある時代でした。新たな変化を前に、歴史や記憶もアート作品として残していく試みがされ、高い評価を受けました。

アーティストが地域を守り、歴史を守る
――スタテン・アイランドのフューチャー・カルチャー

最後に紹介するのが、スタテン・アイランド（Staten Island）の《Future Culture》です。「スタテン・アイランドはDUMBOのようにはならない」という『ニューヨーク・タイムズ』の記事を目にしたのは二〇一一年頃のことでした。誰かがアーティストによるコミュニティへの貢献を期待してアートを支援するのではなく、アーティストたちが自発的に自分たちの文化を守りながら、これから変化していくであろう水辺と向き合って将来を決めていくというプロジェクトです。スタテン・アイランドはマンハッタンの南側ですが、そのなかでもノースショアと呼ばれるマンハッタンへのフェリーが着くエリアが舞台です。

NPOデザイン・トラスト・フォー・パブリック・スペース（Design Trust for Public Space）と、地元のアート協議会であるスタテン・アイランド・アーツ（Staten Island Arts）のふたつの団体が共同で連携しながら進めています。デザイン・トラストは公共空間が再生される際に、行政の目線だけではなく、地元の意向や意識が反映されるよう、行政と住民の間を取りもちながら地域をプロデュースする団体です。スタテン・アイランド・アーツは六〇年代から存在していた団体で、地元のアーティストの活動を見える化し、必要な資金やネットワークを提供し支援する団体です。

このふたつの団体が、この地域をアートを通して再認識し、文脈化して、次の世代につなげていこうというプロジェクトとして《Future Culture》を立ち上げました。これから始

まる大規模開発やゾーニングの変更を前に、これまでの環境が大きく変わってしまうことを懸念した地元住民が、持続可能なコミュニティの確保のために動き出した例です［**図8**］。地元の文化の未来を描いたヴィジョンと計画がまとめられた、五〇ページ以上にもなる報告書があります。そのなかには、ここで活動するアーティストや地域に存在するアートを見える化したマップや、港湾の頃の遺構のマップが作成され、今後それをどう保護し、

図8　FUTURE CULTUREの活動エリアと同地域における開発プロジェクト

活用していくかのヴィジョンも含まれています。

現代アートには、社会に対する問題意識と連動したものが多くあります。ここでは、行政が進める計画に対しても、アーティストが自ら積極的にアートを通して働きかけていくことが実践されています。スタテン・アイランドのこの地域は、昔からさまざまな人種が集落となって暮らす場所ですが、それゆえカルチャーとしても色とりどりのものがあります。それらが今、地域の大切な記憶を残そうと連動を始めています。

多様性に富む新たな地域づくり——アートにできることとは

多様性に富む地域づくりのために、アートにできることはいったい何なのか。この命題はあまりにも大きいので私には答えることができませんが、これからアートとさまざまな分野がコラボレーションするなかで、これまでとは違ったムーヴメントが起こることを期待しています。

最後に、つい最近、何かのヒントになるかもしれないと記憶のなかにメモ書きした、三つのことがらをご紹介できればと思います。まずはひとつ目。日本でも紹介されていますからご存知の方も多いかと思いますが、STEMという言葉がアメリカにはあります。もともと国際科学アカデミーが使い始めた言葉で、Science、Technology、Engineering、Mathematicsの頭文字を取ったものです。これまでは、これらが世界をリードすると言われていました。つい最近はSTEMではなくて、STEAMと言われるように変わってきています。STEMにAが加わりました。つまりアートです。アートには科学やテクノロジー、工学や数学をつなげる力がある、だから今後、アートは重要なキーとなるとの考えです［図9］。

- **STEM → STEAM**
  Science, Technology, Engineering, Mathematics + Art
- **NYC Comprehensive Culture Plan**
  2017年、NYで最初の文化総合計画が始まる
- **Artist → historian, scientist, doctor, city planner...**
  「アーティストは、近い将来、違う職種になっている…たんなる芸術家ではなくなる」
  ——ソーシャリー・エンゲイジド・アートのアーティスト、ペドロ・レイエス氏の言葉

図9　今後の「都市・地域とアート」の行方を予感させる3つのヒント——STEMからSTEAMへ

ふたつ目は、二〇一七年にニューヨーク市が発表したニューヨーク市文化総合計画(NYC Comprehensive Cultural Plan)です。これはニューヨークで最初の、都市計画のなかの文化総合計画になります。これまでも、一一年につくられたニューヨーク市ウォーターフロント計画(NYC Comprehensive Waterfront Plan)がありますが、今年(二〇一七年)になって策定されたのが、このComprehensive Cultural Planで、もちろんこの「Cultural」にはアートを始め文化や歴史が入ってきます。アートや歴史、文化というものをこれからの都市計画に戦略的に取り入れていこうという、ニューヨーク市の意思が感じられます。

そして最後に紹介したいのは、あるアーティストからの言葉です。二〇一七年の春にMOTサテライトが行われていた時期は、森美術館やアーツ千代田3331で「ソーシャリー・エンゲイジド・アート」展が同時開催されていました。森美術館と3331の両方で作品を展示していたペドロ・レイエス(Pedro Reyes)というアーティストがいます。彼がレクチャーで話していた言葉が印象的だったので、それを紹介して終わりにしたいと思います。

アーティストは近い将来、これまでとは違った職業になっているかもしれない。単なる芸術家ではなくなる。もしかしたら歴史家かもしれないし、科学者かもしれないし、ドクターかもしれないし、都市計画を担う仕事になっているかもしれない。

(「現代美術館は、新しい『学び』の場となり得るか？ エデュケーションからラーニングへ」における［ラーニング・キャンプ 3：アートと社会：エンゲイジメントという『つながり』を学ぶこと］のなかでの言葉、二〇一七年二月一三日森美術館)

これからのアートは、アート作品というかたちに留まらず、さまざまな事象の合間に入り込み、媒体となり、より社会と連動した行為を担うようになることが予測されます。それも、積極的にコミュニティと関わりながらです。そしてそれが都市全体を動かすことになるのかもしれません。ニューヨークを見ているとそのように感じます。東京でも、これからオリンピックを機に水辺が大きく変化するのだと思いますが、ぜひ都市計画や建築に携わる皆さんとアートの分野がエンゲイジして、新しい視点から魅力的なウォーターフロントの地域づくりを進めていただきたいと願っています。

地域の歴史・文化・産業集積を活かす

陣内秀信

今日はアートが地域にどう関わるか、あるいはどういうものにインスパイアされながらアート作品にしているか、それをまた地元の人がどういう風に受け止めるか、という非常に面白いテーマですね。われわれもアートの世界とはまた違うかたちで、都市、建築、コミュニティの歴史を調べながら、地域の歴史・文化・産業集積を活かしたまちづくりが重要だと考えているので、こうしたアートからの動きにとても共感を覚えます。アートから地域への眼差し、アプローチの面白さに気がついたわけなのです。

深川＝ヴェネツィア論

私自身、なぜ深川に興味をもったかというと、じつは神田神保町の古本屋で『江戸深川情緒の研究』を見つけたからなのです。留学から東京に戻ってちょっと経った一九七〇年代の終わり頃、東京が自分の研究しているヴェネツィアとよく似た水の都であることに気がつき、その頃にこの本に出会ったのです。その書き出しが面白いのです。隅田川の永代橋を越えて深川に入っていく情景が、本土（テッラフェルマ）から一八五〇年頃に架かった鉄道橋を通ってヴェネツィアに入っていく情景と、ピタリと重なるという書き出しなのですね。これはアーサー・シモンズ（Arthur William Symons）というイギリスの詩人が書いたものを受けてはいるのですが。こう描写したうえで、深川という土地があらゆる意味でヴェネツィアとよく似た水の都市である、という前提で話が始まるわけです。読みながら本当にド

西村眞次監修、
和田清馬専任編纂
『江戸深川情緒の研究』
深川区史編纂会、1925年、
有峰党、1971年

キドキ、ワクワクしました。

その論の立て方が奮っていて、いちばん古い産業は水と結びついた漁業。その守り神として富岡八幡宮ができ、その門前に花街ができるわけですね。それを支える旦那衆がいたのが木場［**図1**］。木場ももちろん水ですよね。その後、佐賀町に流通センターができて、ここも水で、こうして財をなした旦那衆が花街を支える。このように深川は、経済も産業も文化もすべてが水によって育まれたと論じたのです。

この発想は面白いと思い、私も東京に関して似たような研究を三〇数年ずっとやってきたわけなのです。岡本哲志さんと一緒に深川の調査をして、江戸時代の土地利用と河川・掘割・運河の図も作成しました［**図2**］。古代および中世の水際ラインが想定できますし、江

図1　深川木場（広重『名所江戸百景』1857年）

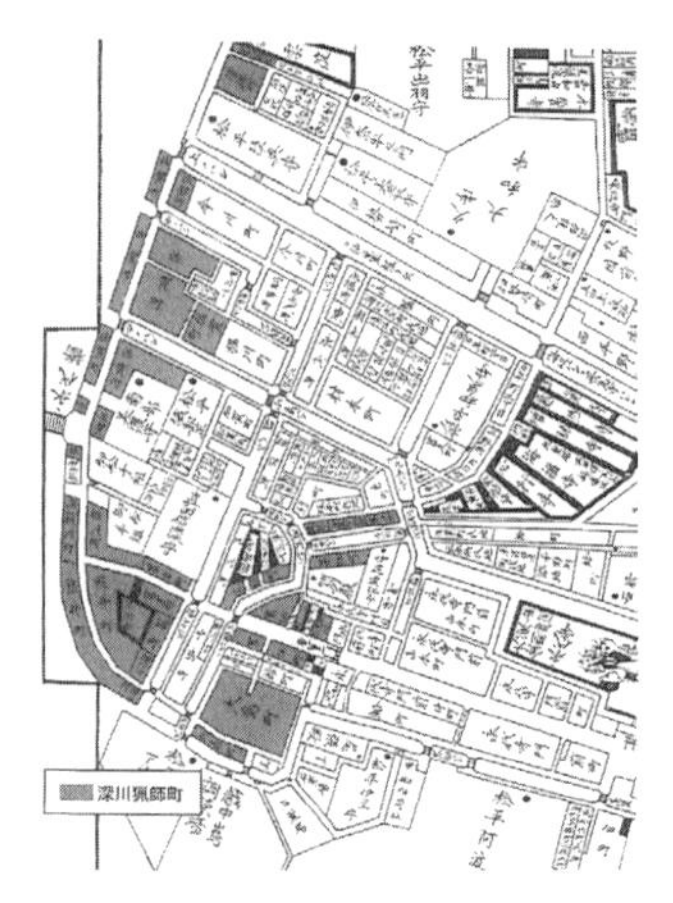

図4　深川漁師町
（『本所深川絵図』1862年より）

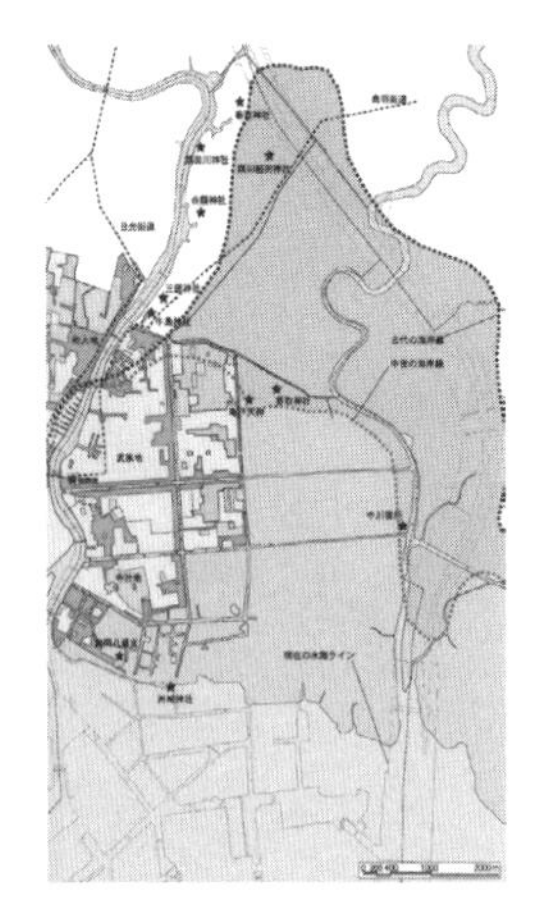

図2　江戸時代の土地利用と
河川・堀割・運河

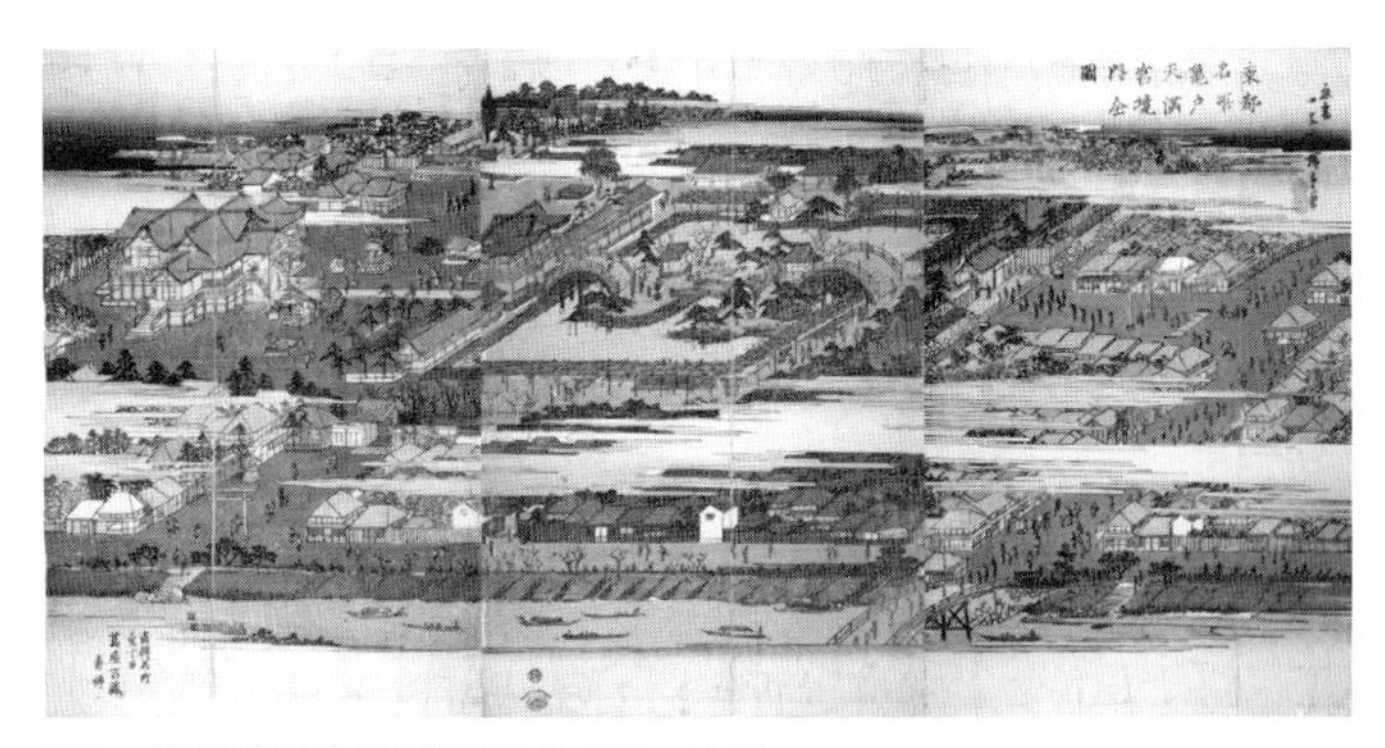

図3　「東都名所 亀戸天満宮境内全図」（広重）

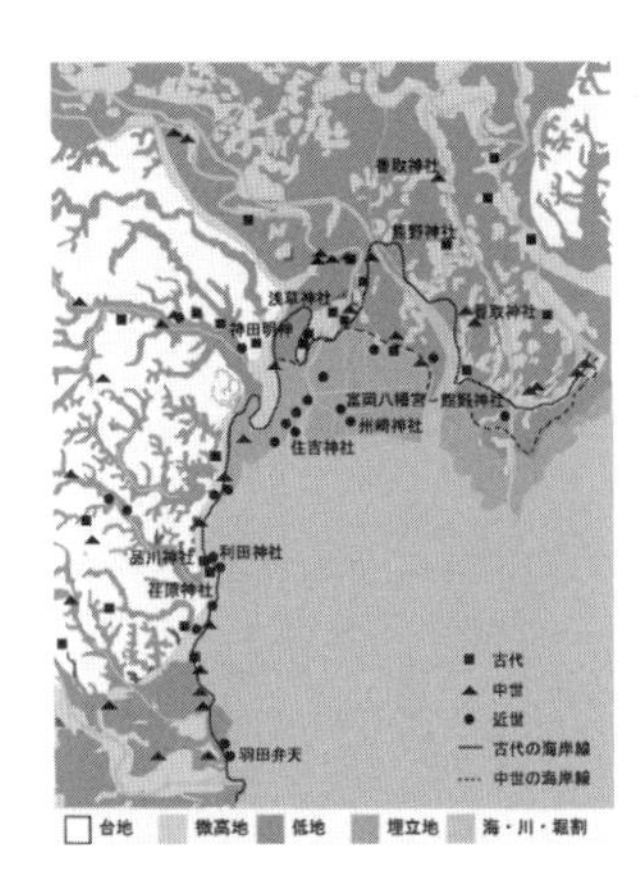

図6　神社の立地と埋め立て

図5　1980年代の深川の水辺

戸時代に埋め立て、造成して、どんどん計画的に都市ができていく過程がレイヤーとして読めます。錦絵、絵画にその風景がたくさん描かれていて、産業、経済から宗教や花街まで、本当に水のトポスが濃厚にあるところなのです［図3］。木場、名所、行楽地。こんなに描かれたところは他にないくらいですよね。漁業も江戸前の魚がいっぱいとれて、アサリも海苔もあり、江戸の暮らしで深川はいちばん重要な場所でした。

深川に住むゼミの学生、西岡郁乃さんが卒業論文（「深川における漁師町の形成と変容」二〇一一年）で、漁師町の変遷過程を研究してくれました［図4］。江戸時代には隅田川沿いにも分布していたのが、明治・大正・昭和と埋め立てが進行するに従って海に近いほうに出てくるわけですね。その漁師町の名残が一九八〇年代にはまだありました［図5］。富岡八幡宮は創建当時は、水をバックに立地したのですが、やがてまわりが埋め立てられました［図6］。このように水辺に神社ができ、信仰の場ができ、文化を生むというメカニズムが東京湾のあちこちに見られたのですが、とくに深川は濃密なわけですね。

もうひとつ重要なのは、藪前知子さんのお話にもありましたが、舟運ですね。江戸のまわりに広域に広がる舟運ネットワークを示す地図が描かれていて、まさに水路で結ばれたテリトーリオのあり方をよく示しています（329ページ図31参照）。隅田川、多摩川、松戸がある江戸川、銚子のほうへ行く利根川と結ばれていました。どこにも河岸がいっぱいあり、これらの川を経由して舟が江戸に集まってくるのです。

近代に受け継がれた水の都市

もうひとつ私にとって深川を考えるうえで重要なのは、レヴィ＝ストロースのもとで学ばれた文化人類学の第一人者、川田順造さんとの出会いです。彼とは早い段階から親しく

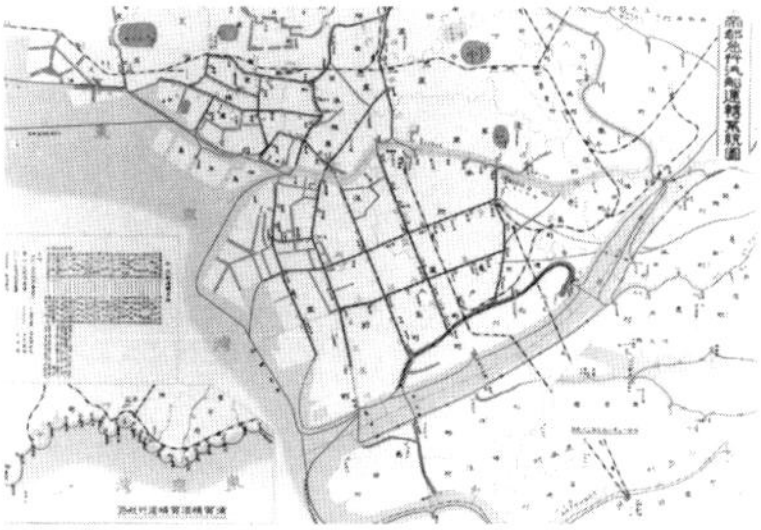

図9　戦前の水上バス路線図
——ヴェネツィアのよう

図10　水上バス両国橋駅（1954年）

図11　震災復興橋梁のひとつ、清洲橋

図12　水辺に栄えた柳橋の料亭街（1963年）

させてもらっていて、一緒に町を幾度となく歩きました。深川地域は震災と戦災で二回やられているので、古い建物が少なく、文献もあまり残っていない。だけど、人と人の間で記憶が伝承されていて、それが川田さんが無文字社会のサバンナで調査していたことと重なります。伝承、言い伝え、生業や営みの継承、文化の遺伝子というのが重要で、それをヒアリングをもとに研究するのです。そういう独特の継承の仕方がある地域だというのです。まさに東京——日本は全体的にそうなのですが——それを象徴する地域なのですね。戦前に高橋で生まれ育った記憶を紡ぎ、ヒアリングを重ねて生まれた**『母の声、川の匂い』**は感動的です。小舟で野菜でも何でも売りに来ていた。川越あたりと深川との間で、川の舟運の結びつきが生む婚姻関係もあったようです。

ソフトが受け継がれるという点を探るには、人類学がいいわけです。深川は昭和の初期

川田順造
『母の声、川の匂い
——ある幼時と
未生以前をめぐる断想』
筑摩書房、2006年

まで船が数多く行き交い、まさに水の都市でした［**図9－10**］。江戸時代だけではなく、モダンな時代まで水の都市は続いていたのです。昭和初期に関東大震災からの復興事業がいちばん効果を上げたのも江東のこの地区なのですね。デザイン性の高い震災復興橋梁がたくさん架かっていて、今もランドマークとして重要です［**図11**］。そして何よりも、建築のわれわれにとっては同潤会アパートですね（417ページ**図15**参照）。八〇年代までたくさん残っていて、とくに空間構成が工夫され面白いアパートが存在していたのが深川・江東エリアでした。庶民の町ということで、不良住宅改善事業的な性格をもってつくられていますが、集合性を考えて、囲い型、中庭型、広場型が多く、そこがコミュニティの場になっています。街路に面した表側には商店が並び、背後の中庭がまさに北山恒さんがおっしゃる「コモンズ」として、生き生きとしていました。格好いい螺旋階段もあった。一方、水辺はということ、隅田川を挟み反対側の柳橋周辺には、六〇年代に入る頃まで二〇軒以上の料亭が水辺に連なり、不夜城のような賑わいを見せていたのです［**図12**］。それぞれの料亭が小さな桟橋をもっていて、船宿から舟を呼んで、みんな納涼で出ていけたのだそうです。花火のときには東京中の舟が集められたのですね（217ページ**図27**参照）。

地域の歴史・文化・産業集積を活かしたまちづくり

このように水と結びつき独自の文化を育んだ江東エリアが、近代化で大きく変わってしまうわけですね。工業化が大規模に展開し、やがてそれも衰退する。サスキア・サッセンという世界的に有名な学者が、『グローバル・シティ』という本を書き、ロンドンとニューヨークと東京を比較して興味深く論じていて、法政大学での都市のサステイナビリティを問題にした国際シンポジウムでもお招きしたことがあります。彼女によれば、グローバル・

サスキア・サッセン著、伊豫谷登士ほか訳『グローバル・シティ──ニューヨーク・ロンドン・東京から世界を読む』
筑摩書房、2008年

シティはどこもインナーシティの問題を抱えていて、都心の周辺部は一度産業、商業が空洞化し、そこに移民や低所得者層が入ってきて、コミュニティがだんだん崩れ、スラム化の現象を見せてきたというのです。ところが私から見れば、東京は違うと思います。ちょっと周辺に町工場があったり、ものづくりの伝統をもつところがまだ元気で、商工住一体の独自の社会文化的な風土をそれなりにキープしてきたわけですね。とはいえ、それもだんだん怪しくなり、深川もマンションばかりが並ぶような地域になりかかっていました。本当は、この地域の基層には歴史のなかで育まれた非合理性、非日常性、ハレ、祝祭性、花街、寺社地、庭園、水辺などの独特の要素、資産がいっぱいあるところなのですけれど、そのよさが消されそうになっていた。そういう問題にわれわれはアプローチしたわけです。

深川、木場あるいは江東地域の良さ、根底にずっと継承され、記憶として受け継がれているものを、どうやって「見える」化し、皆で認識して、たんなるマンション、住宅地ではないところにしたいと思ったわけです。調べれば調べるほど面白い要素がいっぱい出てくるのです［図13］。

二〇一〇年頃ですが、調査研究の成果を盛り込んださまざまな図面を作成しました。陣内研OBの根岸博之さんが中心となって頑張り、研究室を挙げてやっていたプロジェクトのひとつなのです。清澄白河が今のように活性化する少し前のことです。藪前さんが勤める東京都現代美術館は、法政大学でしばらく大学院の設計スタジオを教えてくださった柳澤孝彦さんが設計されたこともあり、このあたりには私も親しみを感じていました。こうして調べてみると蓄積が目に見えるかたちでいっぱいあることがわかり、倉庫・工場、寺院、清澄庭園、木場公園といった要素を結べないだろうかと前から言っていたのです。学生の設計プロジェクトでも、船で結んで倉庫・工場エリアにサテライトをつくる計画なども提案されました。

このあたりは、本当にゆったりしているのですね。隅田川を越えただけで、時の流れが違う、生活感がある、スケール感がいい、駅に依存しない不思議な商店街がいっぱいある。この辺は長い間、公共交通がなく、東京のなかで沈み込んでいた場所でした。麻布十番や蔵前なんかもそうです。ところがそういうところに面白いかたちで新しい地下鉄都営大江

清澄白河エリア

小名木川・仙台堀川
木場公園
倉庫・工場
清澄庭園
看板建築
資料館通り商店街
寺町
東京都現代美術館
小さなギャラリー
小山登美夫ギャラリー
（丸八倉庫）

亀戸エリア

もっとも古いエリア
亀戸天神、香取神社
中世由来、亀戸村、古墳
北十間川・横十間川・
旧中川・竪川
木造密集地域
氏子圏の混在
貨物の終着駅
レトロ商店街

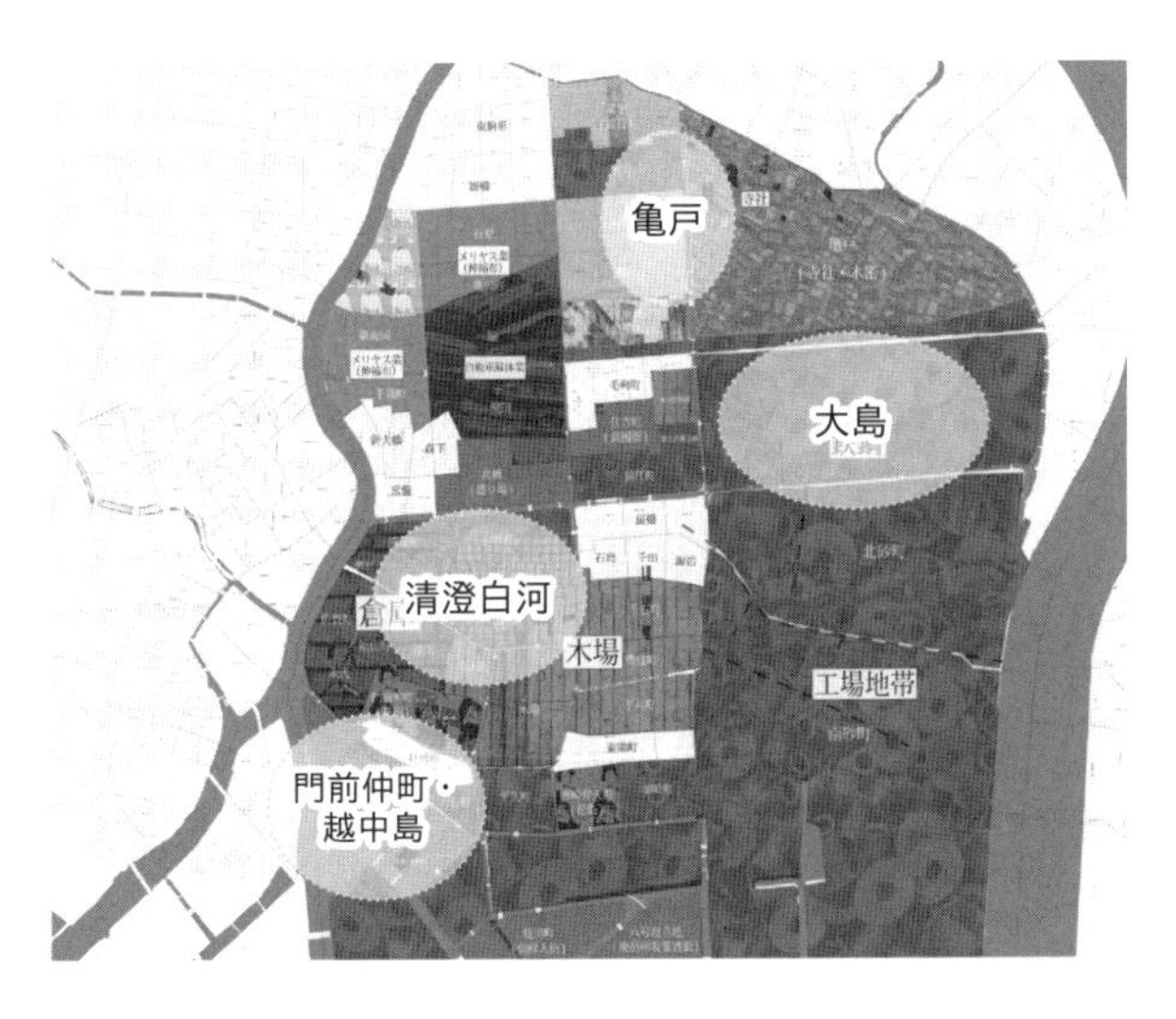

門前仲町・越中島エリア

東西に延びる道
川がメインの現状
大規模開発
漁師町の小スケール
区画、道幅、川幅

大島エリア

貨物線
高速道路
工場（こうば）
商店街
亀戸
大島
清澄白河
門前仲町
・越中島

図13　深川エリアの魅力地図

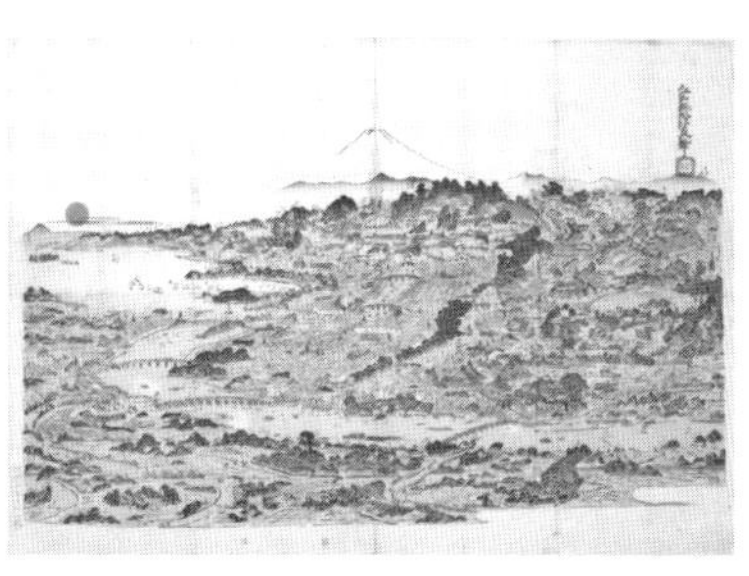

図14　鍬形蕙斎「江戸名所之絵」（19世紀初め頃）

図15　東京スカイツリー――鍬形蕙斎が描いたのと同じアングルから21世紀の東京を俯瞰する

戸線が入ってきて、ピンポイントで活性化させてくれるのですね。

東京スカイツリーが北十間川沿いの押上にできたのも、本当は大きいのですね。新時代に必要な高いテレビ塔を建設する場所を決めるための委員会ができ、芝浦工業大学のアーバンデザインの中野恒明さんが有力メンバーでいて、私も誘われて委員になりました。誘致合戦ではもともとさいたま市が断トツでリードしていたのですが、われわれは絶対押上がいいと主張し、結局こちらになりました。この場所を推したひとつの理由は、一九世紀初頭に鍬形蕙斎によって描かれた江戸鳥瞰図の構図とまさに同じポイントから現代の東京を見ることができる、という点でした［**図14－15**］。江戸の後半から昭和の初めまで、東京を見る目はずっとこういうアングルだった。下町に重点があり、水の都市を象徴する都市像なのです。本当に重要な要素はみんな手前の下町にある。近代に陸の時代になり、山の手、さらに西の郊外に光が当たるなかで、東京の華やかな発展から外されてしまった感のあるこの東側の地域に、もう一度光を当てたいと思ったわけです。それと舟運の復活の絶好のチャンスだと考えました。

東京スカイツリーができたことも弾みとなって、二〇一一年の東日本大震災の直後でしたが、中央区が日本橋のたもとに、相当なお金をかけてつくってくれたフローティングの船着き場がオープンしたのです。これがきっかけになって、隅田川やその他の川を巡るツアーの船がどんどん行くようになりました。江東地域で水陸両用車も走り始めました。

実際に、深川周辺を船で巡ってみると、面白いところがたくさんあります。サイロもありますし、ロックゲートは荒川と扇橋の二か所あるのですね［**図16**］。もともとは中心地近くは大名屋敷、周辺部は農地だった。そこに工場ができた。その後、公団の団地ができ、それがまた現代はマンションになっている。あるいは工場の跡地を緑地にして、水もよくなってきた。これから本当に面白くなっていく可能性をもっているところなのです。旧中川はゆるやかにカーブを描く水面が最高で、人々がカヌーやボートを楽しんでいる［図17］。清澄白河のまちづくりのリーダー、文房具屋の分部登志弘さんがつくってくれた一八八〇年の小名木川以南の水路復元図を見ると、これだけ水路があったことに驚かされます［図18］。今ではめっきり減ってしまったとはいえ、それでも水路は結構残っています。

重要なのは、江戸時代につくられた掘割のネットワークというのが、物流を筆頭に遊びまで、多目的に使われていたということです。だけど、舟運がだめになり、暮らしや産業にも使われなくなって、役割を失ってしまったわけですよね。役割を失った水路をどうやって次の時代に継承し使いこなしていくか、新しい命を、機能を与えるかということが重要なわけで、それが服部さんが紹介されたニューヨークや他の国々の都市の港湾空間に象

図16　（上）扇橋閘門（ロックゲート）、（下）サイロ

図17　旧中川――工業ゾーンの汚い川だったが見違えるようになった

図18　1880年の水路網

図19　小名木川で楽しむ屋形船からの花見
――新たな機能、意味の創造

徴的に見られるわけですね。ところが日本にはそういう視点が欠けていました。でも、たとえば小名木川や仙台堀川沿いでは、もともとなかった桜が植えられ、花見の場所として人気を集めています。新しい時代に機能や意味を加えて、創造性をもって空間をつくり、楽しんでいる。それが重要なのですね［**図19**］。

貴重な経験だったのは、一九八〇年代、ロフト文化の時代に、かつての水路を活かした流通ゾーンにある食糧ビルにアート拠点、《佐賀町エキジビット・スペース》が登場したことです［**図20**］。昭和初期の建物なのですが、初めて見たときに地中海のキャラバンサライだと思いました。廻廊形式で、外も柱廊なのですね。中庭に張り出したバルコニーは、立ち会い形式で相場を決めるのに使われていたようです。武蔵野美術大学で教えていらした現代アートのプロデューサー、小池一子さんがこの個性的な建築に目をつけ、リノヴェーション、コンヴァージョンの元祖として、アート空間に転換したのです。その後、この建物はマンション建設のために取り壊されてしまったのですが、この遺伝子を受け継いでいるからこそ、現在の清澄白河周辺に多くのアートの活動が展開していると思うのです。

われわれも二〇〇二年の地中海学会大会を佐賀町エキジビット・スペースで行いました。ここをキャラバンサライに見立てて、アラビア音楽を流し、アラビアコーヒーを飲んで、ちょっと顰蹙ものなのですけどコーランまで流してしまいまして（笑）。「われらの内なる地中海、彼らの内なる日本」と銘打ってクロスオーヴァーのシンポジウムをやったのですが、今や普通のマンションになってしまい、とても悲しく思います。

この近くに丸八倉庫があり、もとはエキジビット・スペースにいた小山登美夫さんがここに移って現代アートのギャラリーを開設し大成功して、世界に発信していたのですね。もともとはやはり水に依存していた倉庫で、大きなエレベータをもつ大空間で、巨大な現

図20 《佐賀町エキジビット・スペース》——昭和初期建造の食糧ビルが80年代ロフト文化の発信地に

代アートの展示にもうってつけでした。建物は失われても、ここから育った人たちがたぶん今、深川エリアで活動しているのではないかと想像します。

隅田川沿いに倉庫活用の面白い古着屋さんもあります。話を聞いてみると、深川出身で、アメリカで修業して戻ってきて原宿で一〇年間、お店をやった後、絶対ここが面白くなると確信して、こちらに引っ越してきたとのこと［**図21**］。勘がよかったと思います。

ここからは、卒業論文で清澄白河を扱った岡村芙美香さんの研究成果に基づいてお話をします。まずこの地の変遷を知るために、年表をつくったのですね［**図22**］。八三〜〇五年の早い段階から、先ほど紹介したようなアートギャラリーが入ってきて、佐賀町エキジビット・スペースも丸八ギャラリーもスタートします。その後になると洒落たショップも、小さなギャラリーも入ってきます。木材関係の倉庫や製材所、町工場とか印刷工場など、大きな器がたくさん分布し、それらが機能を失って、後から考えればストックとして集積されていたのですね。

われわれはこの江東エリアを空洞化しないで、もともと基層に培われて蓄積されている水の環境、歴史、文化の資産を活かした、未来に向けての総合的な地域づくりの方法を示そうと、二〇一一年に世界建築家大会（UIA）が東京で開かれたときに、この地域の再生構想を発表しました［**図23**］。その三月に大地震と津波でたいへんなパニックになった際にもめげず、なんとか開催して、世界の建築家たちに日本へ来てもらった。あのときに一〇大学くらいが連合して展覧会をやったのですね。歴史系のアプローチはわれわれだけだったのですが、ここで陣内研OBの建築家、山口尚之さんに大いに活躍してもらい、研究室をあげて地域の生かし方、展望を切り拓くための構想を練り、展示物を作成しました。

図23　江東の再生ヴィジョン Slowater City
──UIA 大会東京展出展

図24　シャッター商店街が蘇る

図25　地域のまちづくりリーダー・
分部登志弘さん（文房具店経営）

図21　隅田川沿い倉庫を古着屋に

	開業	名称	機能	改修前機能
1983	1983~2000	佐賀町エキジビット・スペース	ギャラリー	モダン建築
2000~2005	2000~2015	タロス　清洲橋店	ショップ	倉庫
	2000	ギャラリーコピス	ギャラリー	病院
	2005~2015	丸八ギャラリー	ギャラリー	倉庫
	2005	楽庵	ギャラリー	モダン建築
2006~2010	2006	深川いっぷく	コミュニティー	空き店舗
	2006	ヨーガンレール本社	ショップ	倉庫
	2008?	SAKuRA GALLERY	ギャラリー	工場
	2008.07	ANDO GALLERY	ギャラリー	倉庫
	2009	ギャラリーas	ギャラリー	空き店舗
	2009.01	清澄アートギャラリー	ギャラリー	ビル
	2009.01	深川モダン館	資料館	モダン建築
	2009.12	TAP Gallery	ギャラリー	工場
	2010	smoke books	ショップ	空き店舗
	2010.04	無人島プロダクション	ギャラリー	空き店舗
	2010.04	BROOKLYN DELI CRAFT BEER (	ショップ	モダン建築
	2010.09	しまぶっく	ショップ	空き店舗
2011~2015	2011.04	ポートマンズカフェ	ギャラリー/カフ	印刷所
	2012	グランチェスターハウス	ギャラリー	空き店舗
	2012.02	HARMAS GALLERY	ギャラリー	印刷所
	2012.04	The Cream of the Crop Coffee	焙煎所＋カフェ	材木倉庫
	2012.09	fukadaso	カフェ	倉庫付きアパート
	2013	Gallery SAGA	ギャラリー	モダン建築
	2013	ギャラリーひまわり	ショップ	空き店舗
	2013	ランビック	ケーキ工房	倉庫
	2013	EXLIBRIS	ショップ	空き店舗
	2013.09	ARiSE COFFEE ROASTERS	焙煎所＋カフェ	空き家
	2013.12	Coci la elleコシラエル	傘工房	紙型工場
	2014	tenoy works飛松陶器	器工房	古民家
	2014.01	sunday zoo coffee & beans	焙煎所＋カフェ	ビル
	2014.01	ARiSE COFFEE ENTANGLE	カフェ	工場
	2014.05	ヒキダシカフェ	カフェ	工房
	2014.08	All PRESS ESPRESSO	焙煎所＋カフェ	材木倉庫
	2014.09	MITUME	ギャラリー	印刷所
	2014.11	GRASS-LAB	ガラス工房	工場
	2015.02	Blue Bottle Coffee	焙煎所＋カフェ	材木倉庫
	2015.05	The NorthWave Coffee	焙煎所＋カフェ	空き店舗
	2015.06	フジマル醸造所	ワイン醸造所	工場
	2015.07	cafe copain	カフェ	材木店長屋→倉庫
	2015.09	NOiS 清澄白河	自転車工房	工場
	2015.11	アーティチョークチョコレート	チョコ工房	空き店舗
2016~	2016.01	iki ESPRESSO	カフェ	工場
	2016.01	POTPURRI	工芸雑貨	空き店舗
	2016.02	Satoko Oe Contemporary	ギャラリー	材木倉庫
	2016.09	chaabee	ギャラリー	工場
	2016.11	The Fleming House	ギャラリー	倉庫
	2017	gift_lab GARAGE	ギャラリー/カフ	モダン建築
	2017.02	BONNEI COFFEE TOKYO	焙煎所＋カフェ	工場
	2017.03	world neighbors Laundry&Café	カフェ	寮
	2017.04	ondo STAY&EXHIBITION	ギャラリー/レジ	古民家
	2017.04	Dragonfly Beer Hall	バー	製本所
	2017.04	LYURO THE SHARE HOTEL	レストラン/ホテ	ビル
	2017.04	Social space kiyosumi	ギャラリー	印刷所

図22　清澄白河、産業系建築ストックの
再生活用状況

図26 寺の境内でのインスタレーション

江東区・清澄白河が今、面白い

まさにそのすぐ後、江東区・清澄白河が面白くなってきたのです。深川資料館通りの商店街もシャッター街だったのですが、空き店舗の再生を補助する江東区の制度があり、それを利用して「深川いっぷく」というコミュニティカフェを開設したら大成功し、再生への手がかりとなりました。清澄白河駅ができたのが大きいのですが、東京都現代美術館（MOT）へ行くメインアプローチが今やこの駅からに完全に変わりました。

このあたり、みるみるうちに新しいスポットがたくさん登場し、元気になってきました［**図24**］。先ほどご紹介があった英国在住のアーティスト、志村博さんがこの深川資料館通り沿いの親から受け継いだ土地に「グランチェスター・ハウス」というギャラリーをつくって、そこが今アート発信の拠点になり始めているのです。その設計をしたのが、私の大学時代の友人だったことから、ここに引っ張り込まれたのです。それが六、七年前だと思います。

先ほども紹介したこの界隈では有名な分部さんが商店会長で、まちづくりのリーダーなのですが［**図25**］、アート好きが興じて、二〇年前から「かかしコンクール」をやっていて、越後妻有の大地の芸術祭にそのかかしを持っていき、本当に棚田にかかしが立っていたのですよ（笑）。

分部さんはたいへんな知恵者で、この通りのお寺の境内でモビールのインスタレーションを実現しました。お寺とか神社にはパブリックな意味があるし、スピリチュアルな意味もあるし、アートとつながって、本当にイメージを変えてくれるのではないかなと思いました［**図26**］。

資料館通りを皮切りに、このあたりの動きが変わってきた。もともと現代美術館はメトロ東西線の木場駅から行っていたのですが、ちょっと孤立していましたよね。それが今は、

図27 MOTへの徒歩ルートの誕生
――深川資料館通り商店街

清澄白河駅から行くルートがすごいわけです［**図27**］。素敵な店がどんどんできてきました。

衰退していたものをストックに

岡村さんの卒業論文をもとにさらに話を進めますと、衰退していた時期に使われず眠っていたものも、新しい価値を見出せば、それがストックとなる、清澄白河ではそうした動きが起こりました。

それはまず倉庫に見られます。江戸時代は木場が近く、銘木屋なんかもあるわけですが、木材関係の倉庫や製材所もいっぱいあるうえに水路も生きていた。戦後もずっと繁栄していたわけですが、衰退期になって「ストック化」する。これがこの論文の面白い点ですね、衰退期に結局これを壊さずにそのまま残るから、ストックとしてそこでずっと持続していたのです。それに目がつけられて、蘇ってきて他の命が与えられる。これが再生期です。こういうストックがいっぱいあり、しかも空間が大きいわけですね。だからギャラリーにもいいし、ショップにもいい。

倉庫の事例として、材木倉庫が焙煎所カフェとして蘇った《ALLPRESS ESPRESSO 清澄白河》を見ましょう［**図28**］。外も内もお洒落で素敵な空間で、ともかく気持ちがいい。倉庫のコンヴァージョンとしては、話題の《ブルーボトル・コーヒー》もあげられます［**図29**］。倉庫の壁を大きく開け、町に視線が抜けるのが面白い。そもそもコーヒーを煎ずるのに高い天井が必要なわけですね。チューブが立ち上がっているみたいな、そういう装置でコーヒーをつくるわけです。だから空間が大きくなければならず、倉庫はうってつけなのです。

材木倉庫をカフェに転換した事例をもうひとつ。地元の人が手がける《cafe copain》です。この場所にし掘割の護岸をインテリアに取り込むようなかたちで空間をつくっています。

かない面白い可能性を見出した例です［**図30**］。

最後は町工場。ここでも同じく、小名木川などの舟運で栄え、町工場がいっぱいできるのですけれど、それが衰退するとストック化するわけですね。それを再生していくわけです。こうした例はたくさんありますが、なかでも鉄工所をワイン醸造所とした《フジマル醸造所》が目を引きます［**図31**］。

MOTの地域連携が清澄白河に大きな追い風

このエリアが面白くなっているなと思っていたら、まさに待っていましたという感じで、現代美術館の藪前知子さんを中心とする学芸員の方々による「ＭＯＴサテライト２０１７

図28《ALLPRESS ESPRESSO 清澄白河》
材木倉庫が焙煎所カフェへ

図29《ブルーボトル・コーヒー》

図30 《cafe copain》

図31 《フジマル醸造所》鉄工所がワイン醸造所へ

春 往来往来」の企画が生まれたのです。

現代美術館が改修工事のために休館している間に地域に積極的に出る、入りこむということが、ものの見事に実現されている。水の都市の歴史、記憶、文化風土を、アーティストが鋭敏な感性でリサーチ、スタディする。地元の人と出会って話をし、ヒアリングして、そのなかからイメージを膨らませて作品化していくというやり方が、本当に面白いなと思いました。越後妻有や瀬戸内で行われていることの、さらに先を行っているに違いないと感じました。それだけ素材が多い地域なのですよね。しかも既存の建物を上手に使っているのです。幸い服部充代さんが、水路を巡ってから町に仕込まれた作品を見てまわる企画を立ててくださり、そのプログラムでわれわれもこのアート・イベントに参加させてもらえました。

第二弾の「MOTサテライト 2017秋 むすぶ風景」が二〇一七年一〇~一一月に行われ、今度は東京藝術大学と東京大学の先端のヴィジュアルアートや、先端の技術を開発している人たちと組んで、未来の文化の創造の担い手である若い世代を対象にしたチャレンジングな展示やイベントも多く開催されました。

こういう話を大学でしていたら、この地域に住む北山恒研究室の修士の久保田啓斗さんが「まち歩きMAP《深川ヒトトナリ》」の情報をありがたいことに提供してくれました。先ほどこのことを藪前さんにお伝えしたら、ご自身もメンバーに入ってらっしゃるということで、現代アートのキュレーターで、地元のなかに入って、こういう活動まで一緒にやっているというのはすごいことだなと思いました。久保田さんの文章をそのまま読みますが、「木場、門前仲町、清澄、森下まで広がる古くからの職人と新たなクリエイターたちがつながり、ニューカマーが地域社会に参入する仕組みが形成され、まちづくり機運が高まって

図32《LYURO 東京清澄》

いる。職人たちの協力による、自主開催」。これがいいのですよね。古い人たちと新しいクリエイターがつながる。ニューカマーのマンション住民も多いわけで、待ちに待った東京のなかの新しい動きではないかなと思います。

このエリアの動きを象徴する例をひとつ紹介します。一七年四月にオープンした《LYURO 東京清澄》です［**図32**］。大阪の北浜テラスの大成功ぶりに刺激され、東京都が「かわてらす」を推進しようと熱心に取り組み、ようやくひとつこれが実現したのですね。築二八年のオフィスビルのリノヴェーションなのですが、もっぱらリノヴェーションを手がけるリビタが、江東区がなかなか許可を出さなかったので苦労しつつも、それをクリアしてオープンしました。

ただ、この間も行ってみたのですが、お客さんの入りがやや少ないのです。大阪はまだいいようなのですが、どういうわけか最近の東京人、若い人は水辺にいい空間があるのにあまり行かないですね。ニューヨークとか、ヴェネツィアとか、他の外国では皆水辺が大好きだし、とくに上海はすごかったですね。上海の夜は、黄浦江の西岸のバンド（外灘）も東岸の浦東エリアの水辺もめちゃくちゃ人が出ている。それに対し、なぜ東京人は、夜の戸外空間を楽しまなくなったのでしょうか。水辺に色気が足りなくなったのもいけないと思います。東京本来の、江戸から培ったアジアとも共通する、人間にとって密接な水辺の文化を思い起こすべきですね。逆にニューヨークをはじめ、近代に水辺に発達したアメリカの港湾都市では、人々が水辺を楽しむ文化を歴史的にほとんど体験しなかったはずなのに、物流から解き放たれた港の埠頭や桟橋のまわりの空間を見事に自分たちのものとして使いこなして楽しんでいるのです。こうした光景からわれわれも刺激を受けるべきだと思います。

講義余録

これまで、学際的な視野をもち、建築史・都市史の分野で未開の地を切り拓いてきた研究者としての陣内を見てきたが、それとは別の個性として、異なるジャンルとも自由に協同し、しかも実社会と直接つながって大きく展開させるセンスをもっていることを忘れてはならない。この回では、そうした陣内の感性を浮かび上がらせるために、都市とアートとの関係を探求し、実際に地域に入り込んで活動するふたりを招いた。いずれも、都市の歴史・記憶・文化・風土をアーティストが発見し、それを現代アートとし表現して地域のなかに展開していくことの重要性を知った人物である。地域に入ってその土地の蓄積と記憶を発掘し表現するという点では、アートと都市史の研究も同じ工程を踏む。▼地域との関係において、服部が世界の大都市ニューヨークを舞台に行政レベルの手法を紹介したのに対し、藪前は江東区清澄白河という小さな民衆レベルの活動について語った。ふたりのフィールドには、既存の建物や空間を活用し、また地域のパートナーと一緒になってアーティストがものづくりを行うという共通点がある。▼服部は、ニューヨークの市長や行政が明確な都市ヴィジョンを打ち出すなか、市民に主導権を渡し、その意見を反映させせつつ現代アートが水辺に展開する様子を説明した。港湾都市として発展したものの、もともと水に親しむ文化を育ててこなかった場所が、今水辺を楽しむ空間に変化している。現代アートを受け入れるだけの大きな器としての倉庫があり、都市のストックを積極的に活用した事例である。それに対して、東京都現代美術館のキュレーターである藪前は、改修による休館を利用して、同じく地域のストックを活かしながら、アートが館内から館外へ出る試みを紹介した。その過程で、こうした行為が地域に何をもたらしたか、作品のクオリティとは別の活動になっているなど、この種のプロジェクトの限界性も感じていると吐露した。そもそもアートは社会に対する意思を表明するものであって、アーティスト自身がまちの活性化を意識しているわけではないという根本的な問題も示された。▼それに対し、陣内はこれらの事例が土地のもっている文化の強みを活かしたものであって、そこには「転用の美学」とも言うべき行為が存在し、今後の日本の都市が面白くなるための重要な試みであると指摘する。それまで見向きもされず評価されなかった場所や建物、空間がアートの場として転用され、作品と一体となりながら面的に展開する点に、従来の再開発とは違った新たな更新の可能性を見出しているのである。しかも、自然、環境、歴史、生活、記憶など、地域に潜在するものを察知して描き出す、建築家とは異なるジャンルのアーティストの感性にも期待している。一方で、陣内はニューヨークと東京の歴史、都市空間、人の関わり方の違いについても着目している。その差異を背景に、ニューヨークがウォーターフロント再生のダイナミックな展開を見せるのに対し、清澄白河にはヴァナキュラーで小さな動きがネットワーク化する面白さがあるという。そこでは転用の共通性と違いが表出し、同時に行政、民間、住民の関わり方が変わってくると指摘した。▼都市のメカニズムが社会を支えるとすれば、これらの事例は、次に人々がアートで社会といかにつながるかという大きなポテンシャルを秘めていることを意味する。ふたりが紹介した活動は、いわゆる「ソーシャリー・エンゲイジド・アート」と呼ばれ、近年、アートの新しい潮流として注目されている。住民との対話や協同のプロセスを通じて、現実社会に積極的に関わることにより社会変革を目指すのである。こうした都市の新しい動きにも、陣内はアンテナを張りすぐにキャッチして鋭く切り込む。興味があれば積極的に関わり、それをわかりやすく論理付けて示してくれるから、相手には心強い存在であり、陣内もまた刺激を受けて都市を見る視野を広げる。都市を舞台に展開するさまざまな活動に関わることがよいとはわかっていても、誰もがたやすくできることではない。それをいとも簡単に乗り越えるところに、じつは陣内の本当の凄さがある。（高村雅彦）

都市東京の近未来

北山恒
（建築家）

新たな都市居住のイメージ

北山 恒

「一九六八年〜一九七〇年」という時代の切断面

今年(二〇一七年)八月に出版した、『建築的冒険者たちの遺伝子』という本から始めたいと思います。昨年、私がギャラリーIHAで企画した連続レクチャーを、法政大学北山研究室で書籍にまとめたものです。

この本の冒頭には六八年から九一年、パリの五月革命からソ連崩壊までの建築年表が付いています[図1]。この年表の始まりの六八〜七〇年は時代の切断面です。丹下健三や前川國男などそれ以前の日本の建築家と、それ以降の建築家はまったく別のカテゴリーになります。社会がそうさせていたのですが、それをレポートした本です。六八年のパリの五月革命はヨーロッパ文明の大きな変革期ですが、その同じ年、日本は世界第二位の経済大国になります。七〇年代の日本では、カンブリア紀の種の爆発のように若手建築家たちが建築的冒険を行い、とても沸き上がった時代です。世界の建築史のなかでもとてもユニークな状況で、戸建ての住宅が多数つくられた時代でした。槇文彦さんは、それを「平和な時代の野武士たち」(『新建築』一九七九年一〇月号、新建築社)と表現していました。

時代の切断面のなかにいた人でないと理解できないと思いますが、六八年に「新宿西口フォークゲリラ」という運動がありました。自動車の走るところを学生たちが占拠したのです。僕は当時新宿にある都立高校の学生だったので、すごく身近で見に行きました。六九年の東大闘争の時は受験生だったので、さらに身近でした。七〇年の大阪万博は国家権

きたやま・こう
一九五〇年生まれ。横浜国立大学大学院修士課程修了。七八年ワークショップ設立(共同主宰)、九五年architecture WORKSHOP設立主宰。横浜国立大学大学院Y-GSA教授を経て、二〇一六年法政大学建築学科教授。代表作に《洗足の連結住棟》《HYPERMIX》など。受賞歴に、日本建築学会賞、日本建築学会作品選奨、日本建築家協会賞など。主な著書に、『TOKYO METABOLIZING』TOTO出版、『in-between』ADP、『都市のエージェントはだれなのか』TOTO出版、『モダニズムの臨界』NTT出版など。

力のプレゼンテーションとして建築が使われました。これも見に行きました。その後日本の建築界の様子は大きく変わっていきます。この六八〜七〇年は、時代の切断面なのです。

『都市のルネサンス』とパッラーディオ

七八年に『都市のルネサンス』という陣内さんの本が出版されました。小さなパッラーディオ（Andrea Palladio）のような建築がたくさんつくられている日本の建築状況のなかで、それとまったく無関係な、イタリア建築事情の報告書です――当時の僕はそのように読んでしまいました。そして八五年、『東京の空間人類学』が出版されました。その時はコンテクスチュアリズム関連で受け止めて読んだと思います。

『都市のルネサンス』が出た翌年に、この本を持って私はイタリアに行きました。同じ頃に出版された『パッラーディオ』と、『パッラーディオの建築』を持って行きました。と

ギャラリーIHA／法政大学デザイン工学部建築学科デザイン・ラボ・ユニット編『建築的冒険者たちの遺伝子――1970年代から現代へ』
彰国社、2017年

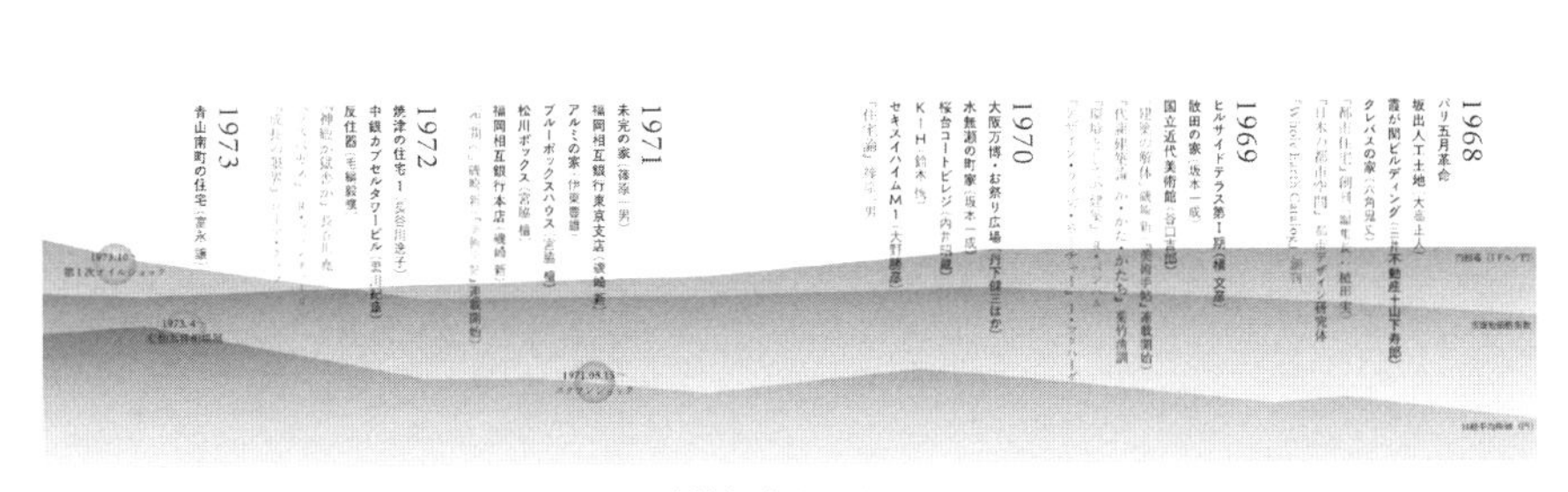

図1『建築的冒険者たちの遺伝子』に付した建築年表（部分）

いうのは、その頃磯崎新がパッラーディオを引用する文章を書いていたのですが、まったく理解できなかったのでとにかくパッラーディオを見たいと思いました。

四か月ほどかけ、現存するパッラーディオの建物を全部見ました。パッラーディオの建築は自律するフリースタンディングオブジェのような純粋な建築で、ある思想のなかで合理的につくられている。そういう意味でモダニズムの建築に近いと感じました。ヴェネツィアには《サン・ジョルジョ・マッジョーレ聖堂》《イル・レデントーレ教会》《カリタ修道院》の三つのパッラーディオ建築がありますが、パッラーディオはヴェネツィア本土につくることができませんでした。歴史家ではないので勝手な感想ですけれども、パッラーディオの建築はフリースタンディングや自律する傾向があるので、既存の都市組織のなかに織り込むことができない建築だったのではないかと思うのです。

『都市のルネサンス』と『都市の建築』

当時ヴェネツィアに行ったのはパッラーディオの建築を見るためだったので、陣内さんの本は観光ガイドのように読んでいました。ところが、この『都市のルネサンス』にはとても重要な思想が書かれていたことがあとでわかりました。おそらく日本で初めてサヴェリオ・ムラトーリの思想、つまり都市組織論と建築類型学を伝えた本だったのではないかなと思います。

その後アルド・ロッシが『都市の建築』という本を出していますが、これもまったく理解できなくて、あるとき、ふとこの『都市のルネサンス』を読み直してみると、ようやくアルド・ロッシの言っていることが理解できたのです。この『都市のルネサンス』を最初に読んでから一〇年以上経ってからやっと理解できた本ということです。人生で役に立つ本とい

図2　ヴェネツィア

福田晴虔
『パッラーディオ
──世界の建築家』
鹿島出版会、1979年

うのはそういうものなんです。しかし都市組織論は、連続壁体でつくられ、長いスパンで都市空間が継続していくイタリアの都市では有効な都市理論であるかもしれませんが、粒々の集合である日本の粒子状都市においては、無関係なものだと感じました。やはりヨーロッパ文明のなかでの話でしかない。アルド・ロッシの『都市の建築』もヨーロッパ文明のなかで閉じているように私は思いました。

ところが八五年に出された『東京の空間人類学』は、都市組織論と建築類型学という構造をもちながら、東京という都市空間にある領域を時間と空間のコンテクストで紡いでいくという都市の見方が示されていました。この数年前に、槇文彦らが書いた「奥の思想」(『見えがくれする都市』)とも呼応しながら、さらに圧倒的な迫力をもって新しい都市論が提出されていました。当時、西洋で議論されていたコンテクスチュアリズムが日本でも有効であるということを教えてくれた画期的な本でした。この空間人類学という言葉からクロード・レヴィ＝ストロースとの関係が気になってきます。五〇～六〇年代は、ヨーロッパの思想界をレヴィ＝ストロースは揺さぶりました。バーナード・ルドフスキーの『建築家なしの建築』、ニコラス・ジョン・ハブラーケンのブリコラージュされる構造主義の思想、それからムラトーリの思想も構造主義の影響下にあるのではないかと僕は思います。

人間集団の集合形式

陣内さんの言葉を借りて、「視線の空間人類学」というタイトルでこの夏(二〇一七年)レクチャーをしました。人はほかの動物と同じように縄張りをもっています。文化人類学者エドワード・ホールによると、人は半径七～一〇フィート、およそ三メートル位で縄張りをもっている動物です。今ここ(講義室)にいる皆さんは互いの縄張りを侵されていますので、

アルド・ロッシ著、
大島哲蔵・福田晴虔訳
『都市の建築』
大龍堂書店、1991年

ジェームズ・S・
アッカーマン著、中森義宗訳
『パッラーディオの建築』
彰国社、1979年

居心地の悪い状態にあるはずです。人は視線が合うだけで緊張します。互いの縄張りに接するときにはさらに極度の緊張状態となります。

この緊張を解除するのは挨拶です。挨拶によって相手に敵意のないことを示します。一度挨拶した人は互いを認識します。目を合わせて挨拶をする関係を「ネイバーフッド」と言います。この顔見知りの関係をもつ社会集団にはスケール限界があり、人類学の研究では個体認識の限界が一五〇人くらいと言われています。レヴィ=ストロースの『悲しき熱帯』のボロロ族の集落の記述にも、一五〇人という集団スケールが報告されています。

お互いの顔を知った集団が管理する空間を「コモンズ」といいます。共有地がパブリックに開かれるとコモンズが壊されてしまう。これを「コモンズの悲劇」と言いますが、これは見知らぬ関係ではコモンズが成立しないということを示してもいます。コモンズのなかでは贈与は行われても交易は行われません。集団同士の交易が行われる場所が市場なのです。ジェイン・ジェイコブズが「都市の始まりは見知らぬ者の交易を行う市場から始まる」と、『都市の原理』のなかで書いています［図3］。

［図4］は古代市場の遺跡平面図です。高さ三メートルほどの土塁に囲まれた、直径二〇〇メートルほどの広場で、おそらく二〇〇〇〜三〇〇〇人ぐらいの人が集まったと考えられているそうです。真ん中に小山があります。［図5］は僕が書いてみた古代市場のダイアグラムですが、市場は見知らぬ者が商品を持ち込む場所ですから、盗難などの犯罪が起きるわけです。そのため、監視のためにマウンドが必要だったと考えられています。人の目で監視できる距離は一〇〇メートル程度です。さらに当時の投擲武器の射程が一〇〇メートル程度だったそうで、そこから市場のスケールが決められているようです。一五〇人という顔見知りのスケールを超える大きな集団が築かれることが、人間社会に大きな変化をも

ジェイン・ジェイコブス著、
中江利忠訳
『都市の原理』
鹿島出版会、
1971年・2015年

レヴィ＝ストロース著、
川田順造訳
『悲しき熱帯』
中央公論新社、
1977年・2001年

たらしていると考えられています。それが都市です。都市とは集落とは異なる集合形式です。それは市場の性質と関係します。マーケットとコモンズの関係が都市には大きく関係しています。

［図6］の左側はレヴィ＝ストロースのフィールドノートに描かれたボロロ族の環状集落で

個体距離
視線の交差
社会的距離
挨拶
目を合わせ挨拶する関係
社会集団は
スケール限界がある
コモンズは近隣によって
管理される
都市
目を合わせない関係
自由な現れの空間が
公共空間である
都市には監視が要求される
＝（宗教）パノプティコン
プライバシーとは他者の視線を
奪われている状態である
視線に晒され監視される
見る側が姿を消すと
権力となる

図3　視線の空間人類学

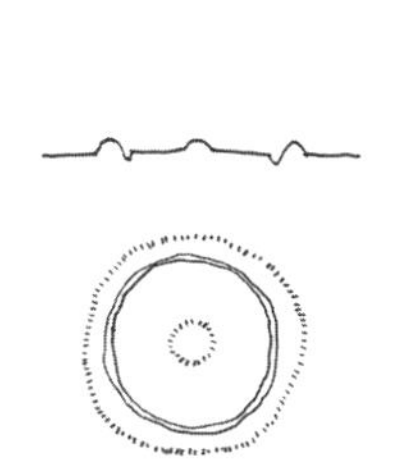

図5　円形広場＝市場遺跡、
監視のマウンド

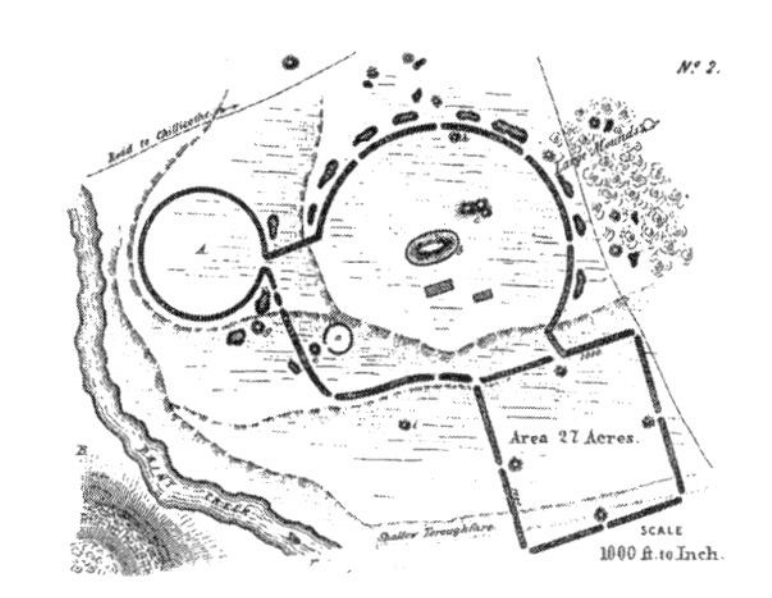

図4　米オハイオ、ニューアーク近郊に残る
先住民族の遺跡、ホープウェル

す。一五〇人ぐらいの規模で全員に役割が与えられ、演劇のシナリオのように日常生活が営まれる様が『悲しき熱帯』のなかに詳細に書かれています。その社会は不平等ですが、全員が記名され見捨てられる人がいないと書かれています。

右側はアマゾンの上流につくられたイエズス会の植民都市のダイアグラムです。植民都市はグリッドパターンの街区システムとなります。それは不動産価値が等価であること、そして自由であり平等であることを保証する空間システムです。円環集落の直径は一〇〇メートル程度です。植民都市の街区システムも一〇〇メートルほどです［図7］。

江戸の町も古代の条坊制を受け継ぐ六〇間四方の正方形街区を単位としていたと、陣内さんの『東京の空間人類学』にも書いてあります。六〇間は約一〇八メートルで、これも同じようなスケールです。一〇〇メートルというスケールは人が身体的コミュニケーションをとることができる最大距離です。サッカーなどのフィールド競技も長辺が一〇〇メートルです。植民都市の中央には誰でもアクセスできる広場があって、パブリックという概念を表現しています。

この広場には教会が付属しています。兵舎のように住宅が並んでいて、自由で平等であることを示す住区ですが、ここに先住民を住ませて教化したという記録があります［図8］。円環集落に住んでいる人たちがこのようなグリットに入ると、円環での規範が全部なくなってしまうらしいです。それによって教化されていく。広場の中央には木製の十字架があり、奥には鐘楼があります［図9］。都市は見知らぬ人の集合です。目を合わせない、挨拶をしない集合です。都市には自由と平等が担保されますが同時に監視が要求される……、それがパブリックの現れです［図10］。齋藤純一さんの『公共性』によると、パブリック（公共）という概念は視線と関係し、そして監視を要求すると書かれています。

齋藤純一
『公共性』
岩波書店、2000年

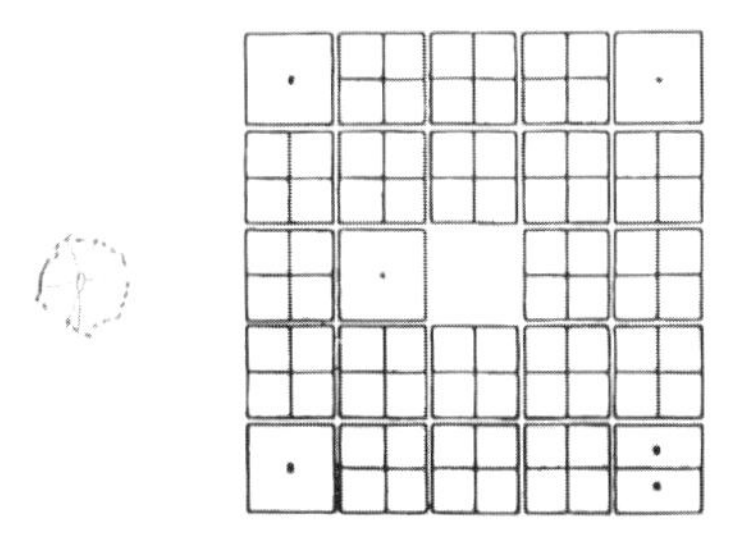

図7　[図6] のスケール

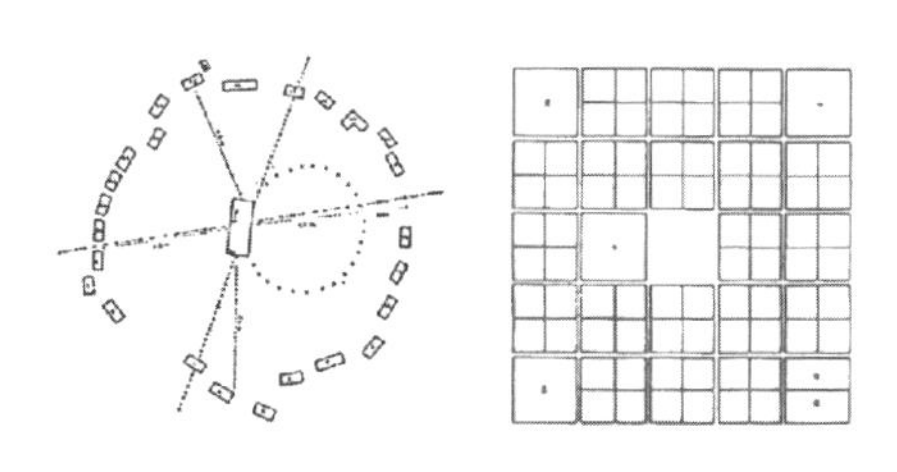

図6　環状集落 (左)、植民都市 (右)

図9　広場中央の十字架

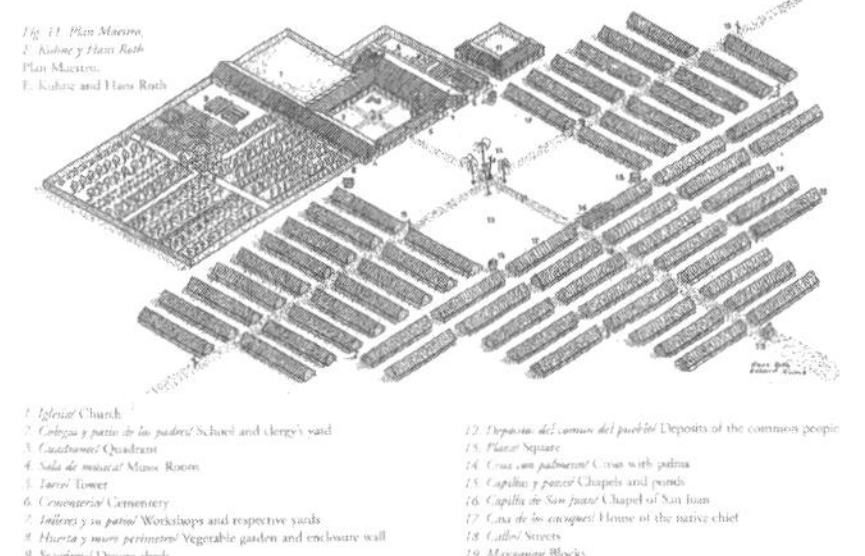

図8　植民都市の街区

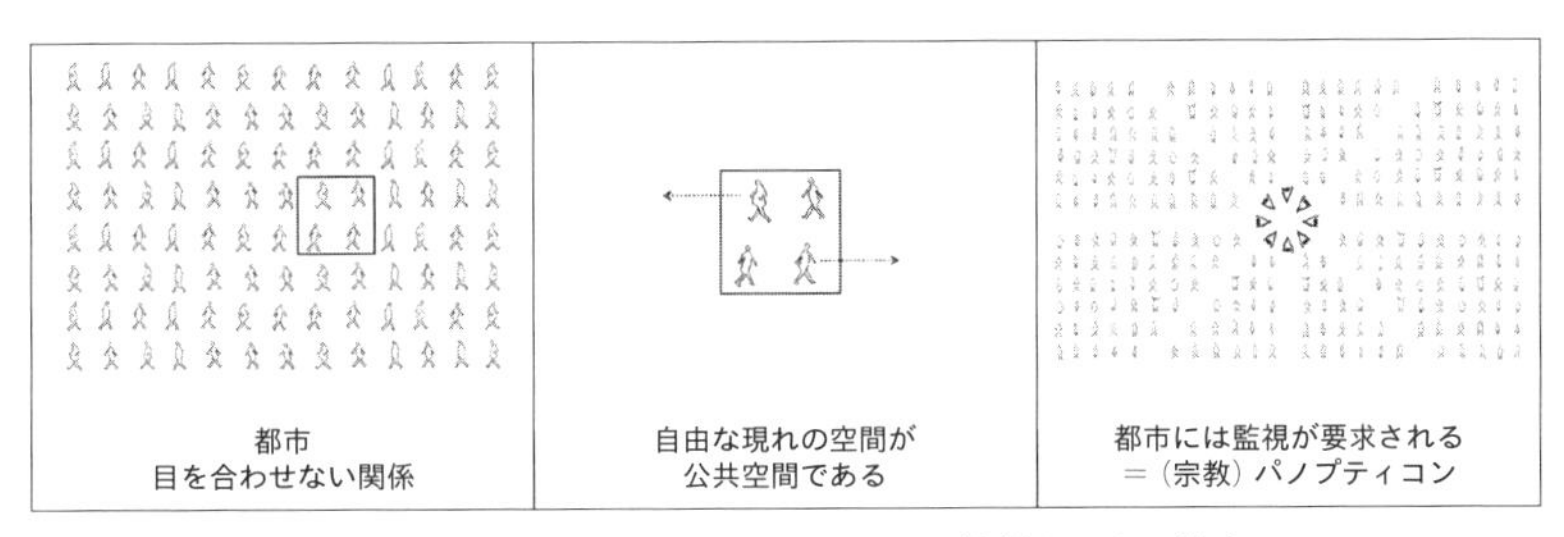

図10　都市は見知らぬ人の集合であり、目を合わせない、挨拶をしない集合。
都市には自由と平等が担保され、同時に監視が要求される

ヴェネツィア・ビエンナーレ「Tokyo Metabolizing」

二〇一〇年に私はヴェネツィア・ビエンナーレ日本館のコミッショナーを務めました。館の壁面に英語で「都市の公共空間は人々を抑圧する権力装置である」と書いてあります［**図11**］。プレオープンのときに問題となり事務局から消せと言われたのですが、ビエンナーレ・ディレクターであった妹島和世さんの機転で残りました。タイトルは「生成変化をし続ける東京――Tokyo metabolizing」です。展示会場のなかにはネットスクリーンを設け、その向こう側にアトリエ・ワンの《ハウス&アトリエ・ワン》（二〇〇五年）と西沢立衛さんの《森山邸》（二〇〇六年）という住宅作品を展示しました。スクリーンの手前で私が都市比較のプレゼンテーションをしました［**図12**］。

図11 「都市の公共空間は人々を抑圧する権力装置である」

図12 2010年ヴェネツィア・ビエンナーレ「生成変化をし続ける東京――Tokyo metabolizing」展展示風景

図13 パリ、ニューヨーク、東京の都市比較

〔**図13**〕は左からパリ、ニューヨーク、東京です。パリは一九世紀を表象する都市であるとして、「City of Monarchism」（王政の都市）というタイトルをつけました。都市組織が分断されてブールバール（大通り）が通っていることがわかります。ニューヨークは二〇世紀を表象する都市であるとして「City of Capitalism」（資本主義の都市）というタイトルを、東京は「Metabolizing City」（生成変化し続ける都市）というタイトルをつけて、二一世紀の都市の主題は、無名の住宅地のリサイクルであるという展示をしました。このなかで展示した作品は、東京の木造密集市街地につくられた住宅です。

「City of Monarchism」と「City of Capitalism」

パリはナポレオン三世の帝政期である一八五三〜一八七一年までの一八年間に、行政官のジョルジュ・オスマンの手で一気に今の都市風景がつくられました。ヴァルター・ベンヤミンの『**パサージュ論**』によると、暴動を鎮圧するための都市改造であったことが報告されています。都市は監視を要求することが、スタープランの道路パターンで示されています。見通しのよい大通りによって都市組織が均質化され、オスマン・ファサードが貼り付けられているのです。

ニューヨークは二〇世紀初頭から一九二九年の大恐慌までの三〇年くらいの間にスカイスクレーパーによる都市風景が一気につくられています。マンハッタン・グリッドの枡目のなかで、資本の自由なふるまいによって都市がつくられています。ニューヨークは二〇世紀に世界中につくられる現代都市モデルですが、「完全な土地私有と自由な市場経済」によってつくられた都市です。

この現代都市という都市類型は、一九世紀のシカゴに初めて登場します。一八七一年に

ヴァルター・ベンヤミン著、
今村仁司、
三島憲一ほか訳
『パサージュ論 I
――パリの原風景』
岩波書店、1993年

シカゴ大火という、都市全体を焼き尽くす大きな火事があり、都市の再生が行われますが、その時に鉄骨造と電動のリフト（エレベーター）が開発され、オフィスビルというビルディングタイプが発明されました。そのオフィスビルが建ち並ぶ都市中心部と郊外の専用住宅地という都市構造がシカゴで初めて出現します。一九世紀末です。この現代都市という都市類型の出現は当時の社会的事件だったようで、二〇世紀初頭のシカゴ大学では都市社会学という学問領域が生まれ、同心円モデルが示されています［図14］。読んでいくと面白いですが、社会の階層化を表す「どん底社会（Under world）」とか「栄光に満ちた地域（Bright light area）」といった記述が見られます。

バージェス・モデルと呼ばれる同心円モデルは、資本活動の結果として生まれる都市類

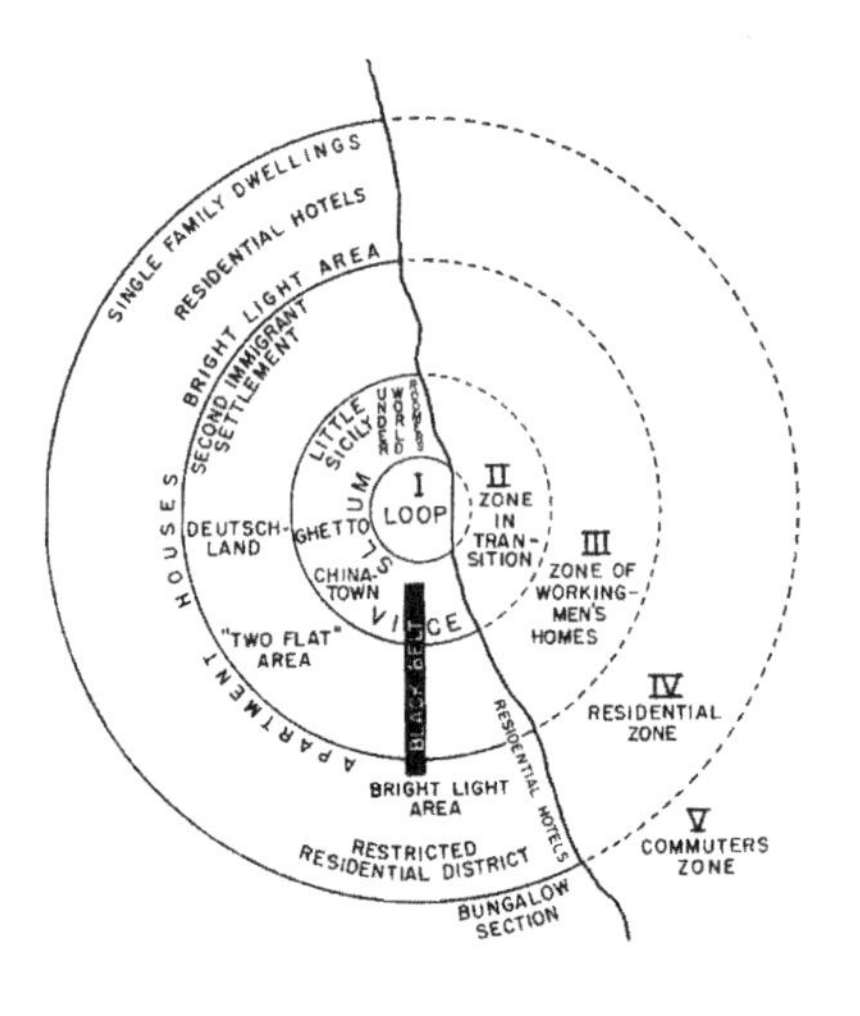

図14　シカゴ学派、バージェス・モデルと呼ばれる同心円モデル

型であり、理念を求める都市モデルではありません。資本主義が支配する現代都市では、共同体が弱められ、社会の階層化を進行させ、毎日定時に通勤のため往復運動をする日常生活を強いられる。そして専業主婦というジェンダーが生まれる。女性と男性の役割が異なる社会がここで生まれます。アーバニズムによって共同体が解体され、人々が経済活動の粒子になってしまうということが、アーネスト・バージェスによって克明に報告されています。これは二〇世紀初頭です。この現代都市という都市類型が二〇世紀に世界を覆い尽くしていくわけですが、レム・コールハースはそのひとつの例を挙げて「ジェネリック・シティ（Generic City）」と名付けています。

Metabolizing City――生成変化し続ける都市

東京も同様にオフィスビルの建ち並ぶ都市中心部と、郊外の専用住宅地がつくる風景が当たり前になっています［図15］。東京には無名の建築で構成されている木造密集市街地という都市組織が存在し、それが七七〇〇ヘクタールというひとつの都市を包含するほどの広さをもっています。この木造密集市街地は小さな粒の集合です。この建物の寿命は二六年ほど、たったおよそ三〇年でどんどん生成変化をしている不思議な都市が東京です。この木造密集市街地は東京の都市問題の最前線です。私は横浜国立大学にいたときに木密を研究対象として、居住都市モデルの研究をやっていました［図16］。

山本理顕さんも一緒にやっていましたが、山本さんは《地域社会圏》という新しい建築類型をつくろうと提案されています［図17］。思想の塊のような建築で、これは〝パッラーディオ型〟なんじゃないかなと僕は思っていますが……。私は《社会環境単位》という領域型の都市更新モデルを研究していました［図18］。これを〝ムラトーリ型〟と言っていいのかなと

図16　筆者が提案する東京の木造密集市街地のリサイクルモデル《Tokyo urban ring》町屋計画

図15　郊外住宅地（左）、都市中心（右）

思うんですけれど。いずれにせよ、理顕さんと私で違うアプローチで、都市の再生モデルを研究していました。街区のなかで問題群を集積する拠点を特定して、そこに共同体を育てる機能を付随した都市装置を挿入するというもので、その都市装置を「路地核」と名付けていました。住む場所と働く場所を混在して近隣にアクセスできるコモンズを育て、しかも防災上有効な都市のあり方を提案しようとしていました。

その頃に、木造密集市街地で私が設計した集合住宅を紹介します［図19］。透明な壁体と視線が交錯する空間形式をもたせることで、共同体意識をつくろうと思っていました。視線が交錯し、気配を感じ、気配りが優先される空間形式のスタディです。そして近隣に接続するコモンズとしての中庭を、都市組織に編み込むようにつくるということを考えました。この居住都市モデルの研究を継続しています。法政大学は陣内さんの都市組織論や建築類型学を身近に感じていることもあって、その影響を強く受けています。

現在、法政では東京のヴォイドのタイポロジー、都市内でのヴォイドのネットワークを研究しています［図20］。土地の所有が細分化されているため、空間の共同化は困難になっているんですけれども、土地所有の主体と空間使用の主体を分離する、そのマネジメントを研究しようとしています。寺社地の境内が江戸から継続する、モニュメントとしての空地をつくっています。公園や学校のなかの公共用地の大きな空地は都市機能に対応しています。道路や路地、商店街や河川、暗渠、緑地、緑道などの線形ヴォイドはコミュニティと関係します。そして短い時間で明滅するような空き地、コインパーキングなどの小さなヴォイドは都市を誘導する有効な都市細胞となります。これは小さな空地というコモンズを抱き込むことでメンバーシップをつくる新しい建築類型を開発しようとしています。

これは江戸東京研究センターの関係で、今、東京工業大学の塚本由晴研究室とY-GS

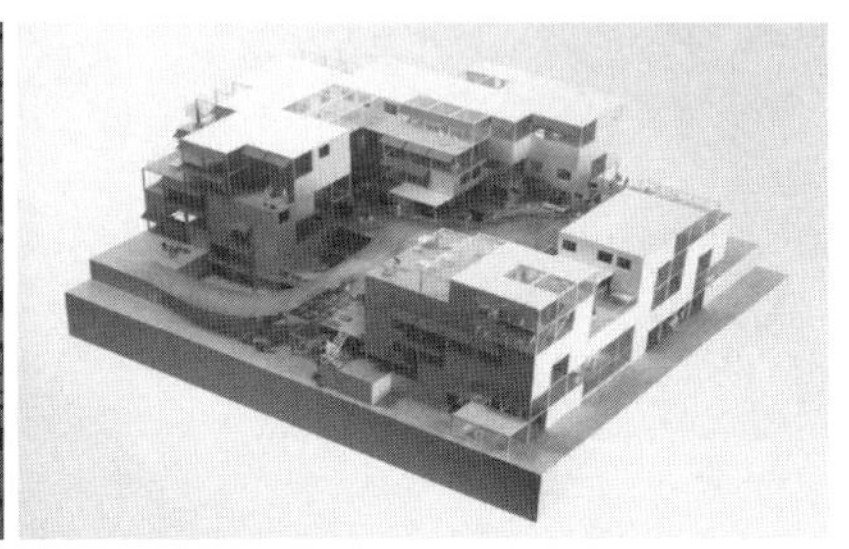

図17　居住都市モデルの研究──山本理顕による《地域社会圏》

図18　同──筆者による《社会環境単位》

A、そして法政大学の三大学共同で展覧会を開く準備を進めております。

モダニズム以降の定常型社会に向けて

日本の人口動態を見ると、古代から緩やかに増加をしています。江戸時代に人口の増加しない安定した定常型社会となっています。田中優子さんの本を読んでいると、江戸時代は非常に豊かな生活がなされていて、定常型社会はひとつの豊かな社会のモデルではないかと思うようになりました。そして二〇世紀になると産業化に伴い人口が急激に増加します。この人口増を受け入れる社会があったから人口は増加したわけですが、この人口が急

図20　ヴォイド・タイポロジー（上）、ヴォイド・ネットワーク（下）

図19　《Tokyo urban ring 町屋計画》、《祐天寺の連結住棟》（ともに筆者設計）

激に増えているという異常な状態が近代化だったのではないかと思います。そして〇八年をピークに漸減しています。ひょっとするとこれは近代という時代が終焉し、新しい世界になりつつあるのではないかと思うのです。

［**図21上**］はこれはヨーロッパの人口動態です。日本より早く産業革命以降人口が増加し始めます。法政大学の経済学の教授である水野和夫さんが『**資本主義の終焉と歴史の危機**』という本を出されていますが、そのなかで資本主義は一二世紀の北イタリアの都市から始まっているとされています。そして水野さんの本には、近い将来、現在のような金融資本主義は終焉するのではないかと書かれています。一九世紀中頃はモダンの時代の初めであるとユルゲン・ハーバーマスも言っていますが、モダニズムの時代とは人口が急激に増加する時代と重なっていることがわかります。モダニズムという建築は産業化や都市化、そして社会が膨張、拡大する時代に対応する建築の思想だったのではないかと思います。

都市部の流入人口で減少が見えづらくなっているんですけれども、ヨーロッパも現在は人口が減少し始めています［**図21**］。先日、東京大学都市工学科にいらした西村幸夫さんと対談したところ、都市型社会になったところは世界中どこでも出生率は二・〇を割っていて、世界の人口縮減の大きな変化が始まる二一世紀は、都市人口が世界の人口の七割になると言われています。都市型社会においては人口は増えず、減少するんです。都市社会学者のアーネスト・バージェスも、アーバニズムのなかでは人口は減少する、出生率が下がると指摘しています。

［**図22**］は広井良典さんの『**定常型社会**』にあった、近代以前の共同体のモデルです。伝統的社会のコモンズは、産業化、市場化の時代のなかで解体されて、パブリックとプライベートというソーシャル・セクターをつくっています。経済活動を効率よく進めるためには

広井良典
『定常型社会――新しい「豊かさ」の構想』
岩波書店、2001年

水野和夫
『資本主義の終焉と歴史の危機』
集英社、2014年

そういうソーシャル・セクターが必要なんですね。それが終了したときに、新しいコミュニティというコモンズの社会組織が定常型社会になるのではないかという観測をしています。ちょうどわれわれは定常型社会に還る、〝とば口〟にいるような、そういう時代ではないかということです。

［**図21**］のこの人口の頂点が現在私たちのいる時代です。人口が急激に膨張し、そしてこれ

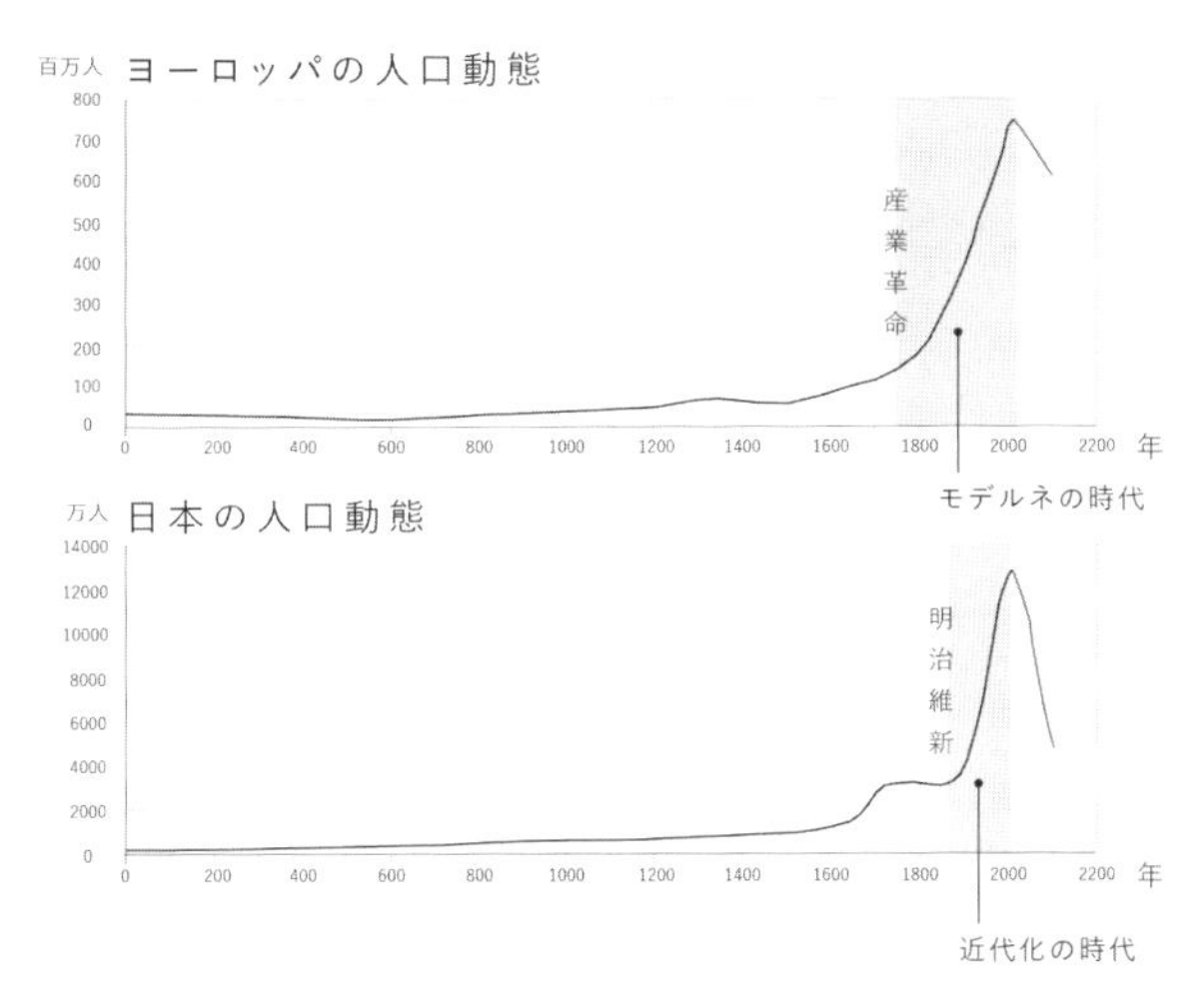

図21 ヨーロッパと日本の人口動態

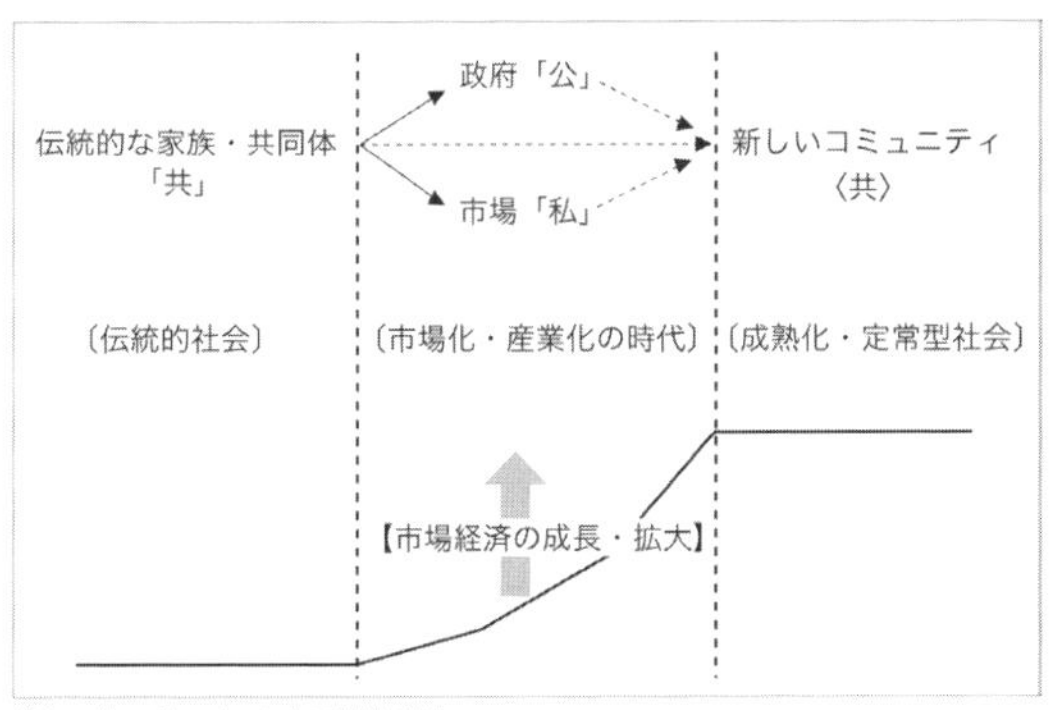

図22 「公—共—私」ダイアグラム

から急下降するという特異な山頂にいるわけです。人口が急激に膨張する時代は、人口再生産装置としての住宅が重要な社会的要件で、そこではプライバシーの高い「一家族一住戸」が求められていました。一方で二〇世紀に都市は経済活動のために都合のよい現代都市という都市類型に改変されました。そこに大きな軋轢が生まれ、都市の問題が顕在化しています。この時期に多くの都市論が提示されました。西村さんは、飛行機は着陸するときに事故がもっとも多いという例を引き合いに出して、人口が急激に縮減する社会の困難さを予言されていました。そのための行く先である減衰する社会に対する新しい都市論が要求されます。上っているときではなくて下がるときの議論が必要になってきます。それは、新しい共同体をサポートする空間ではないかと思っています。伊東豊雄さんの《みんなの家》はその先駆けだったかもしれません。法政大学の「江戸東京研究センター」はそれをつくる可能性をもっています。そして、そこでは陣内さんの都市建築に対する思想がとても意味あるものになっていると私は思っています。

[図23]は広井さんによる個人、共同体、自然のダイアグラムです。至極当たり前の図で、個人は共同体に包含され、そして共同体は自然に包含されています。西洋における都市という概念は、自然環境から離脱した人工環境をつくるものだと思います。都市は自然と対抗する概念です。そして資本主義の進行のなかで個人は共同体から切り離され、社会のなかで孤立していきます。これが現代社会です。この切り離された個人、共同体そして自然を、再び接続し着陸させる空間構造を提案することが求められているのではないかと考えています。この自然に接続し、着陸した図こそ、テリトーリオという概念なのではないかと私は思います。

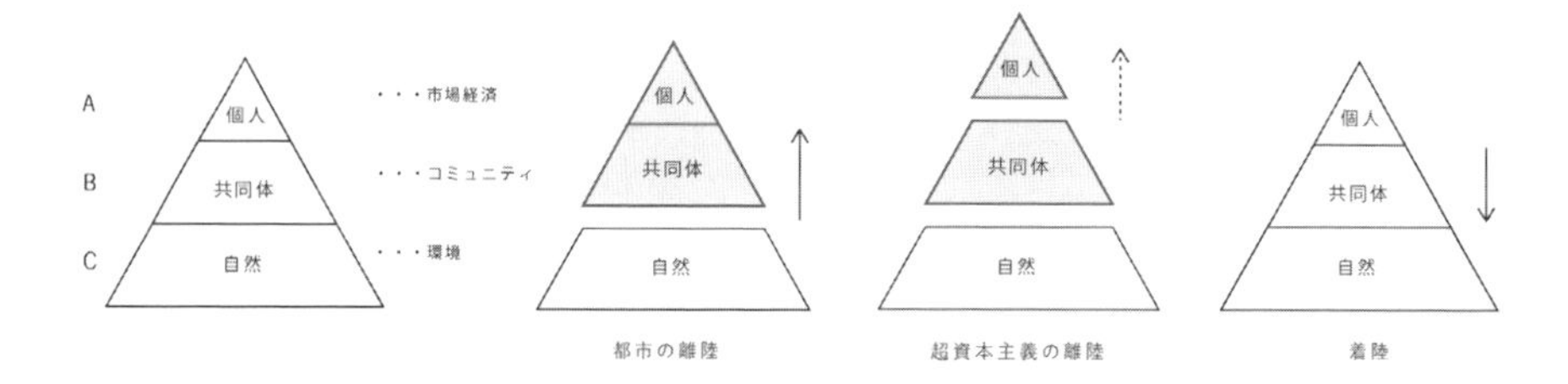

図23 都市への離陸→切り分けられた個→そして着陸へ——広井良典による個人・共同体・自然モデル

民兵としての建築家——グローバリズムの先の建築家

六〇年に丹下さんが東京湾上に壮大な都市モデル《東京計画一九六〇》を提案しています〔図24〕。海上ですから、コンテクストのない白図のタブラ・ラサに置かれた都市モデルです。これから私たちがやろうとすることは、コンテクストの濃密な既存の都市組織のリサイクルを狙うものだと思っています。槇さんが『**残像のモダニズム**』という本を書いています。そのなかに収められた「『漂うモダニズム』その後」という文章に「一九七〇年代にモダニズムという大きな船がなくなり人々は海に投げ出された」といった記述があります。『残像のモダニズム』では、この「漂うモダニズム」以降のグローバリズムの先にある建築家の職能のありようが「軍隊」と「民兵」という言葉で描かれています。

野武士の次は民兵か、というところですが、軍隊と民兵というように、それだけ社会構造が分かれてしまったということで、都市をつくる主体が変わっていると言っているのだと思います。軍隊には思想はありませんが、民兵は自分の頭で考えていくものです。若い建築家のなかに、槇さんから「君たちは民兵だ」と言われて怒っている人がいましたが、僕は「民兵は自分で考えていて、軍隊には思想がないんだよ」と言った記憶があります。槇さんは、これから先の希望として「共感のヒューマニズム」というキーワードと、「アナザーユートピア」というアイディアを出しています。槇さんは僕よりはるかに歳上の偉大な先輩ですが、槇さんと同じ方向を向いて、この「江戸東京研究センター」で都市東京の近未来研究を続けていきたいと思っています。

槇文彦
『残像のモダニズム——「共感のヒューマニズム」をめざして』
岩波書店、2017年

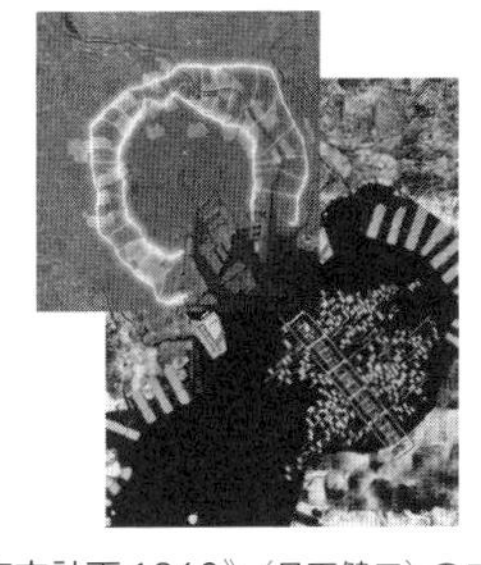

図24 《東京計画1960》（丹下健三）のコラージュ

歴史の経験から生活空間像を描く

陣内秀信

第五回で中谷礼仁さんが『イタリア都市再生の論理』を引き合いに出してくださり、今日は北山恒さんが『都市のルネサンス』を紹介してくださったわけですが、この二冊のイタリア都市の研究に関する本を書いた後に、東京でいろんなことを経験し、都市や建築を分析、考察するアプローチを試行錯誤したうえで、また九一年にヴェネツィアへ一年間戻ったんですね。そのときに感じたことなのですが、六〇年代末から七〇年代半ばに社会や都市の大きな「切断面」がイタリアにもあり、それを克服して面白い動きがいいかたちで現れていたのが、この九一年頃だったのですね。振り返ってみるとイタリアのアルマーニとかティラミスとかが入ってきたのが八〇年代あるいは九〇年代初めで、この時期に、イタリアのいいところが、切断面の困難な時期を乗り越えて出てきたのです。つまり大規模な開発とか大企業中心の国土開発ではない、人間のスケールの都市に戻り、地方、中小都市が頑張り、家族単位の企業が本当に能力、個性を発揮してイタリアらしさが現れてきた。それが九〇年代の初めなのです。

ヴェネツィアはどんどん観光地化してしまい、ある意味でよそ者の町になりつつあった。一方でトレヴィーゾのような町がすごくよくなってきた、という実感をもちました。まさにイタリアのチェントロ・ストリコ——野口昌夫さんのお話とも合うわけですが——が蘇ってきた時期なのですね。そういう都市の豊かさは何なのか、を感じさせてくれる中小規模の町に行って調査をしたのです。

図1　「都市・建築の最終目的は、人間に歓びを与え社会性を獲得することにある」──イタリアの中小都市はそんな感じに見えた

槇文彦さんの『残像のモダニズム』は本当に素敵で、先ほど北山恒さんは「共感のヒューマニズム」と「アナザーユートピア」を引用されたのですが、私は「都市・建築の最終目的は、人間に歓びを与え社会性を獲得することにある」、というフレーズもいいなと思いました。一般に、都市や建築についてここまで言うのはなかなか難しい。でも九〇年前後のイタリアの中核、中小規模の都市はそんな感じに見えたのですね。それを研究したいと思いました［**図1**］。

トレヴィーゾは、取り立てて立派な建築とか有名な建築はないんですね。小さい町で、端から端まで歩いても一五分くらい。それでいて質の高い空間があり、水もあり緑も後から加えた。戦災で破壊された面もあるが、歴史的なものをほどよく残している。水車のメモリーもある。本当にいい町なのですね［**図2–3**］。ここはかつて鹿島昭一さん、穂積信夫

図2　質の高い生活都市──トレヴィーゾ

図3　（上）水路沿いのポルティコにレストランのテーブルが並ぶ
（下）地元の信用金庫が中世の館を取得、保存再生して現代アートギャラリーに

先生、亡くなられた船越徹先生や長谷川愛子さんたちと旅行で一緒に訪ねたのです。皆さんこの町をすっかり気に入られました。落ち着いて品がよくて生活感もあり、エレガントでスケールがよくて、という感じなのですね。

歴史的都市の再生の理論と実践

振り返ってみると、私にとってもうひとつ重要な出発点があります。『都市住宅』（一九七六年七月号）でして、この特集の刊行に際しては、今日いらしている編集者の森田伸子さんにたいへんお世話になりました。

『都市のルネサンス』は、いわゆる「都市を読む」ということで研究した成果なのですが、もうひとつイタリアから学んだのは、歴史をもった都市をどうやって破壊から守り、保存し、蘇らせるかという論理と実践でした。この大きな課題をイタリアの人たちは時代の切断面の六〇年代末から七〇年代半ばにかけて真剣に考えていたのですね。保存は、日本でも少しずつ始まっていましたが、どちらかといえば保守的なことかと思っていました。ところがボローニャの保存というのは全然違って、都市を資本の側から市民の手に取り戻すという発想なのです。ボローニャの都市計画局長、チェルヴェッラーティさんは、「保存は革命的である」とまで言っていました。こうした考え方に出会い、保存の真の意義がわかると、がぜん面白くなり、自分としても「都市を読む」という本来の研究に加え、歴史的都市の保存再生という近代を乗り越えるための都市づくりに大きな関心がもてるようになりました。

そんな折、当時イタリアの都市・地域政策を引っ張っていた都市計画家、マルチェッロ・ヴィットリーニ先生と幸いにも親しくなれ、意気投合し、彼の責任編集というかたちで、イタリアの保存再生を総合的に論ずる『都市住宅』の特集を出すことができたのです。

その主役、ボローニャの歩みをざっと見ますと、まず丹下健三さんの《ボローニャ市北部開発計画》(一九六七年)が大きな話題を呼びました。外側に大きな副都心をつくり、現代的な機能をそこへ移す一方、歴史的価値のある旧市街からは負荷を軽減し、そこに歴史文化の機能を主に残すという計画が構想されていました。しかし、その後、イタリア社会全体の状況の変化もあり、都市をあまりに拡大し、機能を分散させると、都市が本来もつ文化的・社会的なアイデンティティがなくなると判断し、当時、ユーロコミュニズムのチャンピオンだったボローニャだけに、市民サイドに立ち、外側の副都心計画は規模を縮小させる一方、歴史的街区の都心としての重要性を再評価しながら再生させる方向に考え方を切り替えたのですね[**図4**]。大きな変革だったと思います。

古い建物の適切な活用を重視し、建築類型学を徹底的に用いて、歴史的街区のなかの建物を全部分類しました。貧しい庶民の住むタウンハウスが、この時期、スラム化しかかっ

図4　スプロールし続けた都市をコンパクトに——ボローニャ

図5　旧市街のスラム化していた庶民地区を再生

図6　郊外公営住宅建設にあてられていた資金を旧市街の再生に

ていました［図5］。ここにまずは公共投資と、郊外に計画していたニュータウンの建設事業費をこちらに振り向ける、という大胆な政策をとって、見事に蘇らせたのです［図6］。

面白かったのは七五年に見たあるボローニャの展覧会で、こういう先進的都市づくりの事業に関し、保存再生の対象となる暮らしの場としての建築群、街区群をすべて図面、写真、模型で展示してしまうという画期的なものでした。ポスターが洒落ていて、「人間的ディメンションの都市を維持しよう」と訴えていました［図7］。

自治体であるボローニャ市が、ある意味で質のよいディヴェロッパーみたいな感じで、丁寧に一棟一棟分類して、類型ごとにどういう風に再生して使っていこうかという手法を全部示したわけですね［図8］。とくに公共投資して力を入れたのが、都市のなかの底辺を支える庶民住宅です。それが保存再生事業で蘇り、ボトムアップされたというのはすごいことです。普通なら建設会社やディヴェロッパーがやるようなプラン、絵を市役所の建築家たちが描いて推進したのです。これこそが都市再生の本当の姿だろうと考えまして、中谷さんに紹介いただいた『イタリア都市再生の論理』で、この国の都市再生の状況を紹介したのです。たぶん「都市再生」という言葉を日本で使った最初の本のひとつだろうと自負しているのですけれど。

ところが日本では、それとは逆に、特区にして容積率を上げ、高層建築群と空地を生むような大規模開発を都市再生というのですよね。こうして既存のコンテクストとは無関係に都市が変わってしまう。結局、日本らしい本当の都市再生はどうやったらいいのかということが大テーマなのだろうと思います。ボローニャのようなやり方は日本では難しいでしょうが、日本流の都市再生はどうしたら可能かを考えることが重要です。

その方法として建築類型学、ティポロジアの論理をどんな風に応用できるのか、という

図7　1975年のボローニャで見た展覧会

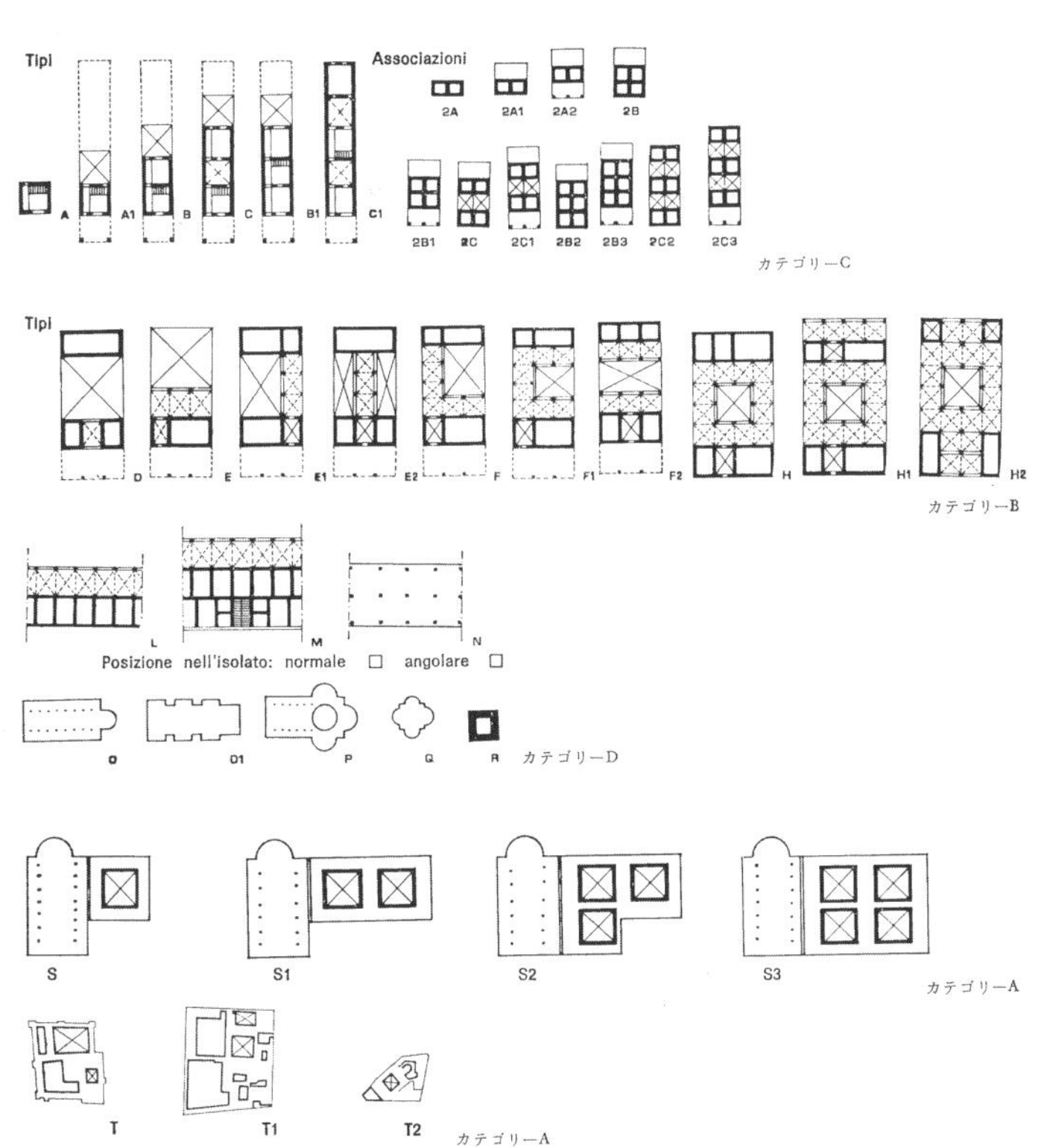

図8　ティポロジアの手法を都市の保存再生に用いた

点がひとつあります。槇さんの『残像のモダニズム』にもヴァナキュラーとティポロジアという言葉に関心があると確か書いてありましたが、たとえばヴェネツィアのカナル・グランデ沿いに歴史が集積しているところを見ても、一二、一三世紀から一九世紀までの建築がいっぱいあり、みんなある意味でバラバラなのですね。でもある種の個性がある、通底する規範があるのですね。多様性と共通規範、ヴァナキュラーとティポロジアが組み合わされ、すごく格好いいわけです［**図9**］。

規範のある、伝統のあるコンテクストのなかで建築家がどういう風に建築をつくってきたか、という観点から見るのも面白いと思うのですが、あまりそういうことをやる人がいなくて、やっぱり様式とか造形で見てしまう。空間構成、外部との関係、使い方、そういうもので見ていくとヴェネツィアの建築は非常に面白いのですね。マレットの提示したヴェネツィアの邸宅建築の類型をいつも紹介しますが（31、132ページ参照）、それぞれの時代、これを基礎としヴァリエーションをつけながら輝きを発揮するわけですね。一五世紀に完成した類型の典型は《パラッツォ・ピザーニ》です。いわゆるルネサンスの建築家が登場する前の段階です（132ページ**図2**参照）。次に登場する建築家マウロ・コドゥッチ設計の《カ・ヴェンドラミン・カレルジ》は伝統をキープしながら革新した興味深い建築で、平面形式は伝統そのものです。そこにローマで活躍したサンソヴィーノが入ってきて、古典的な建築の手法で外観も内部も大きく変えるのですが、水に開いたヴェネツィアらしさ、そして三列構成を継承し、外部空間をうまく活かす。サンミケーリもそうです。ということで、こういう新しい時代の要素が中世的なコンテクストのなかに少しずつ出てきて、メリハリをつけ、ルネサンス・バロック時代の華麗なる大運河の風景を生んだのですね［**図10**］。

図9　（上）1828年に描かれたカナル・グランデ沿いの立面図
（下）ヴァナキュラーとティポロジア――ティポロジアの論理が通底し、
建築家の作品にも規範が生きる

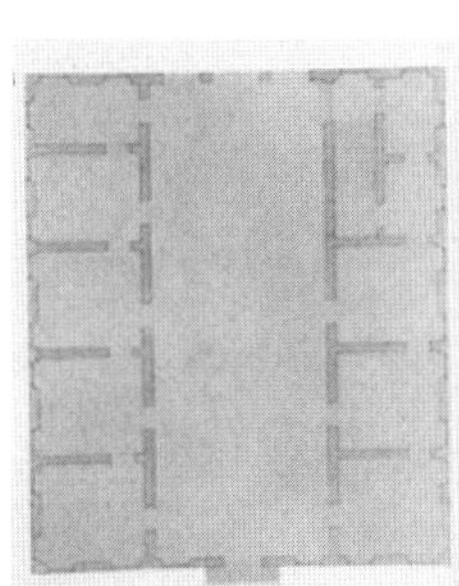

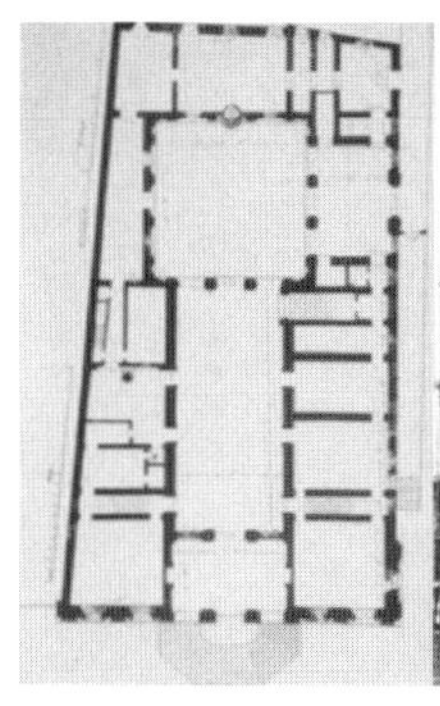

図10　ヴェネツィアの建築類型の展開
（上）マウロ・コドゥッチ設計、《カ・ヴェンドラミン・カレルジ》
（左）ヤーコポ・サンソヴィーノ設計、《カ・コレール》
（右）ミケーレ・サンミケーリ設計、《パラッツォ・グリマーニ》

図11　東京・下谷の祭り（小野照崎神社大祭）

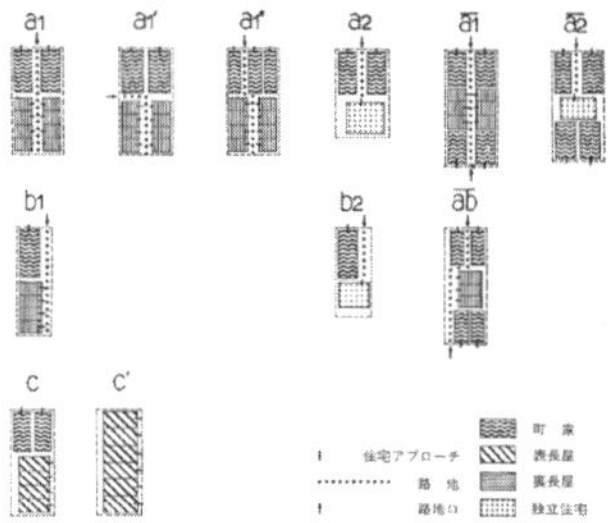

図12　アーバン・ユニット（町屋敷）の類型的展開

東京における都市型住宅の歴史的系譜と現代の断絶

イタリア留学から日本に戻ってきて法政大学で教えるようになり、ここには宮脇檀さんのデザイン・サーヴェイの伝統もあって、フィールド調査が得意な学生がいっぱいいて、一緒に下谷・根岸の調査に取り組んだというわけです［図11］。

ここで面白いのは、中谷さんが前に大阪の長屋で見事に示してくれたような、外部からの変化を受けたときの内部の対応の仕方です。たとえば下谷・根岸は市区改正の時期、明治二〇年代に街道に市電を通すため道路を北西側に拡幅したのですが、それを敷地内でたくましく吸収し、次の段階の建築集合を生んだのです。この街道に沿っても、江戸の中心部と同様、表側に町家があって中に路地があり長屋が並ぶ仕組みが見事に継承されていました。江戸の都市史では町屋敷という、この敷地の単位をわれわれは「アーバン・ユニット」と命名し、外圧を中で吸収して新しいタイプに変貌するメカニズムを分析しました［図12］。これはまさに中谷理論そのものですね。震災復興の時期に脇を道がぶち抜くと、そこに店付きの表長屋が登場しますし［図12―b1］。裏側に道がつくとそこに仕舞屋や町家が並ぶようになる［図12―ab］。このように内部で自立して変化し、生活空間をレベルアップしていくということが、ある段階まではありました。

こういう町家、裏路地の長屋、武家屋敷の系譜を受けた独立住宅、それぞれの建築類型が近代化の歩みをうまく吸収しました。とくに町家は看板建築化していくことで洋風のステータスを獲得しました（136ページ参照）。多くの庶民が住んだ長屋がいちばんダイナミックな展開を示し、居住環境を向上させたと言えます［図13］。こうして昭和の初期まで日本の都市型住宅というのは着実に、自立的に進化を見せていたのです。

ところが、第二次世界大戦があり、また戦後の急速な郊外発展で、都心の住宅をヨーロ

図13　町家の巧みな近代化

図14　都心居住の連続的展開なしに、急に高層マンション化──1980年代以降

ッパのように連続的に発展させる契機がなかったのですね。逆に、大規模な高層マンションに圧迫されるという状況が生まれました［**図14**］。これを制御、誘導する仕組みが法的にないわけです。

過去には、都市のコンテクストを考えて、伝統からはやや逸脱するけれど、じつに面白い空間をつくった例が確実にありました。建築の分野の誰もが絶賛してきた同潤会アパート。これは八〇年代前半にわれわれもたいへん関心があり、調査に訪ねました。江東区の《住利（すみとし）アパート（猿江裏町共同住宅）》は、街区型で街路側には店を並べ、内部に広場をとって、各住戸にはそちら側からアクセスする。広場は住民にとってのコモンの空間で、コミュニティも生まれる［**図15**］。

高度成長期以後、効率、経済性を求める時代には、こういう発想が失われるわけですが、

図15　コンテクストを考えた優れた例──同潤会《住利アパート》

図16　既存の都市への理解、関心がない──品川

図17　都市的集合を前提とする理にかなった解決の一例──ミラノ旧市街

なんとかしたいという思いで、千葉大学の服部岑生さんが中心となり、「街区型・囲い型を探求する研究会」をやっていた時期があります。そういう機運を表した優れた例が《木場公園三好住宅》（一九八四年）で、バブル以前だったので実現できたと思います。坂倉建築研究所と都市整備公団（当時）が手がけ、本当にいい感じでつくられています。国際女性建築家会議（UIFA Japon）のリーダーでまちづくりに取り組む松川淳子さんが、江東エリアでの居住に関する素敵な本『**水辺のまち**』を出版し、そのなかでこの住宅も取り上げられ、下町で住み続けるにはどうしたらいいのかと、深川、江東を対象に問題提起しています。

ところが、東京を見ていると、どこでもギャップが目立ちます。たとえばわれわれ法政大学院の設計スタジオで対象としている品川もその代表ですね。伝統的な二階建て木造住宅の小さなスケールとタワーマンションの大きなスケールの間にギャップがありすぎ、中間がないわけです［**図16**］。建築タイプとしても風景としても、あるいは動線としても、時代が切断され、本当に都市が完全に切断されてしまったわけですね。それをどうやってつなげるか。

一方、ヨーロッパの都市には比較的連続性があった。じつは構造の秋山宏先生は批判精神の持ち主で、日本建築学会会長を務めたときに、学会はもっと社会のことを考えようと問題提起をしたのです。日本の都市に相応しい住まい方に関する論文、提案それぞれのコンペをやりました。当時、重村力さんなどと議論をしていて、モデルになるのは結局のところ京都の町家とヨーロッパのパリやウィーンなどの都市に定着している街区型、中庭型という話になっていました。日本では、タウンハウスの試みもあまり進展しなかった。北山さんの、あるいは山本理顕さんの提案、チャレンジなど、今の建築界にも価値ある動きはあるのですが、現実はタワーマンションが主流になってしまっている。極端になると、

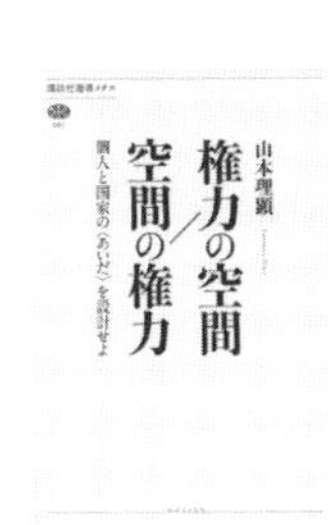

山本理顕
『権力の空間／空間の権力
──個人と国家の〈あいだ〉を設計せよ』
講談社、2015年

松川淳子
『水辺のまち
──江東を旅する』
萌文社、2017年

ソウルのような高層住宅が群立する状況を生んでいるわけですね。これではもう都市じゃないだろうと。一方、ミラノの旧市街で最近見た中層の中庭型の集合住宅ですが、地下をうまく活用して再構成し、いい感じで蘇っている［図17］。ヨーロッパにはそんな例がたくさんあります。だから、都市的集合を前提とする理にかなった建築的な解決がほしいなということです。

北山さんが紹介された、ヴェネツィア・ビエンナーレ建築展の日本館での「Tokyo Metabolizing」の展示は、じつに衝撃的でした。塚本由晴さんと西沢立衛さんの小さな作品が、都市のコンテクストのなかの粒子として見事に構成され、メタボライズしていくということですね。これがやはりひとつの重要なアプローチであろうと、私も思います。

イタリア、地中海の都市の歴史から学ぶ

ここでちょっと、歴史のなかから学ぶというスタンスで考えてみたいと思います。山本理顕さんの新しい本（『権力の空間／空間の権力』）の出版記念パーティがあって、北山さんが司会をなさりましたが、この本で驚いたことに、山本さんが古代ギリシアのオリュントスの計画的住宅地に注目しているのです。この都市では、南北の道が通過交通で、東西の道は近隣の人しか通らない。このなかに中庭型の住戸が並んでいて、そのなかによそ者を受け入れるインターフェイスがあるというのです。こうした内と外とをつなぐ仕組みに彼が目を向けています。

そういう観点でポンペイを見たいと思うのです。個と全体、私と公、この間をどう結んで都市がつくり上げられていたか。中心のフォルム（広場）がもっとも重要な公的空間で、三つある公衆浴場、そして劇場と円形闘技場も公的施設です。一方、住宅地はどうかという

図18　ポンペイ発掘現場にて
（1970年代前半、右が隊長の青柳正規さん、
左が写真技師の鈴木昭夫さん）

と、あまり知られていないわけですね。じつは、のちに文化庁長官にもなった考古学者の青柳正規さんの発掘現場のお手伝いでふた夏ポンペイで過ごしたので、その空間体験が身体に染みついています［**図18**］。開放感があって居心地がいいのです。アトリウムに加え、ペリステュリウムという性格の異なる中庭をもち、どんどん大きな家が発展していくのです。隣の土地を買い足して、豪邸にしていく。ところが住宅地に広場はまったくないのです。その代わり、街路が交わる角に公共の泉があり、人々が水を汲みに行くのですね。お金持ちの家は水道があるのですが、普通はない。泉の隣がタベルナといって飲食ができる店になり、ここがコミュニティ空間になるのです［**図19**］。

　また、青柳さんから聞いたのですが、住宅のアトリウムという手前の中庭までは昼間は誰でも、乞食も入れるくらい、開放されていたというのです。山本理顕さんが注目するオ

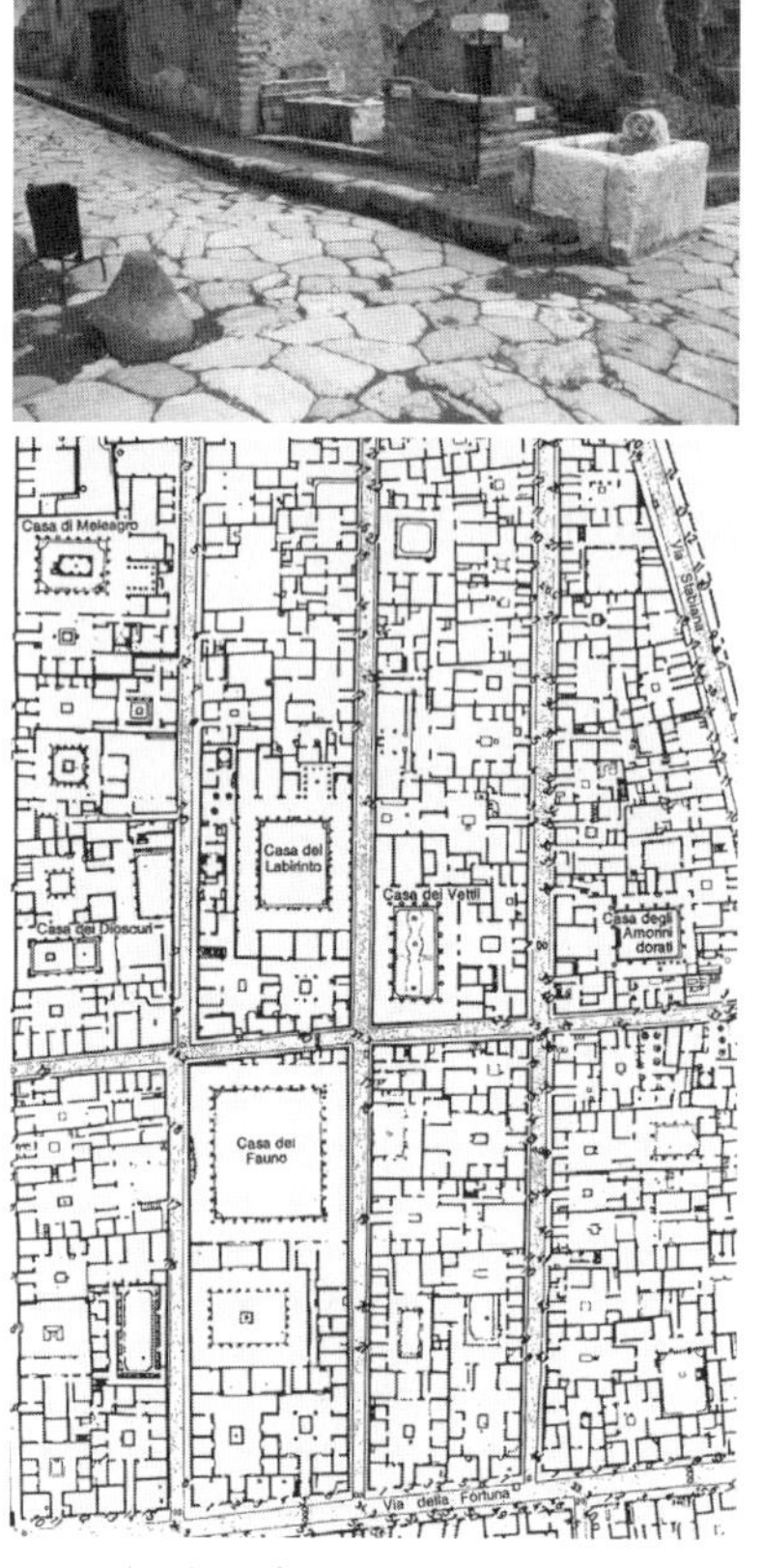

図19　古代都市ポンペイの計画的住宅地には広場がない。交差点の公共の泉に人が集まる

図20　インターフェイスとしての空間――
フィレンツェ・シニョリーア広場、ロッジア

リュントスどころではないのです。そうやって公と私が巧みにまざっていたんですね。これは非常に重要なことだと思います。アトリウムが社会とのインターフェイスなのですね。

槇先生が、あるとき私に電話をくださって、「陣内さん、イタリアのロッジアの写真を集めてほしい」と。何に使うのかなと思っていたのですけど、《東京電機大学北千住キャンパス》に応用されたことが後からわかりました。つまり建築と都市をつなぐインターフェイス、こういうつなぐ空間が日本の社会にもあっただろうし、ヨーロッパはヨーロッパであったはずです［**図20**］。それを今、高密になり高度に発展した日本の都市のなかで、どう実現するかという課題に、槇先生はイタリアのロッジアを今日風に解釈し、応用されたのではないかなと思います。

集合的な暮らし方について、少し原点に戻って考えたいと思います。現代は自然と人間、都市がどんどん分離し、人間が社会から分離し、バラバラな粒子みたいになってしまう状況がありますが、もともとそうではなかった。日本にも、ましてや地中海世界にはコモン的な空間がいっぱいあったわけです。それを振り返りたいと思います。これから紹介するのは以前、篠原聡子さんの設計スタジオに呼ばれ、地中海世界の集合的な空間の事例を紹介するよう頼まれて、取り上げたもののいくつかです。まず前にもお話ししたマテーラのサッシという洞窟都市です。マテーラは洞窟型から建築型までタイプがあって、それをうまく使って集合スペースをつくっています（267ページ）。いちばんプリミティヴな洞窟型は、セットバックして、これ自体が集合住宅のようになっています。後の時代には、岩場の前面に周りを取り囲むように地上に建物をつくり、ここに集合的前庭のようなコモンの空間が生まれたのですね。前面は渓谷に開いていて、眺望もいい。これが房状に連なる面白い住宅地ができていました。この前庭によって貧しい連中がお互いに支え合うコミュニティ

図21 蘇るマテーラの洞窟住居

図22 プーリア州ガリーポリ

ができたというわけですね。その近隣コミュニティ、ヴィチナートの考え方を、マテーラの人たちは今も誇りにしています。

ところが戦後、劣悪な環境となっていたので、住民は追い出されて廃墟のようになっていたのですが、価値観が変わり、七〇年代にサッシ全体を再生させる取り組みが開始されました。その結果、今、ものすごい勢いで蘇っている。超高級ホテルをはじめたくさんの洞窟住居が再生され、人気の場所になっているのです［図21］。都市の再生というのは、それぞれの国や地域に相応しいやり方があると思います。

さらに、いろいろなタイプのコモン、共有空間を見ていきたいのですが、次はガリーポリです。イタリアの〝踵〟の辺です［図22］。メインストリートの裏側に一画を見ると、違う階級の人たちがそれぞれ理にかなった類型の住宅に住んで、上手にここに共存しているのですね。階級ごとに対応したどの類型にもコモンの空間があります。裏側のサブストリート、ミチェッティ通り（Via Micetti）に面してバロックの上流階級の家があり、中庭をもちます。バロックといっても中世的な迷宮空間のなかに挿入されているので、ローマのヴィスタの効果を狙ったバロックとはいささか違い、驚きが秘められています。既存の都市のコンテクストを考えて、小さなインターヴェンションによって破壊をせず、うまく挿入して、迫力のある空間を生み出しています。この道を脇に入った狭い道に沿って、ミニャーノというバルコニーの付いた前庭をもつ中産階級の家があります。かつて、自由に外出しにくい女性たちもバルコニーにいて路上を行き交う男性と話すことができたとのことです。そして、裏手の道から入る袋小路群を囲んで漁師の家が並んでいるのです。今もなお漁師がたくさん住んでいて、コモンとしての袋小路には生活が溢れ、賑やかです［図23］。

中世の迷宮都市に挿入された
バロック様式のパラッツォ

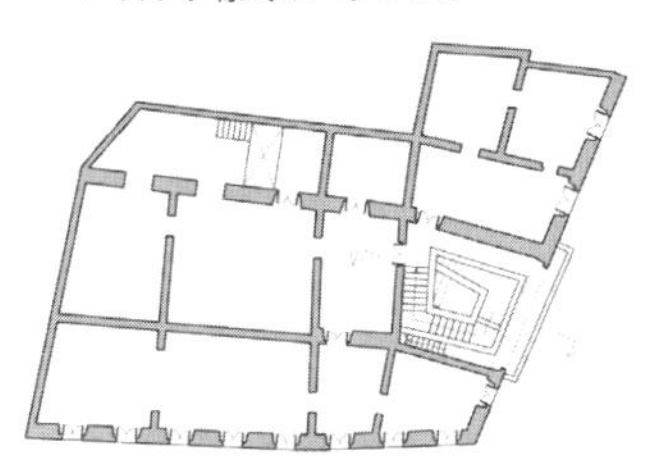

ミニャーノ（バルコニー付前庭）のある中産階級の家

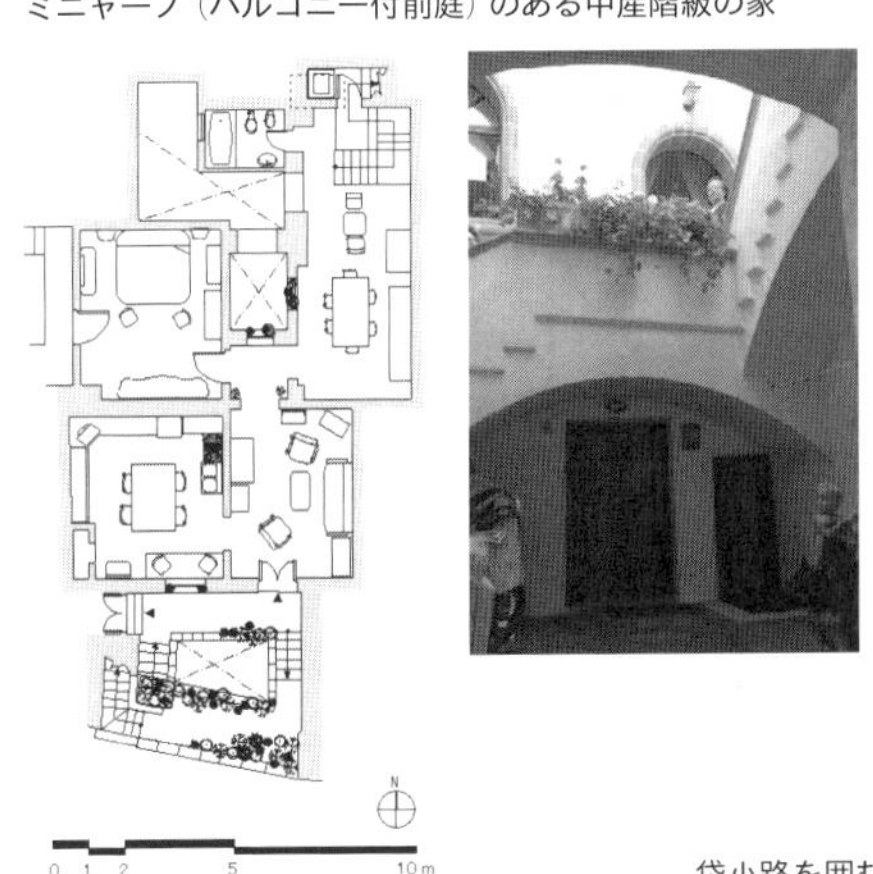

袋小路を囲む庶民（漁民）の住居群

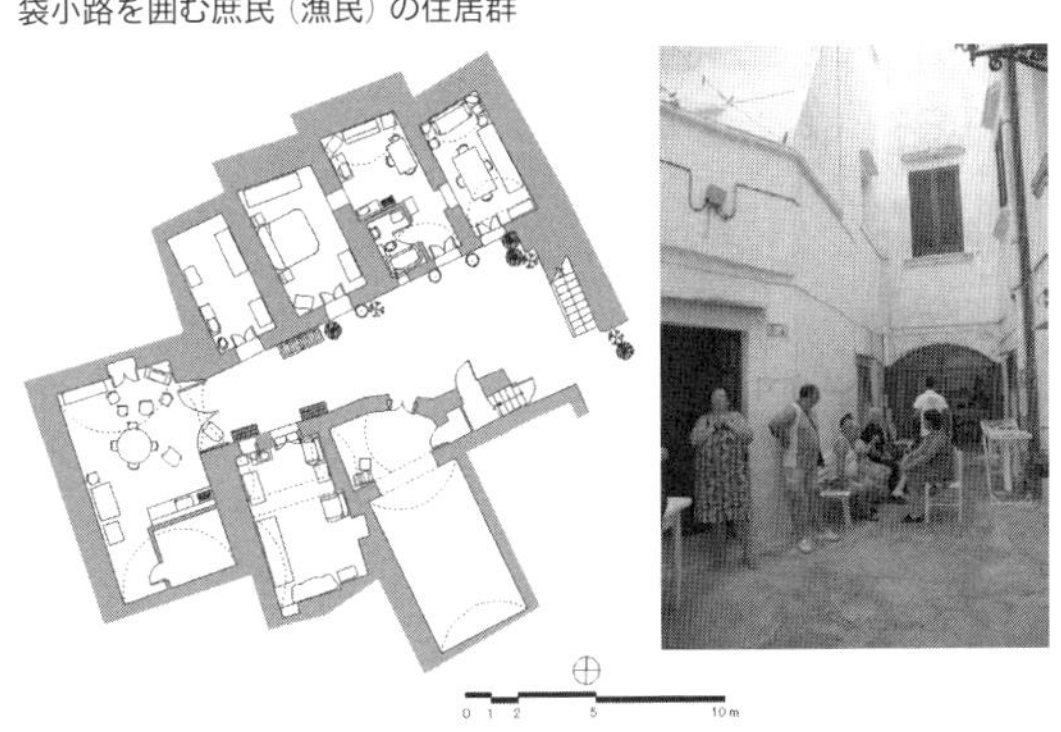

図23 ガリーポリのストラッカ街区

図24 地形・自然と建物の関係を象徴する江戸城

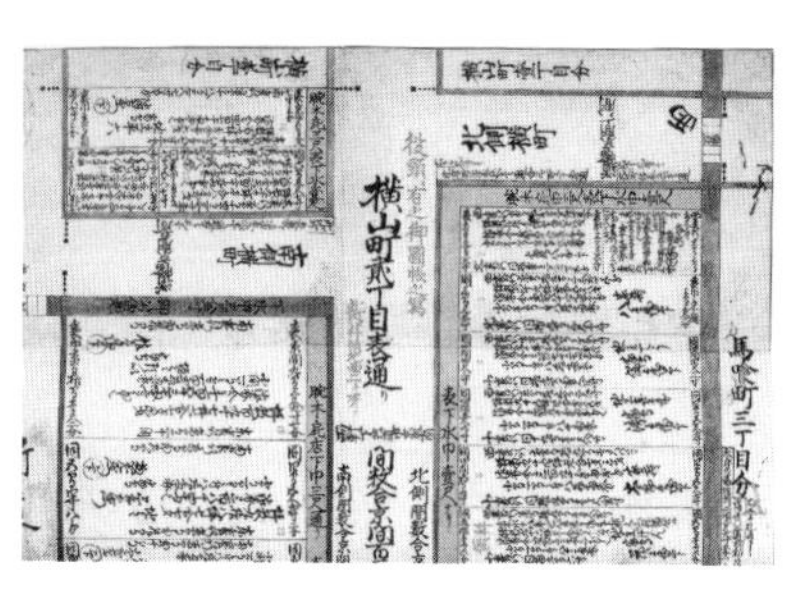

図25 「沽券絵図」（横山町、1740年頃）

江戸東京の特質を解く

では東京をどう解くのか、これが最大のテーマです。二〇一七年に法政大学に「江戸東京研究センター」ができることになりました。四つのプロジェクトがあって、「水都―基層構造」は高村雅彦さんがリードし、「江戸東京の『ユニークさ』」は国際日本学研究所の方たちが中心となります。われわれも江戸東京がいかに都市としてユニークかを解読しようとしています。「テクノロジーとアート」は哲学の安孫子信先生を中心に、日本の現代のテクノロジーやアートは、西洋文明の独自の導入の仕方、解釈の仕方、応用の仕方によって世界の先端の状況を示しているのではという仮説をもって東京の独自さを研究します。「都市東京の近未来」が北山さんを中心とする研究プロジェクトで、われわれ建築のグループが参加しています。そこでは、江戸からの経験を現代的に反映した、欧米にはない新しいコミュニティ、ライフスタイルに合った東京ならではの都市ヴィジョンを出そうと考えています。

そもそもこの研究センターが取り組む「新・江戸東京研究」は、八〇年代に提唱された従来の「江戸東京学」が江戸と東京をつなぎ、その連続と断絶を見てきたのに対し、その発想を超えて、時間的にも古代にまで遡って東京の基層部分からその特徴を掘り起こそうとする一方、現代東京の先端的状況をも扱い、近未来のヴィジョンを描くことも狙っています。

いずれにしても日本の都市に固有な深い空間の構造を知ることが重要です。たとえば、日本人のメンタリティ、都市の認識の仕方を象徴する「名所双六」を見たいのですが（274ページ**図37**参照）、江戸時代の名所双六は日本橋からスタートして神社やお寺や名所を巡り、浅草が上がりというのが定形ですが、どのコマにも必ず自然に包まれたなかにモニュメントの一部、お寺の一部、橋の擬宝珠などが描かれている。つまり自然と建築が一体なのです。

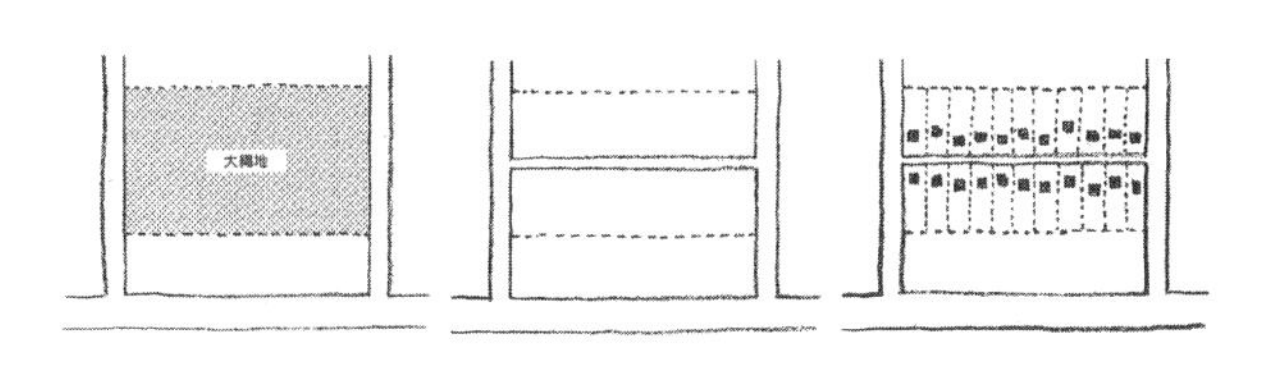
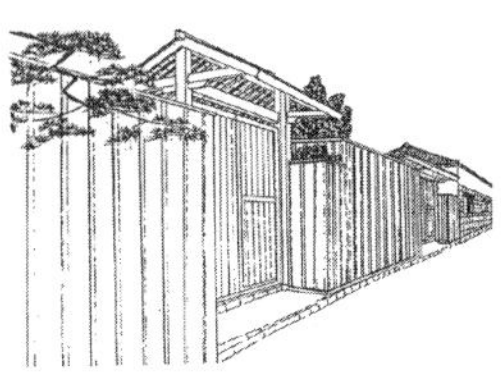

図26　敷地割りシステム――建物は変わりながらも、
道、敷地、都市組織（テッスート・ウルバーノ）は受け継がれる

緑と水が風景や生活空間の根本にあるわけですよね。上野のような〈山の辺〉、〈水の辺〉の空間が都心にあるというのは、本当に東京の財産だと思います。江戸城もしかりですね。明暦の大火で天守閣が失われ建物が減ったぶん、余計に水と緑と地形の有機的関係が前面に押し出され、まさに江戸東京を象徴しています［図24］。

　ということで、建築ばかり見ていたのでは東京の特質は解けないので、空地やヴォイドや自然など、他の要素まで入れた類型学、ティポロジアを考えたいと思っているわけです。地図の描き方にも、都市の本質の違いが現れていると言えます。それを解読しなければいけないのですね。確かに日本の歴史的な地図を見ると、建物が一切書いてありません。有名な江戸の町人地の「沽券絵図」がありまして、これを通じて、私と同期の玉井哲雄さんが都市史を切り拓いたのですね。これは一筆ごとの間口・奥行き寸法や坪数、売買価格、地主名、家守名などが記入されている史料で、建物はないのですが、土地についてのソフト情報がある意味でイタリア以上に入っているのです［図25］。

　逆にイタリアでは野口昌夫さんが前に示されたとおり（100ページ）、建物ごとに各フロアを誰が所有して面積がどうで用途がどうだという情報が書いてあるわけです。土地のことは書かれていません。まったく逆です。

　日本、東京では建物は時代とともに変わりながらも、道、敷地、都市組織が受け継がれる［図26］。しかも東京では、人類学、民俗学的に見てもいろんな要素が入り込んでいるので、建築だけではない、ダイヴァーシティがあるのですね。拡大した「日本流ティポロジア」が必要ということになると思います――tipologia "ediliza"「建築の」類型学ではなく、都市組織（テッスート・ウルバーノ）が重要なのです。

　宗教空間の比較としては、神社と教会の違いは歴然としているわけです。たとえば、ローマのナヴォーナ広場の裏にあるバロックのサンタ・マリア・デッラ・パーチェ教会を見ると、自然を排除した人工的な都市空間としての広場に面していますが、私の大好きな根津神社は自然に包まれた境内にあり、時間とともに、季節とともに変化します［**図27**］。

歴史・エコ廻廊を目指して

法政大学江戸東京研究センターを立ち上げようとしている時期に、神谷博さんが紹介してくれたグリーンインフラという概念に着目し、シンポジウム「水都・江戸東京のグリーンインフラ」を旗揚げ的に開催しました。田中優子総長が基調講演をやってくださいました。考えてみると、水や緑だけではなくて、日本には必ずエコに歴史が絡んでくるのですね。エコ研では都市計画が専門の高橋賢一さんが提唱した「歴史・エコ廻廊」という言葉を使っていますが、まさにこれは歴史・エコ廻廊なのですね。

建築家の岡田新一さんが亡くなる一〇年ほど前に、皇居のまわりの並木、街路樹が貧困

図27 宗教空間の比較——ローマ、サンタ・マリア・デッラ・パーチェ教会と東京、根津神社

図28 東京・明治神宮

図29
明治神宮御社殿復興50年記念
「アカリウム」（2008年）

なので、もっと立派にしようと問題提起をした。さらに「東京の森・日本の森」と銘打って、皇居から明治神宮までずっとつながる大きな緑地の構想を絵になさったのですね。既存の大きな緑地をつなげば、十分これが可能です。明治神宮は人間がつくりあげた人工的な巨大な森で、これはヘリコプターから自分で撮った写真ですが、上から見ると感動的です。アプローチの参道が全然見えない［図28］。明治神宮で面出薫さんが「アカリウム」という照明のイベントをやりました。ライトアップという概念ではなくて、ほんのり照らす。日本的にほんのり照らす、陰翳礼讃の世界を森のなかで実現した。本当に感動しました［図29］。

東京には大きな緑として、斜面緑地があります。なかでも目白の斜面緑地は東京のなかのいちばんいい例です（44ページ）。先日、近代建築史の内田青藏さんの日本建築学会賞（論文）のお祝いの会が、この緑の斜面の平坦部にある和敬塾（旧細川侯爵邸）という昭和初期の洋館で行われたのですけれども、なかなか素敵です。近くに芭蕉庵もあって。こういう空間は、技術や経済力ができてしまうと、斜面を平気で開発してしまうわけですね。そこはやはりキープしなければいけないだろうと思うのです。湧水にも影響します。

湧水は日野でも研究しているのですが、湧水のあるところに中世に神社ができ、清流が流れに沿って散歩道ができ、神社の境内裏に鬼頭梓さん設計の《日野市立中央図書館》ができている例があり、やはり歴史が重なって、どこか精神的な空間を生んでいます［図30］。

エコ研の活動にもご協力いただいている建築家、猪狩達夫さんが、神田川の小石川後楽園から湯島聖堂までを水と緑で結ぶ「儒学の道」構想を提案しています。どちらも儒学と結びつく場所です。また、国分寺崖線の「お鷹の道」。ここで高浜洋平さんという東京大学工学部都市工学科出身で竹中工務店に勤める若いプランナーが、「おたカフェ」というのをやっています。「水の塾」を主宰していて、ここで修業すると、水の専門家になれるのです。

大野秀俊
『シュリンキング・ニッポン
――縮小する都市の
未来戦略』
鹿島出版会、2008年

こういう分断されてしまった都市空間を、もう一度、歴史・エコ廻廊としてつなぎ直す各地での面白い動きはとても重要だと思います。

ここで大野秀敏さんの問題提起の書、『**シュリンキング・ニッポン**』の「ファイバーシティ論」が思い浮かびます。これは本当にすごく面白い東京の都市論だと思います。しかしひとつ気になるのは、鉄道の駅を中心に考えていることですね。じつは、五九年から三年間イタリアに留学し、アンジェロ・マンジャロッティ（Angelo Mangiarotti）のところで働き、帰国後、法政大学でずっと教えた河原一郎先生が、東京研究を六〇年代の後半から展開されて、七〇年前後に東京全体を解析する魅力的な図を『**地球環境と東京**』に描いています。地形、植生、水の流れなど生態系を重視した都市の見方が示され、そこにコミュニティが発展した様子を捉えているのです。たとえば、山の手では、複雑な凹凹地形のなか、谷あいにいくつもの川が流れていて、流域に葉脈のような有機的なコミュニティが生まれてきたというのです。ここに示された生態系と歴史をふまえた都市イメージは、今の東京で目指

図30《日野市立中央図書館》閲覧室は社にある庭に面している

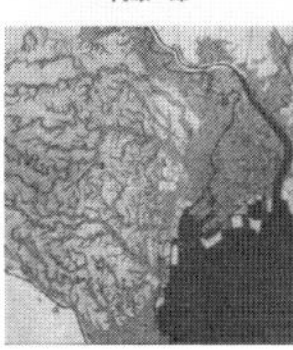

河原一郎
『地球環境と東京
──歴史的都市の
生態学的再生をめざして』
筑摩書房、2001年

子どもの遊びと街研究会
『三世代遊び場図鑑──
街が僕らの遊び場だ！』
子どもの遊びと街研究会、
1984年、
風土社、1999年

すべき方向だろうと思います。皆川さんの東京スリバチ学会もこの辺が原点だろうと思うんですね。

『中央線がなかったら』のなかで私の地元の阿佐ヶ谷も取り上げていますが、地図や航空写真を眺めれば、どうみても後から中央線を無理やりつくったというのがわかりますよね（277ページ図43参照）。自然条件に応じながら有機的に組み上げられてきた生命体に対し、異物としての鉄道が貫入された様子が見てとれます。北山さんの先ほどのパリと一緒です（398ページ）。パリの中世の有機的なアーバン・ファブリック、都市組織のなかにオスマンによって力尽くの貫入が行われたのと同じですね。日本ではそこまで暴力的にはやりませんが。われわれは東京の郊外において、鉄道ができる前の地域が自然条件を読みながらいかに形成されてきたか、どういう価値、記憶が土地に刻みこまれているのかを考察しました。

都市の生活空間における緑、空地（隙間）

都市空間のなかにどうやって意味のある空地をつくるかを、歴史を踏まえ、ライフスタイルの変化を考えながら構想するのが今日的なテーマです。

伝統社会のなかにはどこも隙間があって、コミュニティのスペースになっていました［図31］。子供にとっては、格好の遊び場が身のまわりにたくさんあったということが、ある年齢以上の方からすれば共通の体験ですね。それを考えるには、『三世代遊び場図鑑』が最高のテキストです。若い研究者たちが三軒茶屋に住み込んで三世代の遊び場がどう変化したかをヒアリングして地図の上に落としたのですね。じつに面白い。都市化の進展とともに、どんどん個人主義が発展し、みんな自分の敷地を囲ってしまうわけですね。そうして遊び場が貧困になると。遊ぶ主体性もなくなる。それで児童公園で遊ぶしかなくなる。

図31　近隣の共有空間

図32　緑と水のインフラは人々を結びつける——犬もいるとコミュニティが生まれやすい

奥野健男さんが『文学における原風景』で論じた、原っぱというものが日本人の誰もに共通する原風景だという指摘は人々の心を掴みましたね。こういう感性をもう一回どうやって現代に取り戻すか、これが難しいテーマです。私は東京郊外で育ち、路地で遊び、神社の境内で毎日野球をやり、原っぱで昆虫を追っかけ、池でザリガニを捕る日々を送りました。こういう空間がだんだん管理され、子供は遊べなくなりました。現代都市にその過去の経験をどう活かすのか。

より都市的なレベルでは、河原や土手が重要でした。京都の鴨川の川床は一種の解放区なのですね。そして少し前の青春ドラマでは、必ず川沿いの土手っぷちをみんなで走り、集まる。これも日本の自由空間ですよね。新宿西口広場も通路に変えられて、自由空間ではなくなってしまった。日本の都市のなかに自由空間がいかに成立していたのか。それがどのようにして失われたのか。それを今後どう復活させるか、ということが大きなテーマだと思います。

近年、水辺が蘇ってきて、犬を連れた散歩が活発になり、そこに人々のコミュニケーションが生まれる光景が各地に見られます。日本人はシャイだから、人と人が散歩していても会話がないのに、犬がいるとコミュニティが生まれやすい［**図32**］。われわれは外濠で水上ジャズコンサートを一〇年以上続けてきました（62ページ**図63**参照）。あまり有効に使われていない水辺を活かすイメージを示したいと思ったのです。

二〇一五年の万博の年にミラノで出会った光景に感動しました。万博に合わせ、ダルセナという歴史的な船溜まりが再生され、その水辺の屋外でみんな映画を観ているのですよね。イタリア人だから、多少音が出ていてもまわりのマンションの人は文句を言わないのだけど、格好つけてみんなヘッドホンで聞いているんです［**図33**］。こういうのを日本でやりたいですね。

都市内農地も大切にしたいものです。日本でも国立に、農家と市民と国立市が協力して、「くにたちはたけんぼ」という試みがなされ、コミュニティを育てる本当にいい場所になっています。畑作業に一緒に精を出し、収穫物でパーティも行い、企業研修や婚活もやっているそうです［図34］。農地もまた、今新しいコモンズのひとつのタイプになってきていて非常に重要です。日本的なコモンづくりは、いろいろな可能性を秘めていると思います。

独自の自然条件と歴史の経験を踏まえながら、東京ならではの質をもった都市の生活空間をつくっていきたいものです。

図33　ミラノ、ダルセナ（2015年）

図34　東京・国立「くにたちはたけんぼ」――農地、自然を守り、地産地消を生むとともに、交流の場となる

陣内に建築の実作はない、おそらく。鈴木博之は一回だけ住宅を設計したことがあると言っていた。普通、建築史家は設計をしない。藤森照信だけ例外で、設計は研究とは別のもの。東大教授時代、学生が近代建築史研究ではなく、藤森の路上観察や設計だけに興味をもち研究室を希望するので困っていると話していた。つまり、藤森の場合、研究という枝の先に設計の花を咲かせているのではなく、まったく別の枝を複数もっている。だからと言って、陣内が実際の建築や都市の計画にまったく関わっていないということにはならない。むしろその逆で、理想の都市や建築の実現を目指して、設計の根底にある理論や方法を提示し、それを理解した計画者がインスパイアされ共感して実装に資するよう意識している。▼北山は、そうした陣内の思想に感化された建築家のひとりである。陣内の本を読みあさり議論を重ね、現在の都市空間を見るときに歴史軸を入れて考える価値を学んだ。既存の都市の論理、価値をまずは評価し、それをよりよく展開する手法を模索して計画案を示す。そこには東京らしさ、もっと言えば日本らしさをも探求することが企図されている。塚本由晴もまた、こうした建築家のひとりであろう。▼北山は一九七〇年代を「時代の切断面」と呼んで、建築のモダニズムから離れて自立した若い建築家たちが多く登場した画期と指摘する。この時代に、良くも悪くも現代の都市住宅の方向性が決定づけられたことを意味している。福井憲彦の言う社会経済史から社会史への大きな転換点と同じ時代である。北山は『都市のルネサンス』から時間と空間の連続する都市論にインパクトを受け、『東京の空間人類学』から独特な都市のコンテクストを読む方法を身に着けた。陣内のそうした視点を活かして、東京の特性、日本の都市の遺産をどのように継承していくかを考えた。とくに、

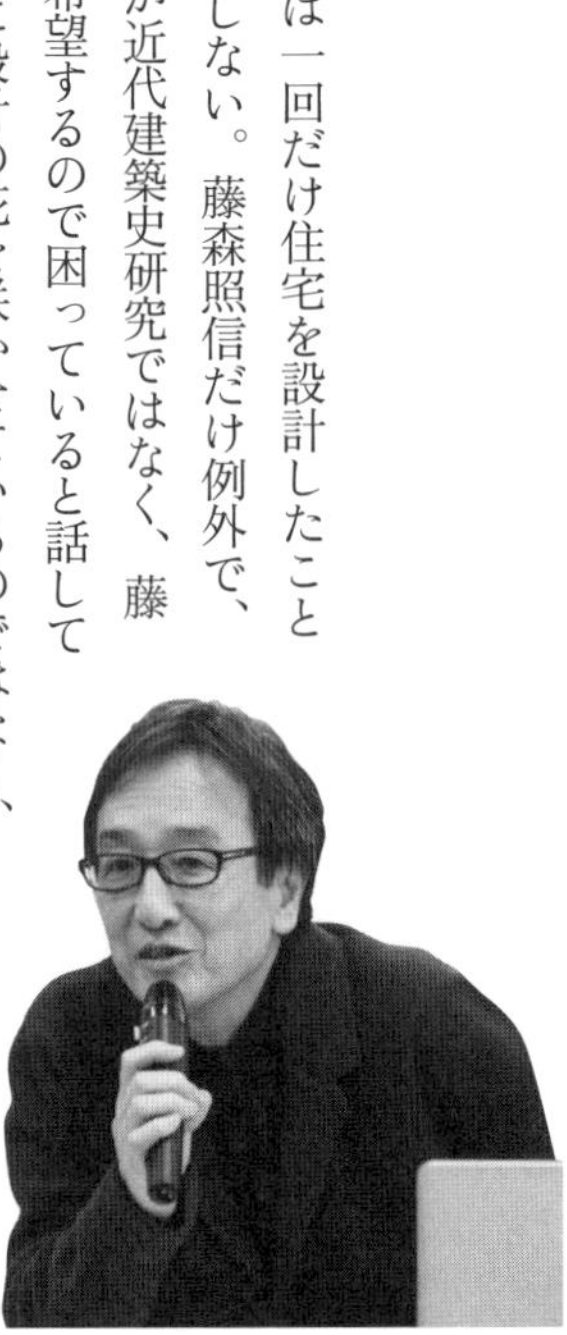

東京の木造密集住宅地を対象に調査・研究し、内部で自律的に生成、変化する未来都市のモデルの提示に力を注いでいる。街区構造、敷地、環境を手がかりに、独自のたたずまいを評価し、それを更新させようとする手続きは、陣内の基層構造から都市を読む方法ともよく似ている。加えて、日本型の都市再生には、陣内も注目してきた路地や川、街区内のヴォイドに残る公と私の中間、つまりコモンの扱いが重要なキーになると主張する。建築を単体のモニュメント、オブジェクトとして捉えるのではなく、イタリアのように普通の住宅が集合して面的に広がる都市居住の形式のあり方を探求することが北山にとってつねに重要なテーマなのである。そして、一九世紀中期の北米に始まる「都市のメカニズムが経済を支える時代」から早く脱皮し、これからは「都市のメカニズムが社会を支える時代」にならなければならないと訴える。地域のストックを日本的にしなやかに活かして、そこから現実社会に積極的に関わることで社会変革を目指す都市とアートの関係と相通じる主張である。▼北山は哲学にも似た明快な論理的思考をもった建築家である。一方で、設計には設計の細かな作法があり、その部分においては陣内も門外漢である。だが、計画と歴史に横たわるもっと大きな根っこのところでふたりはつながっている。ふたりには、真摯な態度で感覚を鋭く研ぎすまし、まずは一か所に光を集中させ、そこから全体を描き切るという共通した姿勢も見て取れる。建築家、建築史家を問わず、対象と向き合うときはそうあるべきと無言のメッセージを送る。陣内は一貫して理想の都市と建築の実現を目指し、研究という枝の先に設計の花が咲くことを願った。それを目標に、設計者・計画者の世界に対して、陣内は自身の思想を発信し続けている。（高村雅彦）

あとがき

ひとりの大学人が退任を迎えるとき、最終講義だけでなく、ゲストを呼んでのディスカッションや弟子の研究者らによる記念論集の発行、あるいは最近は連続講義が催されるケースもよく耳にする。法政建築には、毎年ひとつのテーマを掲げ、毎回異なる外部の講師を呼んでトピックを考える公開講座「建築フォーラム」が科目としてすでにある。二〇一七年度は、これまでの教員の一部がそうだったように、この科目を活かして陣内秀信先生の退任記念の連続〈講義・対談〉シリーズにあてた。本書は、このシリーズと陣内先生の最終講義の内容をまとめたものである。

長きにわたり、法政建築の象徴のように活躍し、建築史の世界にあって新たな視点につねに挑戦し続けた陣内先生のその生きざまと実績を七、八回の講義で表現する。その重大な任務を学科から、そして陣内先生から仰せつかった。一瞬、その内容を考えるだけでも心躍り楽しそうに思えたが、いざ企画してみると、ひとりの学際的でダイナミックな研究者についいて、たかが数回で描き切るには無理があることがすぐわかった。〈講義・対談〉と本書で取り上げられなかったトピックはまだあって、すべてを網羅できなかったことを何とぞご容赦いただきたい。

改めて陣内先生をより客観的に見ると、学術的というより学際的で、物件や人というよりも空間の物語を描こうとしていて、単体の建物だけでなくそれと都市との間を紡ぐことに力を注ぎ、これらを信念として建築の世界と向き合ってきたように思う。とすれば、おのずとトピックも見えてくる。まずは専門のイタリア建築史、そうした地域ではなく異なる世代・時代にとっての建築史、新たな学門としての都市史、学際という意味での日本史と西洋史、その思想を照射するデザインや計画の分野である。そして、社会とつながる建築史をつねに標榜し続けた陣内先生を表徴するように、歴史の価値を活かすための地域活動がそれに加わる。長きにわたり指導を受けた高村も水都学をテーマに末席に加えていただき、全八回のシリーズが企画された。

　こうした枠組みを設定したのち、各回に数名の候補者を提案して、議論しながら最終的に登壇者を決定した。陣内先生の人徳も功を奏して、そのすべての方から登壇の快諾をいただいた。心よりお礼を申し上げる。もっと多くの研究者にお越しいただきたかったが、講義回数と各回の時間の制約だけでなく、高村の力不足も原因でそれを実現できなかったことはお詫びしたい。ただ、とても刺激的な連続〈講義・対談〉が実現できたのも事実であって、毎回会場を埋め尽くした参加者に、この場を借りてお礼を言いたい。とりわけ、みずからの分野を先頭で走り続ける佐々木睦朗、難波和彦、北山恒、中谷礼仁、加藤耕一の各先生には毎回足を運んでいただき、歴史的に重要な講義に引き上げていただいた。重ねて感謝申し上げる。

　二〇二〇年の東京オリンピックを目前に控え、おもなプロジェクトのうち、そのほとんどが湾岸や内陸部の河川に関わるものだと聞く。同じ一九六四年のときにいったんは見捨てられた水辺が、空間や場のアイデンティテイを再び掘り起こし、それをベースとしながら再生の機運を高めている。「はじめに」で陣内先生が主張するように、建築史のアドヴァンテージを肌で感じながら、そのチャンスを活かす時代に来ているのである。それゆえに、今、次の世代に課せられた課題は大きい。都市を次の時代にステージアップさせるためのバトンがわれわれに渡された。大江宏から、村松貞次郎を経て、陣内秀信へと続いた法政の建築史スクールを担うには、荷が重すぎてつぶれそうだが、高村もまた何とか次の世代へバトンタッチするくらいの仕事はしていきたいと思っている。

　最後に、本書の出版を決断いただいた鹿島出版会の坪内文生社長にお礼を申し上げるとともに、シリーズが始まる前から議論に加わり、毎回の講義に参加し編集作業を通してその内容を的確に伝えてくれた同社の久保田昭子さん、多数の資料や図版の編集作業などに携わった、同、寺崎友香梨さんには心から感謝したい。おふたりが担当してくれたおかげで、とても魅力的な本に仕上がった。

　そして、陣内先生は法政を退職したが、建築史の世界から退いたわけではなく、また休んでもいない。むしろ、退職後の方が忙しいのではないかと思うほど、世界中を飛び回っている。新鮮な切り口で都市と建築を読む力はますます磨きがかかっている。まだまだわれわれが陣内先生から学ぶことは多そうだ。

高村雅彦

陣内秀信

図 1（左） *Guida rapida d'Italia ,vol.2,*Turing Club Italiano, Milano, 1993.
図 2（左） *Gaube, H. & Wirth, E., Aleppo*, Wiesbaden, 1984.
図 3（左） Benevolo, L., *Storia della città a*, Edizioni Laterza, Roma-Bari, 1982.
図 6 *Quaderno*, n.4, Universita degli studi di Genova, 1970.
図 8 Vercelloni, V., *Atlante storico dell'idea europea della città ideale*, Jaca Book, Milano, 1994.
図 9, 26 *Vicoli e cortile: tradizione islamica e urbanistica popolato in Sicilia*, Edizioni Giada, Palermo, 1984.
図 10-11, 15 Hakim, B.S., *Arabic-Islamic Cities: Building and Planning Principles*, Kegan Paul International, London-New York, 1979.
図 12（上） Fagiolo, M. & Cazzato, V., *Lecce*, Edizioni Laterza, Roma-Bari, 1984.
図 27 マテーラ市役所提供
図 30（右） 早稲田大学図書館所蔵
図 36 樋口忠彦『日本の景観——ふるさとの原型』筑摩書房、1993 年
図 37（上） 綾岡輝松ほか「江戸じまん」、都立中央図書館特別文庫室所蔵
図 37（下） 楊堂玉英「新板東京名所廻り寿古六」、1885 年、都立中央図書館特別文庫室所蔵
図 43 © 2019 Google Earth Image
図 45 出口清孝撮影

6 **高村雅彦**

図 2 山本仁二撮影
図 3 東京都中央区立京橋図書館所蔵
図 4 松浦由佳作成
図 6（上） 故宮博物院所蔵
図 7 蘇州碑刻博物館所蔵
図 9 上海市歴史博物館所蔵
図 10 Theodore Debly, Hongkong Museum of Art
図 11 マカオアーカイブセンター所蔵
図 12 *Album Macau 3*, Macau Livros do Oriente, 1993
図 13 PLAN DE LA VILLE DE SAIGON, 1861
図 17 *OVER SINGAPORE 50 YEARS AGO*, An aerial view in the 1950s, Editions Didier Millet Pte Ltd, 2007
図 22 法政大学図書館所蔵
図 28 国立国会図書館ウェブサイト

陣内秀信

図 4 Nuova pianta di Venezia, 1887 をもとに樋渡彩作成
図 5（下） 樋渡彩撮影・作成
図 6 Benevolo, L., *Storia della città, Edizioni Laterza*, Roma-Bari, 1982.
図 9（左） C. de Grassi, 1481
図 15 米国議会図書館所蔵
図 18 「参謀本部測量局五千分一東京図」
図 19（上）（下） 東京都中央区立京橋図書館所蔵
図 26 稲益裕太撮影
図 29 渡部一二『日野市における水路の生物環境・景観要素及び利用者意識調査による環境特性の研究』とうきゅう環境浄化財団、1989 年「日野の水路位置図」をもとに、法政大学エコ地域デザイン研究所作成
図 30 『千代田区史』、鈴木理生『江戸の川、東京の川』井上書院、1989 年をもとに、法政大学エコ地域デザイン研究所作成
図 31 千葉県船橋市西図書館所蔵

7 **藪前知子**

図 3 無人島プロダクション提供
図 8 森田兼次撮影、Courtesy of Chim ↑ Pom Studio
図 10-20 東京都現代美術館

服部充代

図 1（左） © julienne schae
図 1（右） © rika tanaka
図 2, 7 石神隆撮影
図 5 © rika tanaka

陣内秀信

図 1, 3 国立国会図書館ウェブサイト
図 2, 6 岡本哲志作成
図 4 『本所深川絵図』1862 年をもとに、西岡郁乃作成
図 9 『帝都急行汽船運転系統図』1928 年
図 10 陣内『水の東京』岩波書店、1993 年より転載
図 12 『柳橋の夜景　昭和 38 年』、台東区立下町風俗資料館所蔵
図 14 法政大学江戸東京研究センター所蔵
図 18 分部登志弘提供
図 19 難波匡甫撮影
図 22 岡村芙美香作成

8 **北山恒**

図 1 『建築的冒険者たちの遺伝子—— 1970 年代から現代へ』彰国社、2017 年、pp.1-8 の一部
図 2, 図 15（左） 関康子撮影
図 4 Squier & Davis C.1848
図 6-7 Claude Lévi-Strauss, Tristes Tropiques, Plon, France, 1955
図 8 Sofia Saavedra Bruno, Urbanismo Y Arquitectura En Chiquitos, S.I Aguilar, 2000, p.47
図 12 挟間裕子撮影
図 14 Ernest W. Burgess, *The Growth of the City: An Introduction to a Research Project*, University of Chicago Press, 1925
図 21 国連世界人口推計 2012 年版「ヨーロッパ文化——その形成と空間構造」をもとに筆者作成
図 22 広井良典『定常型社会』岩波書店、2001 年をもとに筆者作成

陣内秀信

図 8 Cervellatti, P.L., *La nuova cultura di città*, Mondadori, Milano, 1977. à
図 9（上） Quadri Antonio, *Il Canal Grande di Venezia*, 1828.
図 9（下） 樋渡彩撮影・作成
図 10 陣内『ヴェネツィア——都市のコンテクストを読む』鹿島出版会、1986 年より転載
図 12 陣内、板倉文雄ほか著『東京の町を読む——下谷・根岸の歴史的生活環境』相模書房、1981 年
図 19 La Rocca, E., et.al., *Guida archeologica di Pompei*, Arnaldo Mondarori Editore, Segrate(Mi), 1976.
図 25 東京都中央区立京橋図書館編『中央区沿革図集 日本橋篇』東京都中央区立京橋図書館、1996 年
図 26 笹間良彦『江戸幕府役職集成 』雄山閣出版、1999 年
図 30 鈴木知之撮影

18-19 ページ写真撮影：Matteo Dario Paolucci
講義者写真撮影：法政大学デザイン工学部建築学科、樋渡彩
テキスト作成協力：和田隆介、土屋沙希

図版出典一覧

記載のない図版は筆者による

Part 1　最終講義

陣内秀信

図 10　Bellavitis, G. & Romanelli, G., *Venezia*, Edizioni Laterza, Roma-Bari, 1985.
図 11　Trincanato, E.R., *Venezia minore* , Edione del Milione, Milano, 1948.
図 12　Egle Renata Trincanato 画、東京藝術大学美術館所蔵
図 13　Trincanato, E.R., *Venise au fil du temps*, Editions Joel Cuenot, Paris, 1971.
図 14　Perocco, G. & Salvatore, A., *Civiltà di Venezia*, vol.1, La Stamperia di Venezia Editrice, Venezia, 1971.
図 15（右）　Muratori, S., Studi per una operante storia urbana di Venezia, Istituto poligrafico dello stato, Roma, 1960.
図 16（右）　ヴェネツィア建築大学提供
図 17-20　Maretto, P., L'edilizia gotica veneziana, Istituto poligrafico dello stato, Roma, 1961.
図 28　陣内、板倉文雄ほか著『東京の町を読む――下谷・根岸の歴史的生活環境』相模書房、1981 年
図 31, 34, 41　© 2019 Google Earth Image
図 33　「第三十圖本鄉松平加賀守上屋敷の圖」、大熊喜邦『泥絵と大名屋敷』1939 年、国立国会図書館ウェブサイト
図 35, 67　国立国会図書館ウェブサイト
図 36　「江戸御上屋敷絵図」1840 年代前半、金沢市立玉川図書館所蔵
図 43　Paolo Marett 撮影
図 44　長谷川雪旦画「伊勢町河岸通」、1834-1836 年、国立国会図書館ウェブサイト
図 45　1789-1801 年、神奈川県立歴史博物館所蔵
図 65　鈴木知之撮影
図 68　Matteo Dario Paolucci 作成
図 71　稲益裕太作成

Part 2　連続講義

1　藤森照信

図 1　飯村昭彦撮影

2　野口昌夫

図 6-7, 9　1834 年、ピサ国立文書館所蔵

陣内秀信

図 2-4　Maretto, P., L'edilizia gotica veneziana, Roma, 1961.
図 8-9　陣内、板倉文雄ほか著『東京の町を読む――下谷・根岸の歴史的生活環境』相模書房、1981 年
図 11（上）　Bevilacqua, M. & Fagiolo, M.,(a cura di), *Pianta di Roma dal Rinascimento ai Catasti*, Editoriale Artemide, Roma, 2012.
図 11（下）　1849-1862 年、国立国会図書館ウェブサイト
図 12（上）　Planimetria della città di Venezia edita nel 1846 da Bernardo e Gaetano Combatti, Edizione 'Vianello libri', Ponzano/Treviso, 1982.
図 12（下）「参謀本部測量局五千分一東京図」
図 15（右）　*Catasto napoleonico: mappa della città di Treviso*, Marsilio, Venezia, 1990.
図 17（上）　Rossi, F. & Dal Borgo, M. (a cura di), *Un disegno di forma di libro*, Comiano, Treviso, 2011.
図 17（下）　Navigazione Stefanato s.n.c. 提供

4　田中優子

図 1　田中優子監修『江戸の懐古』講談社、2006 年
図 2, 4, 6, 9, 11-15, 17-22, 24-27, 31, 33, 38, 42-43　国立国会図書館ウェブサイト
図 3　ボストン美術館所蔵
図 5　Wikimedia Commons
図 7-8, 23　田中優子『江戸を歩く』集英社、2005 年、石山貴美子撮影
図 16　大阪府立中之島図書館所蔵
図 28　フェリーチェ・ベアト撮影、1863 年頃、長崎大学附属図書館所蔵
図 29　*Le Japon illustré*, Aimé Humbert, librairie l hachette et cie, 1870
図 32　早稲田大学図書館所蔵
図 39　メトロポリタン美術館所蔵
図 41　津山郷土博物館所蔵

陣内秀信

図 1　『PROCESS Architecture』No,72 1991 年 1 月号
図 2　樋口忠彦『日本の景観――ふるさとの原型』筑摩書房、1993 年
図 5　東京都環境保全局『地下水実態調査報告書』1992 年 9 月
図 7　© 2019 Google Earth Image
図 11, 14　法政大学エコ地域デザイン研究所『外濠――江戸東京の水回廊』鹿島出版会、2012 年、岡本哲志作成
図 13　（上）武州豊嶋郡江戸〔庄〕図、1632 年頃、（下）「尾張屋版江戸切絵図」、ともに国立国会図書館ウェブサイト
図 19　陣内『東京の空間人類学』筑摩書房、1985 年
図 20　Pitte, J-R.,(edited by), Paris Histoire d'une ville, Les Atlas Hacchette, Paris, 1995.
図 21　Hadych, D. & Leborgne, D., Atlas de Paris: Evolution d'un paysage urbain, Parigramme, Paris, 1999.
図 22, 24　Claut,H.,(edited by), *"THE TIMES" LONDON HISTORY ATLAS*, TIMES BOOKS, London, 1991
図 25　国立国会図書館ウェブサイト
図 27　奈良県立美術館所蔵
図 28　郵政博物館所蔵
図 29　「柳橋新聞」1958 年 10 月 15 日、柳橋町会提供
図 30（左）　小松屋提供
図 30（右）　柳橋町会提供
図 31　「水都日野　みず・くらし・まち　水辺のある風景日野 50 選」2014n 年、日野市
図 32　鈴木知之撮影
図 34　神谷博作成
図 35　『史跡江戸城外堀保存管理計画書』、『千代田区史』をもとに、法政大学エコ地域デザイン研究所作成

5　中谷礼仁

図 2, 4, 6, 15-22, 31, 34, 40-42　中谷礼仁および中谷研究室撮影・作成
図 3　菅原町地区市街開発組合提供
図 24　堺市所蔵
図 27　西山夘三『日本のすまい（壱）』勁草書房、1975 年、NPO 法人西山夘三記念文庫
図 28　Wikimedia Commons
図 32　工学院大学図書館所蔵
図 33　石垣敦子作成
図 35　ロゴは田熊隆樹作成
図 37-38　石川初作成
図 39　YCAM ＋千年村プロジェクト撮影

Profile

陣内秀信（じんない・ひでのぶ）

法政大学江戸東京研究センター特任教授。東京大学大学院工学系研究科博士課程修了。イタリア政府給費留学生としてヴェネツィア建築大学に留学、ユネスコのローマ・センターで研修。専門はイタリア建築史・都市史。建築史学会会長、地中海学会会長、都市史学会会長を歴任。中央区郷土天文館館長、国交省都市景観大賞審査委員長ほか。

著書に『都市のルネサンス――イタリア建築の現在』中央公論社、一九七八年、『東京の空間人類学』筑摩書房、一九八五年、〈英訳〉*Tokyo: A spatial Anthropology*, University of California Press, 1995、『ヴェネツィア――水上の迷宮都市』講談社、一九九二年、『都市と人間』岩波書店、一九九三年、『南イタリア都市の居住空間』（編著）中央公論美術出版、二〇〇五年、『イタリア海洋都市の精神』講談社、二〇〇八年、『水の都市江戸・東京』（編著）講談社、二〇一三年、『イタリア都市の空間人類学』弦書房、二〇一五年、『水都ヴェネツィア――その持続的発展の歴史』法政大学出版局、二〇一七年など。受賞歴にサントリー学芸賞、建築史学会賞、地中海学会賞、イタリア共和国功労勲章、日本建築学会賞、ローマ大学名誉学士号ほかがある。

高村雅彦（たかむら・まさひこ）

法政大学デザイン工学部建築学科教授。法政大学大学院工学研究科博士課程修了、博士（工学）。中国政府給費留学生として上海同済大学建築与城市計画学院に留学。専門はアジア建築史・都市史。二〇一三年、上海同済大学客員教授。法政大学江戸東京研究センター・プロジェクトリーダー。

著書に『中国の都市空間を読む』山川出版社、二〇〇〇年、『中国江南の都市とくらし――水のまちの環境形成』同、二〇〇〇年、編著に『アジア遊学№80 アジアの都市住宅』勉誠出版、二〇〇五年、『タイの水辺都市――天使の都を中心に』法政大学出版局、二〇一一年、監修に『中国歴史建築案内』TOTO出版、二〇〇八年、また陣内との共編に『中国の水郷都市――蘇州と周辺の水の文化』鹿島出版会、一九九三年、『北京――都市空間を読む』同、一九九八年、『水都学I－V』法政大学出版局、二〇一三～二〇一六年。

受賞歴に、前田工学賞、建築史学会賞がある。

建築史への挑戦
住居から都市、そしてテリトーリオへ

二〇一九年四月三〇日　第一刷発行

共編著　陣内秀信・高村雅彦
発行者　坪内文生
発行所　鹿島出版会
〒一〇四―〇〇二八　東京都中央区八重洲二―五―一四
電話　〇三―六二〇二―五二〇〇
振替　〇〇一六〇―二―一八〇八八三

印刷・製本　壮光舎印刷
装丁　石田秀樹

ISBN 978-4-306-07351-7 C3052

本書の内容に関するご意見・ご感想は左記までお寄せ下さい。
URL: http://www.kajima-publishing.co.jp/
e-mail: info@kajima-publishing.co.jp

2018年2月24日　陣内秀信最終講義（山賀康弘撮影）